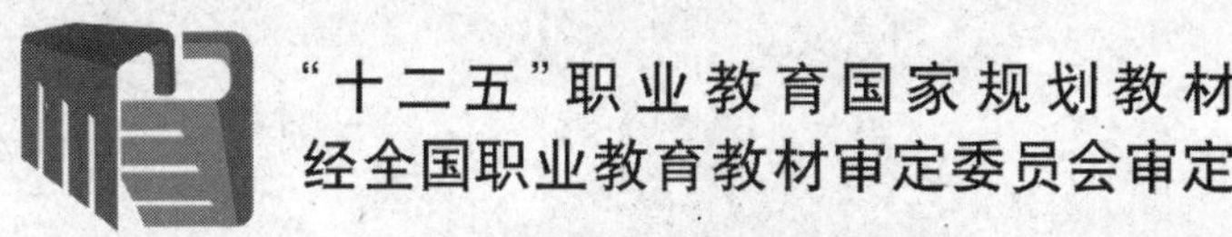

“十二五”职业教育国家规划教材
经全国职业教育教材审定委员会审定

中国交通教育研究会职业教育分会推荐教材
高等职业院校船舶技术类专业教学用书

船舶焊接方法与工艺

（第二版）

【船舶工程技术专业】

刘军华 主 编
傅晓斌 副主编
徐国平 主 审

CHUANBO HANJIE FANGFA YU GONGYI

人民交通出版社

内 容 提 要

本书为“十二五”职业教育国家规划教材，并为高等职业教育船舶技术类船舶工程技术专业中国交通教育研究会职业教育分会船舶技术专业委员会规划教材，按照《船舶焊接方法与工艺》课程标准的要求编写。

本书共分九章，主要内容包括：电弧焊基础、焊条电弧焊、CO_2气体保护焊、埋弧焊、氩弧焊、其他焊接方法、船用金属材料及焊接、焊接应力与变形、船舶焊接检验等方面的知识。

本书是针对三年制高等职业教育编写的，二年制的也可参考使用。同时，本书还适用于船舶企业职工的培训和自学以及其他形式的职业教育。

本书配套多媒体教学课件，挂在人民交通出版社股份有限公司水运图书网（www.chinasybook.com）上供下载之用。

图书在版编目（CIP）数据

船舶焊接方法与工艺／刘军华主编．—2版．—北京：人民交通出版社，2014.7

ISBN 978-7-114-11312-3

Ⅰ.①船…　Ⅱ.①刘…　Ⅲ.①造船－焊接工艺－高等职业教育－教材　Ⅳ.①U671.83

中国版本图书馆CIP数据核字(2014)第056783号

“十二五”职业教育国家规划教材

书　　名：船舶焊接方法与工艺（第二版）
著 作 者：刘军华
责任编辑：张　淼
出版发行：人民交通出版社
地　　址：（100011）北京市朝阳区安定门外外馆斜街3号
网　　址：http://www.chinasybook.com
销售电话：（010）64981400，59757915
总 经 销：北京交实文化发展有限公司
印　　刷：北京武英文博科技有限公司
开　　本：787×1092　1/16
印　　张：18.25
字　　数：420千
版　　次：2007年2月　第1版　2014年10月　第2版
印　　次：2024年6月　第2版　第5次印刷
书　　号：ISBN 978-7-114-11312-3
定　　价：49.00元

高等职业院校“十二五”船舶规划教材
编审委员会名单

前言

QIANYAN

为规范高等职业教育船舶技术类专业的教学，积极推进课程改革与教材建设，提高教学质量，更好地满足我国船舶工业快速发展的需要，中国交通教育研究会职业教育分会船舶技术专业委员会组织全国开办有船舶技术类专业的职业院校及其骨干教师，编写了“十二五”高职船舶规划教材，其中，部分教材还入选了“十二五”职业教育国家规划教材。

这些教材分别适用于船舶工程技术专业、轮机工程技术专业和船舶电气工程技术专业，以及船舶检验、船舶舾装、焊接技术及自动化、游艇设计与制造等船舶技术类专业。

“十二五”高职船舶规划教材大部分是在“十一五”高职船舶规划教材的基础上修订而成。本规划教材注重以就业为导向，以职业能力培养为核心，面向行业企业，充分体现职业教育的特色，满足高素质实用型、技能型船舶技术类专业高等职业人才培养的需要。

本规划教材主要是针对高等职业教育编写的，其他形式的职业教育、职工培训、专业考证训练以及相关技术人员也可参考使用。

《船舶焊接方法与工艺》为“十二五”职业教育国家规划教材，按照《船舶焊接方法与工艺》课程标准的要求编写。主要内容包括：电弧焊基础、焊条电弧焊、CO_2气体保护焊、埋弧焊、氩弧焊、其他焊接方法、船用金属材料及焊接、焊接应力与变形、船舶焊接检验等方面的知识。

“工学结合、校企合作”是职业教育健康发展的基础。本教材在编审过程中，邀请了企业专家参与编审工作。

参加本书编写工作的有：主编江苏海事职业技术学院刘军华（编写绪论、第三章、第五章、第六章及第八章）；副主编南通航运职业技术学院傅晓斌（编写第一章）；参编南通航运职业技术学院徐明亮（编写第二章），南通航运职业技术学院尚振一（编写第四章），江苏海事职业技术学院朱征宇（编写第七章），江苏海事职业技术学院王开顺（编写第九章）。全书由刘军华负责组织、设计、统稿。本书由中国船级社徐国平高工担任主审。

本书在编写过程中得到了中国船级社江苏分社、上海龙禹船舶技术有限公司全力协助，同时也得到了南京金陵船厂、泰州中航口岸船舶重工有限公司、泰州三福船舶工程有限公司等单位的大力支持，在此表示感谢！

限于编者经历和水平，书中难免有疏漏与不足之处，恳请读者批评指正，以便修订时完善。

中国交通教育研究会职业教育分会船舶技术专业委员会

2015年12月

目录

MULU

绪论……1

思考与练习……4

第一章　电弧焊基础……5

第一节　焊接电弧……5

第二节　焊丝熔化及熔滴过渡……15

第三节　焊缝成型……20

思考与练习……27

第二章　焊条电弧焊……28

第一节　焊条电弧焊的基本原理、设备及工具……28

第二节　焊条……32

第三节　焊条电弧焊工艺……42

思考与练习……48

第三章　CO_2气体保护焊……50

第一节　CO_2气体保护焊的原理、特点及应用……50

第二节　CO_2气体保护焊的焊接材料……57

第三节　CO_2气体保护焊的焊接设备……63

第四节　CO_2气体保护焊的焊接工艺……70

第五节　船舶CO_2焊接技术的应用……77

思考与练习……86

第四章　埋弧焊……88

第一节　埋弧焊的原理、特点及应用……88

第二节　埋弧焊设备……91

第三节　埋弧焊焊接材料……95

第四节　埋弧焊焊接工艺……99

第五节　高效埋弧自动焊……106

思考与练习……109

第五章　氩弧焊……111

第一节　钨极氩弧焊……111

第二节　熔化极氩弧焊……124

思考与练习…………………………………………………………………………………………………… 137
第六章　其他焊接方法……………………………………………………………………………………… 138
第一节　电渣焊……………………………………………………………………………………………… 138
第二节　高能束焊…………………………………………………………………………………………… 147
第三节　电阻焊……………………………………………………………………………………………… 157
第四节　摩擦焊……………………………………………………………………………………………… 168
思考与练习…………………………………………………………………………………………………… 170
第七章　船用金属材料及其焊接…………………………………………………………………………… 171
第一节　船体结构钢的性能要求…………………………………………………………………………… 171
第二节　船舶金属材料……………………………………………………………………………………… 173
第三节　船体结构焊接……………………………………………………………………………………… 186
思考与练习…………………………………………………………………………………………………… 194
第八章　焊接应力与变形…………………………………………………………………………………… 195
第一节　焊接应力与变形的产生…………………………………………………………………………… 195
第二节　焊接残余应力……………………………………………………………………………………… 198
第三节　焊接变形…………………………………………………………………………………………… 207
第四节　船体结构焊接工艺………………………………………………………………………………… 219
思考与练习…………………………………………………………………………………………………… 234
第九章　船舶焊接检验……………………………………………………………………………………… 235
第一节　船舶检验概述……………………………………………………………………………………… 235
第二节　船舶焊接检验……………………………………………………………………………………… 239
思考与练习…………………………………………………………………………………………………… 249
附录　船体结构焊接坡口形式、尺寸及代号和缺欠分类及说明 ………………………………………… 251
参考文献……………………………………………………………………………………………………… 281

绪 论

● **知识目标**

1. 掌握焊接及其本质；
2. 熟悉船舶焊接方法的应用；
3. 了解船舶焊接技术的演化历程及发展趋势。

焊接是指通过加热或加压，或两者并用，并且用或不用填充材料，使工件达到结合的一种方法(GB/T 3375—1994《焊接术语》)。

焊接技术出现至今已有百年历史，已广泛应用于航空航天、海洋工程、船舶建造、原子能、石油化工、电子技术、交通、电力和机械制造等工业部门。在船舶建造领域，焊接工时约占船体建造工时的30% ~40%，焊接成本约占船体建造成本的30% ~50%，焊接质量则成为反映船舶建造质量优劣的重要指标，焊接技术已成为船舶工业的关键工艺技术之一。

一、焊接方法分类

焊接技术主要应用于金属材料加工，目前工业生产中的焊接方法已达百余种。按焊接过程及特点可将其分为熔焊、压焊和钎焊三大类，在此基础上又可细分为若干小类。

1. 熔焊

熔焊是指将待焊处的母材金属熔化以形成焊缝的焊接方法，其实质是将被焊工件局部加热至熔化状态，然后经冷却结晶成为完整接头。实现熔焊的关键，在于热源能量集中且温度足够高。焊接时，为避免焊接区的高温金属与空气作用致使性能恶化，必须对高温焊接区实施保护。

根据使用热源性质的不同，熔焊又可分为气焊、电弧焊、铝热焊、电渣焊、电子束焊及激光焊等。

2. 压焊

压焊是指焊接过程中，必须对工件施加压力(加热或不加热)以完成焊接的方法。其实质是将被焊工件在固态下加压，以克服连接表面的不平度及杂质，使工件分子或原子接近晶格间距完成连接，又称固相焊接。为降低材料加压时的变形抗力、增加塑性，通常在加压时辅助加热措施。

按施压方式的不同，压焊可分为电阻焊(点焊、缝焊、凸焊、对焊)、摩擦焊、超声波焊、扩散焊、爆炸焊、冷压焊和锻焊等。

3. 钎焊

钎焊是采用比母材熔点低的金属材料作为钎料，将工件和钎料加热至高于钎料熔点、低于工件熔点的温度，利用液态钎料润湿工件、填充接头间隙并与母材相互扩散实现连接的焊接方法。

在船舶建造过程中，目前普遍使用的焊接方法包括焊条电弧焊、埋弧焊、CO_2气体保护焊、氩弧焊、氧气－乙炔焊及电渣焊等，图0-1为船舶生产领域常用的焊接方法示例。

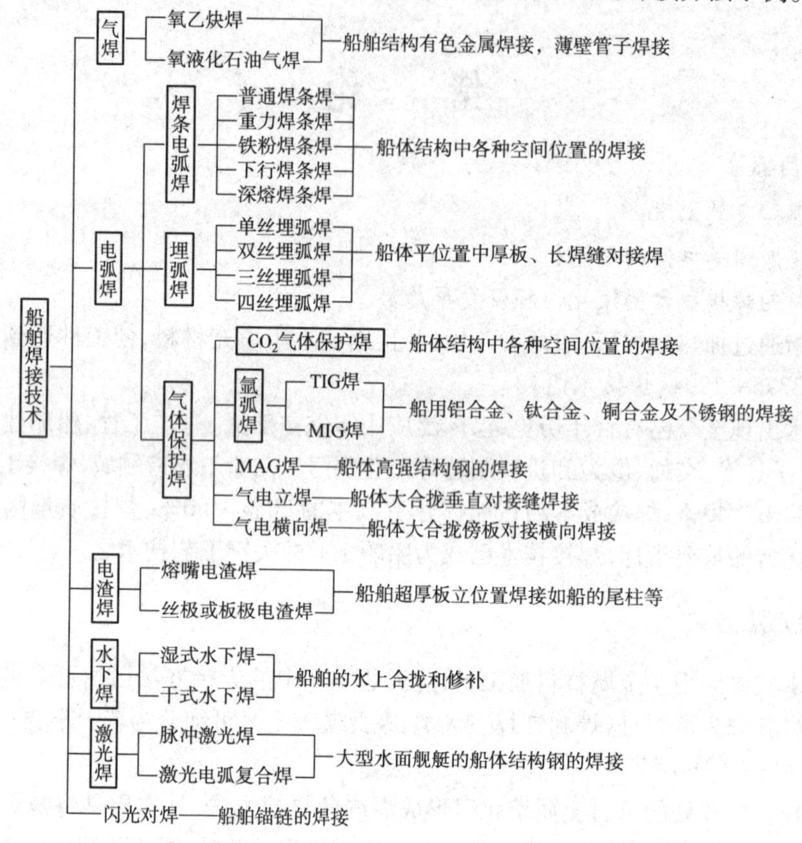

图0-1 船舶焊接方法

二、船舶焊接技术的演化历程

1. 铆接及铆焊混合阶段

20世纪30年代前，国内船舶建造主要采用工艺落后的铆接技术。1931年以后，江南造船所着手将焊条电弧焊工艺应用到船壳部分及施工困难的钢板连接，构建了船舶建造的铆、焊混合生产工艺模式。

2. 船舶焊接技术快速发展、完善阶段

新中国成立后，国内很多船厂开始引进和推广应用前苏联的埋弧焊以及电渣焊等新技术，形成中国造船焊接技术发展的重大转折，使焊接取代铆接成为船舶连接技术的唯一主导技术。至20世纪80年代初期，国内船舶建造通过引进和自主研发，已成熟运用电渣焊技术及大环缝全位置双丝混合气体保护焊工艺，并在压力架铜衬垫单面焊双面成型、双丝滑块水冷铜衬垫单面自动埋弧焊及预热焊丝埋弧焊等工艺和装备方面取得突破。

3. 船舶焊接技术高效、节能、机械自动化发展阶段

20世纪80年代初，国内船舶工业步入高速发展轨道，促进和推动了焊接技术的发展，船舶焊接技术和装备水平迅速提升，大大缩短了与国外的差距。具体体现为，船舶焊接方法已发

展到40余种,低氢型焊条、实芯焊丝、药芯焊丝及单面焊衬垫的普遍使用,以及可控硅整流弧焊机、数字化逆变式弧焊机和各种船舶专用焊机的应用等。

三、船舶焊接工艺发展趋势

随着科技进步,船舶生产领域产品形式不断变化,对产品质量要求日趋严格,对焊接技术也提出了更高的要求。焊接技术的合理使用及优化,对船舶行业生产的发展起着极其重要的促进作用。

1. 船舶焊接技术发展趋势

(1)焊接机械化、自动化水平不断提高,具有高参数、高寿命、大型化及超微细等特征的船舶焊接制品不断出现。

(2)焊接结构设计和焊接余量精度控制革新程度迅速提高。

(3)焊接新工艺、新方法投入生产实际应用的周期大为缩短。

(4)高效优质焊接材料及焊接设备系列化、国产化均攀上新台阶。

(5)焊接标准体系日趋完整、科学、合理。

目前,船舶建造焊接工艺方法呈多样化发展,现已有40余种焊接工艺方法获得船级社的认可。焊接机械化、自动化以及焊接材料和设备高效节能化的研发和推广应用,已基本实现了规划指标。

2. 船舶焊接技术发展展望

(1)数字化焊接电源。目前,数字化焊接电源的研究过程中仍存在以下几个方面问题有待解决。

①抗干扰问题。主要体现在电磁兼容性方面,大功率谐波通过空间电磁波发射形式对外界造成的干扰。

②不确定性造成的误差问题。外界噪声、干扰信号、传递函数的建模误差以及未建模的非线性动态特性。

③多任务焊接电源系统的任务分配和协调问题。电源的外特性实时控制,焊接质量的适时控制,人机交互实时控制等。

(2)双丝气体保护焊工艺。双丝焊接作为一种高效节能、优质经济的焊接工艺,在实际生产中具有良好的应用前景。随着焊接技术的发展,双丝焊技术必将在船舶建造领域得以完善和发展。

双丝焊以细双丝焊应用居多。细双丝焊方法主要有双丝三弧焊、串列双丝焊、双丝预热填丝焊、并列双丝焊及串联双丝焊等,图0-2为典型双丝焊示意。

(3)弧焊机器人。焊接机器人的运用,对实现船体结构焊接自动化具有重大意义。焊接机器人正向智能化方向发展,即能够根据给定指令认识自身和周围环境,识别焊接对象及其状态,从而自动选择程序或制订程序进行操作,完成规定的焊接任务。此外,焊接机器人还具有自动跟踪及适应工作环境的能力。

目前,船舶生产领域焊接机器人的应用尚少。但随科学技术的发展,焊接机器人在船舶领域必然会迅速发展和应用。

(4)激光焊接。激光焊接主要包括CO_2激光装置、YAG固体激光装置和LD激光(二极管

阵列激光装置)等,在船舶领域的应用尚处于起步阶段。船舶领域激光焊接的应用前景,主要为 MAG/MIG 焊加激光、等离子孤焊加激光、埋弧焊加激光以及 TIG 焊加激光等焊接技术。

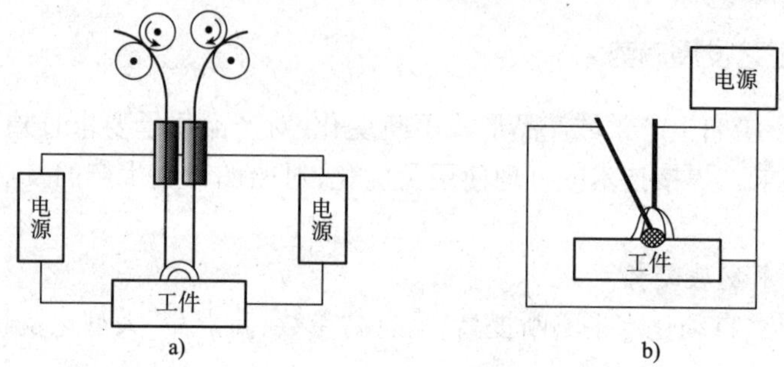

图 0-2 双丝焊示意

a) 串列双丝焊;b) 双丝预热填丝焊

(5) 搅拌摩擦焊(FSW)。搅拌摩擦焊是利用摩擦热引起材料内部塑性流动使工件结合的固相焊接技术。与电弧焊、激光焊和电子束焊相比,搅拌摩擦焊焊接变形较小,无气孔和裂纹等焊接缺陷,特别适合铝合金及普通熔焊技术难以焊接的金属材料。

在船舶生产领域,搅拌摩擦焊尚处于应用研究阶段。

(6) 微束等离子弧焊接。LNG 薄膜型液货舱结构采用的是薄膜因瓦(INVAR)镍钢,板厚仅为 0.7 mm,目前主要采用电阻焊和 TIG 焊焊接技术。微束等离子弧焊接技术,对于 LNG 船液货舱薄板结构的焊接具有重要意义。

此外,特种钢、铝合金及复合材料的专用高效焊条以及系列化的药芯焊丝,如金属粉型药芯焊丝、厚板打底药芯焊丝、低氢高韧性药芯焊丝及不锈钢药芯焊丝等,也步入快速开发与推广应用阶段。

思考与练习 SIKAOYULIANXI

1. 什么是焊接?焊接方法包括哪些种类?
2. 试述熔焊、压焊、钎焊的含义及实质。
3. 船舶建造常用的焊接方法有哪些?
4. 船舶焊接工艺有哪些发展趋势?

第一章　电弧焊基础

● **知识目标**

1. 熟悉焊接电弧形成机理及特性；
2. 掌握焊接电弧的稳定性及影响因素；
3. 熟悉焊缝形状与焊接质量的关系。

● **能力目标**

1. 掌握提高焊接电弧稳定性的措施；
2. 掌握引弧操作技能要点；
3. 具备焊接工艺参数对焊缝成型质量影响的分析能力；
4. 能合理制订焊缝成型缺陷的预防措施。

电弧焊是生产领域应用最为广泛的焊接技术，也是极为重要的焊接方式之一，电弧则是所有电弧焊方法的能源。

第一节　焊 接 电 弧

焊接电弧发生在电极与工件之间，是电场通过两电极间气体空间而进行的持续放电现象，通过气体放电，能将电能有效而简便地转换为热能、机械能和光能。电弧焊主要利用电弧热能熔化母材和焊接材料从而实现连接，焊接电弧的型态及稳定特性，必然对焊接过程及产品质量造成影响。

一、焊接电弧的物理基础

金属导电是通过金属内部的自由电子定向移动实现，而电弧是一种气体放电现象，是带电粒子通过两电极间气体空间的一种导电过程。一般情况下气体为中性，具有良好的绝缘性能。所以实现气体导电必须具备两个条件，即两电极间具有带电粒子以及两电极间存在一定的电势场。

焊接电源可以提供带电粒子运动所需的电势差，如能使电极间的电中性气体粒子成为带有电荷的粒子，就可以在电场作用下运动而形成电流，如图 1-1 所示。此时，两电极间气体空间成为导体，从而实现气体放电，使电弧形成。

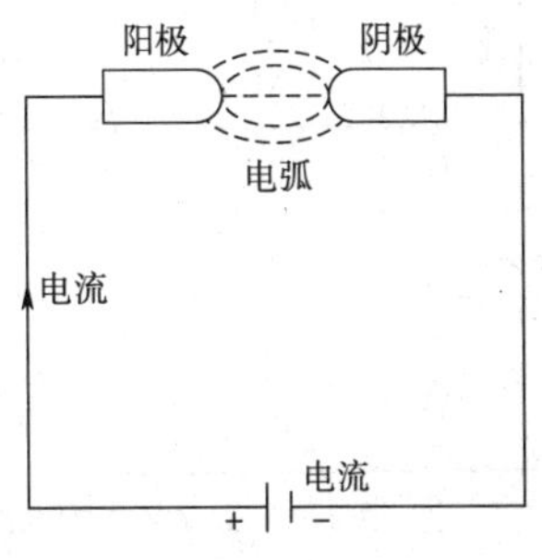

图 1-1　焊接电弧形成示意

1. 带电粒子的形成

电弧导电时，电弧气氛中的电子、正离子及负离子均参与导电。这些带电粒子的来源包括中性气体粒子的电离、金属电极发射电子及负离子形成等，其中气体电离和阴极发射电子是产

生带电粒子的两个基本物理过程，是形成电弧和维持电弧稳定不可缺少的必要条件。

1)气体电离

气体电离是指在外加能量作用下，中性的气体分子或原子分离成电子和正离子的过程，其实质是中性气体粒子吸收足够的能量，使分子或原子中的电子脱离原子核束缚实现的。

中性气体粒子失去电子所需的最小外加能量称为电离能，通常以电子伏(eV)为单位。1电子伏是指1个电子通过电位差为1V的两点间所需的能量，其数值为1.602×10^{-19}J。为便于计算，常将以电子伏为单位的能量转换为数值上相等的电离电压来表示。

当其他条件一定时，气体电离电压的大小反映了产生带电粒子的难易程度。电离电压越低，越容易产生带电粒子，即利于电弧导电；反之，电离电压高则产生带电粒子困难。不同的气体粒子，电离电压不同。显然，焊接时电弧导电的难易程度及稳定性，与其气氛中的成分有直接关系，电弧气氛中常见气体粒子的电离电压如表1-1所示。

常见气体粒子的电离电压 表1-1

气体粒子	电离电压(V)	气体粒子	电离电压(V)
H	13.5	W	8.0
He	24.5(54.2)	H_2	15.4
Li	5.4(75.3,122)	C_2	12
C	11.3(24.4,48,65.4)	Na	15.5
N	14.5(29.5,47,73,97)	O_2	12.2
O	13.5(35,55,77)	Cl_2	13
F	17.4(35,63,87,114)	CO	14.1
Na	5.1(47,50,72)	NO	9.5
Cl	13(22.5,40,47,68)	OH	13.8
Ar	15.7(28,41)	H_2O	12.6
K	4.3(32,47)	CO_2	13.7
Ca	6.1(12,51,67)	NO_2	11
Ni	7.6(18)	Al	5.96
Cr	7.7(20,30)	Mo	7.61
Mo	7.4	Ti	6.81
Cs	3.9(33,35,51,58)	Cu	7.68
Fe	7.9(16,30)		

注：括号内的数字依次为二次、三次电离电压，依此类推。

焊接时，外加能量来源不同，气体电离的方式也不同，气体电离种类主要包括热电离、场致电离和光电离。

(1)热电离。气体粒子受热作用而产生电离的过程称为热电离。热电离是由于气体粒子热运动而频繁、激烈的碰撞产生的一种电离过程。

电弧中带电粒子数量的多少对电弧稳定性起着重要作用，单位体积内电离的粒子数与气

体电离前粒子总数的比值为电离度。热电离的电离度除与材料自身电离电压有关外，还与温度及气体压力有关。随着温度升高、气体压力减小，电离度增加，从而导致电弧气氛中带电粒子数增加，电弧稳定性能增强。

(2)场致电离。在两电极间的电场作用下，气体中的带电粒子被加速，电能转换为带电粒子的动能。当带电粒子的动能增加到一定值时，可能与中性粒子发生碰撞而产生电离，该电离形式为场致电离。很明显，电场强度是决定场致电离的主要因素，电场强度越高，产生场致电离现象越显著。

热电离和场致电离均属于碰撞电离。由于电子质量极小，速度快、动能大，故在与中性气体粒子碰撞时，几乎可将其全部动能传递给中性粒子。此能量转换为中性粒子的内能，使中性粒子电离或处于活跃状态。显然，在此过程中电子的作用是最主要的。

(3)光电离。中性气体粒子在光辐射的作用下产生的电离过程为光电离。焊接电弧的光辐射只可能对K、Na、Ca、Al等金属蒸汽直接引起光电离，而对其他气体不能直接引起光电离。所以，光电离是产生带电粒子的次要途径。

2)阴极发射电子

阴极发射电子是指由阴极发射的电子在电场的作用下被加速，伴随其与导电空间的中性气体粒子碰撞而使之电离。在此过程中，阴极电子发射充当了电弧导电的"原电子源"，阴极发射电子在电弧导电过程中起着极为重要的作用。

(1)电子发射。阴极的自由电子在外加能量作用下，从阴极表面逸出的过程称为电子发射。电子逸出需要能量，1个电子从金属表面逸出所需要的最低外加能量为逸出功(A_W)，单位为电子伏。表1-2为典型金属材料的逸出功。

金属材料的逸出功

表1-2

金属种类		W	Fe	Al	Cu	K	Ca	Mg
A_W(eV)	纯金属	4.54	4.48	4.25	4.36	2.02	2.12	3.73
	表面有氧化物	—	3.92	3.9	3.85	0.46	1.8	3.31

注：因电子电量为常数，逸出功常用逸出电压U_W表示，$U_W=A_W/e$，单位为V。

逸出功的大小与电极材料种类及材料表面状态有关，当金属表面存在氧化物时，逸出功下降。

(2)电子发射种类：

①热发射。阴极表面受热作用而使其内部的自由电子热运动加速、动能增加，当一部分电子动能达到或超出其逸出功时，就可能产生电子发射现象。

热发射的能力由其材料的沸点决定。如采用沸点高的钨或碳为阴极，电极可加热到较高温度，能够提供更多的电子。

②场致发射。阴极内部的电子，由于阴极表面空间一定强度正电场的影响，使其受到电场力作用。当所受的电场力达到一定程度时，电子就会从阴极表面逸出而产生电子发射现象。

③光发射。光辐射作用到阴极表面，使阴极内电子能量达到一定程度并从阴极表面逸出。

④粒子碰撞发射。电弧中高速运动的粒子碰撞阴极，将能量传递给阴极表面的电子，使其能量增加而逸出阴极表面的现象。

焊接过程中，以上电子发射形式并存，相互促进、补充，在不同条件下起到的作用各不相同。

结合上述分析，电弧气氛中可以形成带电粒子，满足电弧导电的物质基础。同时，焊接电源具备一定的空载电压，提高了足够的电势差。在两因素的共同作用下，形成了带电粒子的定向移动，从而形成电流，完成了电弧导电过程。

2. 带电粒子的消失

电弧导电过程中，伴随带电粒子的产生也会使带电粒子消失。其主要形式有带电粒子从高浓度向低浓度的扩散，正、负带电粒子相遇而结合成中性粒子。

除此之外，在一定条件下，电子也会吸附在中性粒子表面而形成负离子。随着负离子的形成，使电弧空间电子数量减少。因负离子质量大，运动速度慢，导致电弧导电困难，电弧稳定性下降。电弧气氛中，可能形成负离子的元素包括 F、Cl、O_2、OH、NO 等，如碱性焊条 E5015，为提高脱 H 能力，药皮中加入了氟石（CaF_2），使电弧稳定性能下降。

二、焊接电弧的特性

焊接电弧的特性直接影响电弧稳定性能，从而对焊接质量带来决定性的影响。焊接电弧是一种独特的气体导电过程，与金属导电不同的是，所有带电粒子均可参与电流的形成。对于焊接电弧来说，不同的部位其特性也不相同。当电源形式发生变化时，其特性也随之改变。

1. 焊接电弧的构成

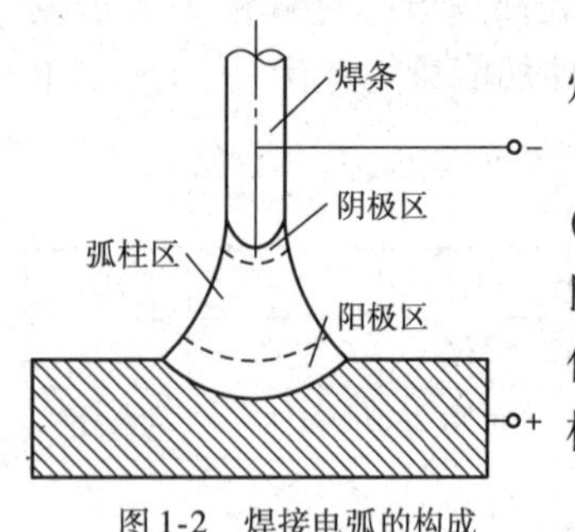

图 1-2　焊接电弧的构成

焊接电弧由阴极区、弧柱区和阳极区构成，图 1-2 为焊条电弧焊焊接电弧的构成示意。

采用直流电源时，如果工件同电源正极相连，则称为直流正接（图 1-2）。此时，工件端处于电弧的阳极区，焊条为电弧的阴极区，在阳极区与阴极区之间则为弧柱区。同样采用直流电源，如工件同电源负极相连，则称为直流反接。此时，工件端处于电弧的阴极区，焊条为电弧的阳极区。

采用交流电源时，由于电源极性按一定频率变化，使电弧阴极区和阳极区发生同步变化。

2. 焊接电弧的导电特性

焊接电弧导电，实质上是带电粒子在两电极间形成并运动的结果。焊接电弧的导电特性，是指参与形成电流的带电粒子在电弧中形成、运动和消失的过程。在电弧的不同区域内，其导电特性不同。

1）弧柱区的导电特性

弧柱的温度较高，并随电弧气体介质及电流大小不同而变，其温度大约在 5000 ~ 50000K 之间。电弧稳定燃烧时，弧柱与周围气体介质处于热平衡状态。

当弧柱区温度极高时，其中性粒子大部分电离成正离子和电子，使其处于含有中性粒子、正离子及电子等聚合的气体状态。由于其正离子和电子的空间密度相同，总电荷量相等，该状态又可称为电弧等离子体，电弧等离子体对外呈电中性，但其内部存在大量电子和正离子。这些带电粒子在电场力作用下运动，从而形成电流，所以弧柱具备良好的导电性能。因电子的质量较小，运动速度快，故弧柱中的电流主要由电子流构成。

2)阴极区的导电特性

阴极区靠近阴极,区域极小,可向弧柱区提供电子流,又可接受弧柱传导的正离子流。当阴极材料和工作条件变化时,其导电形式和特性会随之发生变化。

3)阳极区的导电特性

阴极区是指靠近阳极的很小区域,其作用是接受弧柱区传送的电子流,同时向弧柱区提供所需要的正离子流。

4)焊接电弧的静特性

电弧静特性是电弧放电现象的重要特性之一,是指在一定弧长的条件下,电弧稳定燃烧时焊接电流和电弧电压之间的关系,也称伏安特性。

焊接电弧负载为非线性负载,如图 1-3 所示。当焊接电流变化范围较大时,焊接电弧的静特性近似呈 U 形曲线,故也称 U 曲线。U 曲线可近似分为三个阶段,即下降特性段(*ab* 段)、平特性段(*bc* 段)和上升段(*cd* 段)。在 *ab* 段,电弧电压随焊接电流的增加而下降。在 *cd* 段,电弧电压随电流增加而升高,曲线上翘。在 *bc* 段,电弧电压不随电流而变化,而取决于电弧长度,电弧长度增加,电弧电压增大。

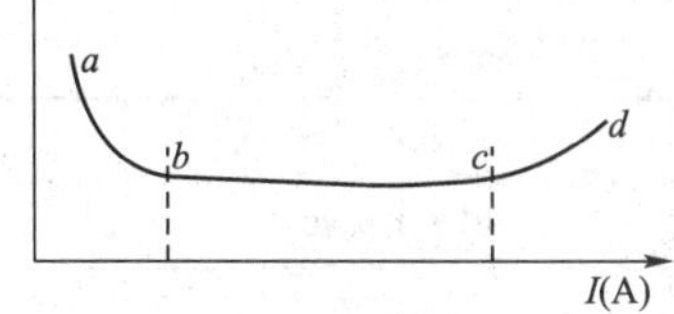

图 1-3 焊接电弧的静特性曲线

焊接方法不同,静特性曲线不同。焊接时稳定工作的使用范围,也仅体现为静特性曲线中的一部分。静特性的下降阶段,由于电弧燃烧不稳定而很少被采用,只适用于某些特殊情况(如小电流脉冲氩弧焊)。如焊条电弧焊和埋弧焊,基本在静特性的水平段工作。

3. 焊接电弧工艺特性

电弧焊以电弧作为焊接能源,利用其热能和机械能完成焊接过程。焊接电弧的工艺特性与焊接所需能量有关,主要包括热能特性、力学特性及电弧的稳定性能。

1)焊接电弧的热能特性

焊接时可以把电弧看作是将电能转换为热能的柔性导体,由于电弧三个区域导电特性不同,导致其导热特性也不同。

(1)电弧热的形成机构:

①弧柱产热。弧柱是带电粒子的通道,通道中的带电粒子在电场作用下运动。弧柱中带电粒子的运动并不是直接向两极正常运动,而是在运动中时刻伴随着激烈的碰撞。由于频繁的碰撞,带电粒子温度较高,从而将电能转换成热能和动能,其中大部分体现为热能。因质量上的差异,电子运动速度远远高于正离子,所以能量的转换几乎全部由电子承担。

正常情况下,电弧焊 80% 以上弧柱热能在对流中消耗,传导与辐射约占 10% 左右,只有极少的一部分传递给工件和焊材。电流较大而产生等离子流时,通过等离子流可向工件输送部分热量,使工件热量增加。

②阴极区产热。阴极区长度极短,靠近电极或工件,直接影响到焊丝的熔化或工件的加热。

阴极区存在两种类型的带电粒子,即电子和正离子。这两种带电粒子在不断地产生、运动和消失,实现了能量的转换和传递。

③阳极区产热。阳极区的电流由电子流和正离子流组成,其热量主要用于对阳极加热及弥补散热损失。焊接时,阳极区的热量可用于加热工件或填充材料。

(2)电弧的温度分布。电弧由三部分构成,由于各区域产热特性不同,导致温度分布存在较大区别。

在电弧轴向上,阴极区和阳极区温度较低,弧柱温度最高。原因是电极材料沸点的限制,加热温度不能超过其沸点,而弧柱区由气体或金属蒸汽构成,不受沸点的限制。

在电弧径向上,弧柱轴线温度最高,沿径向由中心向周围温度逐渐降低。

(3)焊接电弧的热功率及能量密度。焊接时所需要的热能是通过电能转换的,电弧的热功率 $P_Q = P_e = IU$,其中 P_e 为电弧的热功率,U 为电弧电压。

实际工作时,电弧的热量(P_Q,$P_Q = P_e$)不可能全部有效用于焊接。其中一部分热量由于对流、辐射及传导而损失,其余的热量用于加热、熔化工件及填充材料,为有效的热功率。

$P_{Q(有效)} = \eta P_Q$,其中 η 为有效功率系数。有效功率系数与焊接方法、焊接工艺参数及焊接环境有关,表 1-3 列出了常用焊接方法的有效热功率系数。

常用焊接方法的有效热功率系数 表 1-3

焊接方法	η	焊接方法	η
焊条电弧焊	0.65~0.85	熔化极氩弧焊	0.70~0.80
埋弧焊	0.80~0.90	钨极氩弧焊	0.65~0.70
CO_2气体保护焊	0.75~0.90		

显然,不同的焊接方法其有效热功率系数存在差异。熔化极氩弧焊,焊丝通过熔滴过渡将热量传递给工件,阴极和阳极所吸收的热量最终都施加给母材,所以热效率较高。埋弧焊电弧在焊剂层下燃烧,焊剂层起到良好的保温作用,同时弧柱的热量也用于熔化焊剂,热量利用最充分,所以其热效率最高。非熔化极电弧焊,如钨极氩弧焊电极不熔化,电极吸收的热量不能传递至母材,所以热效率较低。其他条件不变时,η 随电弧电压的升高而下降。

采用热源加热工件时,单位面积上的有效热功率称为能量密度。

电弧焊电弧加热区的能量分布并不均匀,弧柱轴线处能量密度大形成的焊缝熔深大,而周围熔深略小。很明显,能量密度大时可有效将热源用于熔化金属,并可减小热影响区,获得窄而深的焊缝,从而提高焊接生产率。等离子弧焊同 TIG 焊相比,熔深增加,焊接热源的利用率提高。

2)焊接电弧的力学特性

焊接过程中,电弧的机械能以电弧力的形式表现。电弧力可直接影响熔深、熔滴过渡及焊缝成型,并对熔池进行搅拌促使其化学成分均匀,但会导致焊接过程产生飞溅。

电弧力主要包括电磁力、等离子流力及斑点力等。

(1)电弧力及其作用:

①电磁收缩力。电流通过相距不远的两根平行导线时,会使导线间产生相互作用力,因其由电磁场所致故称为电磁力。电磁力的大小与导线中流过的电流成正比,与导线间距离成反比。电流通过导体时,可将电流看成许多相距很近的平行同向电流线组成,它们之间会产生相互吸收力。如导体形状可变,就会产生收缩现象,即电磁收缩效应,导致电磁收缩效应的力为电磁收缩力。

焊接电弧属于气体导体,可通过较大电流,其中由电磁收缩效应导致的收缩力表现为径向压力。如图 1-4 所示,将电弧看成圆锥形的气体导体,焊接电弧在电极端部直径小,在工件端直径稍大。电弧中不同直径处电磁收缩力大小不同,直径小的一端收缩压力大,直径大的一端收缩压力小,这样就会在电弧中产生压力差,导致由小直径端向大直径端产生轴向推力(图中 F)。电弧轴向推力会对熔池形成压力,又可称为电磁静压力。焊接电流越大,形成的推力 F 越大。

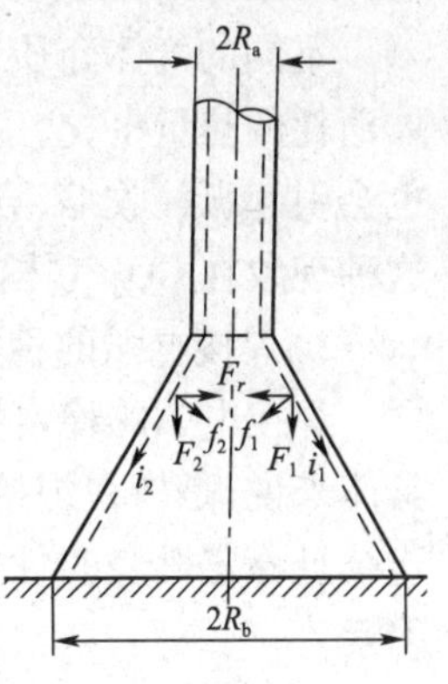

图 1-4　电磁力形成示意

电磁静压力在电弧横截面上分布并不均匀,弧柱轴线处最大,向外逐渐减小。

电弧自身引起的电磁收缩力,可使焊接熔池下凹,并对熔池进行搅拌,有利于气体及杂质排出、细化晶粒,改善焊接质量。另外,电磁收缩力可束缚弧柱扩展,进而使电弧能量更加集中,使电弧更具挺直性。需要注意的是,电磁收缩力总是指向熔池,即总是促使熔池过渡,而与焊接位置无关。

小知识:部分高温气体被电离,因正离子数与负离子数相同,所以又称为等离子气流。

②等离子流力。电磁收缩力形成的轴向推力,使靠近电极处的高温气体向工件方向流动。随着高温气体流失,要求从电极上方补充新的气体,从而形成一定速度的连续气流进入电弧区。新进入的气体又会被加热,从而形成高温气体向工件流动,如图 1-5 所示。

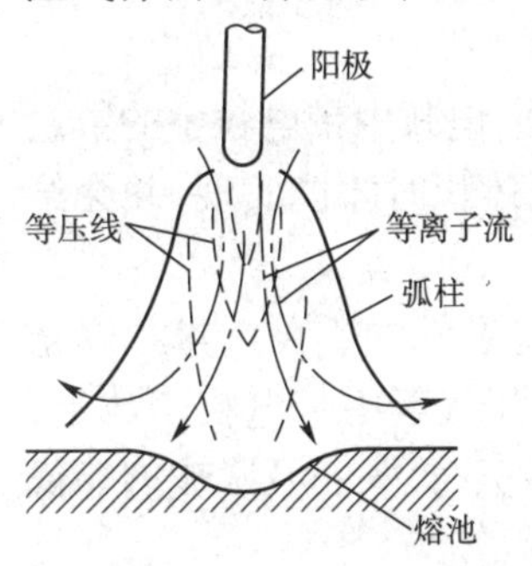

图 1-5　等离子流形成示意

如果焊接过程连续稳定进行,上述过程就不会停止,高温气体的高速运动会对熔池形成压力,此压力为等离子流力,也可称为电磁动压力。

电弧中等离子气流具有较高的速度和加速度,其产生的动压力分布与等离子流速度分布相对应。等离子流力可增大电弧的挺直性,对熔池起搅拌作用,焊接时可促使熔滴过渡,增加焊缝熔深。

③斑点力。电极上形成的斑点受到带电粒子的撞击或金属蒸发的反作用,会对斑点产生压力,称为斑点力。

阴极斑点力比阳极斑点力大,是因为阴极斑点承受正离子的撞击,阳极斑点承受电子的撞击。正离子的质量远大于电子,且阴极压降一般大于阳极压降,所以阴极斑点承受的撞击力大于阳极斑点。另外,阴极斑点的电流密度比阳极斑点大,金属蒸发产生的反作用力比阳极斑点大。

阴极斑点力和阳极斑点力的方向总是与熔滴过渡方向相反,所以斑点力阻碍熔滴过渡。阴极斑点力与阳极斑点力相比要大得多,所以在直流焊接时可通过直流反接法减少斑点力对熔滴过渡的影响。

(2)电弧力的影响因素。焊接电流增大,电磁收缩力及等离子流力增加,导致电弧力增大。

焊接电流一定时,电弧长度增加则电弧电压升高,电弧力减小。焊接电流一定时,焊丝越细,电流密度越大,电磁力和等离子流力越大,电弧力增加。

通常情况下阴极区的收缩程度比阳极区大,所以钨极氩弧焊直流正接,可产生较大的电弧力。但熔化极气体保护焊直流正接,熔滴受到的斑点力增大,阻碍其过渡,电弧力较小。

不同的气体介质,因其热物理性能不同,会对电弧产生不同的影响。导热性强、多原子气体消耗的热量多,会引起电弧的收缩,导致电弧力增加。气体流量或电弧空间气体压力增加,也会引起弧柱收缩,导致电弧力增加,同时会使斑点力增大。斑点力增大,致使熔滴过渡困难,这种现象在 CO_2气体保护焊中尤其明显。

3)焊接电弧的稳定性及影响因素

焊接电弧的稳定性,是指电弧保持稳定燃烧,即不产生断弧、飘移及偏吹等现象的能力。具体来说,是指在焊接过程中,当焊接电流和电弧电压为某一定值时,电弧放电可在长时间内连续且稳定燃烧的性能。很明显,电弧的稳定燃烧是保证焊接过程稳定及焊接质量的重要因素。

焊接电弧的稳定性,直接受操作人员技术熟练程度制约。除此之外,影响电弧稳定性的因素包括焊接电源、焊条药皮和焊剂类型以及电弧偏吹等。

(1)焊接电源:

①焊接电源的特性。焊接电源向电弧的供电形式,决定了焊接电弧的稳定程度,电源必须提供能与电弧静特性相匹配的外特性才能保证电弧的稳定燃烧。不同的焊接方法,对焊接电源的要求不同,如焊条电弧焊要求其电源具备陡降的外特性。

②焊接电源的种类。直流电源焊接时电弧极性不存在方向的变化。但采用交流电源焊接时,电弧的极性按一定频率周期性变化,导致电流和电压时刻在变化。因此交流电源焊接时,电弧稳定性比直流电源差。

③焊接电源的空载电压。焊接电源空载电压越高,电场作用越强,电弧中带电粒子的数量越多,焊接电弧燃烧越稳定。但较高的空载电压,只有电源具备较大体积时才能实现,并会给焊接生产带来危险隐患。

(2)焊条药皮和焊剂类型。焊条药皮及焊剂成分,是影响电弧稳定性的重要因素。焊条药皮或焊剂的成分中如含有低电离能的物质(K、Na、Ca),会增加电弧气氛中带电粒子数量,使电弧稳定性得以提高。如应用较为广泛的酸性焊条,其药皮中含有云母、长石及水玻璃等低电离能的物质,所以焊接时电弧燃烧稳定。

药皮或焊剂中若含有电离能较高的氟化物(CaF_2)及氯化物(KCl、NaCl)时,电离困难,必然会导致电弧燃烧不稳定。如碱性焊条在药皮中含有较难电离的氟化物等物质,虽然控制了氢含量,提高了焊缝质量,但焊接操作时电弧稳定性明显低于酸性焊条。

通常,药皮较厚的焊条比薄药皮焊条更容易保证电弧的稳定性,当药皮脱落或无药皮焊条焊接时,电弧的稳定性很难保证。

除此以外,由于焊条偏心,使电弧气体吹力在电弧周围分布不均匀,电弧稳定性也将下降。

(3)焊接电流。焊接电流增大,电弧温度升高,电弧气氛中的电离程度和热发射作用增强,电弧中带电粒子增多,所以焊接电弧稳定性提高。

> **小知识:**实验表明焊接电流增大,电弧的引燃电压降低,自然断弧的最大弧长增加,也会使电弧的稳定性增强。

(4)电弧偏吹及影响因素。在自身磁场作用下电弧具有一定的挺直性,会使电弧尽量自然保持在焊丝的轴线方向。即使焊条(或焊丝)与工件有一定倾角,电弧仍能指向其轴线方向而不是垂直工件表面,确保焊接过程顺利进行。但实际生产中由于多种因素影响,会出现电弧

周围磁力线均匀分布的状况被破坏，或在风的作用下使电弧偏离焊条（或焊丝）轴线，此现象称为偏吹，其中因磁力线不均匀分布而出现的偏吹现象为磁偏吹，如图1-6所示。

焊接电弧的偏吹现象使电弧轴线很难对准焊缝中心，导致焊接操作困难，最终使焊缝成型不规则。另外，电弧偏吹还会降低对熔池金属的保护作用，从而影响焊缝内部质量。严重的偏吹，还将导致电弧熄灭使焊接过程无法进行。

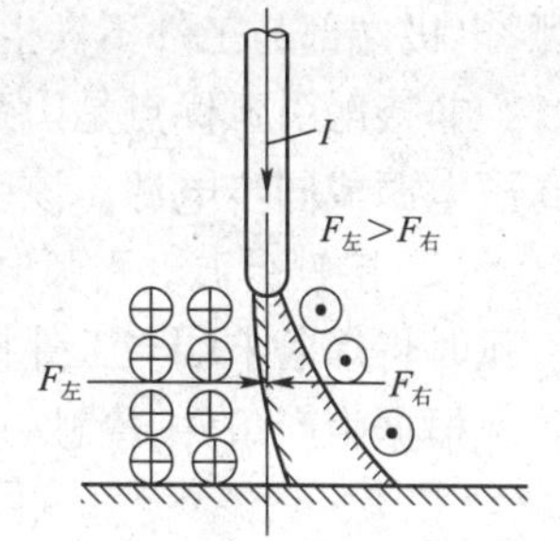

图1-6　电弧磁偏吹形成示意

导致磁偏吹现象的根本原因是电弧周围磁场分布不均匀，从而使电弧两侧电磁力不同所致。

在生产中引起磁力线不能均匀分布的原因，主要包括以下几个方面：

①导线接线位置。焊接时如导线接在工件一侧，则该侧电弧的磁力线由两部分叠加而成，即电流通过电弧及电流通过工件分别形成，而电弧另一侧磁力线则仅由电流通过电弧本身产生。显然电弧两侧受力不平衡，使电弧偏向无导线一侧，如图1-7所示。

②电弧附近存在铁磁性物体。在电弧附近放置铁磁物体时，因铁磁物体磁导率大，大多磁力线通过铁磁物体形成回路，使铁磁物体一侧磁力线变稀，造成电弧两侧磁力线分布不均匀而产生磁偏吹，电弧会向铁磁物体一侧偏移，如图1-8所示。

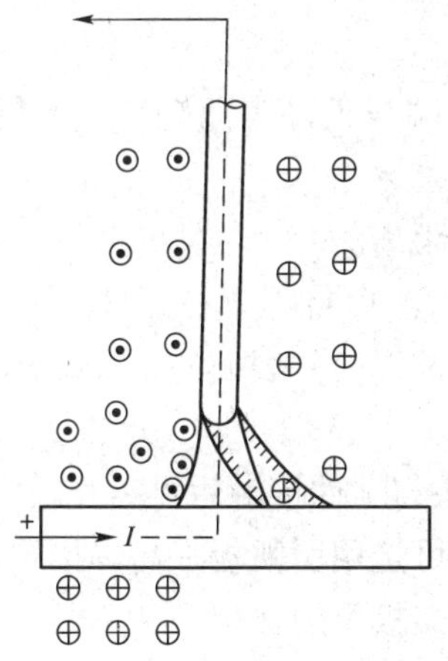

图1-7　导线接线位置引起的磁偏吹

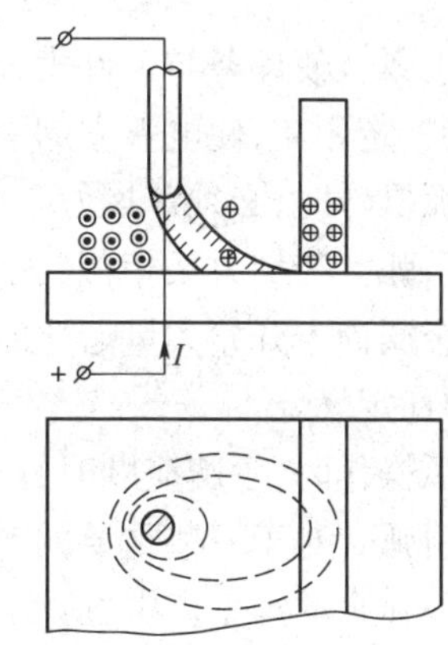

图1-8　电弧附近铁磁物体引起的磁偏吹

实际生产中为减弱偏吹的影响可考虑选用交流电源。采用直流电源工作时，应在工件两端对称接线，尽量避免电弧周围存在铁磁性物质。操作时，应使用短弧和小电流施焊，将焊条（或焊丝）向电弧偏吹方向倾斜，采用分段退焊法等，也是控制偏吹影响的有效措施。

（5）其他因素。电弧长度、工件清理质量及环境因素也会对焊接电弧的稳定性造成影响。当电弧过长时，电弧会出现剧烈摆动，破坏焊接电弧的稳定性，使焊接飞溅增大。在工件待焊接部位存在油漆、油污或水锈等杂质时，也会影响电弧的稳定燃烧。此外，强风、气流及焊条偏心等因素同样会造成电弧偏吹，导致焊接电弧稳定性下降。

三、引弧

电弧焊操作时，引燃焊接电弧即产生电弧的过程称为引弧。

1. 引弧方法

(1)非接触引弧。非接触引弧是指利用高频高压使电极末端与工件间的气体导电产生电弧,电极端部与工件不发生短路就可引燃电弧。

非接触引弧优点是引弧方便可靠,引弧时不会烧伤工件表面,但需要另外增加小功率高频高压电源或同步电源。该引弧方式在钨极氩弧焊中广泛使用,在焊条电弧焊中则很少采用。

(2)接触引弧。引弧时采用低电压、大电流放电产生电弧,依靠焊条瞬间接触工件实现。引弧时将焊条末端与工件接触形成短路,然后迅速将焊条向上提起 2 ~4mm 距离引燃电弧。

根据生产条件,接触引弧又分为敲击引弧、摩擦引弧及辅助引弧等,如图 1-9 所示。

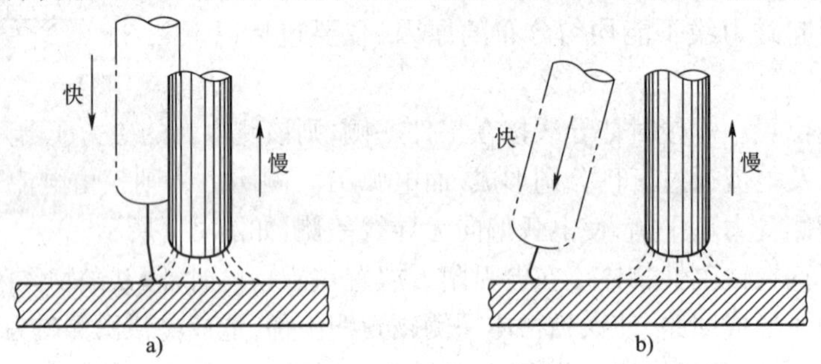

图 1-9 接触引弧示意图

a)敲击法;b)划擦法

①敲击引弧。使焊条与工件表面垂直接触,将焊条末端与工件表面轻轻一碰便迅速提起焊条,并保持一定距离,使电弧立即引燃。

敲击引弧操作时,必须掌握好手腕上下动作的时间和距离。

②摩擦引弧。与划火柴相似,先将焊条末端对准工件,然后将焊条在工件表面划擦,当电弧引燃后趁金属尚未开始大量熔化时,立即使焊条末端与被焊工件表面的距离维持在2 ~4mm之间,电弧即稳定燃烧。

摩擦引弧操作时,手腕应顺时针方向旋转,使焊条端头与工件接触后再离开。

③辅助引弧。对于一些重要的产品或某些焊接方法,可选用引弧板提高焊接质量,即辅助引弧。如在埋弧自动焊生产中,应在正式产品两端加上引弧板及熄弧板。

(3)引弧方法的应用。摩擦法引弧容易掌握,但使用不当时会擦伤工件表面,所以应在坡口处擦划,擦划长度应控制在 20 ~25mm 范围内。

在狭窄空间或工件表面不允许有划伤时,应采用敲击引弧。敲击引弧较难掌握,焊条提起动作过快电弧容易熄灭,动作过慢又会使焊条粘在工件表面。

2. 引弧技术

由于工件引弧部位温度低,焊条药皮没有充分发挥作用,容易使引弧处焊缝产生气孔,所以通常在焊缝起始点后 10mm 处引弧。引燃电弧后应迅速将电弧移至焊缝起点处进行预热,预热后压低电弧。为保证焊缝起点处焊透,焊条可作适当的横向摆动,并在坡口根部两侧稍加停留,以形成一定大小的熔池。

引弧时如焊条和工件粘连,应迅速左右摆动焊条,使焊条与工件分离。焊条仍不能脱离工件时,应立即松开焊钳并切断电源,避免短路时间过长而损坏焊机。

第二节　焊丝熔化及熔滴过渡

电弧焊工作时高温使焊丝末端熔化，形成熔滴并通过电弧空间向熔池运动的过程称为熔滴过渡，过渡至熔池的熔滴和局部熔化的母材共同构成熔池，经冷却、结晶后形成焊缝。焊丝熔化及熔滴过渡，是整个焊接过程最重要的环节，对焊接质量产生决定性的影响。

合理控制焊丝的熔化及熔滴过渡，可最大限度减少焊接飞溅，控制焊接过程的稳定，并改善焊缝成型。

一、焊丝的加热及熔化

1. 热量来源

电弧加热及熔化焊丝的热源包括电弧热、电阻热及化学热，不同焊接方法利用的热量形式不同。

如熔化极电弧焊，主要是利用阴极区或阳极区产生的热量和电流通过焊丝部分产生的电阻热。而非熔化极电弧焊，填充的焊丝主要是利用弧柱区热量以实现熔化。生产中应用广泛的焊条电弧焊，所需的热量包括电弧热、电阻热，以及焊接区各种化学反应产生的化学热。

(1)电弧热。阴极区、阳极区的电弧热与焊接电流成正比。

细丝熔化极气体保护焊、使用含 CaF_2 焊剂或碱性焊条等情况下，如用相同焊接电流焊接同一种材料，焊丝为阴极时产热功率要高于焊丝为阳极的情况。在散热条件相同时，焊丝为阴极时比焊丝为阳极时熔化速度快。

(2)电阻热。焊丝的熔化不仅受到电弧热的影响，也与电阻热有关。熔化极电弧焊，只有通过导电嘴部分的焊丝和电源接通，所以焊丝伸出部分(焊丝的干伸长)才会影响到焊丝的加热及熔化。焊丝伸出部分的电阻热功率 P_R 为：

$$P_R = I^2R = I^2\rho L_S/S$$

式中，P_R 为电阻热功率，ρ 为焊丝的电阻率，L_S 为焊丝的伸出长度，S 为焊丝的横截面积。很明显，熔化焊丝的电阻热取决于焊丝伸出长度、横截面面积及焊丝材料本身。

2. 焊丝的熔化特性

焊丝的加热及熔化，是在电弧热和电阻热(有时)共同作用下完成的。焊丝的熔化特性，是指焊丝熔化速度与焊接电流之间的关系，是决定焊接稳定性及生产效率的重要环节。

焊丝的熔化特性与焊丝材料及焊丝直径有关。焊丝材料不同，其物理性能也不同，当其他条件一致时，焊丝的电阻率及熔化系数越大，焊丝的熔化速度越快。成分及规格相同的焊丝，其熔化速度随着焊接电流与焊丝伸出长度发生变化。

使用熔化极电弧焊焊接时，必须控制焊丝的熔化速度，使之等于送丝速度，才能保证焊接过程稳定。不同成分和直径的焊丝，如果制定了合理的熔化特性曲线，在焊接生产时就可以根据曲线确定相应的焊接电流。图 1-10 为熔化极氩弧焊焊丝直径变化时的熔化特性曲线，图 1-11为熔化极氩弧焊不锈钢焊丝伸出长度变化时的熔化特性曲线。

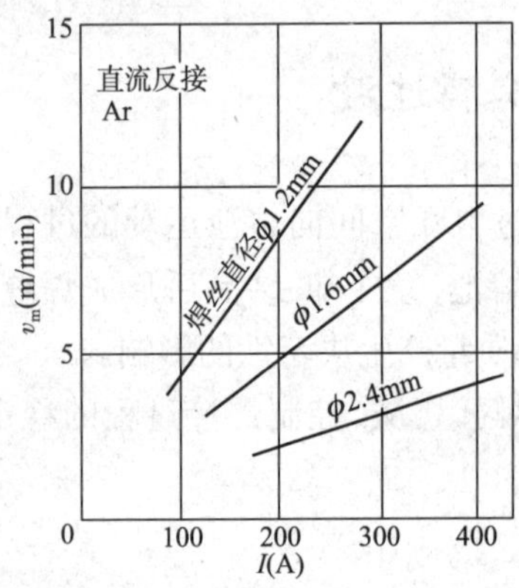

图 1-10 熔化极氩弧焊不同直径焊丝的熔化特性曲线

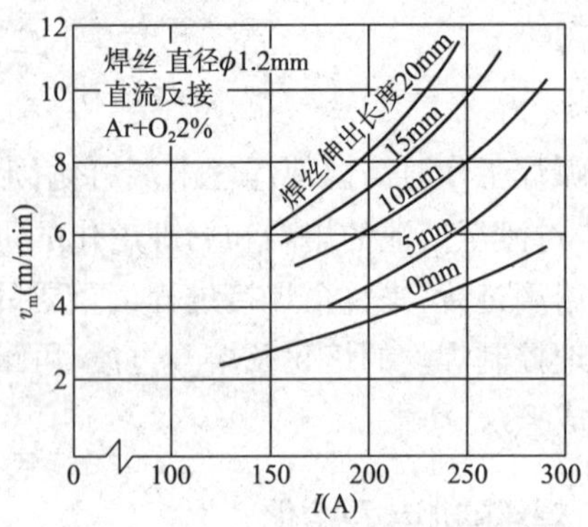

图 1-11 熔化极氩弧焊不锈钢焊丝不同伸出长度的熔化特性曲线

二、熔滴的作用力

电弧焊时焊丝或焊条端部受热熔化形成熔滴,并向母材过渡与局部熔化的母材构成熔池,经冷却、结晶后形成焊缝,而熔滴的作用力是影响熔滴过渡及焊缝成型的主要因素。熔滴上的作用力种类较多,可分为重力、表面张力、电弧力、熔滴爆炸力和电弧气体吹力等,作用力性质不同起到的作用也不相同。

1. 重力

重力大小主要受熔滴大小影响,其方向始终向下。焊接位置不同,重力对熔滴过渡的影响不同,平焊时重力促使熔滴过渡,其余位置则阻碍熔滴过渡。

2. 表面张力

表面张力是指焊丝端部保持熔滴存在的作用力,在其作用下熔滴表面积减小,聚集成球形悬挂在焊丝末端。当促使熔滴过渡的力超过表面张力时,熔滴才会从焊丝端部脱离向熔池过渡。

表面张力:

$$F_{\sigma}=2\pi R\sigma$$

式中,R 为焊丝半径,σ 为表面张力系数。σ 的大小与材料成分、温度及气体介质等因素有关。当熔滴上含有活化物质(O_2、S 等)或熔滴温度升高时,表面张力系数减小,利于形成细颗粒熔滴过渡。此外,表面张力与焊丝直径近似成正比。

> **小知识:** 平焊时,熔滴表面张力阻碍熔滴过渡,所以可减小表面张力的措施都利于熔滴过渡。
>
> 焊丝末端熔滴与熔池金属接触短路过渡时,液态熔池的表面张力可将熔滴拉入熔池。

3. 电弧力

电弧力是指电弧对熔滴和熔池的机械作用力,包括电磁力、等离子流力及斑点力等,不同的电弧力对熔滴的过渡作用不同。在熔化极电弧焊中,电弧力及等离子流力可促使熔滴过渡,斑点力总是阻碍熔滴过渡。需要注意的是,电流较小时对熔滴过渡起主要作用的是重力和表面张力,只有电流较大时电弧力才对熔滴过渡起主要作用。

4. 熔滴爆炸力

熔滴内部因冶金反应生成气体或含易蒸发金属时，电弧高温会使气体聚积、膨胀而产生较大的内压力，导致熔滴爆破，此压力为熔滴爆破力。

熔滴爆破力可促使熔滴过渡，但也会产生焊接飞溅。

5. 电弧气体吹力

焊条电弧焊药皮熔化滞后于焊芯，在焊条端部会形成了套筒。药皮中造气剂产生的气体，以及焊丝中碳被氧化形成的CO气体等，在高温作用下急剧膨胀，从套筒中喷出，形成电弧气体吹力。

任何焊接位置，电弧气体吹力均促使熔滴过渡。

三、熔滴过渡的形式

熔滴过渡在高温电弧中完成，直接参与了焊接冶金过程，并对焊接电弧的稳定及焊缝成型产生极大影响。熔滴过渡形式主要包括自由过渡、接触过渡及渣壁过渡等，熔滴过渡过程十分复杂，其具体形式随焊接参数等因素发生变化。

1. 自由过渡

焊接时熔滴经电弧空间自由飞行，焊丝（焊芯）端部与熔池之间不直接接触的过渡方式为自由过渡。自由过渡主要包括滴状过渡、喷射过渡及爆炸过渡三种形式。

1）滴状过渡

滴状过渡时熔滴直径比焊丝直径大，电弧较长、电弧电压较高，如图1-12所示。当焊接电流、电源极性及保护气体种类发生变化时，熔滴大小有所变化，可进一步将其分为粗滴过渡及细滴过渡。

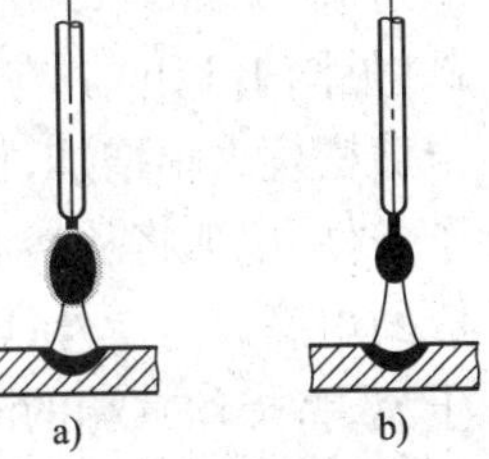

图1-12　滴状过渡
a）粗滴过渡；b）细滴过渡

（1）粗滴过渡。焊接电流较小、电弧电压较高时，因电弧较长，熔滴与熔池不接触，熔滴尺寸会逐渐长大，当促使过渡的力克服阻力时熔滴便可脱离焊丝端部进入熔池，形成粗滴过渡（图1-12a）。

粗滴过渡时熔滴存在时间长、尺寸大，形成的飞溅较大，导致电弧的稳定性及焊接质量下降。

（2）细滴过渡。当焊接电流较大时，相应的电磁收缩力增加、表面张力减少，熔滴存在的时间缩短，使熔滴细化、过渡频率增加，从而形成细滴过渡（图1-12b）。

细滴过渡时电弧稳定性及焊接质量提高，飞溅减少，在生产中应用广泛。

当气体介质及焊接材料不同时，细滴过渡特点也不同。如CO_2气体保护焊及酸性焊条电弧焊，熔滴呈非轴向过渡；而在铝合金熔化极氩弧焊或活性气体保护焊使用较大电流焊接钢件时，熔滴呈轴向过渡。

一般来说，熔滴轴向过渡时焊接飞溅比非轴性过渡要小。

2）喷射过渡

喷射过渡是指细小的熔滴从焊丝端部连续不断地以高速度冲向熔池的过渡形式，如图1-13所示。在氩气或富氩气体作为保护气体时容易出现喷射过渡，如熔化极氩弧焊和活性气体保护焊。喷射过渡时熔滴过渡频率快，飞溅小，电弧稳定且热量集中，对工件的穿透力较强，容易得到明显的指状熔深，不适宜焊接较薄工件。

(1)射滴过渡。在某些条件下,形成的熔滴尺寸与焊丝直径相近,焊丝金属以较明显的分离熔滴形式和较高的加速度沿焊丝轴向射向熔池的过渡形式称为射滴过渡,见图1-13a)。

(2)射流过渡。在某些条件下,因电弧热和电弧力作用,焊丝端头熔化的金属被压成铅笔尖状,以细小的熔滴从液柱尖端高速轴向射入熔池的过渡形式称为射流过渡。这些直径远小于焊丝直径的熔滴过渡频率很高,像在焊丝端部存在一条流向熔池的金属液流,见图1-13b)。

射流过渡的形成比较复杂,其形成机理如图1-14所示。

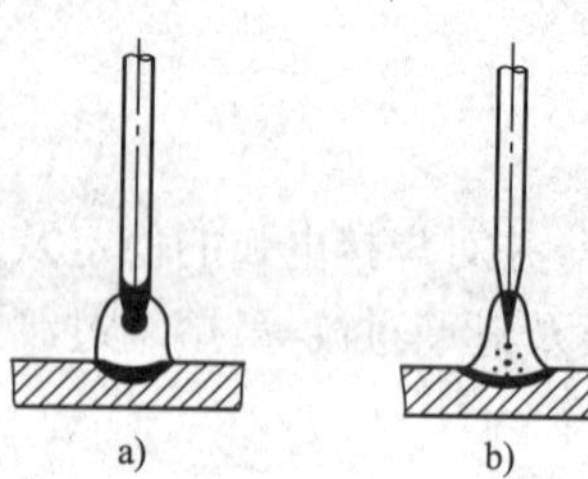

图1-13 喷射过渡
a)射滴过渡;b)射流过渡

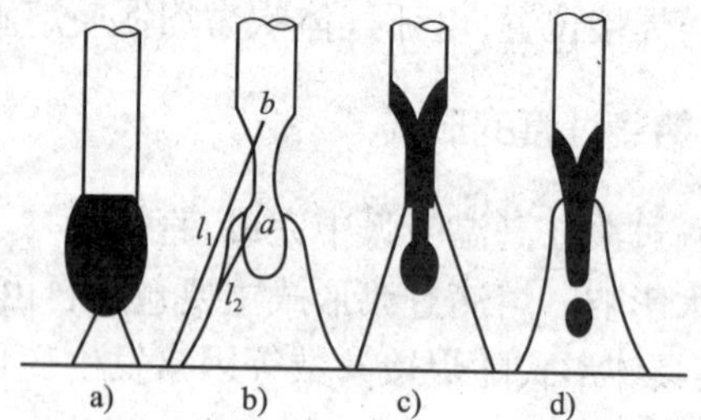

图1-14 喷射过渡形成机理示意图

在氩气或富氩保护气体中,当焊接电流较小时,电磁收缩力较小,在重力作用下熔滴呈粗滴过渡,见图1-14a)。随焊接电流增加,电弧的电极斑点笼罩面积逐渐扩大,会达到熔滴根部,见图1-14b)。在此前提下,熔滴与焊丝间会形成细颈,因全部电流都在细颈处流过,导致电流密度大幅增加,使细颈处过热,其表面产生大量金属蒸气,为细颈表面产生电极斑点提供了条件,电弧将从熔滴根部跳至细颈根部,见图1-14c)。当跳弧现象形成后,焊丝末端已经形成的熔滴脱离焊丝,电弧则变为图1-14d)所示的圆锥形状,该圆锥形状利于形成较强的等离子流,将焊丝末端的液态金属削成铅笔尖状。

在电弧力作用下,铅笔尖状的液态金属以细滴状连续不断冲向熔池,此时熔滴细小,过渡频率及过渡速度较高。

3)爆炸过渡

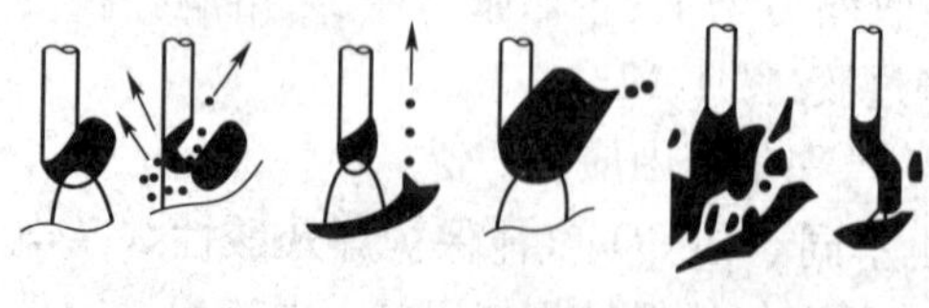

图1-15 爆炸过渡

爆炸过渡是指焊接时,当电弧气氛中含有CO_2或使用CO_2气体保护时,有时会因气体膨胀而发生爆炸现象,爆炸往往使部分熔滴金属形成飞溅,只有很少部分金属正常过渡。

图1-15为爆炸过渡形成示意。

2. 接触过渡

接触过渡是指焊接时,焊条(或焊丝)端部形成的熔滴未发生自由飞行而是与熔池表面直接接触过渡。根据熔滴与熔池接触前的大小,可将接触过渡分为不同的型态。

1)短路过渡

焊接过程中电弧引燃后,伴随电弧燃烧,焊条(或焊丝)端部熔化形成熔滴并逐渐长大。当电流较小、电弧电压较低时,弧长较短,熔滴还未长成大滴就与熔池接触而形成液态金属短

路，并导致电弧熄灭，熔滴过渡至熔池，即形成短路过渡。当熔滴脱落后电弧又重新引燃，为短路过渡作准备，如此交替进行。

熔化极电弧焊中，细丝气体保护焊及碱性焊条电弧焊生产，熔滴过渡形式主要为短路过渡。

(1)短路过渡过程。短路过渡由燃弧和熄弧两个交替的阶段组成，电弧燃烧过程不连续，如图1-16所示。

电弧引燃后（图1-16中1），焊丝受热端头开始熔化并形成熔滴（图1-16中2）；随焊丝熔化，熔滴继续长大（图1-16中3），此时电弧向焊丝传递的热量减少，焊丝熔化速度减慢，而焊丝仍以一定的速度送进，送丝速度比熔化速度快，使熔滴接触熔池造成短路（图1-16中4）；短路瞬间电弧熄灭，电弧电压急剧下降；随短路电流的迅速上升，在电磁收缩力和其他电弧力的共同作用下，熔滴与焊丝之间形成缩颈（图1-16中5），并逐渐变细（图1-16中6）；当短路电流上升到一定数值时，缩颈爆断，熔滴过渡到熔池中，电弧电压迅速恢复到空载电压，电弧重新引燃（图1-16中7）。此后，重复上述过程。

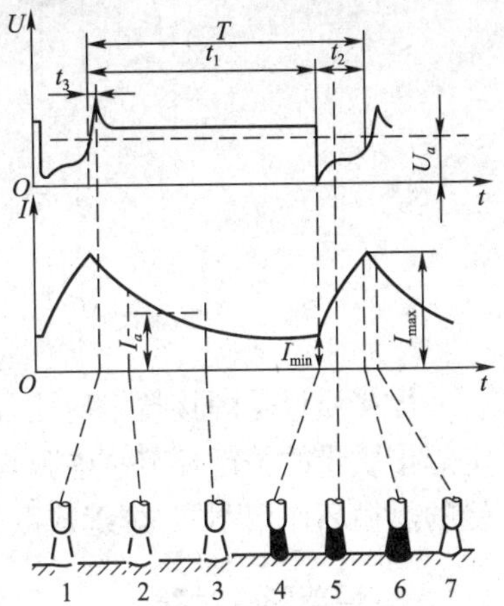

图1-16　短路过渡过程示意

T-短路周期；t_1-燃弧时间；t_2-短路时间；t_3-电压恢复时间；I_{min}-最小电流；I_{max}-短路峰值电流；U_a-平均电压；I_a-平均电流

(2)短路过渡的特点：

①燃弧、熄弧过渡交替进行，燃弧时电弧对工件进行加热，熄弧时熔滴缩颈并过渡到熔池。很明显通过对电弧燃烧及熄灭时间进行调整，可控制工件的热输入量，有效控制焊缝成型。

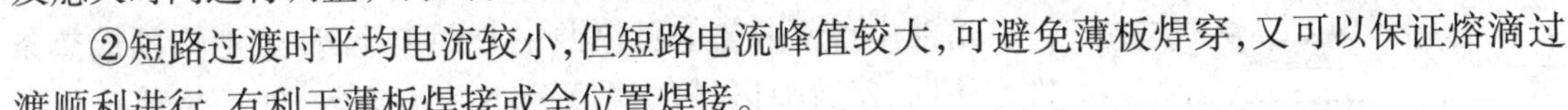

②短路过渡时平均电流较小，但短路电流峰值较大，可避免薄板焊穿，又可以保证熔滴过渡顺利进行，有利于薄板焊接或全位置焊接。

③焊接时多采用直径较小的焊条或焊丝，电流密度较大，电弧热量集中，焊接速度快。同时，其电弧较短，工件受热面积较小，可减少热影响区宽度及焊接变形量，提高焊接质量。

图1-17　搭桥过渡示意

2)搭桥过渡

搭桥过渡是指焊接时焊丝没有电流通过，在电弧热作用下焊丝熔化形成熔滴并与熔池直接接触，从而过渡到熔池中的熔滴过渡形式，如图1-17所示。

如钨极氩弧焊和气焊，熔滴以搭桥过渡形式进入熔池。

3.渣壁过渡

渣壁过渡又称附壁过渡，是指熔滴沿熔渣壁面流入熔池的过渡形式，只出现在埋弧焊和焊条电弧焊中。

埋弧焊焊接时，电弧在熔渣形成的空腔内燃烧，熔滴主要通过渣壁流入熔池，只有少量熔滴通过空腔内的电弧空间进入熔池，如图1-18a)所示。

焊条电弧焊采用较厚药皮焊条或焊条质量较差时，焊芯熔化速度比药皮快，就会在焊条端部形成一定角度的药皮套筒，使熔滴沿套筒壁落入熔池，形成渣壁过渡，如图1-18b)所示。除此以外，焊条电弧焊的熔滴过渡形式还包括粗滴过渡、细滴过渡及短路过渡，过渡形式主要取决于药皮成分和厚度、焊接参数等因素。

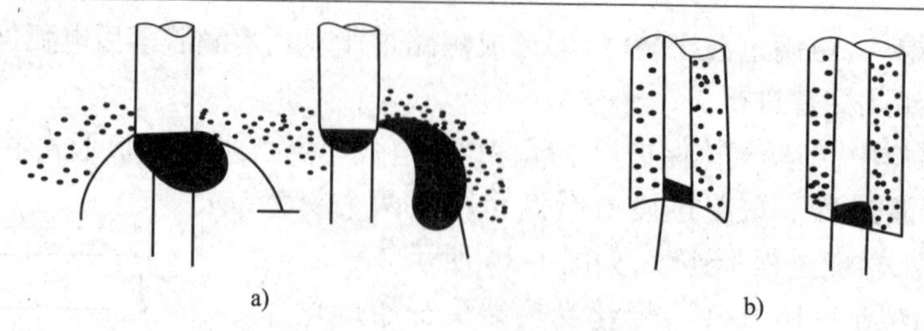

图 1-18　渣壁过渡示意

第三节　焊缝成型

焊接质量是焊接技术应用及发展的重要保证，焊缝成型质量影响着焊缝的内部质量，是决定焊接质量的关键环节。电弧焊过程中，熔化焊丝与焊接热源不断移动，致使不同位置焊缝所受的热循环作用不同，焊缝成型特点和规律也不同。

一、焊缝形成过程

焊接过程中，电弧热作用使焊丝与母材熔化，在工件上形成具有一定形状和尺寸的液态熔池。随电弧移动，熔池前端的工件不断熔化进入熔池，熔池后部随电弧远离不断冷却、结晶形成焊缝，如图 1-19 所示。

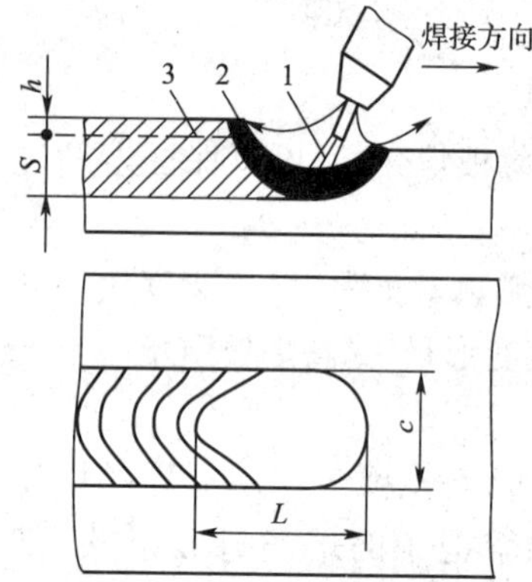

图 1-19　熔池形状与焊缝形成示意
1-电弧；2-熔池金属；3-焊缝金属；S-熔池深度；L-熔池长度；c-熔池宽度；h-焊缝余高

熔池的形状不仅决定了焊缝的形状，而且对焊缝的组织、力学性能及焊接质量产生重要的影响。

熔池中各部分与电弧热源中心距离不等，熔池周围散热条件也不同，使熔池区域的温度分布并不均匀，处于熔池正下方（头部）部位温度最高，而远离电弧（尾部）部位温度低，导致熔池的凝固有先后之分。

1. 熔池的体积及形状

对于一定的工件，熔池的体积主要由电弧的热作用确定，其形状主要取决于电弧对熔池的作用力。焊接时熔池受到的作用力，主要包括电弧静态和动态电磁压力、熔滴过渡的冲击力、液体金属的重力、表面张力及化学反应产生的附属力等。电弧压力作用可使熔池表面形成凹坑，电流密度越大，电弧动压力越大，熔池表面的凹坑越深。熔滴过渡的机械冲击力也会对熔池表面形状产生很大的影响，由于喷射过渡时冲击力较大，会使熔池形成很深的凹坑。

接头形式及空间位置不同，重力和表面张力对熔池的作用也不同；焊接工艺方法和焊接参数不同，熔池体积和熔池长度等也不同。平位施焊熔池处于最稳定的位置，容易得到成型良好的焊缝。在生产中常采用焊接翻转机或焊接变位机等装置回转或倾斜工件，使接头处于水平或船型位置进行焊接。在立位、仰位等空间位置焊接时，由于重力的作用使熔池金属有下淌趋势，因此应限制熔池的尺寸或采取特殊措施控制焊缝成型。如气电立焊和电渣焊中，应采用强迫成型装置控制焊缝成型。

2. 焊缝的结晶

焊缝的结晶过程与熔池的形状有着密切的关系，因而对焊缝的组织、质量产生重要影响。焊缝结晶总是从熔池边缘处母材半熔化的原始晶粒开始，沿熔池散热的相反方向进行，直至熔池中心与不同方向结晶而来的晶粒相遇终止。显然，焊缝晶粒为柱状晶，其方向均与熔池池壁垂直，如图 1-20 所示。

通过焊缝横截面观察，当焊缝宽度与深度之比较小（图 1-20b）时，焊缝晶粒在焊缝中心交叉，容易使低熔点结晶物及杂质聚焦在焊缝中心而产生裂纹、气孔及夹渣缺陷。通过焊缝水平截面观察，焊缝尾部形状决定了晶粒的交角，尾部越细长（图 1-20d），焊缝中心的杂质偏析越严重，产生纵向裂纹倾向越大。

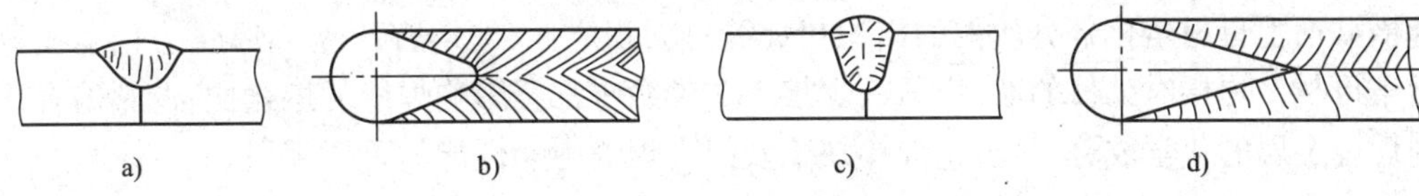

图 1-20 熔池形状对焊缝结晶的影响

二、焊缝形状与质量的关系

焊缝的形状是指工件熔化区横截面的形状，可用焊缝的有效厚度（熔深）S、焊缝宽度（熔宽）c 和余高 h 三个参数描述。图 1-21 为对接接头和角接接头焊缝形状及焊缝形状参数的表示方法。

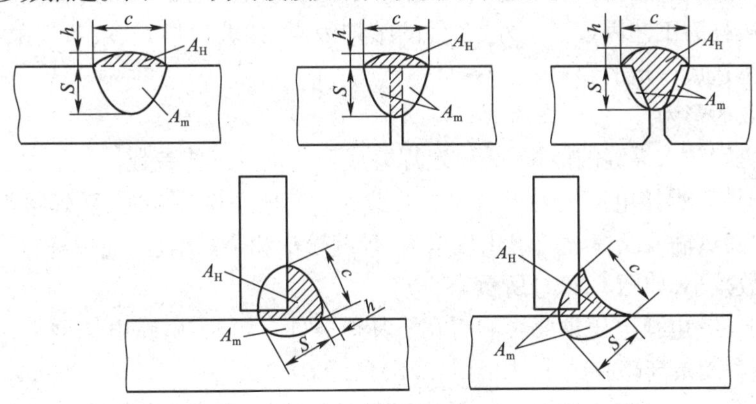

图 1-21 对接和角接接头的焊缝形状及尺寸

合理的焊缝形状要求熔深、熔宽及余高之间的比例适当，生产中主要用焊缝成型系数和余高系数来表示焊缝成型特点。

焊缝成型系数：

$$\phi = c/S$$

余高系数：

$$\psi = c/h$$

焊缝的有效厚度是衡量焊缝质量优劣的主要指标。外观检验时，焊缝宽度、余高与焊缝有效厚度应符合规范比例。

实际生产中，利用热量集中的热源，可获得成型系数较小的焊缝（焊缝深而窄），减小了焊接热影响区宽度并提高了热效率。但成型系数过小，焊缝枝晶在焊缝中心交叉，低熔点杂质容易在焊缝中心聚集，焊缝截面过窄又不利于有害物质从熔池中逸出，导致结晶条件恶化，容易

产生气孔，增大产生夹渣和裂纹倾向。

> **小知识：**实际生产中，在保证焊透的前提下焊缝成型系数的大小，应根据焊缝产生裂纹和气孔的敏感性来确定。

除了合理的焊缝成型系数，理想的焊缝成型其表面应与工件平齐。存在余高时，焊缝与母材连接处不能平滑过渡，会因几何尺寸的突变产生应力集中，使焊接结构的承载能力减弱。所以，对于特别重要的承受动载负荷作用的构件，可对带有余高的焊缝进行处理，人工将余高磨平。重要的角接接头，应在焊后将余高打磨成凹形。但大多数情况下，为保证焊缝强度，一般焊缝允许有适当的余高，如在有些规范中允许对接接头余高控制在0～4mm之间。

表示焊缝横截面形状特征的另一个重要参数为焊缝的熔合比。熔合比是指单道焊时，在焊缝横截面上母材熔化部分所占的面积与焊缝总面积之比，即熔合比越大焊缝的化学成分越接近于母材。焊接时工件的坡口形式、焊接工艺参数等都会影响焊缝的熔合比，调整熔合比可控制焊缝金属的化学成分，是防止焊接缺陷及提高焊缝力学性能的重要手段。

三、焊接工艺参数对焊缝成型的影响

电弧焊的工艺参数包括焊接参数和工艺因素，不同的焊接工艺参数对焊缝成型的影响不同。通常将对焊接质量影响较大的焊接工艺参数，称为焊接参数，如焊接电流、电弧电压、焊接速度及焊接线能量等。其他工艺参数，如焊条（或焊丝）直径、电源种类及极性、电极和工件倾角、保护气体等，称为工艺因素。此外，工件的结构因素，如坡口形式、坡口间隙、工件厚度等，也会对焊缝成型造成一定的影响。

1. 焊接参数的影响

焊接参数决定输入焊缝的能量，是决定焊缝成型的重要工艺参数。

（1）焊接电流。焊接电流主要影响焊缝的熔深。其他条件一定时，随焊接电流增加，电弧力、电弧对工件的热输入及焊丝的熔化量增大，焊缝熔深和余高增加，而焊缝宽度变化较小，导致焊缝成型系数减小，如图1-22a）所示。

（2）电弧电压。电弧电压主要影响熔宽。其他条件一定时，电弧电压增大，焊缝宽度明显增大，而焊缝熔深及余高略有减小，如图1-22b）所示。

（3）焊接速度。焊接速度的大小主要决定母材的热输入。其他条件一定时，提高焊接速度，单位长度焊缝的热输入量、焊丝金属的熔敷量均减小，使焊缝熔深、熔宽及余高减小，如图1-22c）所示。

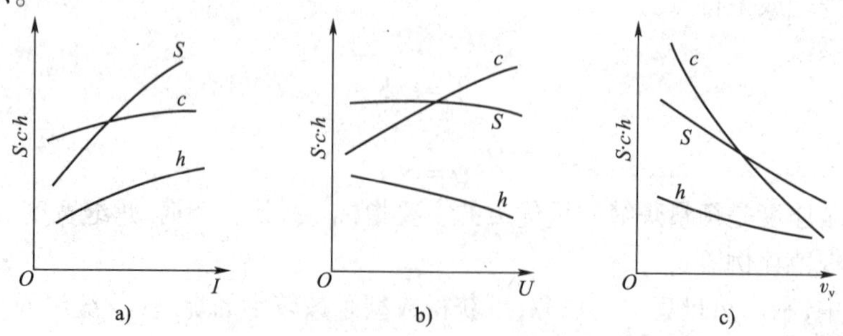

图1-22　焊接参数对焊缝熔深、熔宽及余高的影响

a）焊接电流的影响；b）电弧电压的影响；c）焊接速度的影响

2. 工艺因数的影响

(1)电源种类及极性。电流种类及极性对焊缝形状的影响主要与焊接方法有关。

熔化极气体保护焊和埋弧焊采用直流反接时,工件产生热量多,焊缝熔深及熔宽比直流正接时大。采用交流焊时,焊缝熔深及熔宽介于直流正接与反接之间。钨极氩弧焊或酸性焊条电弧焊,直接反接熔深小,直流正接熔深大,交流熔深介于直流正接和反接之间。

(2)焊丝直径与伸出长度。焊接电流、电弧电压及焊接速度不变时,焊丝直径越细(钨极氩弧焊钨极端部几何尺寸越小),电流密度越大,电磁收缩力增加,对工件的加热越集中,导致焊丝熔化量增多,焊缝熔深及余高增加。

(3)电极倾角。电弧焊时,按电极倾斜方向和焊接方向间的关系,分为电极前倾和电极后倾两种。电极前倾,焊缝熔深和余高减小,如图1-23所示。

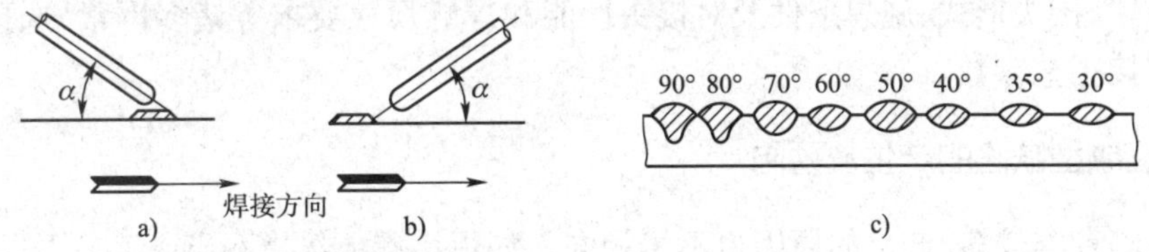

图1-23 电极倾角对焊缝成型的影响

a)后倾;b)前倾;c)前倾时倾角的影响

(4)工件倾角。实际生产中,有时因焊接结构等条件的限定,工件摆放会存在一定的倾斜角度,重力作用使熔池中的液态金属有向下流动的趋势,焊接方向不同时影响也不同。

下坡焊时,重力阻止熔池金属流向熔池尾部,电弧下方液态金属变厚,电弧对熔池底部金属的热作用减弱,焊缝熔深减小,余高和熔宽增大,如图1-24a)所示。

上坡焊时,熔池金属在重力及电弧力的作用下流向熔池尾部,电弧正下方液态金属层变薄,电弧对熔池底部金属的热作用增强,使焊缝熔深和余高增大,而焊缝熔宽减小,如图1-24b)所示。

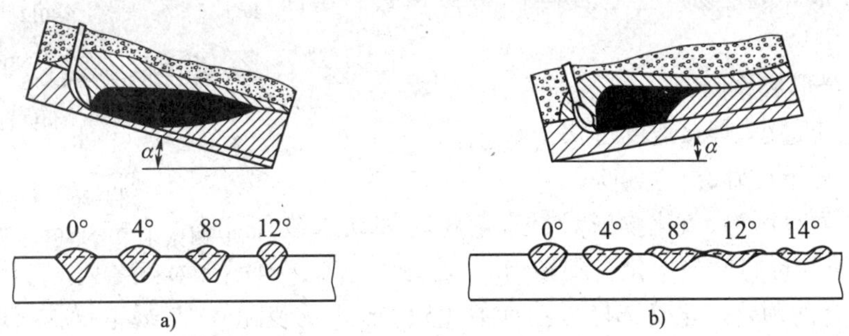

图1-24 工件倾角对焊缝成型的影响

a)上坡焊;b)下坡焊

3. 结构因素的影响

除焊接参数及工艺因素以外,在一定条件下,结构因素也会对焊缝成型造成影响。在焊缝成型质量的控制方面,结构因素的影响也是不可忽略的。

(1)工件材料和厚度。材料不同,其物理性质不同,导热特性也不同。导热性好的材料,熔化单位体积金属所需的热量多,相同条件时,得到的焊缝熔深及熔宽要小一些。工件材料密

度或黏度越大，电弧越难排开液体金属，焊缝有效厚度越小。工件厚度越大，散失的热量越多，焊缝得到的有效热量越少，使焊缝熔深及熔宽减小。

(2)坡口形式及工件间隙。焊接生产中，工件是否需要开坡口及间隙如何控制，均应视具体情况确定。

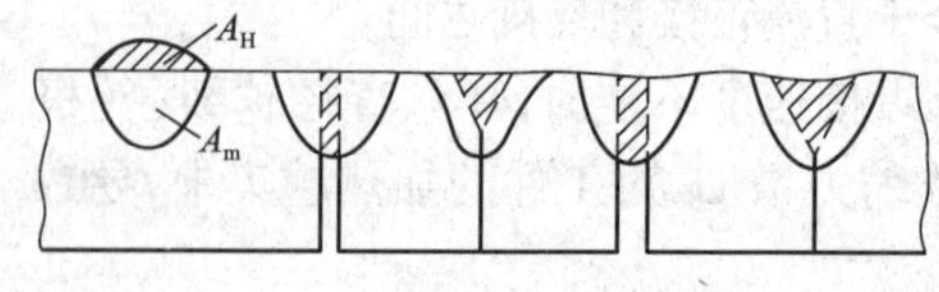

图 1-25　工件坡口和间隙对焊缝成型的影响

采用对接形式焊接薄板时不需留间隙，也不需开坡口。板厚较大时，为保证工件焊透需留一定间隙或开坡口，此时余高和熔合比随坡口或间隙尺寸的增大而减小，如图 1-25 所示。因此，焊接时常采用开坡口来控制焊缝余高和熔合比。

总之，影响焊缝成型的因素较多。为获得良好的焊缝成型，应结合工件的材料和厚度、焊缝的空间位置、接头形式、施焊条件及对接头性能和焊缝尺寸要求等诸多因素，选择合适的焊接方法和焊接工艺参数。

四、焊缝成型缺陷的产生及预防

焊接缺陷种类较多，产生的原因也不尽相同。如焊接参数选择不当或工艺因素不合理等，都会导致焊缝成型缺陷。根据 GB/T 6417.1—2005《金属熔化焊接头缺欠分类及说明》规定，可将焊接缺陷按性质、特征分为裂纹、孔穴、固体杂质、未熔合及未焊透、形状和尺寸不良及其他缺陷 6 类。

1. 未熔合和未焊透

1）未熔合

未熔合是指焊缝金属和母材或焊缝金属各焊层间未结合部分，包括侧壁未熔合、焊道间未熔合及根部未熔合。

图 1-26 为未熔合示意（GB/T 6417.1—2005）。

未熔合和未焊透处易产生应力集中，导致接头力学性能下降。

(1)未熔合形成原因：

①焊接电流过小、焊接速度过快；

②焊条角度不正确，产生偏吹；

③母材表面有污物、氧化物或母材未熔化时被铁水覆盖，使熔敷金属与母材间的熔化受到影响。

图 1-26　未熔合

4011-侧壁未熔合；4012-焊道间未熔合；4013-根部未熔合

(2)未熔合的预防。正确选择焊接参数、坡口形式及装配间隙，规范操作，注意坡口部位的清理。

2)未焊透

未焊透是指焊接时接头根部未完全熔透，或对接焊缝深度未达到设计要求的现象。图 1-27为未焊透示意（GB/T 6417.1—2005）。

适当提高焊接电流，是防止未焊透的基本方法。合理设计坡口，严格清理工件，短弧施焊等措施也可有效防止未焊透的产生。

角缝焊接时，可采用交流代替直流防止磁偏吹，以预防未焊透。

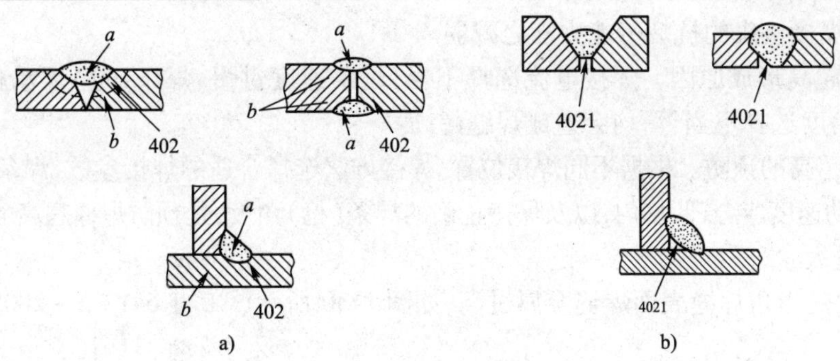

图 1-27　未焊透

a)未焊透形状;b)根部未焊透

a-实际熔深;*b*-公称熔深

2. 形状和尺寸不良

形状和尺寸不良是指焊缝外表面形状和接头的几何形状不良。

1)咬边

咬边是指母材或前一道熔敷金属在焊趾处因焊接而产生的不规则缺口,图 1-28 为咬边示意(GB/T 6417.1—2005)。

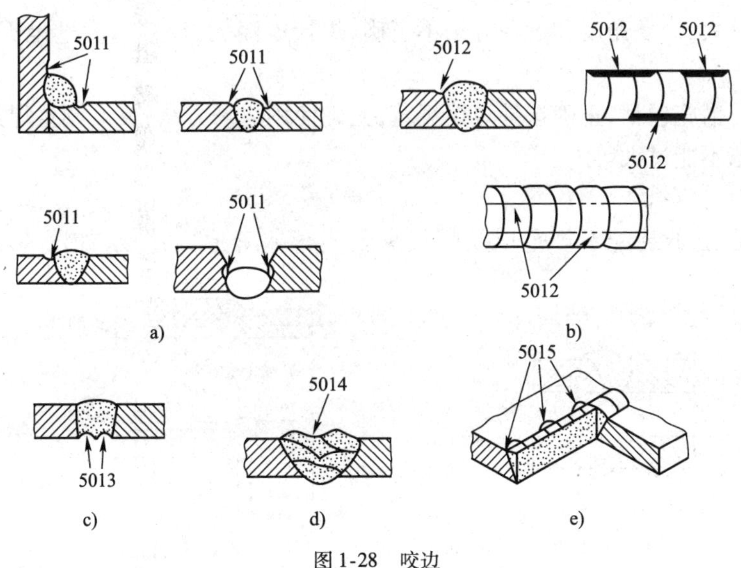

图 1-28　咬边

a)连续咬边;b)间断咬边;c)缩沟;d)焊道间咬边;e)局部交错咬边

(1)咬边形成原因。产生咬边的原因包括焊接时电弧热量过高,即由于焊接电流过大或运条速度过慢造成。另外,焊条与工件间角度不正确、摆动不合理、电弧过长以及焊接次序不合理等因素也会造成咬边。

采用直流电源施焊,电弧磁偏吹也容易导致咬边。

(2)咬边的预防。运用正确的操作姿势、选用合理的焊接规范及采用正确运条方式,可有效预防咬边。角缝施焊时,也可采用交流焊代替直流焊防止咬边产生。

2)焊缝超高

焊缝超高是指焊缝余高超过规范要求,如图 1-29 所示(GB/T 6417.1—2005)。随焊缝加

强高的增加，焊接接头的抗疲劳能力随之减弱。

(1)焊缝超高形成原因。焊接电流选择不当，运条速度过慢，焊条(枪)摆动幅度过慢，焊条(枪)施焊角度选择不当等，均会造成焊缝超高。

(2)焊缝超高的预防。根据不同焊接位置、焊接方法选择合适的焊接参数，焊条(枪)摆动幅度应规范，摆动速度应合理、均匀，以及保持正确的焊条(枪)角度，是预防焊缝超高的有效措施。

3)凸度过大

凸度过大是指角焊缝表面焊缝金属过高，如图1-30所示(GB/T 6417.1—2005)。

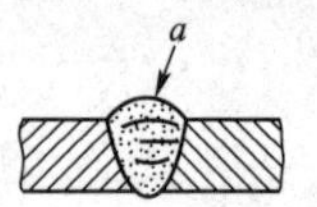

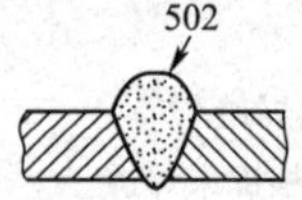

图1-29 焊缝超高

a-公称尺寸

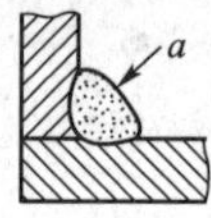

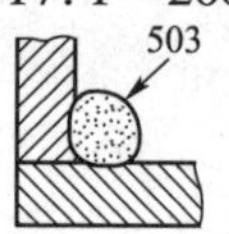

图1-30 凸度过大

a-公称尺寸

4)焊瘤

焊接时熔化的金属流淌到焊缝外未熔化的母材上，从而形成的金属瘤称为焊瘤。焊瘤不仅影响焊缝的外观，造成焊接材料的浪费，还会使夹渣和未焊透夹在其中，如图1-31所示(GB/T 6417.1—2005)。

根部间隙过大，焊条角度和运条方法不正确，焊接电流大、焊接速度过慢等因素都容易产生焊瘤。

防止焊瘤的措施包括，正确选择焊接规范，正确使用运条方法，灵活调整焊条角度，控制弧长以及根部间隙不能过大等。

5)错边

错边主要是由于装配不规范以及焊接夹具质量差等原因造成，如图1-32所示(GB/T 6417.1—2005)。

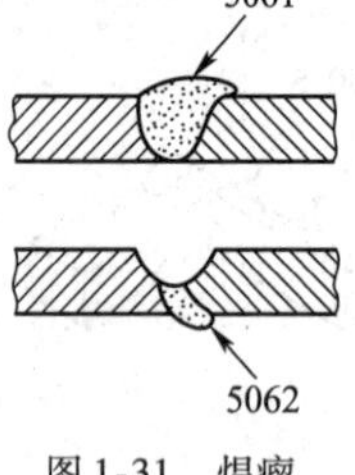

图1-31 焊瘤

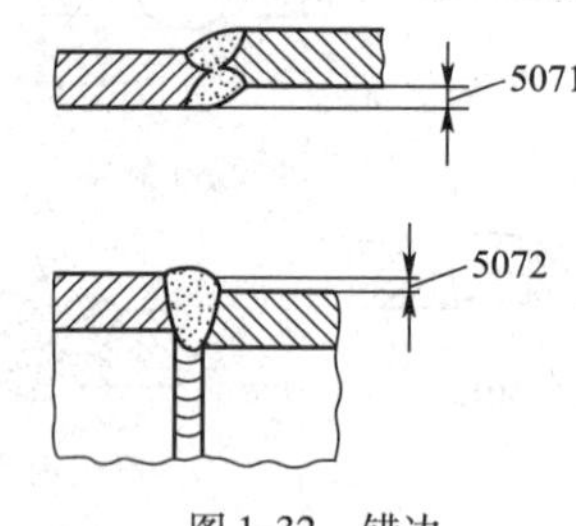

图1-32 错边

6)烧穿

烧穿是指焊接过程中，熔化金属自坡口背面流出，形成穿孔缺陷。烧穿周围常伴有气孔、夹渣、焊瘤及未焊透等缺陷，会导致焊缝有效截面积减少以及接头承载能力降低，如图1-33所示(GB/T 6417.1—2005)。

烧穿易发生在第一道焊道、薄板对接焊缝或管子对接焊缝中。

(1)烧穿成因。焊接电流过大、速度过慢，使电弧在焊缝处停留过久，易产生烧穿缺陷。另外，工件间隙过大、钝边过小也容易出现烧穿现象。

(2)烧穿的预防。选用较小焊接电流，并配合合适的焊接速度，可预防烧穿。此外，减小装配间隙，在焊缝背面加设垫板或药垫，使用脉冲焊等措施，也可有效地防止烧穿。

7)未焊满

由于填充金属不足,在焊缝表面形成的连续或断续的沟槽称为未焊满。未焊满是由于无足够的填充金属适当填入焊接接头中所致,因材料横截面上的损失而形成的表面缺陷,如图1-34所示(GB/T 6417.1—2005)。

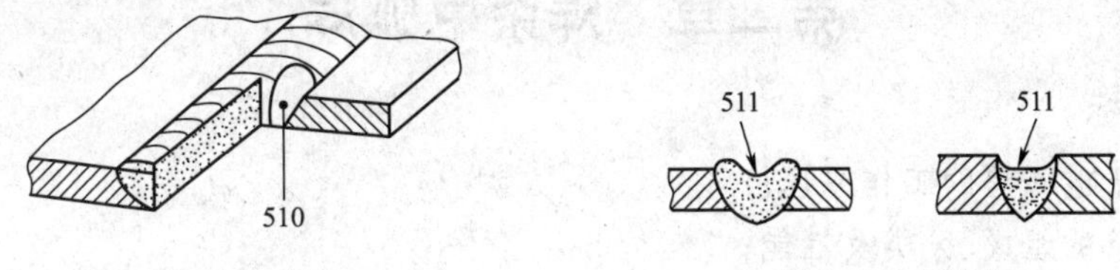

图1-33　烧穿　　　　图1-34　未焊满

未焊满减少了焊缝的有效截面积,使焊接接头的强度下降。因未焊透引起的应力集中严重,导致焊缝的疲劳强度降低。另外,未焊透可能成为裂纹源,引发严重事故。

焊接规范过低、焊条过细及运条不当等因素会造成未焊满,防止未焊满的措施包括加大焊接电流及加焊盖面焊缝等。

8)表面不规则

表面不规则的成因包括,焊接坡口角度不当或装配间隙不均匀,焊接规范选择不正确,以及焊条或焊丝过热等。

预防措施包括,正确选择焊接规范,均匀运条,避免焊条或焊丝过热。

SIKAOYULIANXI

1. 什么是焊接电弧？电弧是如何形成的？
2. 电弧导电与金属导电有什么区别？
3. 电弧导电的带电粒子是怎么形成的？各有何特点？
4. 电弧由哪几部分构成？其温度分布及带电粒子运动有何区别？
5. 电弧中存在哪些力的形式？焊接时对熔池与熔滴分别起到什么作用？
6. 什么是电弧力？其影响因素有哪些？
7. 加热及熔化焊丝的热量包括哪些形式？各有何特点？
8. 分析熔滴过渡的形式、形成原因及对焊缝成型的影响。
9. 熔池形状对焊接质量会产生什么样的影响？
10. 试述焊缝形状表示方法。
11. 什么是电弧的稳定性？分析焊接电弧稳定性的影响因素。
12. 什么是偏吹？如何控制？
13. 试述引燃电弧的操作要领。
14. 焊缝成型缺陷包括哪些？分析其产生原因。
15. 试述理想焊缝成型的含义。

第二章　焊条电弧焊

● **知识目标**

1. 熟悉焊条电弧焊的工作原理；
2. 掌握焊条的组成、分类及性能；
3. 掌握焊条电弧焊工艺参数及影响因素。

● **能力目标**

1. 掌握焊条电弧焊对电源及辅助工具的要求；
2. 能正确选用焊条；
3. 能制订典型材料的焊接工艺。

焊条电弧焊是指利用手工操作，以焊条作为熔化电极的电弧焊方法，是生产中最常用的焊接方法之一。焊条电弧焊虽然劳动强度大、生产效率低，但其使用的设备简单、操作方便灵活，可进行全位置焊接，特别适合于形状复杂结构的焊接，故在焊接生产中仍然占据着重要地位。

第一节　焊条电弧焊的基本原理、设备及工具

目前焊条电弧焊生产仍然面临许多问题，如焊接过程中的质量稳定性能，焊条电弧焊效率低、焊接环境对人体的危害、焊接电源的选择及工具配备等。熟悉焊条电弧焊工作原理，合理配备焊接电源及工具，是保证焊接稳定生产的前提，也是合理实施焊接工艺的保证。

一、焊条电弧焊的基本原理

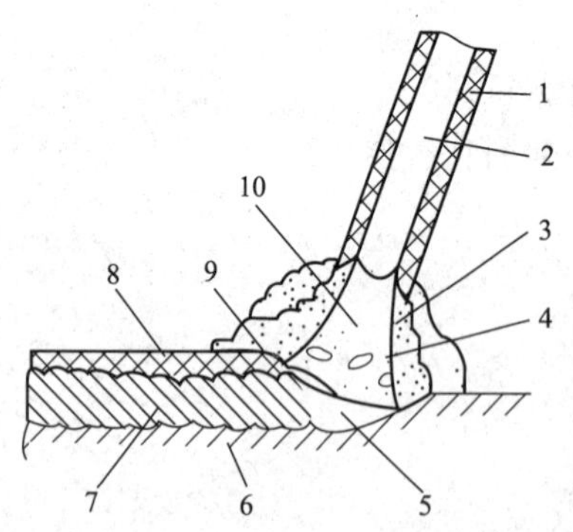

图 2-1　焊条电弧焊工作原理

1-药皮；2-焊芯；3-保护气体；4-电弧；5-熔池；6-母材；7-焊缝；8-焊渣；9-熔渣；10-熔滴

焊条电弧焊是用手工操纵焊条进行焊接的电弧焊方法，工作时利用焊条与工件之间稳定燃烧的电弧，使焊条和工件熔化，从而获得牢固的焊接接头，其原理如图 2-1 所示。

焊接时焊条药皮不断分解、熔化，产生气体和液态熔渣（焊条含造气剂、造渣剂）。气体布满电弧和熔池周围，保护焊条端部、电弧、熔池及其附近区域，防止大气对熔化金属的有害污染。电弧高温将焊芯与工件局部熔化，熔化的焊芯以熔滴形式过渡到熔池，成为焊缝的填充金属。

液态熔渣密度较小，在熔池中不断上浮，并覆盖在液体金属表面，起到保护液体金属的作用。此外，药皮熔化产生的气体、熔渣与熔化的焊芯、工件之间发生一系列冶金反应，以保证焊缝金属的性能。随电弧沿焊接方向不断移动，熔池液态金属逐步冷却、结晶形成焊缝，熔渣凝固成渣壳，对高温固态金属继续进行保护。

二、焊条电弧焊的设备及工具

为保证焊条电弧焊焊接过程顺利进行，必须构成完整的焊接回路。焊条电弧焊的焊接回路由弧焊电源、焊钳、焊接电缆、焊条、电弧、工件及地线等组成，如图 2-2 所示。

1. 弧焊电源

焊条电弧焊的电源是为电弧提供电能的设备，具备下降外特性，一般其额定电流在 500A 以下。焊条电弧焊电源可分为交流弧焊机和直流弧焊机两大类，其中直流弧焊机又分为旋转式直流弧焊发电机（现已淘汰）、弧焊整流器及逆变弧焊机等。

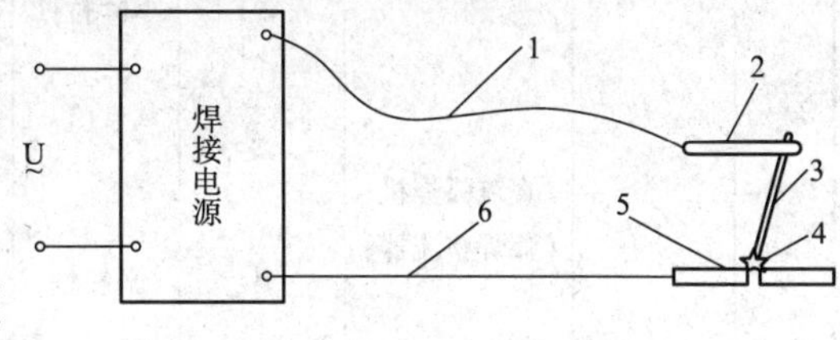

图 2-2　焊条电弧焊焊接回路

1-电缆；2-焊钳；3-焊条；4-电弧；5-工件；6-地线

（1）焊机的型号。依据 GB/T 10249—2010 电焊机型号编制方法的规定，焊条电弧焊设备的型号由汉语拼音和阿拉伯数字组成。

焊接设备型号编排如下：

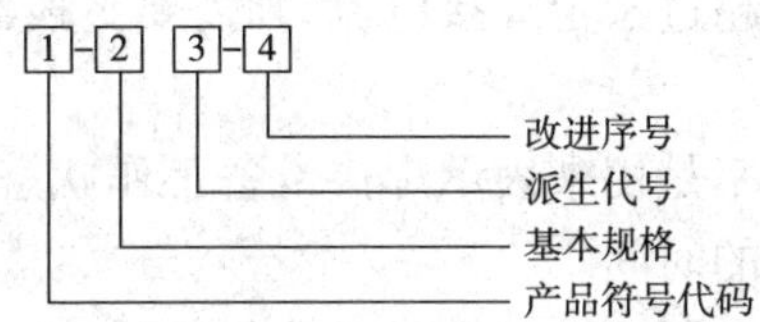

产品符号代码参照表 2-1 所示。

基本规格指焊接设备额定的焊接电流，单位为（A）

改进序号按产品改进程序用阿拉伯数字连续编写。

型号中 3、4 项如不用时，可空缺。

焊条电弧焊焊机的符号代码　　表 2-1

设备名称	第一字母		第二字母		第三字母		第四字母	
	代表字母	大类名称	代表字母	小类名称	代表字母	附注特征	数字序号	系列序号
电弧焊机	B	交流弧焊机（弧焊变压器）	X	降低特性	L	高空载电压	省略	磁放大器或饱和电抗器式
							1	动铁芯式
							2	串联电抗器式
			P	平特性			3	动圈式
							4	
							5	晶闸管式
							6	变换抽头式
	A	机械驱动的弧焊机（弧焊发电机）	X	下降特性	省略	电动机驱动	省略	直流
					D	单纯弧焊发电机	1	交流发电机整流
			P	平特性	Q	汽油机驱动	2	交流
					C	柴油机驱动		
			D	多特性	T	拖拉机驱动		
					H	汽车驱动		

续上表

设备名称	第一字母		第二字母		第三字母		第四字母	
	代表字母	大类名称	代表字母	小类名称	代表字母	附注特征	数字序号	系列序号
电弧焊机	Z	直流弧焊机（弧焊整流器）	X	下降特性	省略	一般电源	省略	磁放大器或饱和电抗器式
							1	动铁芯式
					M	脉冲电源	2	
							3	动圈式
			P	平特性	L	高空载电压	4	晶体管式
							5	晶闸管式
							6	变换抽头式
			D	多特性	E	交直流两用	7	逆变式

(2)弧焊电源的特性指标：

①额定焊接电流。额定焊接电流是指在额定负载持续率条件下，允许使用的最大焊接电流。焊接时使用的焊接电流如超过额定焊接电流，则需要更换额定焊接电流较大的弧焊电源或降低焊接工作时间。

②负载持续率。负载持续率是用来表示焊接设备工作状态的参数，是在选定的工作时间周期内允许焊接设备连续负载的时间。

③空载电压。当焊机接通电网而输出端没有接负载时，焊接电流为零，此时输出端的电压为空载电压。空载电压高，引弧容易，但电源需要较大的体积，还会危及焊工的安全。

④电源外特性。焊接电源输出电压与输出电流之间的关系，称为电源的外特性，如图 2-3 所示。

(3)弧焊电源选择。为保证焊接生产稳定，焊条电弧焊要求电源具有陡降的外特性、良好的动特性及合适的电流调节范围。

焊条电弧焊电极尺寸较大、电流密度低，在电弧稳定燃烧时，电弧特性处于 U 形曲线的水平段，所以要求电源外特性曲线与电弧静特性曲线的水平段相交，即应具备下降的外特性。

焊条电弧焊操作时，弧长经常发生变化，必然会引起焊接电流变化，从而导致熔池形状不规则。如图 2-4 所示，陡降外特性可使弧长波动时引起的焊接电流变量控制到最小，从而保证焊缝形状均匀。

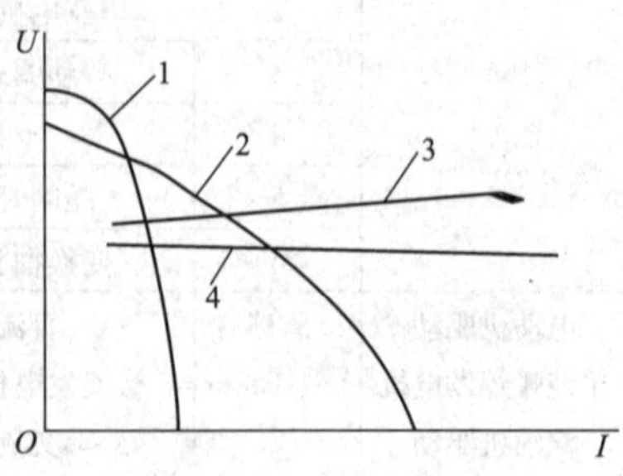

图 2-3　电源外特性曲线

1-陡降外特性曲线；2-缓降外特性曲线；3-上升特性曲线；4-平特性曲线

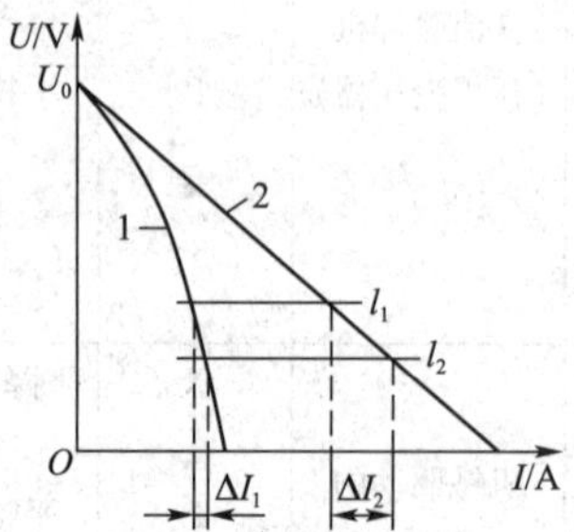

图 2-4　外特性曲线对焊接电流稳定性的影响

1-陡降外特性曲线；2-缓降外特性曲线

在正常电弧电压范围内，使用陡降带外拖的外特性电源，弧长变化时焊接电流不变，即焊缝形状不发生变化。当电弧低于拐点电压时，外特性曲线向外倾斜，使焊接电流变大，不仅增大了熔滴的推力，也使短路电流增加，利于引燃焊接电弧。

小知识：理想的电源外特性

陡降外特性能降低弧长波动引起的电流变化，保证熔池尺寸的稳定。但其短路电流较小，不利于引弧。焊条电弧焊时，理想的电源外特性是具有陡降带外拖的外特性，如图2-5所示。

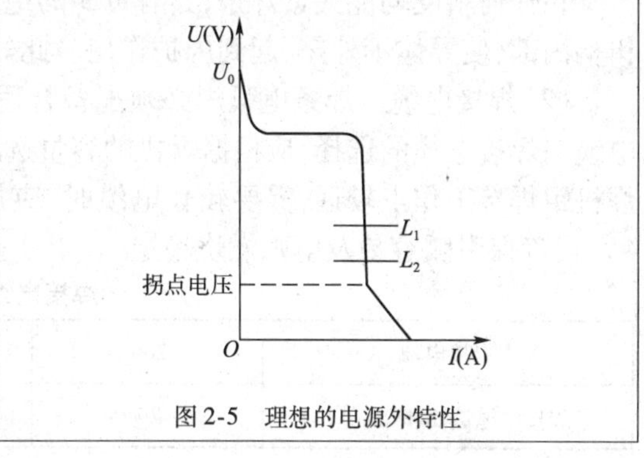

图2-5　理想的电源外特性

①电流种类。弧焊电源的种类主要根据使用的焊条类型及焊接产品的性能来确定。碱性的低氢钠型焊条必须选用直流弧焊电源，且反接；而酸性焊条则可交、直流使用，选用直流时正、反接均可。重要的产品，应选择碱性焊条施焊，一般结构可使用酸性焊条生产。

②容量选择。焊条电弧焊应根据焊接产品所需的焊接电流范围和实际负载持续率，选择弧焊电源的容量，即弧焊电源的额定焊接电流。

③空载电压。空载电压的选择应结合电弧稳定燃烧、经济性及安全性综合考虑。

④电源外特性。弧焊电源外特性曲线的形状对电弧及焊接参数的稳定性有重要影响，弧焊电源外特性曲线有很多种，可供不同的焊接方法及工作条件选用。

⑤电源调节特性。焊接电源的调节，是指调节焊接电流，改变电源的外特性。

实际生产中产品形式种类繁多，焊条直径、焊接位置、工件厚度等经常发生变化。为满足不同的焊接工艺要求，要求焊机具备良好的调节特性，以适应不同生产形式需要。

焊接电源的调节特性有以下几种情况：

第一种情况：焊接电流减小，空载电压也降低，如图2-6a)所示。很明显，此调节方式并不理想，原因是当焊接电流较小时，空载电压较低，引弧困难、电弧稳定性下降。

第二种情况：焊接电流变化时，空载电压不变，如图2-6b)所示。此调节方式是利用改变电源外特性陡降程度实现焊接电流的变化，是比较理想的调节方式，原因是焊接电流较小时，空载电压并不降低，可保证较容易引燃电弧。

第三种情况：焊接电流增大时空载电压减小，而焊接电流减小时空载电压增大，如图2-6c)所示。此调节特性是最理想的，原因是当焊接电流较小时，空载电压较高，容易引弧且电弧稳定。当焊接电流较大时，即使空载电压较低，但焊接电流和短路电流都比较大，引弧性能和稳弧性能仍能保证。

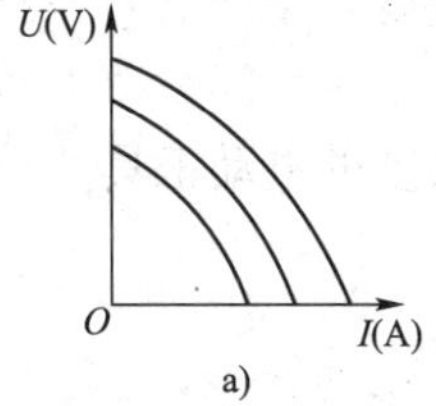

a)

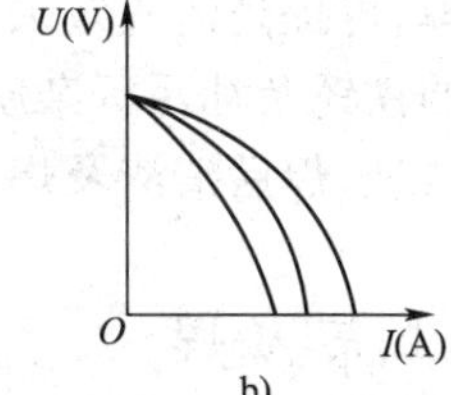

b)

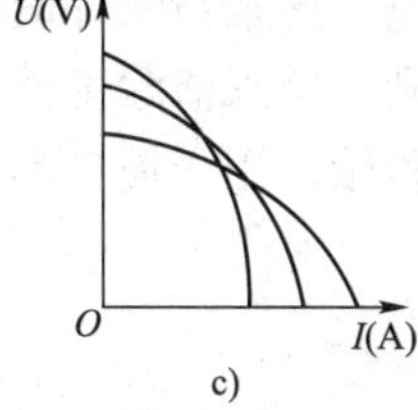

c)

图2-6　电源外特性调节时的变化

⑥电源的动特性。焊接过程中熔滴过渡时弧长发生频繁的变化,尤其短路过渡时更突出,导致焊接电弧对电源而言是一个可变负载。动负载的存在,会使电弧的燃烧过程处于不稳定状态,这就要求电源具有良好的动态特性,以适应弧长波动而引起的焊接电流和电弧电压的变化。

2. 焊条电弧焊辅助设备和工具

焊条电弧焊辅助设备和工具包括电焊钳、焊接电缆、面罩及其他防护用具。

(1)电焊钳。电焊钳的作用为夹持焊条并传导焊接电流,是焊条电弧焊的主要工具。为保证焊接操作顺利进行,焊钳应具备以下性能:

在任何斜度均能夹紧焊条,具有可靠的绝缘和良好的隔热性能,电缆的橡胶包皮应伸入到钳柄内部,使导体不外露,起到屏护作用。此外,电焊钳还应具备轻便、易于操作的性能。

(2)焊接电缆。焊条电弧焊必须配备合适的焊接电缆,焊接电缆应采用橡皮绝缘多股软电缆。焊接电缆的选择,应根据焊机的容量选取适当的电缆截面,可按表2-2参考选取。如果焊机距焊接工作点较远,需要较长电缆时,应加大电缆截面积使焊接电缆上的电压降不超过4V,以确保引弧容易及电弧燃烧稳定。

焊接电缆选用参考　　表2-2

最大焊接电流(A)	200	300	450	600
焊接电缆截面积(mm^2)	25	50	70	95

需要注意的是,不允许采用扁铁搭接或其他办法来代替焊接电缆,以避免因接触不良而使回路上的压降过大,造成引弧困难及焊接电弧的不稳定。

焊机及焊接手柄与焊接电缆的接头必须拧紧,表面应保持清洁,以保证其良好的导电性能。因为不良的接触会损耗电能,导致焊机过热将接线板烧毁或使电焊钳过热而无法工作。

(3)面罩及其他防护用具。面罩分为手持式和头盔式两种,其主要作用是保护焊工的眼睛和面部不受电弧光的辐射和灼伤。面罩上的护目玻璃起到减弱电弧光并过滤红外线、紫外线的作用,护目玻璃有不同色号,目前以黑绿色的居多。选择护目玻璃时,应根据焊工的年龄和视力情况,尽量选择颜色较深的护目玻璃以保护视力。护目玻璃外,应加有尺寸相同的普通玻璃,以防金属飞溅沾污护目玻璃。

此外,防护用品还包括焊工工作时需佩戴的专用电焊手套和护脚,以及清渣时应佩戴的平光眼镜等。

(4)焊条保温筒。焊条保温筒是能保持一定温度的圆形容器,用来盛装烘干后的焊条并防止焊条受潮。焊条保温筒有立式和卧式两种,可装焊条2.5~5.0kg。

焊条烘干后,应立即放入保温筒内,焊工工作时可将其携带至施工现场,随用随取。

(5)敲渣锤。用来清除焊渣的尖锤,可提高清渣效果及速度。

(6)钢丝刷。用来清除工件表面的铁锈及油污等杂质。

(7)角磨砂轮。用于坡口准备及清理、焊后清渣及焊缝修整的电动工具。

第二节　焊　　条

焊条是焊条电弧焊焊接回路中的一部分,是保证焊接质量的物质基础。焊条不仅对焊接区提供保护、参与冶金反应，还通过熔滴过渡对母材进行填充。显然，焊条是整个焊接过程中极为关键的环节。

一、焊条组成及分类

焊条电弧焊是一种熔化极焊接手段，焊条是涂有药皮供焊接使用的熔化电极。焊条电弧焊焊接时利用焊条与工件间燃烧的电弧作为焊接能量来源，焊条则是其完成焊接所需的焊材。正常情况下，焊条引弧端部有倒角，在靠近夹持端印有焊条牌号。为保证顺利引弧，药皮被除去一部分，露出焊芯端头。

1. 焊条的组成

焊条由焊芯和药皮两部分组成，如图 2-7 所示。

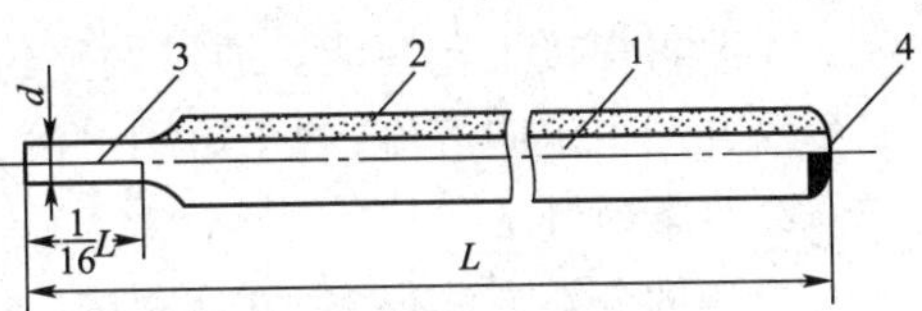

图 2-7　焊条结构示意

1-焊芯；2-药皮；3-夹持端；4-引弧端

(1)焊芯。焊芯是指焊条中被药皮包敷的金属丝，操作时作为电极产生电弧，熔化后又成为填充金属与局部熔化的母材共同形成焊缝。

焊芯由专用的优质钢条经拔丝、切断等工序后制成。焊芯中主要的常存元素和杂质包括 C、Mn、Si、S 和 P 等，不锈钢焊芯中还含有 Cr、Ni、Ti、Nb 等元素。

①焊芯牌号。不同的焊芯可用牌号区分，焊芯牌号的表示方法为："H××"+"元素符号"(后有或无数字)+字母。其中"H"表示焊接用钢丝；"××"表示钢丝平均含碳量的万分之几。元素符号表示钢丝中含有的合金元素，其后的数字代表合金元素含量的百分之几，当合金元素含量小于1%时不需要用数字标出。最后的字母则表示钢丝的质量等级，"A"表示优质，其 S、P 的质量分数不超过 0.03%；"E"表示特级优质，其 S、P 的质量分数不超过 0.025%。

②焊芯化学元素的作用。随焊芯中含碳量增加，焊接时焊缝中气孔、裂纹倾向增大，并拌有较大飞溅，导致焊接稳定性下降。所以低碳钢焊芯的含碳量，应在保证焊缝与母材等强前提下越低越好。

锰是焊芯中有益的合金元素，含量适度时可改善焊缝金属综合的力学性能，并可以脱氧、脱硫。如 Mn 含量过高，则使焊缝金属的塑性和韧性下降。

硅也可脱氧，含量适度时可改善焊缝金属综合力学性能，但焊接时易产生 SiO_2，在焊缝中形成硅酸盐夹杂物，导致焊缝中产生热裂纹。另外，Si 含量过高，会使焊缝金属的塑性和韧性下降。

对于低碳钢焊芯，铬、镍属于杂质，其来源是冶炼原材料中混入。如含量控制在规定范围内，对焊接质量并不会有明显影响。

硫、磷属于有害元素，在焊丝中应严格控制。焊芯钢丝的质量等级越高，对硫、磷控制越严格。

③焊芯直径(焊条直径)。生产中应根据被焊工件厚度、坡口形式及工件间距来选择相应的焊条直径。焊芯的直径和长度应按规定生产，焊芯直径主要包括 1.6、2.0、2.5、3.2 及 4.0mm等规格。

(2)药皮。药皮是指压涂在焊芯表面的涂料层，由较多成分组成。在焊接过程中，药皮起到极为重要的作用。

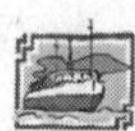

①稳弧作用。焊条药皮中含有较多电离能低的稳弧材料，可保证电弧容易引燃和稳定燃烧。

②保护作用。药皮熔化后会产生气体和熔渣，隔离空气以保护焊接区。浮在熔池表面的熔渣冷却后，在焊缝表面形成渣壳，可避免焊缝表面金属氧化并减慢熔池的冷却速度，利于熔池中杂质浮出，并改善焊缝成型。

③冶金作用。药皮中的脱氧剂和合金剂可与熔化金属反应，降低有害杂质，保证焊缝金属的力学性能符合要求。另外，在药皮中加入特定合金元素，可得到与母材成分不同的焊缝金属以满足特殊使用要求。

④改善焊接工艺性能。通过调整药皮成分，可改变药皮的熔点和凝固温度，使焊条端部形成套筒并产生定向气流，利于熔滴过渡、实现全位置焊接。

2. 焊条的种类

焊条的分类方法很多，可分别按用途、熔渣的碱度、焊条药皮的主要成分及焊条性能等不同角度进行分类。

(1)按用途分类：

①非合金钢及细晶粒钢焊条。现行国家标准 GB/T 5117—2012 非合金钢及细晶粒钢焊条，适用于抗拉强度低于 570MPa 的非合金钢及细晶粒钢焊条，如："E4303"、"E5015"及"E5515 - N5 P U H10"焊条。

②热强钢焊条。现行国家标准 GB/T 5118—2012 热强钢焊条，如"E6215 - 2C1M H10"焊条。

③不锈钢焊条。现行国家标准 GB/T 983—2012 不锈钢焊条，适用于熔敷金属中铬含量大于 11% 的不锈钢焊条，如"E308 - 16"焊条。

④堆焊焊条。现行国家标准 GB/T 984—2001 堆焊焊条，适用于焊条电弧焊进行工件表面堆焊，如"EDPCrMo - Al - 03"、"EDGWC - 1 - 12/30"焊条。

⑤铸铁焊条。现行国家标准 GB/T 10044—2006 铸铁焊条及焊丝，主要用于焊条电弧焊对铸铁件进行修复，如"EZCQ"焊条。

⑥镍及镍合金焊条。现行国家标准 GB/T 13814—2008 镍及镍合金焊条，如"ENi6022"焊条。

⑦铜及铜合金焊条。现行国家标准 GB/T 3670—1995 铜及铜合金焊条，适用于直径 2.5 ~ 6.0mm 的焊条电弧焊铜及铜合金焊条，如"ECuSi - A"焊条。

⑧铝及铝合金焊条。现行国家标准 GB/T 3669—2001 铝及铝合金焊条，如"E1100"焊条。

此外还包括特殊焊条，主要用于特殊环境及特殊材料的焊接，如水下切割、水下焊接、厚板开坡口及铁锰铝合金焊接等特殊生产领域。

(2)按熔渣碱度分类。根据熔渣的碱度分类，是指按熔渣中酸性氧化物和碱性氧化物的比例进行划分。

①酸性焊条。药皮中含有大量的 TiO_2、SiO_2等酸性氧化物及一定数量的碳酸盐，熔渣氧化性强，施焊后熔渣呈酸性。酸性焊条焊接工艺性良好、电弧稳定，可交、直流两用，焊接时飞溅小、流动性好。另外，酸性焊条焊缝成型美观且脱渣性好，但其氧化性较强，合金元素烧损较多，焊缝金属塑性和韧性较差，如"E4303"焊条。

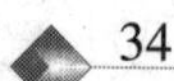

②碱性焊条。药皮中含有大量碱性造渣物(大理石、氟石),焊后熔渣呈碱性。

碱性焊条脱硫效果好,故熔敷金属抗热裂能力较强,其焊缝金属中氧和氢的含量较低且非金属杂质少,所以具有较高的塑性和冲击韧性。但碱性焊条焊接时电弧稳定性较差,一般多采用直流反接,焊接时对铁锈、水分较敏感且焊接过程中烟尘较大。

生产中碱性焊条(如"E5015")多用于较重要的焊接结构,如承受动载荷或刚性较大的结构。

(3)按药皮主要成分分类。由于药皮配方组成不同,使各种药皮类型焊条的熔渣特性、焊接工艺性能及焊缝金属力学性能存在较大差别,非合金钢及细晶粒钢焊条具体焊条药皮类型参见表2-4。

(4)按焊条性能分类。按性能要求可分为超低氢型、低尘低毒型、立向下、躺焊、打底层、高效铁粉型、防潮型、水下及重力焊条等,主要指根据特殊使用性能要求而专门制造的焊条。

3. 焊条的型号和牌号

焊条型号是国家标准中对焊条规定的编号,而焊条牌号是焊条制造厂家对产品出厂的每种焊条标志的特定编号。焊条型号内容所规定的质量标准,是焊条生产、使用、管理及新产品研究、开发所必须遵照执行的,而焊条牌号则容易造成同一型号焊条出现不同生产厂家的若干牌号。为使用方便,在实际生产中已经趋向按焊条型号统一管理。

(1)焊条型号。焊条型号的编号,可用来区别各种焊条熔敷金属的力学性能、药皮类型、焊接位置、焊接电流类型、熔敷金属的化学成分及焊后状态等。标有型号的焊条,其技术要求、性能指标及检验方法均按国家标准规定进行。

①非合金钢及细晶粒钢焊条。根据国家标准GB/T 5117—2012规定,其型号基本表示方法为"E××××"。

其中"E"表示焊条,前两位数字表示熔敷金属抗拉强度的最小值,单位为MPa,具体规定如表2-3所示。

熔敷金属抗拉强度代号　　表2-3

抗拉强度代号	最小抗拉强度值(MPa)	抗拉强度代号	最小抗拉强度值(MPa)
43	430	55	550
50	490	57	570

"E"后面的第三和第四两位数字,表示药皮类型、焊接位置和电流类型,具体如表2-4所示。

药皮类型、焊接位置和电流类型代号　　表2-4

代　号	药皮类型	焊接位置	电流类型
03	钛型	全位置[a]	交流和直流正、反接
10	纤维素	全位置	直流反接
11	纤维素	全位置	交流和直流反接
12	金红石	全位置[a]	交流和直流正接
13	金红石	全位置[a]	交流和直流正、反接
14	金红石+铁粉	全位置[a]	交流和直流正、反接

续上表

代　号	药皮类型	焊接位置	电流类型
15	碱性	全位置[a]	直流反接
16	碱性	全位置[a]	交流和直流反接
18	碱性＋铁粉	全位置[a]	交流和直流反接
19	钛铁矿	全位置[a]	交流和直流正、反接
20	氧化铁	PA、PB	交流和直流正接
24	金红石＋铁粉	PA、PB	交流和直流正、反接
27	氧化铁＋铁粉	PA、PB	交流和直流正、反接
28	碱性＋铁粉	PA、PB、PC	交流和直流反接
40	不做规定	由制造商确定	
45	碱性	全位置	直流反接
48	碱性	全位置	交流和直流反接

注：PA 为平焊、PB 为平角焊、PC 为横焊；

[a]此处“全位置”并不一定包含向下立焊，由制造商确定。

数字后为熔敷金属的化学成分分类代号，可为“无标记”或短线“－”后的字母、数字或字母和数字的组合，具体参见国家标准 GB/T 5117—2012。

熔敷金属的化学成分分类代号之后为焊后状态代号，其中“无标记”和“P”表示热处理状态，“AP”表示焊态和焊后热处理两种状态均可。

除以上强制分类代号外，根据供需双方协商，可在型号后依次附加可选代号。

字母“U”表示在规定试验温度下，冲击吸收功可达到 47J 以上。

“HX”为扩散氢代号，其中“X”为 15、10 或 5，分别表示每 100g 熔敷金属中扩散氢含量的最大值(mL)。

如：

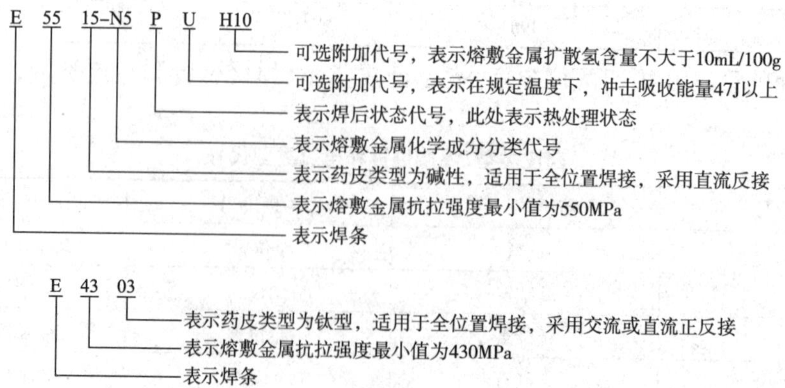

②热强钢焊条。根据国家标准 GB/T 5118—2012 规定，其型号基本表示方法为“E××××”，和非合金钢及细晶粒钢焊条型号表示方法基本相同。

如：

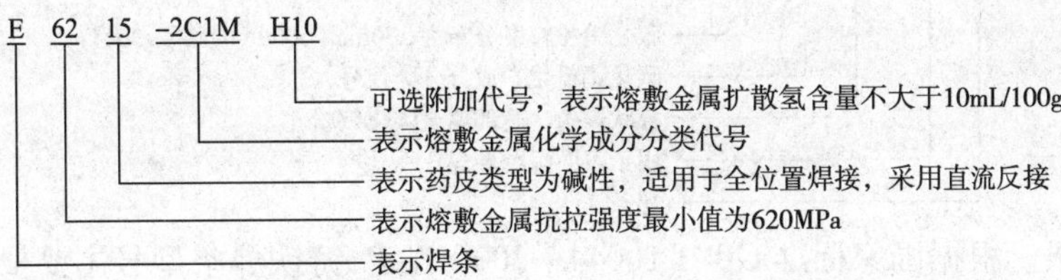

③不锈钢焊条。根据国家标准 GB/T 983—2012 规定，焊条型号由以下四部分组成。

第一部分字母“E”表示焊条。

第二部分“E”后面数字表示熔敷金属化学成分分类代号。数字后的字母“L”表示含碳量较低，字母“H”表示含碳量较高。如有特殊要求的化学成分，将该化学元素符号放在数字后面。

第三部分短划“－”后的第一位数字表示焊接位置，如表 2-5 所示。

第四部分为最后一位数字，表示焊条药皮类型和适用的电流类型，如表 2-6 所示。

焊接位置代号　　表 2-5

代　　号	焊接位置
－1	PA、PB、PD、PF
－2	PA、PB
－4	PA、PB、PD、PF、PG

注：PA 为平焊、PB 为平角焊、PD 为仰角焊、PF 为向上立焊、PG 为向下立焊。

药皮类型代号　　表 2-6

代　　号	药皮类型	电流类型
5	碱性	直流
6	金红石	交流和直流[a]
7	钛酸型	交流和直流[b]

注：[a]46 型采用直流焊接；
[b]47 型采用直流焊接。

如：

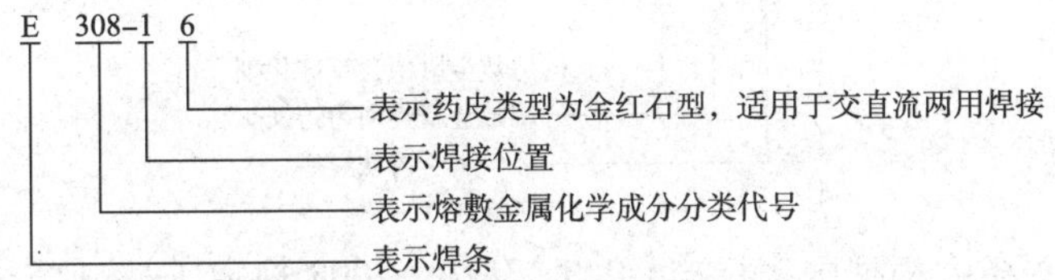

④堆焊焊条。根据国家标准 GB/T 984—2001 规定。

堆焊焊条型号编制方法为：首字母“E”表示焊条，型号第二位“D”表示堆焊焊条。型号中第三位至倒数第三位表示焊条特点，用拼音字母或化学元素符号表示堆焊焊条的型号分类。堆焊焊条型号中最后二位数字表示焊条药皮类型及焊接电流种类，用“－”与前面符号分开。如在同一基本型号内又分为几个类型时，可用字母 A、B、C 等标志。如再细分可加注下角数字 1，2，3，…，如 A1，A2，A3，…，之后再用短划“－”与前面条符号分开。

如：

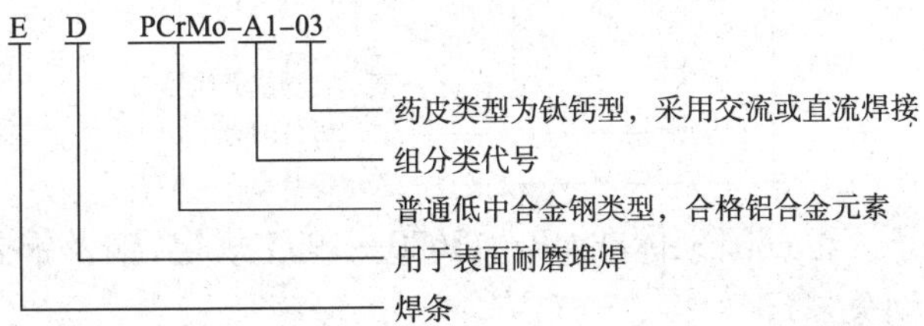

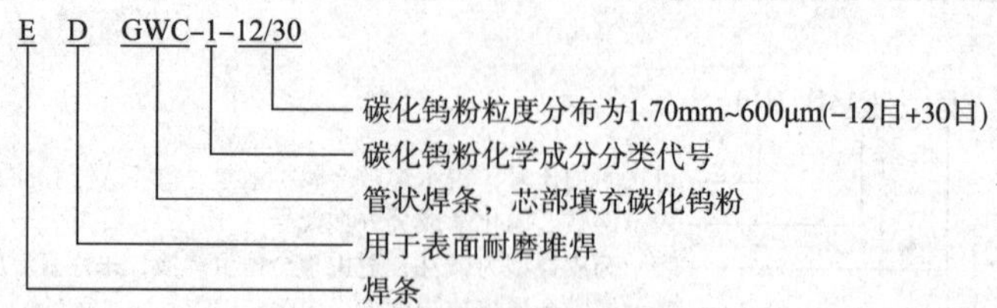

⑤铸铁焊条。根据国家标准 GB/T 10044—2006 规定，铸铁焊条型号主要根据熔敷金属的化学成分及用途划分。

其中字母“E”表示焊条，字母“Z”表示焊条用于铸铁焊接，在字母“EZ”后用熔敷金属主要化学元素符号或金属类型代号表示，如再细分时用数字表示，具体分类如表 2-7 所示。

铸铁焊条型号分类

表 2-7

类　　别	名　　称	型　　号
铁基焊条	灰口铸铁焊条	EZC
	球墨铸铁焊条	EZCQ
镍基焊条	纯镍铸铁焊条	EZNi
	镍铁铸铁焊条	EZNiFe
	镍铜铸铁焊条	EZNiCu
	镍铁铜铸铁焊条	EZNiFeCu
其他焊条	纯铁及碳钢焊条	EZFe
	高钒焊条	EZV

如：

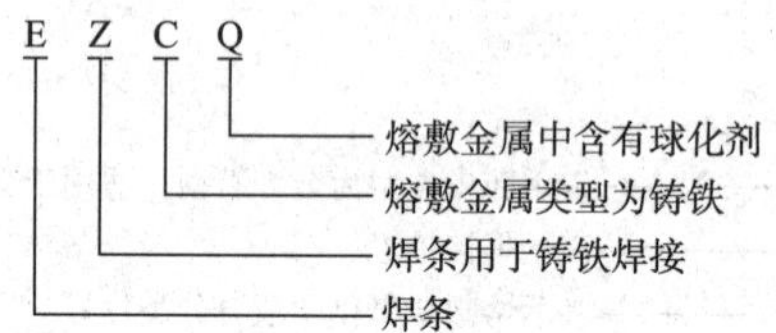

⑥镍及镍合金焊条。根据国家标准 GB/T 13814—2008 规定，按熔敷金属合金体系镍及镍合金焊条分为镍、镍铜、镍铬、镍铬铁、镍钼、镍铬钼和镍铬钴钼 7 类。

镍及镍合金焊条型号由以下三部分组成。

第一部分字母“E”表示焊条，“E”后面的元素符号“Ni”表示镍及镍合金焊条。

第二部分为四位数字，表示焊条型号。

第三部分为可选部分，表示化学成分代号。

如：

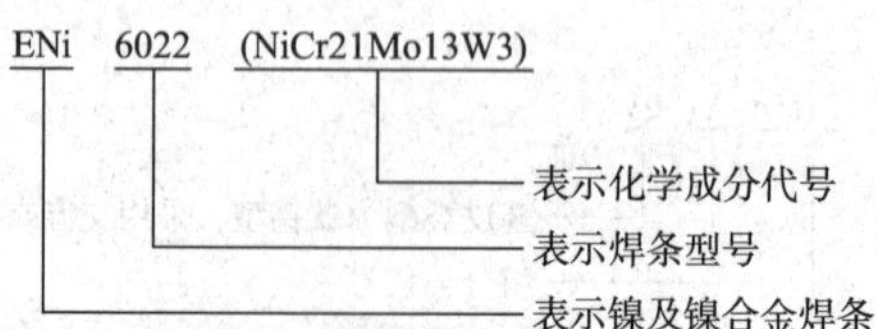

⑦铜及铜合金焊条。根据国家标准 GB/T 3670—1995 规定，铜及铜合金焊条的型号根据熔敷金属的化学成分划分。

字母“E”表示焊条，“E”后面的字母直接用元素符号表示型号分类，同一分类中有不同化学要求时，用字母或数字表示，并用短划线“-”与前面的元素符号分开。

⑧铝及铝合金焊条。根据国家标准 GB/T 3669—2001 规定，铝及铝合金焊条型号根据焊接接头力学性能及焊芯的化学成分划分。

如：

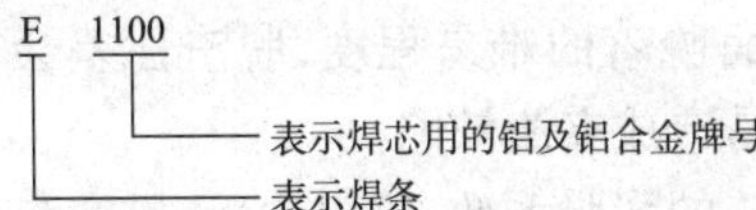

(2)焊条牌号。焊条牌号中没有区别焊接位置的编号，但某些焊条增加了特殊性能符号，如超低氢、高韧性打底焊等。为管理方便，国家权威部门规定了统一牌号的编制原则，即焊条牌号由代表焊条用途的字母及后缀三位数字组成。

焊条牌号表示方法：“符号(或汉字)×××”。其中符号(或汉字)表示焊条的类型，而前二位数字表示各大类中的若干小类，最后一位数字表示药皮的类型及焊接电源种类。

前二位数字的表示方法在不同的焊条类别中代表的意义并不相同。如在结构钢焊条牌号中表示焊缝金属抗拉强度的最小值，在钼及铬钼耐钢焊条牌号表示化学成分类别，而在低温钢条牌号中则表示焊条的工作温度等级。

如 J422 焊条。“J”表示碳钢焊条，“42”表示焊缝金属抗拉强度不低于 420MPa，最后一位数字“2”表示药皮类型为钛钙型，可使用直流或交流电源。

W607 焊条。“W”表示低温钢焊条，“60”表示工作温度为 -60℃，“7”表示药皮类型为低氢钠型，采用直流反接电源。

二、焊条的工艺性能

焊条的工艺性能是指焊条的操作性能，是衡量焊条质量的重要标志之一。焊条的工艺性能包括焊接电弧的稳定性、焊缝成型性、对各种位置焊接的适应性、脱渣性、飞溅程度、焊条的熔化效率、药皮发红程度以及焊条发尘量等。

1. 焊接电弧的稳定性

焊接电弧的稳定性是指保持电弧持续而稳定燃烧的能力，对焊接过程能否顺利进行和焊缝质量都有显著的影响。

电弧稳定性与许多因素有关。焊条药皮的组成决定了电弧气氛的有效电离电压，是电弧稳定性最主要的影响因素，有效电离电压越低，电弧燃烧就越稳定。如在焊条药皮中加入少量的低电离电位物质，可有效地提高电弧稳定性。

2. 焊缝成型性

对焊缝进行外观检查，最关键的项目之一为焊缝成型质量。优良的焊缝成型，应是表面波纹细致、美观、几何形状规范、焊缝余高适中、焊缝与母材间过渡平滑、无咬边等缺陷。

焊缝成型性与熔渣的物理性能有关，熔渣的熔点与黏度太高或太低，都会使焊缝的成型变差。熔渣的表面张力对焊缝成型也有影响，熔渣的表面张力越小，对焊缝覆盖就越好。

3. 各种位置焊接的适应性

因焊接产品形式多种多样，实际生产中经常需要进行平焊、横焊、立焊及仰焊等各种空间

位置焊接。

虽然焊条种类复杂,但几乎所有的焊条都适用于平焊。但很多焊条进行横焊、立焊或仰焊时有困难,原因是横焊、立焊、仰焊的主要困难为重力作用使熔池金属和熔渣下流,并妨碍熔滴过渡而不易形成正常的焊缝。

4. 脱渣性

脱渣性是指焊渣从焊缝表面脱落的难易程度,脱渣性差会显著降低生产率,尤其是多层焊。另外,施焊时脱渣性差,还易造成夹渣缺陷。

影响脱渣性的因素包括熔渣的膨胀系数、氧化性、疏松度和表面张力等。其中熔渣的膨胀系数是影响脱渣性的主要因素,焊缝金属与熔渣的膨胀系数之差越大,脱渣越容易。低碳钢焊接生产使用钛型焊条时,熔渣与焊缝的膨胀系数相差最大,脱渣性较好。而低氢型焊条熔渣与焊缝金属膨胀系数相差最小,脱渣性较差。

熔渣的疏松度和脆性,对角焊缝和深坡口底层焊缝的脱渣有较明显的影响。焊接时因熔渣夹在两个被焊表面之间,若熔渣结构致密、结实,则难以清除。

5. 飞溅

飞溅是指在熔焊过程中液体金属颗粒向周围飞散的现象,飞溅过多会影响焊接过程的稳定性,增加金属的损失并影响焊缝外观成型。

影响飞溅的因素很多,如熔渣黏度过大、焊接电流过大、药皮中水分过多、电弧过长以及焊条偏心等都会造成飞溅增加。此外,使用直流电源施焊时如极性选择不当,飞溅也会增多。比如低氢钠型焊条焊接时直接正接比反接飞溅大,采用交流焊比直流焊时飞溅大。

6. 焊条的熔化速度

焊条熔化速度是指单位时间内焊条熔化的长度。影响焊条熔化速度的因素,主要有焊条药皮的组成、药皮厚度、电弧电压、焊接电流、焊芯成分及直径等,其中焊条药皮成分对焊条的熔化速度影响最明显。在药皮中加入较多的铁粉,不仅可以提高焊条的熔化速度,而且随药皮导电、导热性的提高,焊接时可许用较大的电流,焊接工艺性能也得到改善。

7. 药皮发红

药皮发红是指焊条焊到后半段时,由于焊条药皮温度升高而导致药皮发红、开裂或脱落的现象。药皮发红会使药皮失去保护作用,导致焊条工艺性能恶化,严重影响焊接质量。

8. 焊接发尘量

在电弧高温作用下,焊条端部、熔滴和熔池表面的液体金属及熔渣被激烈蒸发,产生的蒸气排出电弧区外即迅速被氧化或冷却,变成细小颗粒漂浮于空气中,从而形成焊接烟尘。

焊接烟尘污染环境,也影响焊工健康。为了改善焊接工作环境的卫生状况,许多国家先后制定了工业卫生的有关标准,为改善生产条件,国内外都在积极研究降尘减毒措施。

三、焊条的使用及保管

1. 对焊条的基本要求

GB/T 25775—2010《焊接材料供货技术条件 产品类型、尺寸、公差和标志》中规定:

(1)焊条药皮应均匀、紧密地包覆在焊芯周围,以保证焊接时熔化均匀。

(2)药皮表面应光滑平整,无裂纹和其他影响焊接操作的表面缺陷。

(3)焊条药皮应具有足够的强度,不应在正常搬运或使用过程中损坏。

(4)焊接夹持端应至少15mm,焊条引弧端允许涂引弧剂。

2. 焊条的使用

焊接材料是整个焊接结构生产中最重要的一部分,其性能、成分对焊缝金属起着重要作用,焊材的合理使用选择是保证产品重量的关键。

焊条的选用须在确保焊接结构安全、正常使用的前提下,根据被焊材料的化学成分、力学性能、板厚、接头形式、焊接结构特点、受力状态、使用条件对焊缝性能的要求、焊接施工条件和技术经济效益等因素综合考查后,有针对性地选用焊条,必要时还需进行焊接性试验。

(1)同种钢材焊接:

①焊缝金属力学性能和化学成分。对于普通结构钢,通常要求焊缝金属与母材等强度,应选用熔敷金属抗拉强度等于或稍高于母材的焊条。对于合金结构钢,有时还要求合金成分与母材相同或接近。在焊接结构刚性大、接头应力大、焊缝易产生裂纹的不利情况下,应考虑选用比母材强度低的焊条。当母材中碳、硫、磷等元素的含量偏高时,焊缝中容易产生裂纹,应选用抗裂性能好的碱性低氢型焊条。

②焊接构件使用性能和工作条件。对于承受动载荷和冲击载荷的工件,除满足强度要求外,主要应保证焊缝金属具有较高的冲击韧性和塑性,可选用塑性、韧性指标较高的低氢型焊条。接触腐蚀介质的工件,应根据介质的性质及腐蚀特征选用不锈钢类焊条或其他耐腐蚀焊条。在高温、低温、耐磨或其他特殊条件下工作的结构,应选用相应的耐热钢、低温钢、堆焊或其他特殊用途焊条。

③焊接结构特点及受力条件。对结构形状复杂、刚性大的厚大焊接件,由于焊接过程中会产生很大的内应力,易使焊缝产生裂纹,应选用抗裂性能好的碱性低氢焊条。对受力不大、焊接部位难以清理干净的结构,应选用对铁锈、氧化皮以及油污不敏感的酸性焊条。对受条件限制不能翻转的结构,应选用适于全位置焊接的焊条。

④施工条件和经济效益。在满足产品使用性能要求的情况下,应选用工艺性好的酸性焊条。在狭小或通风条件差的场合,应选用酸性焊条或低尘焊条。对焊接工作量大的结构,有条件时应尽量采用高效率焊条,如铁粉焊条、高效率重力焊条等,或选用底层焊条、立向下焊条之类的专用焊条,以提高焊接生产率。

(2)异种钢焊接:

①强度级别不同的碳钢+低合金钢(或低合金钢+低合金高强钢)。一般要求焊缝金属或接头的强度,不低于两种被焊金属的最低强度。选用的焊条熔敷金属强度,应能保证接头的强度,不低于强度较低侧母材的强度。同时,焊缝金属的塑性和冲击韧性,应不低于强度较高而塑性较低侧母材的性能。因此,可按两者中强度级别较低的钢材选用焊条。

需要注意的是,为防止焊接裂纹,应按强度级别较高、焊接性较差的钢种确定焊接工艺,包括焊接规范、预热温度及焊后热处理等。

②低合金钢+奥氏体不锈钢。应按照对熔敷金属化学成分限定的数值选用焊条,一般选用铬和镍含量较高、塑性和抗裂性较好的焊条,以避免产生淬硬组织而导致出现裂纹,但应按焊接性较差的不锈钢确定焊接工艺。

③不锈复合钢板。应考虑对基层、复层、过渡层的焊接要求选用三种不同性能的焊条。对基层（碳钢或低合金钢）的焊接，选用相应强度等级的结构钢焊条。复层直接与腐蚀介质接触，应选用相应成分的奥氏体不锈钢焊条。过渡层（复层与基层交界面）焊接最为关键，必须考虑基体材料的稀释作用，应选用铬和镍含量较高、塑性和抗裂性好的奥氏体钢焊条。

3. 焊条的保管

焊接过程中焊条参与了整个焊接过程，焊条的合理保管直接影响焊接质量，特别是野外工作。实际生产中，焊工、保管员和技术人员都应该严格执行焊条存储及保管规则。

(1)焊条的破坏。生产中生产环境经常变化，焊条必然会受到很多因素对其质量造成影响。

①损伤。一般情况下焊条具有抗外界破坏能力，但如保管不当很容易遭受损坏。焊条是一种陶质产品，不具备钢芯的耐冲击性能。所以焊条运输时，应避免摔伤，用纸盒包装的焊条不能用挂钩搬运。重要焊条，如有特殊烘干要求的碱性焊条，更应小心轻放。

②吸潮。如焊条涂料中含有较多水分，会使产品质量严重下降（如焊缝中出现气孔）。

焊条在空气中能吸收水分，在相对湿度为90%时，焊条涂料吸收水分很快，焊条存放时间过长时也很容易受潮。

> **小知识**：简单识别焊条受潮的方法
>
> 从不同位置取出几根焊条，用两手拇指和食指将焊条支撑轻轻摇动，如果焊条受潮，声音发钝。焊接时如焊条含水率过高，可以看到焊条表面有水蒸气散出，当焊条燃烧多半时，焊条尾部有裂纹现象出现。

一般情况下，焊条应用塑料袋和纸盒包装。为防止吸潮，在焊条使用前，不能随意拆开，尽量做到现用现拆，剩余的焊条应再密封起来。

(2)焊条的存储。各类焊条必须分类、分牌号堆放，避免混乱。

焊条必须存放在较干燥的仓库内，应将室温控制在10℃以下，相对湿度小于60%。

焊条存储时，必须离地面高300 mm、离墙壁300 mm以外存放，以免受潮。

一般焊条一次出库量不得超过两天的用量。

(3)焊条烘干。酸性焊条对水分不敏感，所以应根据受潮的具体情况，可采取100～150℃、保温1h的烘干规范。存储时间短且包装良好，一般使用前可不烘干。碱性低氢型焊条在使用前必须烘干，以降低焊条的含氢量，防止气孔及裂纹等缺陷产生。一般烘干温度为350℃，保温2h，实际生产中也可按焊条说明书要求进行烘干。

烘干焊条时，每层焊条不应堆放过厚（一般1～3层），以免焊条烘干时受热不均，潮气不易排除。

需要注意的是，不可在高温炉中突然放入焊条或突然冷却，以避免药皮干裂。烘干后的焊条应及时放入温度为50～100℃的保温筒内，随用随取。

第三节　焊条电弧焊工艺

焊条电弧焊属于手工操作的典型焊接方法之一，其产品质量的优劣，受到焊接操作技能的直接影响。除此之外，合理的焊接工艺参数是决定质量及生产率的关键因素。

一、焊前准备

焊前准备是一项极为重要的工作，是保证产品质量的前提，生产中必须足够重视。焊前准备工作主要包括坡口的选择及加工、工件清理、焊条烘干、工件装配定位、焊前预热及焊接设备、工具及施焊环境的检查等。

1. 坡口选择及加工

坡口是指根据设计或工艺需要，在工件的待焊部位加工成一定几何形状的沟槽。加工坡口的目的是使焊接电弧能深入工件根部，以保证焊透。焊接时，坡口的存在有利于清除熔渣，还可调节焊缝金属的熔合比。

(1)坡口选择。焊条电弧焊坡口形式的选择取决于焊接接头形式、工件厚度及技术要求，坡口的选择原则是在保证焊透的前提下，综合考虑加工难易程度、焊接生产率及焊后工件的变形等因素。在生产中，焊条电弧焊常用的坡口类型有 I 形、Y 形、双 Y 形及 U 形等形式。

船舶结构焊接坡口形式的选择，应符合 GB/T 3190—1997《船体结构焊接坡口型式及尺寸》中的要求，具体选择方法参见附表 1、附表 2。

(2)坡口加工。坡口的加工方法很多，应根据工件的形状、尺寸、成分及加工条件选择。目前，常用的加工方法有剪切、气割、刨削、车削、碳弧气刨及等离子弧切割等方法。

2. 工件清理

焊接前应对工件坡口及距坡口两侧一定范围内进行清理，主要是针对工件表面的油、漆及锈等污物，原因是这些杂质在高温作用下会参与焊接冶金反应，产生气孔及裂纹，导致焊接质量下降。

工件清理时应根据工件成分及具体条件，选择合适的方法。实际应用中应根据相应要求，选用钢丝刷、砂轮等机械方法清理，或者使用化学方法清理。必要时，对工件表面的油污及氧化皮，还可用氧乙炔火焰进行烘烤清理。

3. 焊条烘干

焊条烘干应采用专用的烘箱，尽量按使用要求确定烘干数量，并做到随用随取。焊条烘干次数不宜过多，一般情况下，焊条的重复烘干不得超过三次。

4. 焊接设备及工具检查

不同材料焊接时对设备的要求不同，此外焊接电缆构成了焊接回路。为使焊接电弧稳定燃烧，确保焊接工艺的合理实施，焊接前应严格检查选择的设备及工具选择是否合理。

5. 工件的装配

定位焊点是整个焊缝的一部分，因其冷却速度大于正常焊接过程，更容易出现焊接缺陷，所以对其要求更为严格。焊接时，应按与焊缝完全相同的工艺进行定位焊，重要工件定位焊时禁止带应力对口。

6. 焊前预热

预热是指焊前对被焊工件整体或局部进行适当加热的工艺措施。焊前预热，可以降低接头焊后冷却速度，避免产生淬硬组织，减小焊接应力及变形。对于刚性不大的低碳钢和强度级别较低的低合金高强钢，一般不必预热。但对刚性大或焊接性较差的结构，焊前需要预热。

焊前预热温度的确定，应根据母材化学成分、工件厚度、焊接接头拘束程度、施焊环境及产

品技术标准等条件综合考虑,预热温度可用表面温度计测量。对于重要的结构,则应经过裂纹试验确定不产生裂纹的最低预热温度。预热温度越高,防止裂纹的效果越好,但超过必需的预热温度,会使熔合区附近的金属晶粒粗大,降低焊接接头质量,劳动条件更加恶化。

二、焊接工艺参数

焊接工艺参数是指焊接时,为保证焊接质量而选定的诸物理量,包括焊接电流、电弧电压、焊接速度及热输入等的总称。

1. 焊条直径

焊条直径是指焊芯直径,其大小直接决定了生产效率。焊条直径的选择,应根据工件厚度、焊接位置、接头形式以及焊接层次等综合进行考虑。

厚度较大的工件,搭接和T形接头的焊缝应选用直径较大的焊条。坡口较小的工件,为保证底层熔透,应采用较细直径的焊条。焊接位置不同,选用的焊条直径也不同,通常平焊应选用较粗的焊条,立焊、仰焊及横焊应选用较细的焊条。对于特殊钢材,需要较小焊接工艺参数焊接时可选用小直径焊条。

2. 焊接电流

焊接电流是焊条电弧焊的主要工艺参数,焊接电流的选择直接影响到焊接质量和焊接生产率。

焊接电流增加,焊缝熔深增加,焊条熔化速度加快,焊接效率提高。但焊接电流过大时,焊接飞溅和烟尘大,焊条尾部易发红,部分药皮失效或成块脱落。此外,焊接电流过大,还会造成咬边、焊瘤、烧穿等缺陷,加大工件变形量,并使焊接接头热影响区晶粒粗大。如焊接电流过小,则会造成引弧困难,焊条粘连在工件上,电弧不能稳定燃烧。另外,焊接电流过小生产率下降,还会产生未焊透、未熔合、气孔及夹渣等焊接缺陷。

焊接电流的选择,应结合焊条类型、焊条直径、工件厚度、接头形式、焊缝位置及焊接层次等因素综合考虑,同时还应考虑母材的物理性能。

(1)焊条直径。焊条直径越粗,熔化焊条所需的热量越大,焊接电流越大。

(2)焊接位置。平焊位置施焊,可选择偏大些的焊接电流。其余的位置焊接,为了易于控制焊缝成型,焊接电流比平焊位置小10% ~20%左右。

(3)焊接层次。通常焊接打底层时,为保证背面焊道的质量,使用的焊接电流较小。焊接填充层时,为提高效率,保证良好熔合,可使用较大的电流。焊接盖面层时,为防止咬边和保证焊道成型美观,应使用略小些电流。

3. 电弧电压

电弧电压由电弧长度来决定,电弧长电弧电压高,反之则低。

焊接过程中电弧过长,会出现电弧燃烧不稳定、飞溅大、熔深浅并产生咬边、气孔等缺陷,若电弧太短,焊条则容易粘到工件上。一般情况下,电弧长度应控制在焊条直径的0.5 ~1倍之间,对应的电弧电压在16 ~25V之间。

为防止气孔产生及保证电弧的稳定性,碱性焊条应尽可能选择短弧焊,即电弧长度不超过焊条的直径,控制到焊条直径的1/2较为理想,而酸性焊条的电弧长度应约等于焊条直径。

4. 焊接速度

焊条电弧焊的焊接速度是指焊接过程中焊条沿焊接方向移动的速度,即单位时间内完成

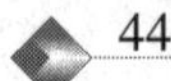

的焊缝长度。

焊接速度过快会造成焊缝变窄、凸凹不平，且容易产生未熔合等焊接缺陷。焊接速度过慢会使焊缝变宽，余高增加，功效降低；同时，焊接速度过慢，还会使热影响区晶粒粗大、焊接变形量增大。

5. 焊缝层数

工件较厚，一般需要开坡口并采用多层焊。

焊接时层数多则显微组织较细，热影响区较窄。此外，前一条焊道对后续焊道起预热作用，而后续焊道对前一条焊道起退火（后热）作用，接头的塑性和韧性得以改善。焊缝层数少，每层焊缝厚度增大，晶粒粗化，使焊接接头的力学性能下降。

6. 后热与焊后热处理

焊后立即对工件整体（或局部）进行加热或保温，使其缓冷的工艺措施称为后热。后热的目的是避免形成淬硬组织，可使扩散氢逸出焊缝表面，防止裂纹形成。

焊后为改善焊接接头的显微组织和性能，或为消除焊接残余应力而进行的热处理称为焊后热处理。焊后热处理的主要作用是消除工件的焊接残余应力，降低焊接区的硬度，稳定组织及改善力学性能、高温性能等。

是否进行后热和焊热处理，其温度如何选择，主要是根据工件的化学成分、技术要求及构件形式来确定。

三、船舶焊条电弧焊工艺规程

1. 适用范围

本工艺规程涉及船体焊条电弧焊焊前准备、人员、工艺要求和过程，适用于采用低碳钢、低合金钢制造的船体构件的焊接。对于特殊钢材、结构刚性较大以及有特殊要求时，均应另行制定焊接工艺规程。

2. 焊前准备

（1）焊条选配及使用：

①焊条的选配。选用的焊条应具有相应的船检证书，且具有良好的工艺性和操作性能，级别应与船体结构用钢材级别相匹配（具体参见中国船级社《材料与焊接规范》2012 年）。

对于船体结构规定选用碱性低氢型焊条的部位，尽可能采用交直流两用碱性低氢型焊条。

②焊条的使用。焊前应了解被焊工件的施工要求及钢材牌号，依此确定焊条规格及电源极性。

领用的焊条，应按要求经过焙烘、保温后保存。每次领出碱性焊条使用不能超过 4h，高强度钢用焊条须用保温筒加热保温。

（2）坡口加工、清理。构件的坡口加工、装配次序及装配间隙应符合认可的工艺规程要求，应避免强制装配，以减少构件的内应力。

焊接区两侧各宽 20mm 的表面应清除水、锈、气割氧化物及油污等杂物，并保持清洁和干燥，清理位置见图 2-8 的粗线部位。

涂有底漆的钢材，如在焊接之前未能将底漆清除干净，则必须证明该底漆对焊缝质量无不良的影响。

碳刨加工时，应符合清根要求。

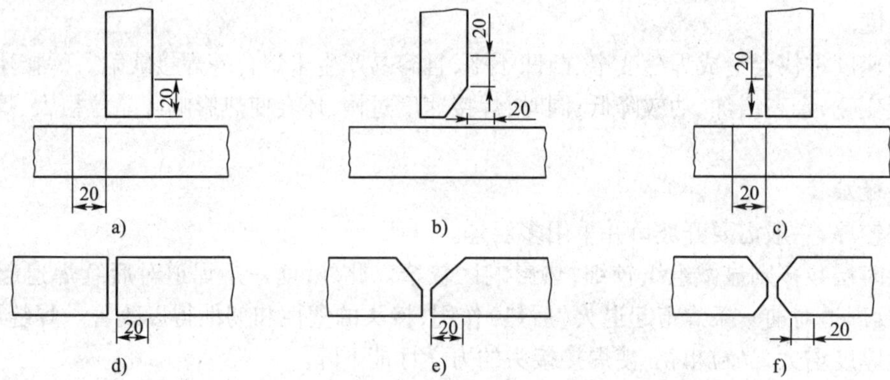

图 2-8　焊前清理位置(尺寸单位:mm)

a)、b)、c)T 形接头;d)I 形坡口对接;e)Y 形坡口对接;f)双 Y 形坡口对接

(3)定位焊:

①定位焊用的焊条应与正式焊缝的焊条相同。

②定位焊高度不得超过正式焊缝高度,焊后熔渣应立即去除。

③定位焊数量,应在保证要求的前提下尽可能减少。一般强度钢定位焊长度应大于 30mm,高强度钢定位焊长度必须大于 50mm。

焊接 50mm 以下的定位焊缝时,应进行 100 ± 25℃ 预热。

④构件单面开坡口时,定位焊应施焊于坡口的反面(即无坡口的一面);角钢定位焊应施焊于角钢的内缘;T 形材采用单面施焊时,其定位焊应施焊于不焊一侧;一侧连续焊、一侧间断焊时,定位焊应施焊于间断焊一侧。

(4)对环境、人员的要求。当焊接必须在潮湿、雨天、多风或寒冷的露天场地进行时,应对焊接作业区域提供适当的遮蔽和防护措施。

当周围温度低于 -5℃ 时施焊一般强度钢的船体主要结构,和环境温度低于 0℃ 施焊一般强度的 E 级钢及高强度钢时,应用氧—乙炔火焰或远红外加热器进行预热,预热温度应 ≥ 80℃ 左右。

参加焊条电弧焊焊接的焊工,必须经过专业培训和考试,并经过船级社或有关的检验部门认可合格后持证上岗。

3. 工艺要求及过程

施焊规范和要求,应严格遵照有关工艺文件的规定,不得随意更改。

(1)薄板焊接,焊前应采取一定的预防变形的工艺措施。

(2)对接焊缝打底焊采用的焊条,应根据板厚和施焊工艺位置来决定其直径,第 1、2 道打底焊缝宜采用 $\phi3.2$、$\phi4$ 焊条,打底焊缝不宜过薄。

多层焊时,必须清除前一道焊缝的焊渣和金属飞溅,修补结束后才可施焊下一层,每层焊道的始末端应交错 30 ~ 50mm 之间。

高强度钢及高拘束管节点多层焊时,应考虑在焊缝最表面一层,施以小直径、低线能量的退火焊道以提高抗低周疲劳强度。

进行盖面焊之前,应清除焊缝两边的马脚,修补后再进行盖面焊。

(3)对接缝应焊透,其反面封底焊前,应将焊缝和沟槽清根至无缺陷为止。

焊缝末端收口处应填满弧坑，以防止产生弧坑裂纹。

采用双面间断或单面连续焊的构件，其端部应进行双面连续加强焊，其长度不小于型材高度，且不小于150mm。

在去除临时焊缝、定位焊缝、缺陷、焊疤和清根时，均不得损伤母材。

(4)焊接顺序的确定，应考虑起始焊接时不能对其他焊缝形成过大的刚性约束。

每条焊缝焊接时，尽量保持其一端能自由收缩。

焊缝长度≤1000mm时，一般采用连续直通焊。焊缝长度>1000mm时，可采用分中逐步退焊或分段逐步退焊等方法进行。

4. 焊接规范参数

焊接规范参数参见表2-8和表2-9。

对接焊缝焊接规范参数参考范围　　表2-8

焊接接头类型	坡口形式	工件厚度(mm)	焊条直径(mm)	焊接电流(A)
平对接焊缝	I形坡口	3	3.2	90~120
		4~5		100~130
			4	160~200
			5	200~260
	V形坡口	5~6	3.2	100~130
			4	160~210
			5	200~260
		≥6	4	160~210
			5	220~280
	X形坡口	≥12	4	160~210
			5	220~280
立对接焊缝	I形坡口	2~3	2	40~50
		3~4	3.2	80~110
	V形坡口	5~6		90~120
		≥7		90~120
			4	120~160
	X形坡口	≥12	3.2	90~120
			4	120~160
横对接焊缝	I形坡口	2	2	50~55
		3~4	3.2	90~120
			4	120~160
	V形坡口	≥5	3.2	90~120
			4	140~160
	X形坡口	≥14	3.2	90~120
			4	140~160

续上表

<table>
<tr><th>焊接接头类型</th><th>坡口形式</th><th>工件厚度(mm)</th><th>焊条直径(mm)</th><th>焊接电流(A)</th></tr>
<tr><td rowspan="9">仰对接焊缝</td><td rowspan="3">I 形坡口</td><td>2</td><td>2</td><td>50~55</td></tr>
<tr><td rowspan="2">3~5</td><td>3.2</td><td>80~110</td></tr>
<tr><td>4</td><td>120~160</td></tr>
<tr><td rowspan="3">V 形坡口</td><td rowspan="3">≥5</td><td>3.2</td><td>90~120</td></tr>
<tr><td>4</td><td>140~160</td></tr>
<tr><td>5</td><td>220~260</td></tr>
<tr><td rowspan="3">X 形坡口</td><td rowspan="3">≥12</td><td>3.2</td><td>90~120</td></tr>
<tr><td>4</td><td>140~160</td></tr>
<tr><td>5</td><td>220~260</td></tr>
</table>

角接缝焊接规范参数参考范围 表 2-9

<table>
<tr><th>焊 缝 类 别</th><th>焊脚高度(mm)</th><th>焊条直径(mm)</th><th>焊接电流(A)</th></tr>
<tr><td rowspan="6">平角焊</td><td>2</td><td>2</td><td>55~65</td></tr>
<tr><td>3</td><td rowspan="2">3.2</td><td rowspan="2">100~130</td></tr>
<tr><td rowspan="2">4</td></tr>
<tr><td rowspan="2">4</td><td>160~200</td></tr>
<tr><td rowspan="2">≥5</td><td>160~200</td></tr>
<tr><td>5</td><td>220~280</td></tr>
<tr><td rowspan="4">立角焊</td><td>2</td><td>2</td><td>50~60</td></tr>
<tr><td>3~4</td><td rowspan="2">3.2</td><td rowspan="2">90~120</td></tr>
<tr><td>≥5</td></tr>
<tr><td>≥5</td><td>4</td><td>120~160</td></tr>
<tr><td rowspan="3">仰角焊</td><td>2</td><td>2</td><td>55~60</td></tr>
<tr><td>3~4</td><td>3.2</td><td>90~120</td></tr>
<tr><td>≥5</td><td>4</td><td>120~160</td></tr>
</table>

思考与练习 SIKAOYULIANXI

1. 焊条电弧焊有何特点?

2. 焊条电弧焊焊接过程中,如何实现对焊接区域的保护?

3. 什么是弧焊电源的动特性?包括哪些因素?

4. 焊条电弧焊选择弧焊电源的根据是什么?理想的焊接电源外特性应具备什么条件?为什么?

5. 焊芯中典型合金元素有哪几种？各起到什么作用？
6. 试述焊条药皮的作用。
7. 试分析焊条型号与牌号的含义及区别，按用途如何对焊条进行分类。
8. 什么是焊条的工艺性能？包括哪些具体因素？
9. 什么是焊接工艺参数？焊条电弧焊的工艺参数包括哪些？
10. 焊前准备工作包括哪些环节？
11. 焊条电弧焊对定位焊有什么要求？
12. 焊条电弧焊长焊缝焊接时，应注意哪些事项？
13. 焊条保管时应注意哪些事项？

第三章　CO_2 气体保护焊

● 知识目标

1. 熟悉 CO_2 气体保护焊的原理及特点；
2. 掌握 CO_2 气体保护焊对焊接材料的基本要求；
3. 掌握 CO_2 气体保护焊设备的结构特点；
4. 掌握气电垂直自动焊及陶质衬垫 CO_2 气体保护半自动单面焊工作原理。

● 能力目标

1. 掌握 CO_2 气体保护焊的冶金特性及缺陷控制措施；
2. 掌握 CO_2 气体保护焊焊材的使用规范；
3. 具备制订 CO_2 气体保护焊工艺的能力；
4. 掌握气电垂直自动焊操作技能要点；
5. 掌握陶质衬垫 CO_2 气体保护半自动焊焊接工艺要点。

焊接过程焊接区域的保护效果，直接决定着焊接产品的质量。对焊接区进行何种形式的保护，很大程度上决定了焊接手段能否得以广泛应用。

实际生产中，熔化极气体保护焊在各领域均得到了极为广泛的使用，原因是此类焊接方法具备焊接生产率高、焊接变形小、劳动条件好以及可全位置焊接等优势。熔化极气体保护焊，是指利用气体对焊接高温区及焊接电弧进行保护，同时焊接过程中利用电极熔化对焊缝进行填充的焊接手段。熔化极气体保护焊种类较多，且各有其特点，在各行业中应用也不尽相同。其中，CO_2 气体保护焊是最典型的一种焊接形式。

第一节　CO_2 气体保护焊的原理、特点及应用

CO_2 气体保护焊是 20 世纪中期发展起来的焊接技术。与其他的电弧焊方法相比，CO_2 气体保护焊生产效率较高、适应面广，具备更好的经济性，并可保证获得优质的焊接接头。因此，在压力容器制作、汽车及钢结构生产中，特别是在船舶建造过程中，CO_2 气体保护焊得到极为广泛的应用，并有逐步取代焊条电弧焊的趋势。

一、CO_2 气体保护焊的工作原理及冶金特性

1. 工作原理

CO_2 气体保护焊是指利用 CO_2 作为保护气体，并形成足够的气体保护层，焊接时采用专用焊枪，依靠焊丝与工件间的电弧热及电阻热提供焊接所需热量，从而实现半自动或自动焊接，其工作原理如图 3-1 所示。

焊接时选择直流电源，电源的两极分别接到焊枪及工件上。焊丝盘提供焊丝，经送丝机构

带动并通过焊枪不断向焊接区域送进，以完成焊接所需的填充。同时，气瓶或管道输送的气体CO_2，以一定压力和流量送入焊枪，并从焊枪前端喷出形成套筒，在电弧和焊接熔池周围形成保护气流。焊接时，熔化的焊丝和母材形成熔池，随焊枪移动及焊丝的不断送进，完成连续焊接过程。

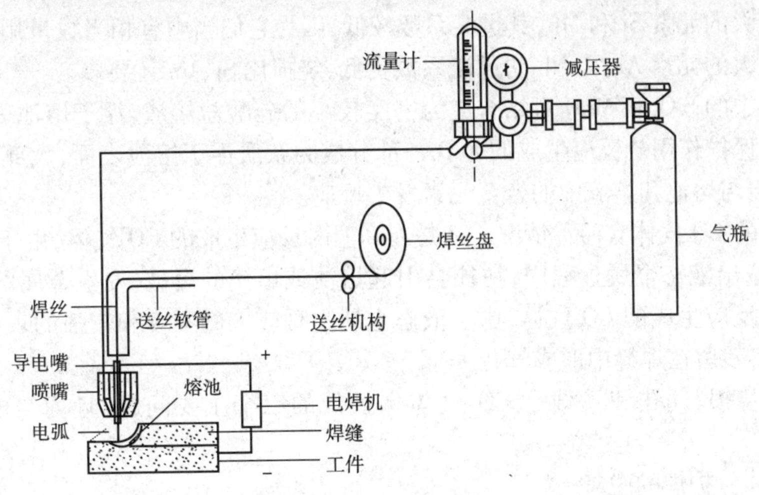

图 3-1 CO_2气体保护焊原理

2. CO_2气体保护焊的冶金特性

在焊接电弧的高温作用下，CO_2气体及其分解产物具有氧化性，致使合金元素氧化、烧损，成为气孔和焊接飞溅的根源。

1）合金元素的氧化

（1）CO_2气体的分解：

$$CO_2 = CO + O$$

CO_2气体分解后，电弧空间同时存在 CO_2、CO 和 O 三种成分。在焊接条件下，CO 不溶解于液态金属，也不与金属发生作用，对焊接质量影响较小，但 CO_2和 O 能与铁及其他合金元素发生氧化反应。

（2）电弧高温区域的氧化：

$$Fe + CO_2 = FeO + CO$$

$$2Fe + O_2 = 2FeO$$

$$Si + 2O = SiO_2$$

$$Mn + O = MnO$$

$$C + O = CO$$

（3）低温区域合金元素的氧化：

$$2FeO + Si = 2Fe + SiO_2$$

$$FeO + Mn = Fe + MnO$$

$$FeO + C + = Fe + CO$$

CO_2 及其在高温分解的 O，都具有很强的氧化性，随温度的升高，氧化性增强。氧化反应的程度取决于合金元素在焊接区的浓度及其对氧的亲和力。熔滴和熔池金属中 Fe 的浓度最

大,Fe 的氧化比较激烈。Si、Mn 及 C 的浓度虽然较低,但其与氧的亲和力均比 Fe 大,所以反应也很激烈。

2)氧化反应的结果

氧化反应导致 Fe、Si、Mn 及 C 等元素烧损。电弧中,Ni、Cr、Mo 过渡系数最高,烧损最少。与氧亲和力较大的元素 Si 和 Mn,其过渡系数较低,因为它们当中有相当数量用于脱氧。而与氧的亲和力最大的元素 Al、Ti、Nb 的过渡系数更低,烧损比 Si、Mn 还要多。

反应产物中的 SiO_2 和 MnO 可结合成为密度较小的硅酸盐熔渣,浮于熔池表面,对熔池金属起到一定的保护作用。反应生成的 FeO 一部分成为杂质浮于熔池表面,大部分则溶入液态金属,并进一步与熔池和熔滴中的合金元素发生反应。

反应生成的 CO 气体有两种情况。一是在高温时反应生成的 CO 气体,由于 CO 气体体积急剧膨胀,在逸出液态金属过程中,往往会引起熔池或熔滴的爆破,发生金属的溅损与飞溅。二是在低温时反应生成的 CO 气体,由于液态金属呈现较大的黏度和较强的表面张力,使 CO 无法逸出,最终残留在焊缝中形成气孔。

合金元素烧损、气孔和飞溅是 CO_2 气体保护焊的三个主要问题,且均与电弧的氧化性有关。

3)CO_2 气体保护焊的脱氧

在 CO_2 气体保护焊的焊接区内,溶入液态金属的 FeO 是导致气孔和飞溅的主要因素。同时,残留在焊缝金属中的 FeO 会使焊缝金属含氧量增加,导致力学性能下降。显然,解决问题的关键在于,使 FeO 脱氧并对烧损的合金元素予以补充。

冶金工艺上采用的主要措施,是在焊丝或药芯焊丝的药粉中添加适量的脱氧剂。利用部分脱氧剂可使 FeO 脱氧,剩余的脱氧剂作为合金元素补充到焊缝中,以提高焊缝金属的力学性能。

CO_2 气体保护焊常用 Al、Ti、Si、Mn 作为脱氧剂,但这四种元素各自单独作用时脱氧效果并不理想。实践证明,Si、Mn 联合脱氧时效果最好。

加入到焊丝中的 Si 和 Mn,在焊接过程中一部分直接被氧化和蒸发,一部分耗于 FeO 的脱氧,剩余部分则残留在焊缝中,对焊缝金属起到合金化作用。但焊丝中 Si、Mn 的含量过多时,Si 会降低焊缝的抗热裂纹能力,而 Mn 会使焊缝金属的冲击值下降。因此,焊丝中 Si 和 Mn 的含量应适当。

此外,Si 和 Mn 之间的比例也必须适当,否则不能有效结合成硅酸盐浮出熔池,导致部分 SiO_2 或者 MnO 夹杂物残留在焊缝中,反而使焊缝的塑性和冲击值下降。

试验结果表明,低碳钢和低合金钢焊丝中,一般 $\omega(Si)$ 为 1% 左右,$\omega(Mn)$ 一般为1% ~ 2% 之间。

4)合金元素过渡

CO_2 气体保护焊过程的氧化反应,会使焊缝的合金元素不足致使其力学性能不符合要求。为补充被烧损的合金元素,必须在焊丝中添加合金元素。

焊丝中的合金元素大致可分为两类,一类在焊接过程中被烧损较多(合金元素过渡系数较小)的活性元素,另一类在焊接过程中基本上不被烧损(合金元素过渡系数大于 90%)的稳定元素。

不同活性元素被烧损的情况不同,如较活泼的 Al、Ti 元素,在熔滴形成过程中被大量烧损,从而保护了 Mn 和 Si 等元素。Al 比 Ti 更易烧损,所以在焊接不锈钢时,为了保护 Ti、Nb 等元素,常加入 Al 元素脱氧。

母材与焊丝中碳的质量分数超过0.06% ~0.07%时,碳元素将被烧损,若含碳量更高时,则碳元素将被大量烧损。反之,当碳的质量分数小于0.06% ~0.07%时,焊缝会产生增碳现象。

3. CO_2气体保护焊的冶金缺陷

1)气孔及预防

CO_2气体保护焊熔池表面没有熔渣覆盖(实芯焊丝),CO_2气流又具有冷却作用,因而熔池凝固比较快。如果焊接材料处理或焊接工艺选择不合理,可能会出现 CO 气孔、氮气孔和氢气孔。

(1)CO 气孔。焊接熔池结晶过程中,熔池中 C 与 FeO 反应生成的 CO 气体来不及逸出,从而形成 CO 气孔。此类气孔通常出现在焊缝的根部或近表面,多呈针尖状。

防止 CO 气孔必须选用含足够脱氧剂的焊丝,控制焊丝中的含碳量不能过高以抑制 C 与 FeO 反应生成 CO 气体。当母材的含碳量较高时,在工艺上可选用略大的焊接热输入,增加液态熔池的停留时间,以利于 CO 气体的逸出。

所以当焊丝选择适当时,产生 CO 气孔的可能性很小。

(2)氮气孔。在电弧高温下,熔池金属对氮有较高的溶解度。但当熔池温度下降到某一温度区间时,氮在液态金中的溶解度迅速减小,使氮大量析出。若未能及时逸出熔池,就可有生成氮气孔。

氮气孔多出现在焊缝近表面,呈蜂窝状分布。严重时还会以细小气孔的形式广泛分布在焊缝金属中,这种细小气孔往往在金相检验中才能发现,或者在水压试验时被扩大成渗透性缺陷而表露出来。

氮气孔产生的主要原因是保护气层遭到破坏,使大量空气侵入焊接区。造成保护气层破坏的因素包括 CO_2保护气体纯度不符合要求、气体流量过小、喷嘴被飞溅物局部堵塞、喷嘴与工件距离过大以及焊接场地风的影响等。

所以,避免氮气孔必须改善气体保护效果,具体措施包括:

选用纯度较高的 CO_2气体,焊接时采用适当的气体流量;焊接前应检验气瓶至焊枪气路是否有漏气或阻塞现象;增加室外焊接的防风措施。

此外,野外施工时可选用含固氮元素(如 Ti、Al)的焊丝。

(3)氢气孔。氢气孔产生的主要原因,是由于熔池在高温时溶入了大量氢,在结晶过程中又不能充分逸出,残留在焊缝金属中形成气孔。

氢的来源是工件、焊丝表面的油污及铁锈,以及 CO_2气体中所含的水分。

油污为碳化合物,铁锈是含结晶水的氧化铁。它们在电弧的高温下都会分解出氢气,氢气在电弧中会被进一步电离,然后以离子型态溶入熔池。熔池结晶时,由于氢的溶解度陡降,析出的氢气如不能及时排出熔池,就可能在焊缝金属中形成气孔。

避免氢气孔最主要的措施是杜绝氢的来源,焊前应去除工件及焊丝表面的铁锈、油污及其他杂质。尤其需要注意的是 CO_2气体中的含水量,因为 CO_2气体中的水分常常是造成氢气孔

的主要原因。

CO_2气体具有一定的氧化性，可以抑制氢气孔的产生。焊前对CO_2气体进行干燥去除水分，清除焊丝和工件表面的杂质，产生氢气孔的可能性很小。

2）飞溅及预防

飞溅是CO_2气体保护焊最主要的缺点。飞溅会造成焊缝成型不良，降低熔敷效率，导致生产条件恶化，严重时甚至会影响焊接过程的正常进行。

(1)短路过渡飞溅形成原因：

①短路过渡结束时，短路小桥缩颈处爆断产生飞溅。

焊接过程中，焊丝熔滴与熔池接触后形成液桥，在电磁力和表面张力作用下，液桥逐渐变细而形成缩颈。在短路大电流密度的作用下，迅速加热缩颈处的液体金属，最终因其强烈汽化而爆断，形成金属飞溅。

小知识：从短路过渡过程得知，只有在焊丝熔滴液桥刚形成时，为提供较大的电磁收缩力，促使液桥形成缩颈，才需要较大的电流增长速度。当缩颈形成以后，在表面张力的作用下，熔滴缩颈能够被拉得更细，直至被拉断而平稳地过渡到焊接熔池中。所以，在焊丝熔滴缩颈被拉断前，无须通过很大的短路电流，就可以避免熔滴缩颈处的液体金属因过热强烈爆炸而形成飞溅。

②焊丝熔滴短路小桥缩颈断裂后，重新引弧产生飞溅。重新引弧时将产生强烈的气动冲击力，焊接熔池和焊丝端头上的熔滴在该力的冲击下被抛出而形成飞溅。

③引弧操作或焊接参数选择不正确时(如焊丝伸出长度过大、焊接回路电感过大、焊丝送丝速度过快而电弧电压过低等)，常发生焊丝短路。在短路电流的作用下，短路焊丝的端部和焊接熔池金属被抛出而形成飞溅。

④CO_2气体高温分解会吸收大量电弧热量，对电弧的冷却作用较强，使电弧电场强度提高、电弧收缩，导致弧柱根部面积减小，电弧的斑点压力增大。

熔滴在斑点压力的作用下十分不稳定，形成飞溅。如果采用直流正接施焊，熔滴所受斑点压力进一步增大，飞溅加剧。

(2)大滴过渡飞溅形成原因：

①焊接时若引弧或焊接参数选择不正确，则会出现焊丝短路。在短路电流作用下，被抛出的焊丝端头和焊接熔池金属形成飞溅。

②若焊接熔池冶金反应生成的CO气体、焊丝或工件表面待焊处焊前清理不彻底，则表面的油、污、锈等在焊接时产生较多的气体，这些气体从焊接熔池或熔滴中喷出而形成飞溅。

③大滴过渡时，熔滴从焊丝端部脱离后，在焊丝端部与熔滴之间、熔滴与熔池之间会形成串联电弧。在电弧力的作用下，有时熔滴会被抛出熔池外面而成为飞溅。

④熔滴重心与焊丝端部电极斑点上的压力，作用不在同一点上而形成力矩。力矩使熔滴呈非轴向过渡，部分熔滴会过渡到熔池外而成为焊接飞溅。

⑤焊丝与熔滴间的缩颈在大电流密度的加热下爆断，形成焊接飞溅。

(3)减少飞溅的措施：

①正确选择焊接参数。

A. 焊接电流与电弧电压：CO_2气体保护焊时，不同直径的焊丝，其飞溅率和焊接电流之间的关系如图 3-2 所示。

在短路过渡区和细滴过渡区飞溅率较小，而混合过渡区飞溅率最大。

以 Φ1.2mm 焊丝为例，电流小于 150A 或大于 300A 时飞溅率较小，介于两者之间则飞溅率较大。在选择焊接电流时应尽可能避开飞溅率高的混合过渡区，而电弧电压则应与焊接电流匹配。

B. 焊丝伸出长度：一般焊丝伸出长度越长，飞溅率越高。如 Φ1.2mm 焊丝，焊丝伸出长度从 20mm 增至 30mm，飞溅率约增加 5% 左右。

所以在保证不堵塞喷嘴的情况下，应尽可能减小焊丝伸出长度。

C. 焊枪角度：焊枪垂直时飞溅量最少，倾斜角度越大，飞溅越多。焊枪前倾或后倾最好不超过 20°。

D. 调整保护气体性质：CO_2气体的物理性质导致电弧斑点压力较大，在 CO_2气体中加入 Ar 气，可改变 CO_2气体的物理性质。随 Ar 气比例增加，飞溅逐渐减少，如图 3-3 所示。

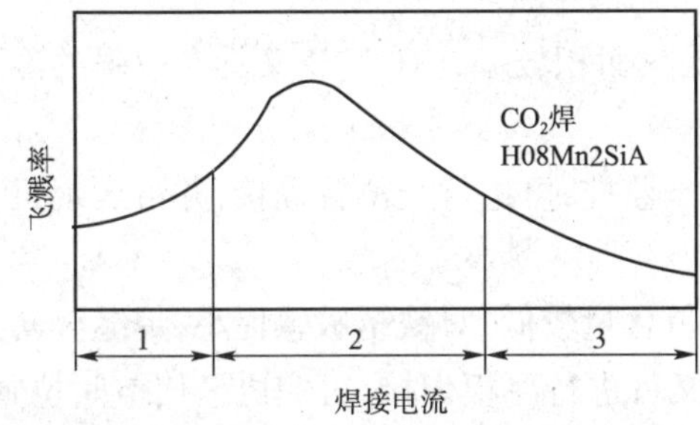

图 3-2　CO_2气体保护焊飞溅损失与电流的关系

1-短路过渡区；2-混合过渡区；3-细滴过渡区

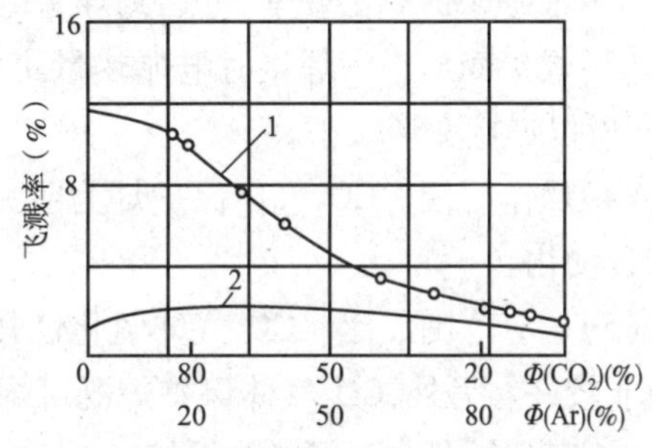

图 3-3　CO_2 + Ar 混合气体飞溅率

1-细滴直径 > 0.8mm；2 - 细滴直径 ≤ 0.8mm；Φ1.2mm；焊接电流 250A；电弧电压 30V

由图中可见，变化最显著的是细滴直径大于 0.8mm 的飞溅，对直径小于 0.8mm 的细滴飞溅影响不大。

混合气体的成本虽然比纯 CO_2气体高，但可以降低材料损失，节省清理飞溅的辅助时间。所以采用 CO_2 + Ar 气混合气体，总成本并不高。另外，CO_2 + Ar 气混合气体的焊缝金属低温韧性也比纯 CO_2气体高。

②短路过渡时限制金属液桥爆断能量。短路过渡焊接时，当熔滴与熔池接触或短路后，如果短路电流的增长速率过快，会使液桥金属迅速被加热、热量聚集，导致金属液桥爆裂而产生飞溅，因此必须设法使短路液桥的金属过渡趋于平缓。

③采用低飞溅率焊丝。

A. 超低碳焊丝：CO_2气体保护焊短路过渡或细滴过渡时，采用超低碳的合金钢焊丝，可减少飞溅。

B. 药芯焊丝：由于熔滴及熔池表面有熔渣覆盖，药芯成分中含有稳弧剂，因此电弧稳定，飞溅少。

通常药芯焊丝 CO_2气体保护焊的飞溅率，约为实芯焊丝的 1/3。

C.活化处理焊丝:在焊丝表面涂有极薄的活化涂料,如铯、铯盐、钾盐、钠盐等,可提高焊丝金属发射电子的能力,从而改善CO_2气体保护焊电弧特性,使飞溅大为减少。

二、CO_2气体保护焊特点

CO_2气体保护焊焊接时利用CO_2使焊接区与周围空气隔离,以防止空气对熔滴及熔池的有害作用,从而保证焊接过程良好的机械保护。但CO_2气体保护焊也存在一些缺点,致使其在生产应用中存在明显的局限性。

1.优点

(1)焊接成本低。CO_2气体和焊丝价廉易得,焊接时电能消耗少。一般情况下,CO_2气体保护焊成本仅为焊条电弧焊的37% ~42%,为埋弧焊的40%左右。

(2)焊接生产率高。CO_2气体保护焊焊接电流密度大,电弧热量利用率较高,使焊丝熔化率提高,母材熔透深度增加。此外,焊后不需要清渣,从而大幅提高了生产效率。

CO_2气体保护焊生产率,可达到焊条电弧焊的2 ~4倍左右。

(3)焊接变形小。焊接时电弧热量集中,工件受热面积较小,CO_2气流又具有较强的冷却作用,所以焊接变形较小。

(4)操作简便。CO_2气体保护焊为明弧操作,利于监控,可进行全位置焊接,并可实现机械化和自动化。

(5)适应范围广泛。CO_2气体氧化性强,使焊缝氢含量较低,对铁锈敏感性小,焊缝金属抗裂性能较好。另外,CO_2气体保护焊既可焊接薄板,又可进行厚板焊接,可完成任何空间位置、角度、长度及复杂曲面焊缝的焊接。

2.缺点

(1)焊接飞溅大、成型较差。CO_2气体保护焊的冶金特性致使焊接弧光较强,焊缝成型较差。此外,CO_2气体保护焊抗风能力较差,给室外作业带来一定困难。

(2)设备使用要求较高。CO_2气体保护焊难实现交流焊接,焊接设备相对复杂,要求焊接人员具备较强的设备操作及维护能力。

(3)保护气体的氧化性。CO_2气体保护焊焊接区域内氧化性较强,不适于易氧化金属材料的焊接。

三、CO_2气体保护焊在船舶领域中的应用

目前,CO_2气体保护焊主要用于焊接低碳钢及低合金钢等黑色金属,也可用于耐磨零件堆焊及铸钢件的补焊等。CO_2气体保护焊焊接不锈钢时会导致焊缝金属增碳,使接头抗晶间腐蚀性能下降,只能焊接质量要求不高的不锈钢工件。

在船舶生产领域中,CO_2气体保护焊技术的应用呈多样化,典型形式包括角焊全位置自动及半自动焊,半自动衬垫单面对接平、立、横焊以及半自动立下向焊等。目前,CO_2气体保护焊技术可用于小合拢、中合拢、大合拢现场切割的接缝(如外板),中合拢、总组大合拢外场加工的接缝(如舷部与底部等接缝),以及反面无法施焊的接缝(如艏、艉部外板)等多种构件形式。

第二节 CO_2气体保护焊的焊接材料

焊接生产中，焊接材料是保证焊接质量的物质基础。CO_2气体保护焊焊接材料包括焊丝和CO_2气体，其中焊丝作用熔化电极，对工件起到填充作用，而CO_2气体则作为保护手段，始终承受电弧的高温作用。焊丝和CO_2气体参与了整个焊接冶金反应，其成分与质量直接决定了焊接过程及焊缝质量。

一、CO_2气体

CO_2气体无色、无毒、略有气味，在常温下其密度为1.98kg/m^3，约为空气的1.5倍。常温时CO_2气体很稳定，但在高温时可发生分解，至5000K时几乎能全部分解。焊接过程中，CO_2气体主要起保护作用，使用时根据生产产品特点，可分别由管道或瓶装供应。国标规定，供应CO_2气体钢瓶外表涂铝白色，并标注黑色"CO_2"字样。

供焊接使用的CO_2气体，一般要求其纯度大于99.5%，优质接头焊接要求其纯度不低于99.8%。影响CO_2气体纯度的主要原因，是气瓶中的水分和空气中的氮。如选择的CO_2气体纯度较低，会给产品质量造成严重影响，必须采取措施确保CO_2气体纯度。

二、焊丝

CO_2气体保护焊焊丝既是填充金属又是电极，所以焊丝不仅应保证一定的化学成分和力学性能，还应具有良好的导电性和工艺性能。

按焊丝的结构形式，可将其分为实芯焊丝和药芯焊丝。

1. 实芯焊丝

实芯焊丝由优质焊接用钢丝拉拔、调直、镀铜而成，具备多种优良特性。其作用包括作为电极引燃电弧、作为熔敷金属构成焊缝，此外在焊接冶金过程中，实芯焊丝还起到脱氧和渗合金等作用，以保证焊缝金属具有良好的力学性能。

GB/T 8110—2008《气体保护电弧焊用碳钢、低合金钢焊丝》中，按化学成分将实芯焊丝分为碳钢、碳钼钢、铬钼钢、镍钢、锰钼钢和其他低合金钢6类。

(1)实芯焊丝牌号。字母"H"表示焊丝，字母"H"之后的一位或两位数字表示焊丝的平均含碳量。数字后的化学元素符号及数字，表示该元素的含量百分数，当某元素含量不足1%时数字可省略。牌号尾部标有"A"或"E"时，分别表示"优质"或"高级优质"。

如H08Mn2SiA，可焊接低碳钢及相应的低合金结构钢。

其中"H"表示实芯焊丝，"H"后面的"08"表示碳的质量分数为0.08%，Mn元素含量为2%左右，Si含量小于1%，尾部"A"表示优质焊丝(S、P含量均小于0.03%)。

(2)实芯焊丝型号。芯焊丝型号按化学成分和采用熔化极气体保护焊时熔敷金属的力学性能进行划分。

GB/T 8110—2008规定，焊丝型号由三部分组成。第一部分用字母"ER"表示焊丝，第二部分两位数字表示熔敷金属的最低抗拉强度，第三部分为短划" -"后的字母或数字，表示焊

丝的化学成分代号。根据供需双方协商,可在型号后附加扩散氢代号“H×”,其中“×”可分别由15、10或5表示。

如:ER 50-2 H5

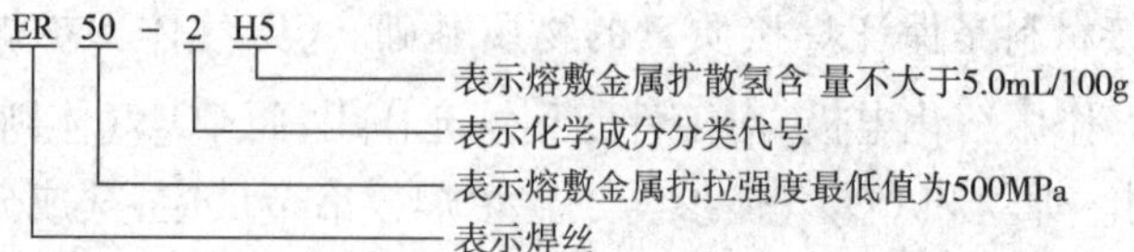

(3)实芯焊丝中的合金元素及杂质。焊接碳钢用焊丝除含有大量的Fe外,还含有合金元素及杂质(碳、锰、硅、铝、钛、硫、磷),不锈钢焊丝还含有一定数量的铬和镍。

①碳。碳是钢中的必要元素,钢中含碳量增加,钢的强度和硬度明显提高,但塑性和韧性下降,且焊接性能变差。

碳是产生CO的主要原因,焊接过程中CO会产生气孔和飞溅。所以,CO_2气体保护焊焊丝要求碳含量较低,通常焊丝中碳的质量分数控制0.11%以下。

②硅(Si)。硅是焊丝中常用的脱氧剂,它可以防止Fe和氧间的化合,在熔池中可使FeO还原。但单独用硅脱氧或硅含量过大时,生成的SiO_2(熔点高、约1710℃)难以从熔池中浮出,造成焊缝夹杂。

③锰(Mn)。锰既是脱氧剂又是合金剂。锰的脱氧能力比硅稍弱,单独用锰脱氧,生成的MnO密度较大,不易从熔池中浮出。只有硅和锰联合脱氧,才能取得良好的脱氧效果。

锰能和硫化合生成MnS进入渣内,起到去硫作用,降低因硫引起的热裂倾向。锰保留在焊缝中,可提高钢的强度和韧性。

通常,焊接碳钢及低合金结构钢的焊丝中锰的质量分数控制在1%~2%之间。

④铝(Al)。铝是强烈的脱氧剂,可以减少FeO,提高抗CO气孔能力。铝还能和氮化合而起到固氮作用,减少氮气孔。但脱氧生成的Al_2O_3熔点很高,可以固态形式存在于熔池中造成夹杂。此外含铝量过高时,还易引起飞溅和焊缝热裂倾向。

⑤钛(Ti)。钛是强烈的脱氧剂,且能和氮化合生成TiN,起到固氮作用。钛既能减少焊缝的氮气孔,还可以减小飞溅。钢中加入钛,能提高钢的强度,同时又能使钢的晶粒细化而减小过热倾向,但含钛量过多会使焊缝金属冲击韧度下降。

CO_2气体保护焊中常用钛作为补充脱氧剂,一般钛的质量分数控制在0.2%以下。

⑥硫(S)。硫是钢中的有害杂质,会使钢的成分分布不均匀,还会促使焊缝产生热裂纹。

一般钢焊丝中硫的质量分数应不大于0.04%,优质钢焊丝中硫的质量分数应不大于0.03%,高级优质钢焊丝中硫的质量分数应不大于0.025%。

⑦磷(P)。磷是钢中的有害杂质,会使钢的冲击韧度显著下降,使焊缝金属产生冷脆现象,还会使焊缝产生热裂纹。

一般钢焊丝中磷的质量分数应不大于0.04%,优质钢焊丝中磷的质量分数应不大于0.03%,高级优质钢焊丝中磷的质量分数应不大于0.025%。

(4)实芯焊丝表面质量要求。焊丝表面应光滑,无毛刺、划痕、锈蚀及氧化皮等缺陷,也不应有其他不利焊接操作或对焊缝金属有不良影响的杂质。镀层焊丝的镀层应均匀牢固,不应出现起鳞与剥皮。

2. 药芯焊丝

药芯焊丝是将药芯或金属粉末混合物裹在金属外皮里面而构成，可实现对焊缝金属的气－渣联保。

(1)药芯焊丝优点：

①飞溅小。由于药芯焊丝的药粉中加有稳弧剂，使电弧燃烧稳定，熔滴过渡平稳，飞溅大为减小，且飞溅颗粒细小，熔渣也易清除。

②焊缝成型美观。焊接时药粉熔化成渣，在液态熔渣的表面张力作用下，焊缝成型光顺美观。

③生产率高。药芯焊丝通电部分的钢皮处于外层，表面积大、散热快，可进一步提高焊接电流密度、加快焊丝熔化速度，提高了生产率。

④焊缝质量好。借助气体－熔渣联合保护，可进一步防止空气入侵。熔渣使冶金反应充分，增大了脱氧、去硫及清除杂质能力。此外，在药粉中加入合金元素可起到掺合金作用，从而改善焊缝的力学性能。

⑤应用范围广。通过调整药粉中的合金成分，可获得需要的焊接金属成分，可适应焊接各种钢种。药芯焊丝已被广泛应用于焊接碳钢、低合金高强度钢、耐热钢、不锈钢，以及用于耐磨钢材的堆焊等。

(2)药芯焊丝的分类：

①按钢管结构。可分为有缝药芯焊丝和无缝药芯焊丝，其中无缝药芯焊丝密封性好、不易吸潮，表面可镀铜、不易生锈，贮存期较长，但制造工艺复杂、价格较贵。

②按钢管断面形状。可分为简单断面的“O”形和复杂断面的折叠型，折叠型又可分为T形、花形、E形及中间填充型等，如图3-4所示。一般，直径≤2.4mm的焊丝制成“O”形，直径>2.4mm的焊丝制成折叠型。

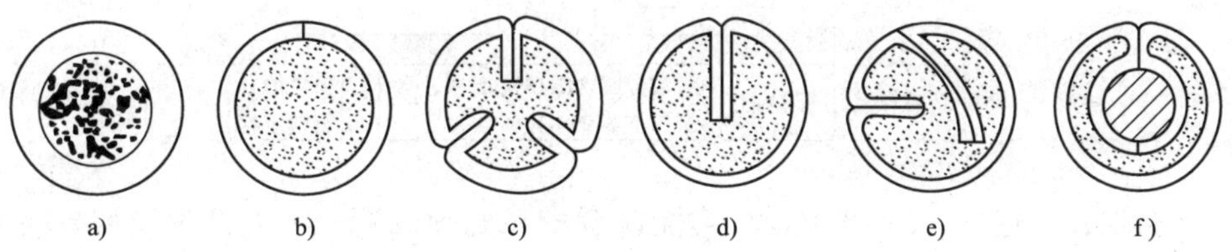

图3-4　药芯焊丝断面形状

a)无缝O形；b)闭缝O形；c)花形；d)T形；e)E形；f)中间填充型

O形管状截面焊丝焊接时，电弧沿圆管端面旋转，中间无电弧，致使焊丝末端熔化不均匀，电弧稳定性稍差。

折叠型截面可使焊接电流分布均匀、电弧稳定、焊丝熔化均匀、冶金反应完善，容易获得优质焊缝。

③按焊丝内层填充粉料有无造渣剂。可分为药粉型(有造渣剂)焊丝和金属粉型(无造渣剂)焊丝。

金属粉型焊丝中除少量稳弧剂外，大部分是金属粉末(脱氧剂和铁)，焊接时渣量与实芯焊丝相当，不必每层清渣，可连续焊3～4层，适用于厚板多层焊接。

④按药粉的成分。可分为钛型(酸性渣)、钛钙型(中性渣)和钙型(碱性渣)。

酸性渣电弧稳定,焊缝成型美观,全位置焊接工艺性能优良。碱性渣焊缝的韧性和抗裂性优良,中性渣焊缝介于两者之间。

⑤按是否使用外加保护气体。可分为使用保护气体药芯焊丝和不加保护气体(自保护)药芯焊丝,其中自保护药芯焊丝具有较强的抗风性,更适合室外使用。

(3)药芯焊丝牌号。焊丝生产厂参照焊条牌号制定了统一的药芯焊丝牌号,其中包含了药芯焊丝的用途、熔敷金属的力学性能或化学成分类别以及药粉的类别等。

开头字母"Y"表示药芯焊丝,第二个字母表示该焊丝的大类别(J-结构钢;R-耐热钢;B-不锈钢;G-铬不锈钢;A-奥氏体不锈钢;D-堆焊)。

随后两位数字表示焊丝的小类别,在结构钢药芯焊丝中以两位数字表示熔敷金属抗拉强度的最低值。在耐热钢和不锈钢焊丝中,两位数字表示熔敷金属的主要成分、等级及同一等级中的不同编号。

第三位数字,表示药粉渣系的类别和使用极性(如1-金红石型酸性渣,交直流两用;2-钛钙型;7-碱性渣系)。

部分焊丝牌号后标有后缀,"-1"表示气体保护,"-2"表示自保护(不需要外加保护气体)。

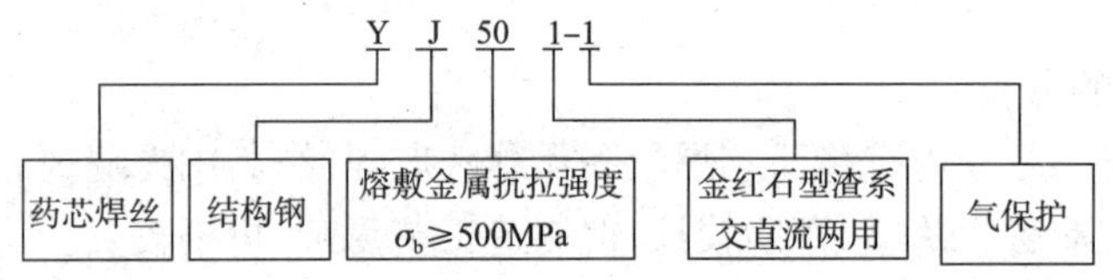

药性焊丝牌号举例2

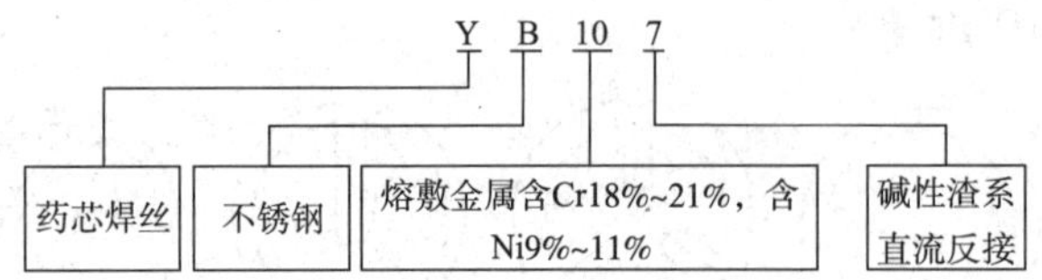

(4)药芯焊丝的型号。GB/T 10045—2001《碳钢药芯焊丝》规定,药芯焊丝型号的表示方法为"E×××T-×ML"。

字母"E"表示焊丝,字母"T"表示药芯焊丝。

型号中的符号按排列顺序分别说明如下:

字母"E"后面的前两个符号"××"表示熔敷金属的力学性能。

字母"E"后面的第三个符号"×"表示推荐的焊接位置,其中"0"表示平焊和横焊位置,"1"表示全位置。

短划后面的符号"×"表示焊丝的类别特点。

字母"M"表示保护气体为75%~80% $Ar+CO_2$,当无字母"M"时表示保护气体为CO_2或为自保护类型。

字母"L"表示焊丝熔敷金属的冲击性能在-40℃时,其V形缺口冲击功不小于27J。当无字母"L"时,表示焊丝熔敷金属的冲击性能符合一般要求。

如：

3-3 焊丝型号举例如下：

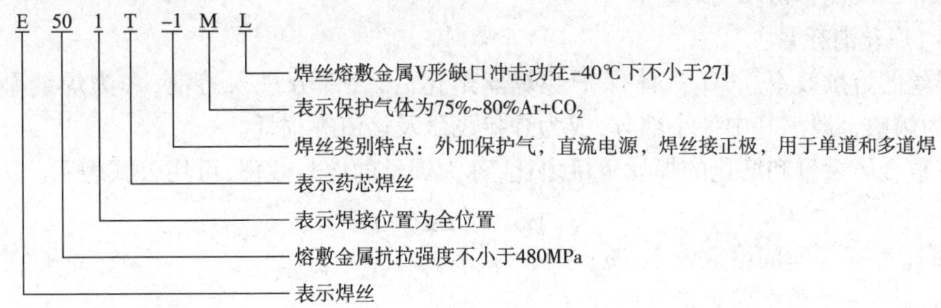

(5)药芯焊丝的使用特性：

①对焊接电源要求不高。药芯焊丝 CO_2气体保护焊时，由于药粉的加入，改善了电弧的特性，使之接近于焊条电弧焊。因此，除了专用的焊接电源外，也可采用焊条电弧焊的焊接电源，直流、交流均可保证施焊。

②对焊丝给送要求高。药芯焊丝通常由薄钢皮卷成，焊丝刚性较差。因此对送丝机要求较高，压紧滚轮的压力不能太大，压力太大会压偏焊丝，增加送丝难度。

③粗焊丝、大电流密度。药芯焊丝的公称直径是指钢管的外径，在相同直径的条件下，药芯焊丝的钢截面积小于实芯焊丝。相同直径、相等长度的焊丝，药芯焊丝熔敷进入焊缝的数量小于实芯焊丝。通常，Φ1.2mm 实芯焊丝应用较广，而药芯焊丝使用的最小直径为 1.2mm，而直径 Φ1.6mm 和 Φ2.4mm 的焊丝使用较多。

由于药芯焊丝的钢管暴露在外、散热条件好，可以使用较大的电流密度。

④长弧焊接。药芯焊丝的药粉多为酸性，焊接时宜采用长弧焊接，使熔融金属铺开、焊缝成型美观。

由于使用焊接电流较大，电弧电压应与之匹配。药芯焊丝 CO_2气体保护焊的电弧电压一般在 20 伏以上，有时可高达三十多伏。

⑤药芯焊丝保管。药芯焊丝多为有缝形式，药粉容易通过缝隙吸收潮气，使焊接工艺性能变差，易产生气孔等缺陷。当焊丝锈蚀至钢管内部时，焊丝报废。

(6)药芯焊丝的表面质量要求。焊丝表面应平滑光洁，不应有毛刺、凹坑、划痕、锈皮，也不应有其他对焊接性能或焊接设备操作性能具有不良影响的杂质。

3. 焊丝的选用

生产中，可根据需要选用直径在 0.5 ~ 5mm 范围内的焊丝，目前国内常用的焊丝直径包括 0.6mm、0.8mm、1.0mm、1.2mm、1.6mm、2.0mm 及 2.4mm 等。

焊丝的选择应根据被焊金属材料的性质、焊接接头设计强度、焊缝质量要求、焊接施工条件（板厚、坡口形式、焊接位置、焊接条件、焊后热处理及焊接操作等）及成本等综合考虑。

(1)根据被焊结构的钢种。碳钢及低合金高强钢主要按“等强匹配”原则，选择满足力学性能要求的焊丝。对于耐热钢和耐候钢，主要侧重考虑焊缝金属与母材化学成分的一致或相似，以满足对耐热性和耐腐蚀性等方面的要求。

(2)根据被焊部件的质量要求（特别是冲击韧性）。应结合焊接条件、坡口形式及保护气体混合比等因素，在确保焊接接头性能的前提下，选择最大焊接效率及最低焊接成本的焊接

材料。

4. 焊丝及气体消耗量的计算

(1)焊丝消耗量:

焊丝的熔敷效率。CO_2气体保护焊焊丝熔化后,大部分进入熔池,作为焊缝金属的一部分,称为熔敷金属。其中一小部分,成为焊接飞溅及熔渣等损耗。

熔敷金属重量和熔化的焊丝重量之比,称为焊丝的熔敷效率,可用公式表示

$$\eta_{熔敷} = G_{熔敷}/G_{熔丝}$$

式中:$\eta_{熔敷}$——焊丝的熔敷效率,%;

$G_{熔敷}$——熔敷金属重量,g;

$G_{熔丝}$——熔化的焊丝重量(药芯焊丝包括药粉的重量),g。

由于药粉型药芯焊丝中的药粉熔化成渣,不进入焊缝,所以药粉型药芯焊丝的熔敷效率要低于实芯焊丝。通常$\eta_{熔敷}$的值,实芯焊丝和金属粉型药芯焊丝取90% ~95%,药粉型药芯焊丝取70% ~85%。

(2)焊丝消耗量的计算。焊丝消耗量可按下列公式计算

$$G_{焊丝} = G_{熔敷}/\eta_{熔敷}$$

$$G_{熔敷} = A \cdot l \cdot r$$

式中:$G_{焊丝}$——焊丝重量,g;

$G_{熔敷}$——熔敷金属重量,g;

$\eta_{熔敷}$——熔敷效率,%;

A——焊缝熔敷金属面积,cm^2;

l——焊缝长度,cm;

r——熔敷金属的相对密度,碳钢和低合金钢取7.8g/m^3,铬镍不锈钢取7.9 g/m^3。

例3-1:焊接16Mn钢工字架,梁长10m,用H08Mn2SiA焊丝,以四条角焊缝连接,焊脚为8mm,问焊接这根梁焊丝消耗量为多少?(取焊丝熔敷效率为0.92)

解:角焊缝截面积$A = 1/2K^2 = 1/2 \times (0.8)^2 = 0.32cm^2$

焊缝长度$l = 4 \times 10 \times 100 = 4000cm$

熔敷金属重量$G_{熔敷} = A \cdot l \cdot r = 0.32 \times 4000 \times 7.8 = 9984g \approx 10kg$

焊丝消耗量$G_{焊丝} = G_{熔敷}/\eta_{熔敷} = 10/0.92 = 10.87kg$

(3)焊丝的重量和长度的关系。实芯焊丝的重量和长度的关系按下列公式计算

$$G_{焊丝} = \pi \times d_{丝}{}^2/4 \times l_{丝} \times r$$

式中:$G_{焊丝}$——焊丝重量,g;

$d_{丝}$——焊线直径,mm;

$l_{丝}$——焊丝长度,m;

r——钢焊丝金属的相对密度,7.8g/cm^3。

例3-2:实芯焊丝直径为1.0mm,长100m,其重量为多少?

解:$G_{焊丝} = \pi \times d_{丝}^2/4 \times l_{丝} \times r = 3.14 \times l^2/4 \times 100 \times 7.8 = 612g = 0.612kg$

(4)气体消耗量的计算:

①单件产品焊接的气体消耗量。CO_2气体消耗量主要取决于气体流量和焊接时间,考虑

到气体在起动、停止时输送的损耗,单件产品焊接气体消耗量可按下列公式计算

$$V=(1+\Psi)Q\times t_{基}$$

式中:V——单件产品焊接的气体消耗量,L;

Ψ——气体损耗率,约取3% ~5%;

Q——焊接时的气体流量,L/min;

$t_{基}$——单件产品焊接基本时间,min。

②CO_2液化气瓶可供应的量。焊接用CO_2液化气瓶的容量为40L,通常灌入25kg的液态CO_2。1kg液态CO_2在0℃、0.1MPa气压下,可以气化成509L的气态CO_2。25kg液态CO_2可气化成25×509=12725L气态CO_2。

当瓶内压力低于1MPa时不能使用,则瓶内应留下40L、1MPa气体未输出,折算成0.1MPa,则为40L×10=400L。所以一瓶CO_2液化气瓶在标准状态下的供气量为12725L-400L=12325L。

若焊接时气体流量为20L/min,则一瓶CO_2液化气可连续供应12325÷20≈616min≈10h。

③混合气体消耗量的计算。按照混合气体比例计算各单元气体的量,若Ar+$CO_2$20%的混合气体,Ar占80%体积分数,CO_2占20%体积分数。

例3-3:焊接时气体流量Q为25L/min,采用混合气体为Ar+$CO_2$20%,焊接的基本工作时间为4min,求两气体的消耗量。

解:混合气体消耗量 $V=(1+\Psi)Q\times t_{基}=(1+0.05)\times 25\times 4=105L$

Ar气消耗量 $V_{Ar}=V\times 80\%=105\times 80\%=84L$

CO_2气消耗量 $V_{CO_2}=V\times 20\%=105\times 20\%=21L$

第三节　CO_2气体保护焊的焊接设备

焊接设备是保证焊接过程稳定进行的能量来源。不同焊接方法因其工作原理不同,对焊接电源的要求也不同。CO_2气体保护焊所使用的焊接设备,包括半自动焊设备及自动焊设备。

在生产应用中,CO_2气体保护焊对焊接电源的要求及电源极性的选择方面,均不同于焊条电弧焊。同时,在操作过程中需要焊丝不断的送进,也对焊接设备性能提出了更高的要求。

一、半自动CO_2气体保护焊的焊接设备

如图3-5所示,半自动CO_2气体保护焊设备由焊接电源、供气系统、送丝系统、焊枪和控制系统组成,工作时需要完成气体的输送、焊丝的给送及焊接电源的供应等主要任务。

1.焊接电源

1)CO_2气体保护焊焊接电源的性能要求

(1)对设备外特性的要求。水平的外特性(平硬外特性)电源的短路电流较大,容易引弧、不易粘丝。电弧拉长后,电流迅速减小,不易烧坏焊嘴,且弧长变化时会引起较大的电流变化,电弧的自调节作用较强,焊接参数稳定,焊接质量优良。电源外特性越接近水平线,电弧的自调节作用越强,焊接参数越稳定。

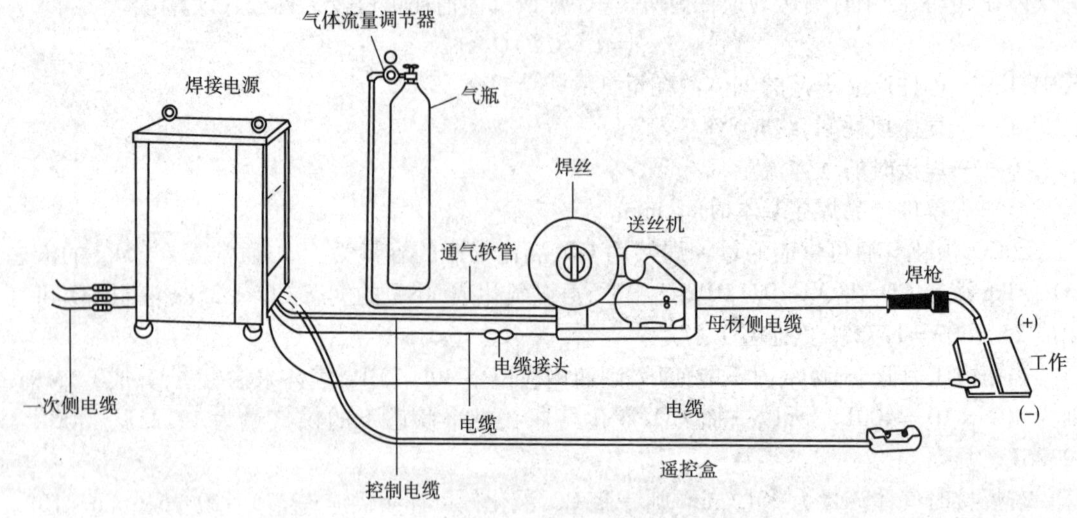

图 3-5　半自动 CO_2 气体保护焊设备示意图

CO_2 气体保护焊使用的焊丝直径较细（通常小于 1.6mm），焊接电流大、电流密度比焊条电弧焊高 10 倍以上，电弧的静特性处于上升段（图 3-6）。所以，平特性或缓降外特性的焊接电源，更适用于 CO_2 气体保护焊。

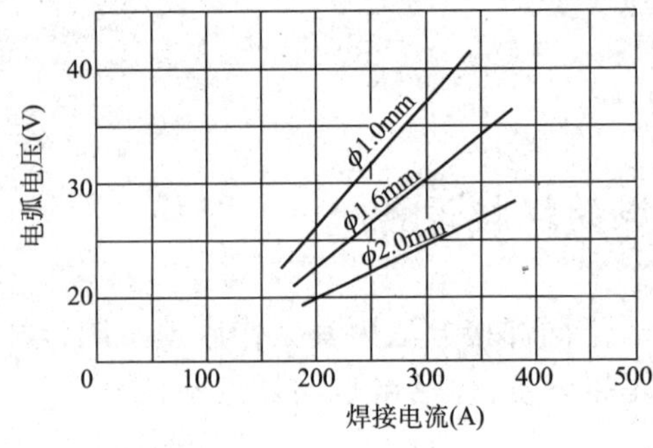

图 3-6　电弧的静特性

(2)对空载电压的要求。CO_2 气体保护焊焊机的空载电压为 38 ~ 70V。

(3)对动特性的要求。要求 CO_2 气体保护焊焊机容易引弧、焊接过程稳定、飞溅小，使焊接电弧平静、柔软、富有弹性。

(4)调节范围。CO_2 气体保护焊焊机应能方便地调节焊接参数，以满足实际需要。

2)焊接电源的型号

依据 GB/T 10249—2010《电焊机型号编制方法》的规定，CO_2 气体保护焊设备的型号由汉语拼音和阿拉伯数字组成。

焊接设备型号编排如下：

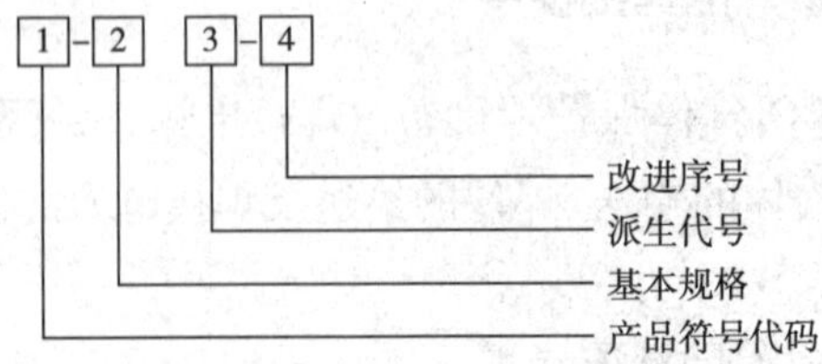

产品符号代码参照表 3-1 所示。

基本规格指焊接设备额定的焊接电流，单位为（A）

改进序号按产品改进程序用阿拉伯数字连续编写。

型号中 3、4 项如不用时，可空缺。

(MIG/MAG)焊机的符号代码　　表 3-1

设备名称	第一字母		第二字母		第三字母		第四字母	
	代表字母	大类名称	代表字母	小类名称	代表字母	附注特征	数字序号	系列序号
电弧焊机	N	MIG/MAG 焊机(熔化极惰性气体保护弧焊机/活性气体保护弧焊机)	Z	自动焊	省略	直流	省略	焊车式
							1	全位置焊车式
			B	半自动焊	M	脉冲	2	横臂式
							3	机床式
			D	点焊			4	旋转焊头式
			U	堆焊	C	CO_2气体保护焊	5	台式
			G	切割			6	焊接机器人
							7	变位式

如：

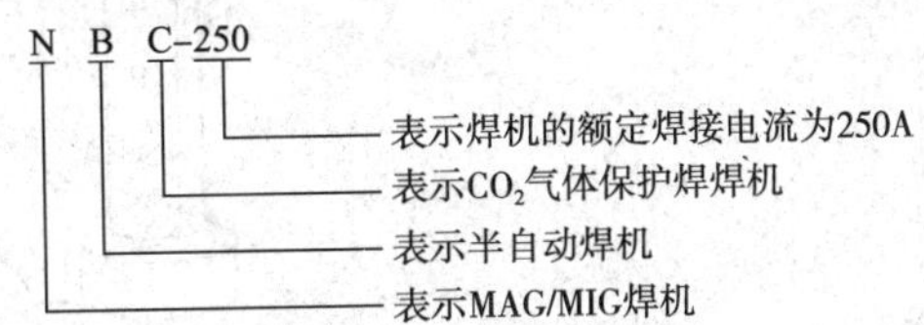

2. 供气系统

CO_2气体保护焊供气系统由 CO_2 钢瓶、预热器、干燥器、减压器、流量计、电磁气阀及管路等组成，如图 3-7 所示。其功能是将液化气瓶内的液体转为气体，降压后以一定流量均匀从喷嘴喷出。

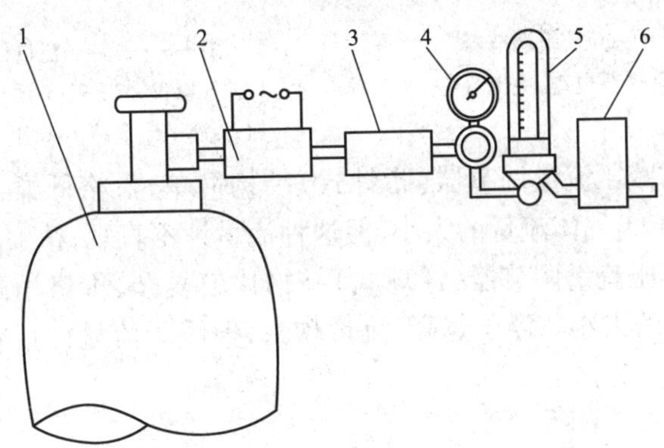

图 3-7　CO_2气体保护焊供气系统示意

1-CO_2钢瓶；2-预热器；3-干燥器；4-减压阀；5-流量计；6-电磁气阀

1）气瓶

室温下，瓶内 CO_2气体压力为 4 ~ 6MPa，温度升高至 30℃时，瓶内气体压力急剧上升可达 7MPa，随输出消耗瓶内压力逐渐下降。

2）预热器

液态 CO_2转变成气态时，将吸收大量的热，再经减压后，气体体积膨胀，也会使温度下降。为防止管路冻结，在减压之前应将 CO_2气体通过预热器进行预热。

预热器一般采用 36V 交流供电，功率为 100 ~ 150W（电阻加热式）。

3)干燥器

干燥器内装有干燥剂,如硅胶、脱水硫酸铜和无水氯化钙等。无水氯化钙吸水性较好,但不能重复使用,硅胶和脱水硫酸铜吸水后颜色发生变化,经过加热烘干后还可重复使用。

只有当含水量较高时,才需要加装干燥器。

4)减压器和流量计

减压器将气瓶中的高压 CO_2 气体压力降低,并保证输出气体压力稳定,流量计用于调节和测量 CO_2 气体的流量。

目前使用的减压流量调节器,使用时非常方便,即将预热器、减压阀和流量计合成一体。常用的减压流量调节器有两种类型,如图 3-8、图 3-9 所示。

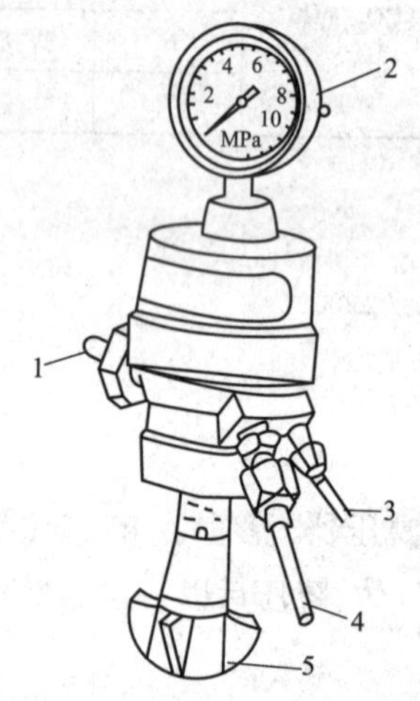

图 3-8　没有浮子流量计的减压流量调节器

1-进气口;2-出气口;3-预热器电缆;4-出气口;5-流量调节手轮

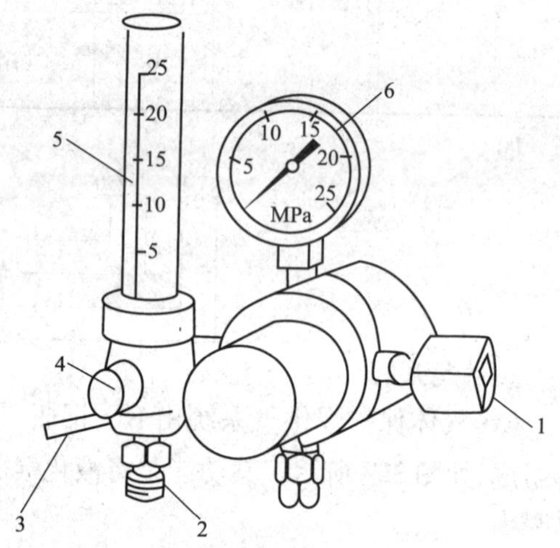

图 3-9　有浮子流量计的减压流量调节器

1-进气口;2-高压表;3-预热器电缆;4-流量调节旋钮;5-浮子流量计;6-高压表

没有浮子流量计的减压流量调节器(指针式)结构简单,价格低廉,只要依靠流量调节手轮上的刻度,就可判定 CO_2 气体流量的大小,但这种流量计不直观,精确度较差。

有浮子流量计的减压流量调节器(浮球式)结构比较复杂,价格稍高,可根据浮子的位置直观判定 CO_2 气体流量的大小。浮子越高,流量越大,但浮子流量计很容易摔坏,使用时应特别小心。

5)电磁气阀

电磁气阀装在气路上,利用电磁信号控制气体开关,用以接通或切断保护气体。

3. 送丝系统

根据使用焊丝直径的不同,送丝系统可分为等速送丝式和变速送丝式。通常焊丝直径大于等于 3mm 时采用变速送丝方式,焊丝直径小于和等于 2.4mm 时采用等速送丝式。

生产中等速送丝系统应用最为普及,其基本要求是能稳定、均匀地送进焊丝,方便调速,结构应牢固轻巧。

1)送丝方式

半自动 CO_2 气体保护焊机有推丝式、拉丝式及推拉丝式三种基本送丝方式,如图 3-10 所示,其任务是将焊丝盘中的焊丝按要求送至焊枪出口处。

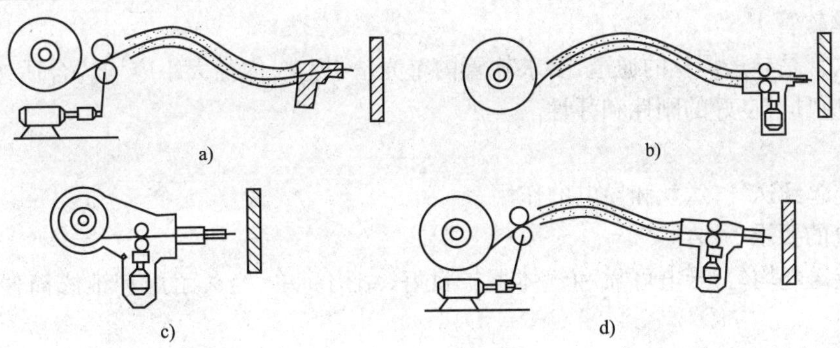

图 3-10　半自动焊的送丝形式示意

a)推丝式;b)、c)拉丝式;d)推拉丝式

2)送丝机构(推丝式)

(1)送丝机构结构。送丝机构由送丝电动机、减速装置、送丝滚轮和压紧机构等组成,如图 3-11 所示。

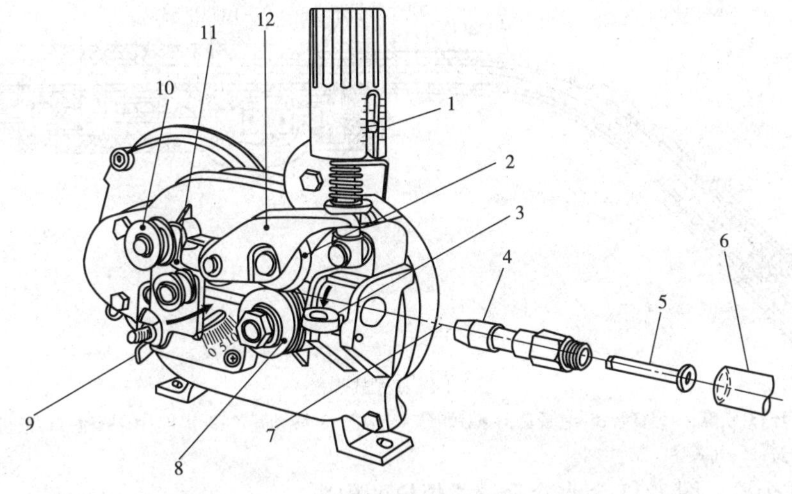

图 3-11　推丝式送丝机结构示意

1-加压手柄;2-压紧滚轮;3-加压弹簧;4-导管接头;5-出口导管;6-接管;7-焊丝轴线;8-给送滚轮;9-矫直轮固定螺母;10-矫直轮;11-铰链;12-加压轮支架

(2)焊丝的加压推送。给送滚轮的上方有一压紧滚轮,焊丝通过两滚轮中间,利用压紧滚轮加压,增大焊丝和泵轮之间的摩擦力,保证均匀、可靠的推送焊丝。

调整合适的压力能使焊丝平稳送入焊枪的软管电缆,最后进入电弧区。如压紧滚轮的压紧力太小,摩擦力减小,压紧滚轮打滑致使送丝不均匀。如压紧力过大,焊丝表面产生压痕甚至变形,使焊丝输送不畅通。此外焊丝可能会被滑轮磨出金属粉末进入焊枪的弹簧软管内,使弹簧软管堵塞。

(3)焊丝的矫直。焊丝盘直径较小,从焊丝盘放出的焊丝有一定的弧度,使焊丝进入弹簧软管时呈现较大阻力,焊丝难以畅通输出。为此,送丝机上设有焊丝矫直装置,即由三个矫直轮组成。利用三点弯曲的原理,将焊丝矫成接近直线,减小焊丝在弹簧软管中的阻力,使焊丝顺利通过弹簧软管。

3)送丝软管

送丝软管是导送焊丝的通道,要求软管内壁光滑、规整,内径大小应均匀合适,焊丝通过的摩擦力小,应具有良好的刚性和弹性。

4. 焊枪

焊枪应起到送气、送丝和导电的作用。

1)焊枪的要求

焊枪应送丝均匀、导电可靠和气体保护良好,结构简单、经久耐用和维修简便,使用性能良好。

2)焊枪的类型

一般按焊丝给送的方式不同,半自动焊枪可分为推丝式和拉丝式。

(1)推丝式焊枪。推丝式焊枪多采用自冷式冷却,主要特点是结构简单、操作灵活,但焊丝经过软管产生的阻力较大,故不宜使用过细的焊丝,多用于直径 1mm 以上焊丝。

①鹅颈式焊枪。鹅颈式焊枪构造如图 3-12 所示。

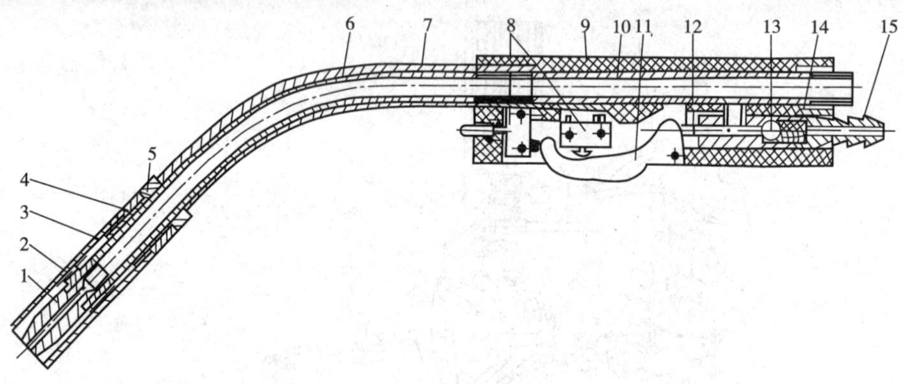

图 3-12　鹅颈式焊枪

1-导电嘴;2-分流环;3-喷嘴;4-弹簧管;5-绝缘套;6-鹅颈管 7-乳胶管;8-微动开关;9-焊把;10-枪体;11-扳机;12-气门推杆;13-气门球;14-弹簧;15-气阀嘴

②手枪式焊枪。图 3-13 为水冷手枪式焊枪的构造。

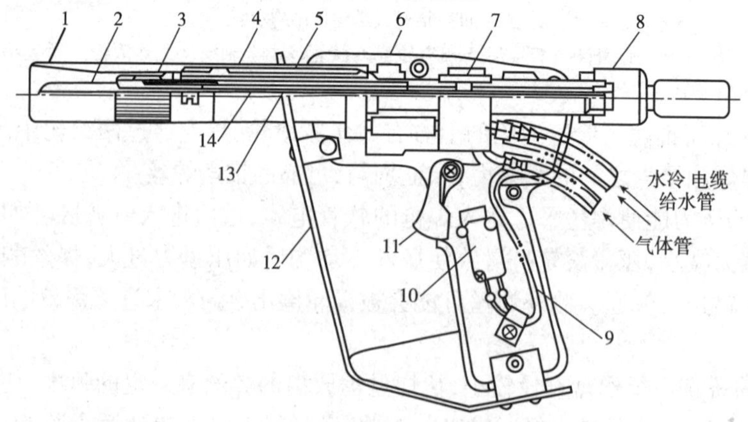

图 3-13　水冷手枪式焊枪

1-焊枪;2-焊嘴;3-喷管;4-水筒装配件;5-冷却水通路;6-焊枪架;7-焊枪主体装配件;8-螺母;9-控制电缆;10-开关控制杆;11-微型开关;12-防弧盖;13-金属丝通路;14-喷嘴内管

(2)拉丝式焊枪。拉丝式焊枪一般均做成手枪式,通常适用于直径 0.5 ~ 0.8mm 的细丝焊接,其结构如图 3-14 所示。

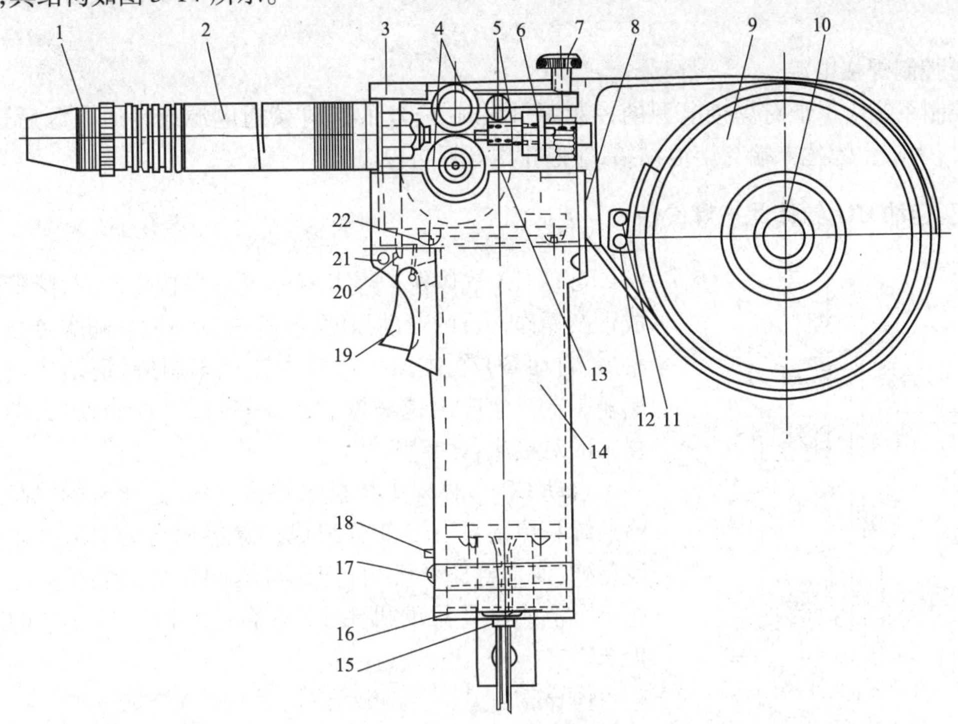

图 3-14　拉丝式焊枪

1-喷嘴;2-外套;3-绝缘外壳;4-送丝滚轮;5-螺母;6-导丝杆;7-调节螺杆;8-绝缘外壳;9-焊丝盘;10-压栓;11、15、17、21、22-螺钉;12-压片;13-减速箱;14-电动机;16-底板;18-退丝按钮;19-扳机开关;20-触点

拉丝式焊枪主要特点是送丝均匀稳定,引入焊枪的管线少,焊接电缆较细,尤其是其中没有送丝软管,所以管线柔软,操作灵活。因送丝部分(包括微电机、减速器、送丝滚轮和焊丝盘等)全部安装在枪体上,所以焊枪比较笨重,结构较复杂。

3)焊枪的喷嘴和导电嘴

喷嘴和导电嘴属于易损件,需要经常更换,所以应便于装拆。此外,还应有结构简单、制造方便和成本低廉等特点。

(1)喷嘴。喷嘴是焊枪上的重要零件,其作用是向焊接区域输送保护气体,以防止焊丝端头、电弧和熔池与空气接触。

喷嘴形状多为圆柱形,也有呈圆锥形。喷嘴内孔直径与焊接电流大小有关,通常为 12 ~ 24mm。焊接电流较小时喷嘴直径小,焊接电流较大时喷嘴直径大。

(2)导电嘴。要求导电嘴材料的导电性良好、耐磨性好和熔点高,一般选用纯铜或陶瓷材料制作,为增加耐磨性也可选用铬锆铜。导电嘴孔径的大小对送丝速度和焊丝伸出长度有较大影响,如孔径过大或过小,会造成焊接参数不稳定而影响焊接质量。

5. 控制系统

半自动 CO_2气体保护焊控制系统,应满足在焊接过程中对焊接电源、供气系统及送丝系统实现程序控制。

1)控制送气

控制系统应保证在引弧前提前 1 ~ 2s 供气，收弧时滞后 2 ~ 3s 断气，焊接时控制均匀送气。

2)控制焊接电源

控制系统应保证对焊接电源的控制。引弧时，送丝的同时接通电源或接通电源后送丝。收弧时，为防止焊丝末端与熔池黏结，应停止送丝后再停电。

二、自动 CO_2 气体保护焊设备

自动 CO_2 气体保护焊可有效提高焊接生产率，降低焊接成本及操作人员的劳动强度，改善操作环境。随焊接技术的发展，自动 CO_2 气体保护焊技术在汽车制造、钢结构建造及船舶制造行业应用越来越广泛，一般用于焊缝较长、形状较复杂的对接或角焊缝焊接。

自动 CO_2 气体保护焊机由焊接电源、送丝机构、焊炬、气路系统和控制系统等部分组成。除专用自动 CO_2 气体保护焊设备外，通常将送丝机构、行走机构和焊炬组装在一起安装在小车上或悬臂梁的机头上，以满足不同产品形式的焊接生产。

1. 焊接电源

自动 CO_2 焊机分为细丝焊机和粗丝焊机。

细丝焊丝直径小于 2.5mm，采用平特性电源配等速送送丝机。粗丝焊机既可采用等速送丝机配平特性电源，也可采用均匀送丝机配下降特性电源。

2. 焊枪

自动 CO_2 焊的焊枪多为水冷式，普通圆柱形喷嘴不能可靠保护熔池，必须采用具有双水冷却结构的椭圆形喷嘴的焊枪，其喷嘴尺寸应以熔池的宽度和长度为依据，如图 3-15 所示。

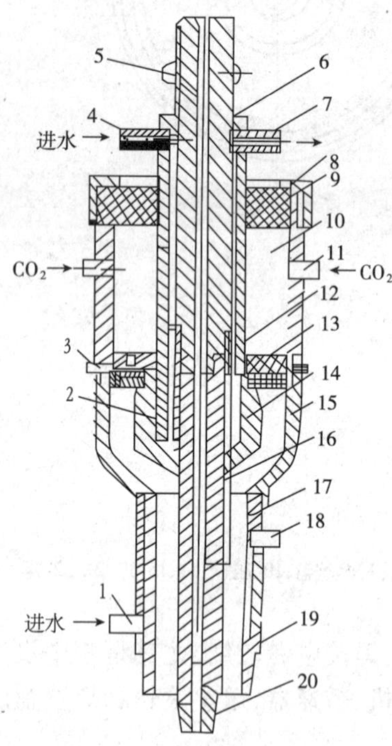

图 3-15　水冷自动焊枪

1、4-进水管；2-进水连接管；3-铜丝网；5-螺母；6-上导电杆；7-出水管；8-背帽；9-绝缘压块；10-气室；11-进气管；12-出水接管；13-绝缘衬套；14-纺锤形体内套；15-外套；16-下导电杆；17-喷嘴内套；18-出水管；19-喷嘴外套；20-导电嘴

由于循环水路对导电嘴和喷嘴下部的冷却作用，焊枪散热效果好，喷嘴内表面黏附的飞溅物易于清除，对熔池的保护较好。

其余自动 CO_2 气体保护设备同半自动焊基本一致。

第四节　CO_2 气体保护焊的焊接工艺

合理选择焊接参数是保证焊接质量、提高生产效率的重要条件。由于 CO_2 气体保护焊可选择不同形式的熔滴过渡，其焊接参数也有所不同。

一、CO_2气体保护焊的熔滴过渡

焊接生产中，熔滴过渡形式直接决定了焊接过程的稳定性。CO_2气体保护焊的熔滴过渡主要有两种形式，即细滴过渡和短路过渡，其中短路过渡应用最为广泛。

1. 短路过渡

CO_2气体保护焊短路过渡，采用细焊丝、低电压和小电流，主要应用于薄板及全位置焊接。短路过渡焊接薄板时，生产率较高、焊接变形小，且焊接操作容易掌握。

另外，短路过渡焊接熔滴细小、过渡频率高，电弧极为稳定、焊接飞溅小，焊缝成型美观。

2. 细滴过渡

细滴过渡焊接时，焊丝形成的熔化金属以细滴形式过渡，电弧穿透力较强，焊缝熔深大，适合于中厚度和大厚度工件的焊接生产。

细滴过渡 CO_2气体保护焊，电弧电压高、焊接电流大，焊接过程中电弧持续，不会发生短路熄弧现象。

3. 混合过渡

也称"半短路过渡 CO_2气体保护焊"，是介于上述二者之间的过渡形式。通常熔滴以短路过渡为主，伴有部分的细滴过渡，焊接电流和电弧电压比短路过渡略大，但低于细滴过渡。

相对来说，此过渡形式的焊接生产率及熔透能力要比短路过渡有所提高，但熔滴过渡频率较低，熔滴尺寸较大，产生的焊接飞溅较严重，在生产中应用较少。

二、CO_2气体保护焊的工艺参数

合理选择焊接参数是保证焊接质量、提高生产效率的重要条件。CO_2气体保护焊的焊接参数包括焊丝直径、焊接电流、电弧电压、焊接速度、焊丝伸出长度、气体流量、电源极性、焊枪倾角、电弧对中位置及喷嘴高度等。

1. 焊丝直径

焊丝直径通常根据工件厚度、焊接位置、接头及坡口形式等要求选择。

焊丝直径越大，许用的焊接电流越大。随焊丝直径增加，焊接飞溅颗粒增大。焊丝直径对焊丝的熔化速度也有明显的影响，当焊接电流相同时，焊丝越细，熔化速度越高。

2. 焊接电流

焊接电流应根据工件厚度、材质、焊丝直径、坡口形式、施焊位置及熔滴过渡形式等条件确定。

焊接电流决定焊丝和母材的熔化量，对熔敷速度及熔深都有影响。通常随焊接电流增大，熔敷速度及熔深增加，熔宽略有增加。

当焊接电流过大时，会引起熔池翻腾，焊接飞溅增大，导致焊缝成型恶化，工件变形严重。此外，焊接电流过大，还容易引起烧穿和裂纹等缺陷。焊接电流过小时，容易产生未焊透、未熔合、夹渣以及焊缝成型不良等缺陷。

3. 电弧电压

电弧电压的变化和电弧长短有关，因而决定了熔宽的大小。一般随电弧电压的增大，熔宽增大，而熔深略有减小。

电弧电压必须与焊接电流适当配合，电弧电压过高或过低都会影响电弧的稳定性，使飞溅增大。为保证焊缝成型良好，电弧电压必须与焊接电流配合选取，通常焊接电流较小时电弧电压较低，焊接电流较大时电弧电压较高。

4. 焊接速度

焊接速度直接影响焊缝成型及焊接接头的力学性能。

在一定的焊丝直径、焊接电流和电弧电压的条件下，焊接速度增加，将使焊缝宽度、熔深及余高减小。当焊接速度选择不当时，还会形成焊接缺陷。若焊接速度过快，容易产生咬边、未焊透及未熔合等缺陷，甚至形成驼峰焊道，且气体保护效果变差，可能出现气孔。若速度过慢，焊接生产率下降，焊接接头晶粒粗大，焊接变形增大，焊缝成型差，在焊趾处出现满溢。

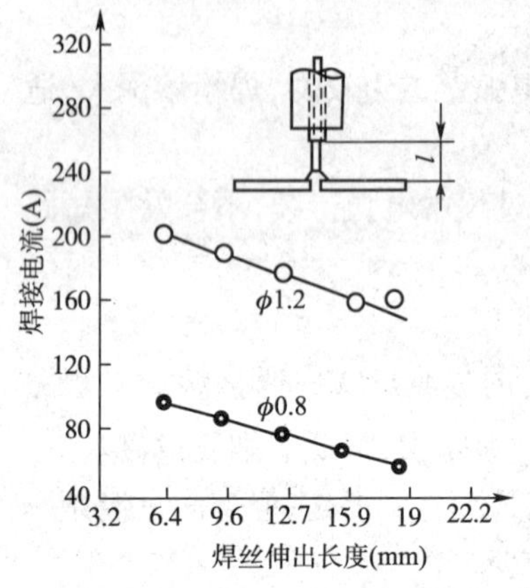

图 3-16　焊丝伸出长度与焊接电流之间的关系

5. 焊丝伸出长度

焊丝伸出长度是指焊丝自导电嘴端部到最前端距离，又叫干伸长（见图 3-16 中 l）。

保持焊丝伸出长度不变是保证焊接过程稳定的基本条件之一，原因是 CO_2 气体保护焊采用的电流密度较高，焊丝伸出长度越大，焊丝的预热作用越强。图 3-16 为焊丝伸出长度与焊接电流的匹配关系。

短路过渡采用的焊丝较细，因此焊丝伸出长度对焊丝熔化速度的影响较大。焊接电流相同时，随焊丝伸出长度增加，焊丝熔化速度也增加。

当焊丝伸出长度过大时，容易发生过热而成段熔断，使气体保护效果变差，飞溅严重，焊接过程稳定性下降。焊丝伸出长度过小则会缩短喷嘴与工件的距离，飞溅金属容易堵塞喷嘴，影响气体保护效果，且阻挡焊工视线。焊丝伸出长度对焊缝成型的影响如图 3-17 所示。

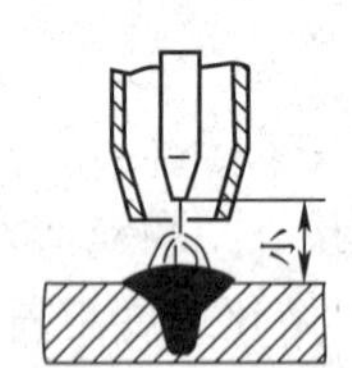

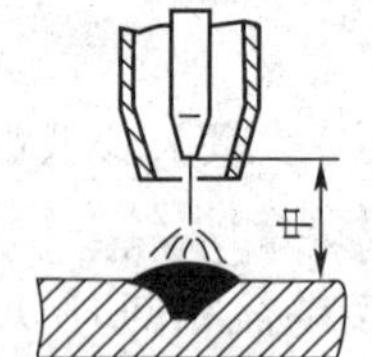

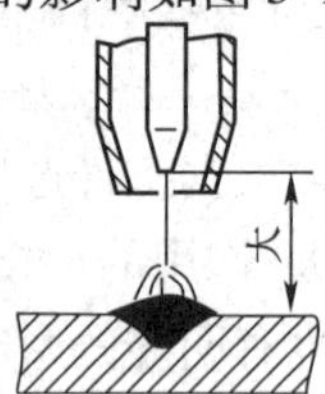

图 3-17　焊丝伸出长度对焊缝成型的影响

6. 保护气体流量

CO_2 保护气体流量过大和过小都会影响气体保护效果，容易产生焊接缺陷。

需要特别强调的是，应纠正“保护气流量越大，保护效果越好”的错误观点。当保护气流量超过临界值时，从喷嘴中喷出的保护气体会由层流变成紊流，会将空气卷入保护区，降低保护效果，使焊缝中出现气孔，增加合金元素的烧损。

CO_2 气体流量应结合焊接电流、电弧电压、焊接速度、接头形式及作业条件等因素综合选择。

7. 电源极性

直流反接时电弧稳定，焊接飞溅小，焊缝成型较好。同时，形成的焊缝熔深较大，生产率提

高。直流正接(大电流)时焊接过程稳定,焊丝熔化速度快(其熔化速度是直流反接的1.6倍左右),熔深浅,堆高大,稀释率较小,但飞溅较大。

8. 焊枪倾角

焊枪倾角是CO_2气体保护焊操作时不可忽视的因素。

当焊枪倾角小于10°时,不论是前倾还是后倾,对焊接过程及焊缝成型都没有明显的影响。但焊枪倾角过大(如前倾角大于25°)时,将增加熔宽并减小熔深,飞溅增大,如图3-18所示。

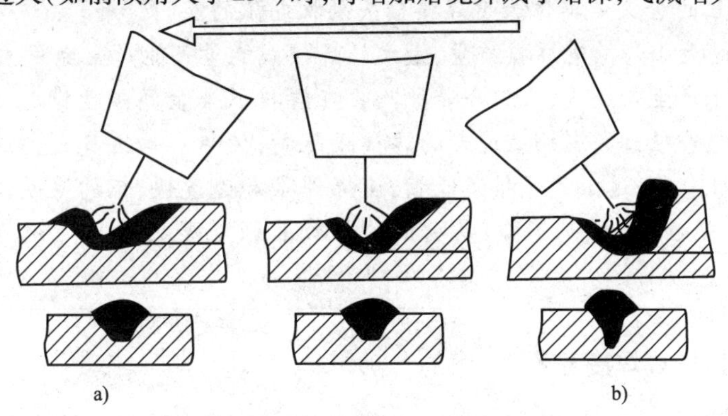

图3-18 焊枪倾角对焊缝成型的影响

a)前倾角;b)后倾角

9. 回路电感

串联电感可以调节短路电流增长速度,还可调节电弧燃烧时间,以控制焊缝熔深。焊接回路中的电感量应根据焊丝直径、焊接电流及电弧电压选定。

10. 电弧对中位置

在焊缝的垂直横剖面内,焊枪的轴线和焊缝表面的交点称为电弧对中位置,如图3-19所示。

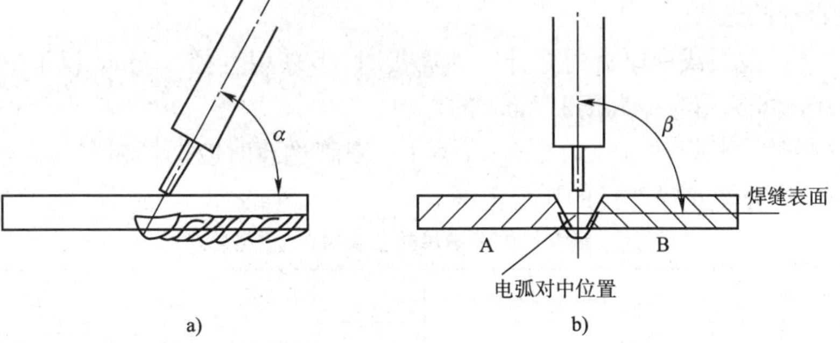

图3-19 电弧的对中位置

在焊缝横截面内,焊枪轴线和焊缝表面的夹角β和电弧对中位置,决定电弧功率在坡口两侧的分配比例。当电弧对中位置在坡口中心时,若$\beta < 90°$,A侧的热量多;若$\beta = 90°$,A、B两侧的热量相等;若$\beta > 90°$,B侧热量多。

为了保证坡口两侧熔合良好,必须选择合适的电弧对中位置和β角。

11. 喷嘴与工件间的距离

喷嘴下表面和熔池表面的距离称为喷嘴高度,是影响保护效果、生产效率和操作的重要因素。

喷嘴高度越大,观察熔池越方便,需要保护的范围越大。此时,焊丝伸出长度较大,焊接电流对焊丝的预热作用增强,使焊丝熔化加快。另外,焊丝端部摆动也随之加剧,保护气流的扰动变大,因此要求保护气体流量提高。

喷嘴高度较小,需要的保护气体流量小,焊丝伸出长度短。

小知识:焊接线能量

焊接线能量E的含义是单位长度焊接接头吸收电弧的能(热)量。

焊接线能量的大小影响着焊接质量,太大的焊接线能量可能产生烧穿、咬边等缺陷;太小的焊接线能量可能产生未焊透、未熔合等缺陷。在焊接低合金高强度钢时,焊接线能量还对焊接接头的性能起着很大的影响。过大的焊接线能量,使热影响区宽大,粗晶区的晶粒更粗大,导致塑性、韧性急降;过小的焊接线能量,使焊件冷却速度快,钢的淬硬倾向大,热影响区易产生淬硬组织,塑性、韧性也下降,易引起冷裂纹。强度等级越高的钢,对焊接线能量越敏感。

三、CO_2气体保护焊焊接工艺

1. 焊前准备

(1)焊接设备检查。检查焊机的外部接线是否正确、牢固,检查导电嘴孔径和压紧轮的焊丝槽规格和焊丝直径配备是否一致;核实压紧滚轮的压力与焊丝直径是否相符、送气系统是否正常;清除焊丝和工件表面及坡口两侧一定范围内的铁锈、水分及油漆等污物,在喷嘴内侧涂上防堵剂。

(2)坡口选择。船舶CO_2气体保护焊生产中推荐使用的坡口形式,可按附表1~6选择。

2. CO_2气体保护焊焊接参数的选择

(1)焊丝直径的选择:

①实芯焊丝。薄板或中厚板的立、横、仰焊接时,多采用直径1.6mm以下的焊丝,平焊位置焊接中厚板时,可选用直径大于1.2mm的焊丝。

②短路过渡时一般焊丝直径为0.6~1.6mm,细滴过渡时应选择粗些的焊丝直径,表3-2为CO_2气体保护焊焊丝直径选择的参考范围。

CO_2气体保护焊焊丝直径的选择 表3-2

焊丝直径(mm)	工件厚度(mm)	施焊位置	熔滴过渡形式
0.8	1~3	各种位置	短路过渡
1.0	1.5~6	各种位置	短路过渡
1.2	2~12	各种位置	短路过渡
	中厚	平焊、横角	细颗粒过渡
1.6	6~25	各种位置	短路过渡
	中厚	平焊、横角	细颗粒过渡
2.0	中厚	平焊、横角	细颗粒过渡

(2)焊接电流的选择。一般情况下短路过渡的焊接电流应控制在200A以下,细颗粒过渡时焊接电流可在250~500A之间选择。表3-3为CO_2气体保护焊焊接电流选择的参考范围。

CO_2气体保护焊焊接电流的选择　表3-3

焊丝直径(mm)	焊接电流使用范围(A)	焊丝直径(mm)	焊接电流使用范围(A)
0.6	30~90	1.0	70~180
0.8	50~120	1.2	80~350
0.9	60~150	1.6	110~500

(3)电弧电压的选择。通常,短路过渡时电弧电压为16~25V,细颗粒过渡时电弧电压为25~45V。

CO_2气体保护焊短路过渡,电弧电压与焊接电流及焊丝直径的匹配关系可参照表3-4进行,细滴过渡电弧电压与焊接电流及焊丝直径的匹配关系可参照表3-5进行。

短路过渡焊接电流、电弧电压与焊丝直径对照表　表3-4

焊丝直径(mm)	电弧电压(V)	焊接电流(A)	焊丝直径(mm)	电弧电压(V)	焊接电流(A)
0.5	17~19	30~70	1.0	18~22	70~180
0.8	18~21	50~120	1.2	19~23	80~200

细滴过渡的焊接电流下限值及电压范围　表3-5

焊丝直径(mm)	焊接电流下限(A)	电弧电压(V)	焊丝直径(mm)	焊接电流下限(A)	电弧电压(V)
1.2	300	34~45V	3.0	650	34~45V
1.6	400		4.0	750	
2.0	500				

(4)焊接速度的控制。一般情况下,短路过渡焊接速度应控制在30~60cm/min范围。细滴过渡焊接速度较快,经常选择焊接速度为65~100m/min左右。

(5)焊丝伸出长度的选择。焊丝伸出长度上电流预热作用的强弱,将影响焊接参数和焊接质量,预热作用的大小与焊丝的电阻率、焊接电流和焊丝直径有关。焊丝伸出长度主要取决于焊丝直径,一般为焊丝直径的10~12倍。

不同直径、不同材料的焊丝,允许使用的焊丝伸出长度不同,可按表3-6选择。

焊丝伸出长度的允许值　表3-6

焊丝牌号 焊丝直径(mm)	H08Mn2SiA	H06Cr19Ni9Ti
0.8	6~12	5~9
1.0	7~13	6~12
1.2	8~15	6~12

药芯焊丝伸出长度一般为15~25mm。

(6)保护气体流量的选择。正常情况下,CO_2气体流量可根据焊接电流大小进行选择。

①短路过渡。低于200A的薄板焊接,气体流量为10~15L/min。焊接电流高于200A时,

气体流量控制在 15 ~25L/min。

②细滴过渡。正常情况下,保护气体流量比短路过渡 CO_2 气体保护焊高 1 ~2 倍,通常在 25 ~50L/min 范围内选择。

(7)电源极性的选择。CO_2 气体保护焊一般均采用直流反接。在粗丝大电流焊接时为提高熔敷速度,也可采用直流正接,主要用于堆焊、铸铁补焊及大电流高速 CO_2 气体保护焊。

(8)电弧对中位置的确定。电弧对中位置是电弧的摆动中心,应根据焊接处的坡口宽度选择焊道的数目、对中位置和摆幅的大小。图 3-20 为实芯焊丝 CO_2 气体保护焊板材对接横焊电弧对中位置示意。

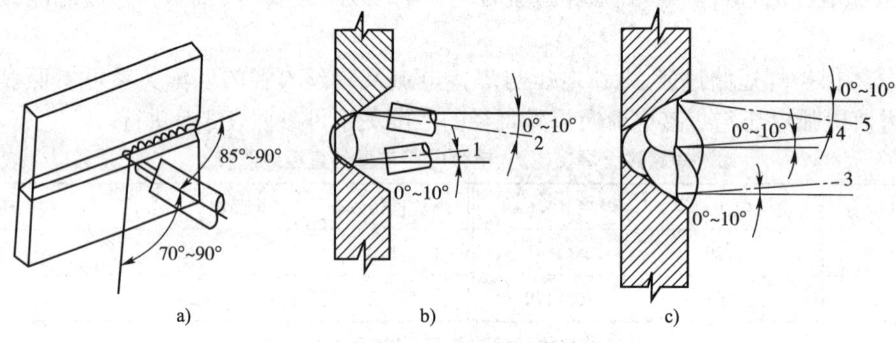

图 3-20 横焊焊枪角度及对中位置

a)打底焊;b)填充焊;c)盖面焊

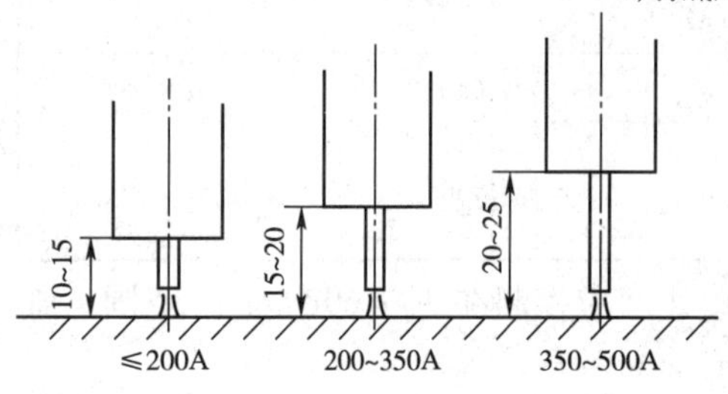

图 3-21 喷嘴至工件的距离与焊接电流的关系

(9)喷嘴与工件间的距离的确定。喷嘴与工件间的距离主要根据焊接电流进行选择,如图 3-21 所示。

一般当焊接电流小于 200A 时,喷嘴与工件间的距离为 10 ~15mm。

(10)焊接线能量的计算:

$$E = 总能量/焊缝长度 = IUt/l = IU/V$$

式中:E——焊接线能量,J/cm;

I——焊接电流,A;

U——电弧电压,V;

V——焊接速度,cm/s;

l——焊缝长度,cm;

t——焊接 l 焊缝长度所需时间,s。

例 3-4:焊丝直径 $d = 1.2$mm,焊接电流 $J = 200$A,电弧电压 $U = 24$V,焊接速度 $V = 32$ cm/min,求焊接线能量。

解:$I = 200$A,$u = 24$V,$V = 32$cm/min $= 32/60$cm/s

$E = IU/V = 200\text{A} \times 24V/32/60 = 9000$J/cm

3. 典型焊接工艺参数

表 3-7 为 CO_2 气体保护焊典型焊接参数选择范围示例。

(钢板)标准焊接条件　　表 3-7

焊丝类型	焊接方向	焊丝直径(mm)	焊接电流(A)	焊接电压(V)	备　注
管状充填焊剂焊丝	下向水平填角	1.2mm	120～300	18～32	应注意坡口形状、焊道凹凸以及焊道形成方式，对焊接速度加以控制
		1.4mm	200～340	22～36	
		1.6mm	220～380	28～38	
	立向上行横向仰焊	1.2mm	120～260	18～29	
		1.4mm	150～270	20～31	
	立向下行	1.2mm	200～280	24～32	
		1.4mm	200～300	26～32	
金属管状焊丝	水平填角	1.2mm	200～400	23～34	同上
		1.4mm	250～450	24～36	
		1.6mm	280～500	28～40	
实心焊丝	下向	1.2mm	110～300	17～32	同上
		1.4mm	150～350	20～40	

第五节　船舶 CO_2 焊接技术的应用

一、船舶气电垂直自动焊

气电垂直自动焊的工作原理、工艺特点及应用如下：

1. 气电垂直自动焊的工作原理

气电垂直自动焊是采用药芯焊丝或实芯焊丝，利用 CO_2 气体保护或 CO_2+Ar 混合气体保护，并对焊接熔池强制一次成型的自动化焊接工艺。

如图 3-22 所示，在焊缝的前后分别用水冷铜滑块和水冷挡排(或带有成型槽的衬垫)紧贴，构成封闭坡口以保持焊接熔池的稳定和焊缝的良好成型。焊丝从坡口的上方向坡口内送进，电弧在焊丝和接头底部的起焊板之间引弧。电弧热使焊丝和坡口表面熔化并汇流到电弧下面的熔池中，熔池凝固成为焊缝。

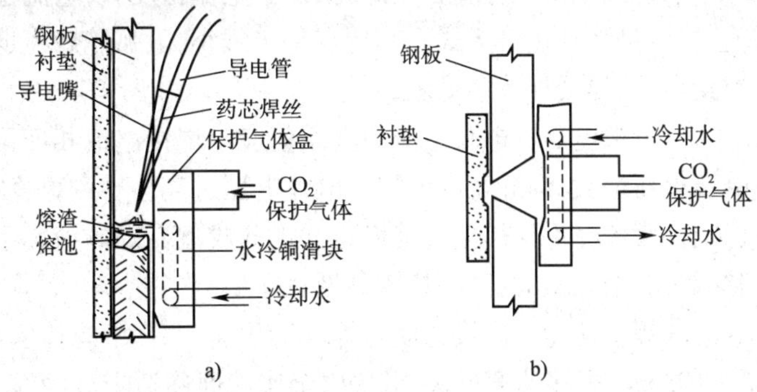

图 3-22　气电垂直自动焊的原理示意图

工作时焊丝可在坡口内沿板厚方向作横向摆动，随坡口空间逐步填充，滑块随焊接机头向

上移动,可连续完成整条垂直焊缝的焊接。

2. 气电垂直自动焊工艺

(1)坡口准备:气电垂直自动焊所焊的立对接焊一般采用V形坡口。其坡口角度应根据板厚而定,间隙根据反面衬垫槽宽一般应控制在一定范围内,具体要求参见附表6。

(2)装配规范:

①垂直接缝装配时,为保证焊缝背面的衬垫与板缝贴紧,应在坡口背面构架处装上"Ⅱ"型马,"Ⅱ"型马之间的距离小于或等于350mm。每根衬垫至少有两只"Ⅱ"型马,"Ⅱ"型马的尺寸如图3-23所示。

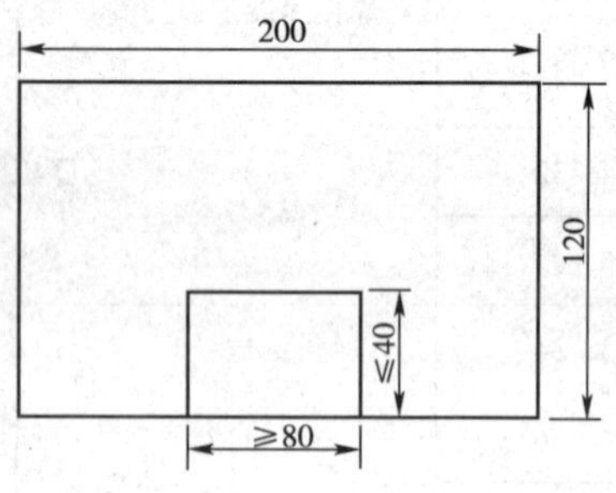

图3-23 "Ⅱ"型马尺寸(单位:mm)

②无余量板材装配后按坡口标准修正,有余量板材装配后现场切割,但切割前要求纵向纵骨接缝暂不焊接,切割后坡口尺寸必须符合公差要求。如遇相邻两板厚度不等时,应将高出不平部分削斜至与薄板齐平,其斜度尺寸为60~80mm。

③坡口边缘两侧50mm范围内应用风动砂轮清除气割毛刺、装配马脚、金属飞溅物以及纵向接缝的焊缝余高,确保正面水冷滑块顺利滑移和反面衬垫贴紧。

④安装衬垫时必须保证成型槽与坡口中心一致,衬垫之间无间隙,衬垫紧贴钢板背面。

⑤检查并安装成型铜滑块至焊缝中心位置,并紧贴适中。

选用滑块的成型槽宽度需与工件厚度相匹配,参见表3-8。

滑块尺寸 表3-8

板厚(mm)	12~14	16~20	22~25	26~33
滑块尺寸(mm)	24,28	28,32		32,36

(3)焊接规范选择:

①焊接电流。垂直自动焊时,由于电流密度大,电流超过一般CO_2焊短路过渡的临界电流值,熔滴呈滴状过渡形式。其特点是飞溅小,电弧燃烧稳定,熔敷速度大,因此必须选用合适的焊接电流,焊接规范参见表3-9。

②电弧电压。电弧电压的选用值应与焊接电流相匹配。在其他规范参数不变的情况下,电弧电压增大,焊缝宽度增加。电弧电压过高会导致焊缝咬边,电弧电压过低会使电弧燃烧不稳定。因此在保证焊接过程稳定和焊缝成型良好的情况下,应尽量降低电弧电压以防止气孔和减少合金元素的烧损,具体参见表3-9。

③焊接速度。焊接速度与焊丝熔化速度有关,应控制水冷滑块内金属液面距进气口底部5~10mm。焊接速度过快,滑块内金属液面逐渐降落,焊丝伸出长度增加,易使焊缝产生气孔。焊接速度过慢,水冷铜滑块内金属液面升高,飞溅增加,当金属液面升高到进气口底部时,电弧燃烧不稳定,甚至会迫使焊接过程中断。焊接速度具体数值参见表3-9。

④焊丝摆幅。采用摆动器焊接时,电弧稳定,飞溅小,焊缝截面上温度均匀,熔池金属结晶状态得到改善,晶粒细化,有利于得到致密焊缝。具体数据参见表3-9。

焊接规范参数的参考值 表3-9

<table>
<tr><th rowspan="3">板厚
(mm)</th><th colspan="3">焊接规范</th><th colspan="3">焊丝摆动参数②</th></tr>
<tr><th rowspan="2">焊接电流
(A)</th><th rowspan="2">电弧电压
(V)</th><th rowspan="2">焊接速度①
(cm/min)</th><th rowspan="2">摆幅
(mm)</th><th colspan="2">停留时间(s)</th></tr>
<tr><th>正面</th><th>反面</th></tr>
<tr><td>9</td><td rowspan="2">330~350</td><td rowspan="2">33~35</td><td>13.0</td><td>—</td><td>—</td><td>—</td></tr>
<tr><td>12</td><td>11.5</td><td>—</td><td>—</td><td>—</td></tr>
<tr><td>16</td><td rowspan="9">360~380</td><td rowspan="4">36~38</td><td>9.0</td><td>6</td><td rowspan="7">1.2</td><td rowspan="3">0.3</td></tr>
<tr><td>18</td><td>8.5</td><td>7</td></tr>
<tr><td>20</td><td>8.0</td><td>8</td></tr>
<tr><td>22</td><td>7.0</td><td>9</td><td rowspan="2">0.4</td></tr>
<tr><td>24</td><td rowspan="5">37~39</td><td>6.0</td><td>10</td></tr>
<tr><td>26</td><td>6.0</td><td>11</td><td rowspan="2">0.5</td></tr>
<tr><td>28</td><td>5.3</td><td>13</td></tr>
<tr><td>30</td><td>5.3</td><td>15</td><td rowspan="2">1.8</td><td rowspan="2">0.4</td></tr>
<tr><td>32</td><td>4.9</td><td>17</td></tr>
</table>

注:①焊接速度由电弧传感器控制,自动生成,只可实测不可单独设定;

②对于板厚在24mm以下的垂直对接焊,也可不用摆动器。

⑤焊丝伸出长度。焊丝伸出长度过长,电阻热增大、熔化速度加快,易发生过热而烧断,造成严重飞溅及保护效果差,影响焊接过程稳定性,使焊缝成型变差。焊丝伸出长度过短,易导致保护气体出气口堵塞,造成保护不良而影响焊接质量。一般要求伸出长度为30~35mm。

⑥气体流量。气体流量过大和过小都会影响焊接过程电弧稳定性,一般外场作业条件下的CO_2气体流量为25~30L/min。

(4)焊接:

①焊前准备。安装好气管、水管、控制线和电缆线等,其长度应满足整条焊缝长度的需要。

检查冷却水泵的压力是否适当,循环水的流量是否正常。

检查CO_2气体储量是否满足焊接的需要,对气体流量计、预热器进行检查,并将气体流量调至25~30L/min。

长度在4m以下的焊缝应搭设脚手架。超过4m的长焊缝,可采用升降装置或液压升降车,以便焊工随焊接小车自动升降进行操作和观察。

将导轨安置于距离接缝200mm处(磁钢的边线),并应确保导轨之间的可靠连接,同时使磁铁紧紧吸合钢板,导轨的顶端与工件应有可靠的固定连接,以防止导轨意外脱落。安装导轨前必须清除磁铁表面的灰尘和脏物。

检查坡口正、背面平整后,在坡口背面安装衬垫(需要将衬垫中心对准焊缝间隙中心)。要求每条衬垫中间和两端接头处各使用一个钢楔(或硬木楔),用马板使其紧贴于缝隙根部。

将垂直焊机安放在焊缝的起始点后,用离合器锁紧待用。

将 CO_2 送丝机构按所需焊丝的消耗量放入升降装置上，并将 CO_2 送丝机械固定在合适位置。

检查并安装成型铜滑块至焊缝中心位置，并紧贴适中。选用滑块的成型槽宽度应与工件厚度相匹配。

焊接时如需焊丝摆动，焊前应设置摆幅与两端停留时间。

②操作。接通水、气、电，将焊接装置升至焊缝起始端。

将电弧电压电位器、焊接电流电位器、焊丝伸出控制电位器（熔池液面在滑块成型槽中的高低位置调节）均调至预定位置后，按启动按钮，开始焊接。

引弧时，焊接小车升降按钮不启动，适当减小焊接电流、断续送丝、引弧，使其逐步建立熔融金属面。待金属液面稳定后，将焊接电流、电弧电压调至正常焊接规范，然后启动焊接小车升降按钮。

焊接过程中根据实际坡口的间隙，随时观察焊丝对中和焊缝热量分布，以进行焊接规范修正，并随时通过机械装置，将电弧调至正确位置。同时应观察滑块的中心位置，并控制熔池深度，必须随时除掉铜滑块和气体保护盒里的飞溅物。

焊接停止时，按停止按钮（包括摆动停止按钮），使小车和焊丝送进停止，然后电弧熄灭。待熔池凝固后，放开铜滑块并去除其上的飞溅物，并将焊枪向后退回或从支架上拆下，以防止焊枪损坏。

二、自动焊接小车的应用

1. 焊接小车的结构

CO_2 气体保护摆动式自动小车由轨道、行车机构及摆动装置组成。行走机构采用直线行走齿轨或齿条，摆动装置采用数字电控，可控制摆宽、中心位移、左右位置停留时间等功能，可实现对板材、管材的自动 CO_2 焊。图 3-24 为焊接小车实物图示，图 3-25 为其工作过程示意。图 3-26 为焊接小车结构组成。

图 3-24　焊接小车

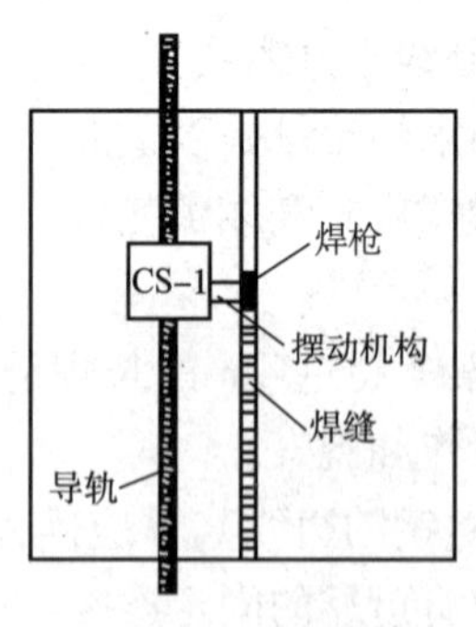

图 3-25　轨道定位的自动行走和摆动机构

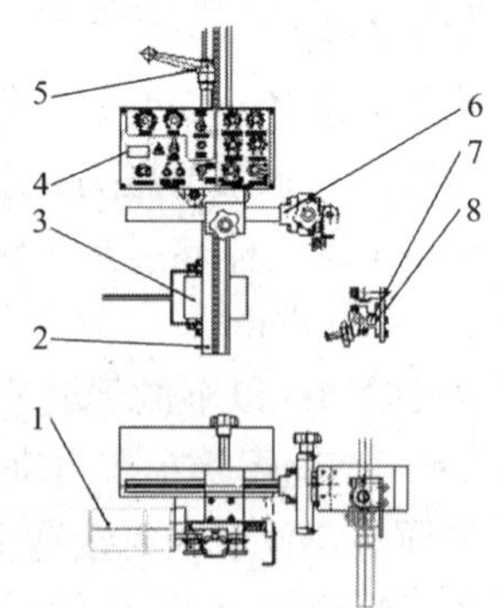

图 3-26　焊接小车结构
1-直流电机；2-导轨；3-导轨的安装磁铁；4-控制面板；5-安装手柄；6-XY滑块；7-摆动电机；8-焊枪夹

2. 焊接小车面板功能

以 AW-DB1 型焊接小车为例，介绍控制面板功能，图 3-27 为其结构面板示意。

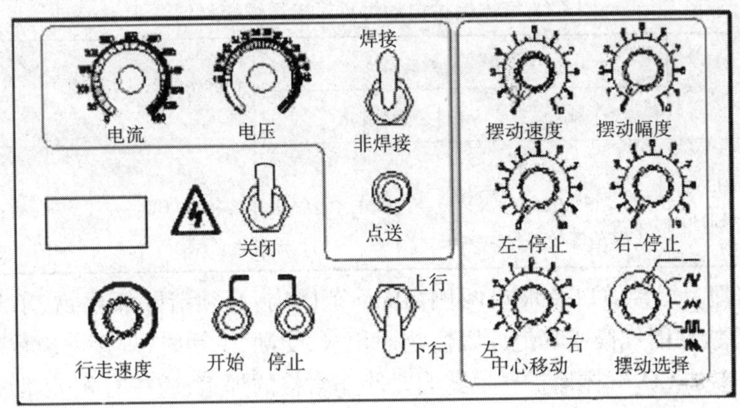

图3-27　焊接小车面板

(1)“焊接/非焊接”开关。选择“焊接”位置时进行焊接准备状态,按“开始”开关进行焊接;选到“非焊接”位置时“开始”开关,小车只行走不进行焊接。

(2)“开始”开关。开关打开小车开始行走。

如果此时“焊接/非焊接”选择开关置于“焊接”位置,开始焊接。如果此时“焊接/非焊接”选择开关置于“非焊接”位置,小车行走但不进行焊接。

(3)“停止”开关。小车行进中按此开关,小车停止所有动作。

(4)行走方向选择开关。可选择向上或向下行走。

(5)行走速度。数码显示行走速度。

(6)电流调节旋钮。顺时针旋转电流增大,刻度显示数值。

(7)电压调节旋钮。顺时针旋转电压增大,刻度显示数值。

(8)点送开关。按住开关时间段内送丝。

(9)摆动速度调节旋钮。顺时针旋转摆动速度增大,刻度显示数值。

(10)摆动幅度调节旋钮。顺时针旋转摆动幅度增大,刻度显示数值。

(11)停止时间调整旋钮。调整时间为0~2s,顺时针增大。

(12)右停止时间调整旋钮。调整时间为0~2s,顺时针增大。

(13)中心移动调整旋钮。顺时针旋转时中心会向右移动,逆时针旋转时中心会向左移动,移动范围用刻度表示。

(14)摆动模式选择旋钮。用此旋钮选择摆动模式。摆动模式分为五种。第一种为非摆动模式,其余摆动分为:⌒⌒、﹏﹏、⊓⊓、﹏﹏。

此外,生产中也可使自动焊机头上不带焊丝盘,而将半自动CO_2焊机的焊枪直接固定在焊机上,即可进行自动焊接,而且结构简单、使用方便。

3. 焊接小车操作工艺

1)焊前准备

(1)焊接材料。CO_2气体保护自动焊平对接焊焊接材料按表3-10选择。

(2)坡口形式选择。坡口形式应符合GB/T 3190船体结构焊接与坡口形式选用规定中要求,具体选择方法参见附表1~附表6。

CO_2气体保护自动焊平对接焊焊接材料 表 3-10

母 材	焊 丝		保护气体	衬 垫
	牌号	规格		
A、B、D、E、AH32、AH36、DH32、DH36、EH32、EH36	TWE-711 SUP71 其他等效焊材	Φ1.4	CO_2	JN-4 其他等效焊材

(3)焊前清理。焊接坡口及坡口两侧20mm范围内,必须清除氧化物、水分、油污等。清理后未能及时焊接并因气候或其他原因影响而积水、受潮、生锈时,焊接前应重新清理。

(4)人员。参加CO_2气体保护摆动式自动小车对接的焊工,应持有相关船级社颁发的CO_2气体保护半自动焊工的合格证书,并经过专门培训和考试合格后,方能上岗。

(5)引弧板、熄弧板的安装。引弧板、熄弧板的尺寸为(150×150)mm,引弧板、熄弧板选用的厚度与母材厚度相差不超过2mm,必须保证引弧板、熄弧板与拼板的背面齐平。

引弧板、熄弧板安装后,需在引弧板、熄弧板上沿焊缝方向,采用碳弧气刨进行坡口开启。引弧端坡口长度≥100mm,熄弧端坡口长度≥50mm。坡口深度略高于拼板焊缝2mm左右,并与拼板焊缝连续过渡。

(6)衬垫的安装。衬垫的安装必须与钢板黏合紧密;衬垫与衬垫衔接处应相互推紧无间隙。

(7)环境要求。室外焊接风速超过2m/s时,必须采取相应的挡风措施,下雨时不得焊接。

2)焊接小车操作过程

(1)焊接前焊工需正确连接电源、送丝机构、焊接小车并安装轨道。

(2)焊接操作顺序和要求:

①打开焊接控制电源,检查焊接小车行走是否正常。确认无误后,方可在焊接小车上安装焊枪。

②在送丝机构中安装焊丝,拉到焊枪端部并调整好焊丝的伸出长度(焊丝伸出长度15~20mm)。

③小车移到焊接开始点,切入行走制动开关,随后调整好焊枪的角度及焊丝位置,并根据焊缝的坡口形式以及焊缝所需的宽度调整所要的摆动幅度。

④根据每层焊道的不同要求,选择所需要的焊枪摆动左右停止时间。一般在焊接底层焊道时,左右停止时间略大于层间焊道左右停止时间(层间焊道左右停止时间约为0.3s,底层焊道时左右停止时间约为0.4s)。

⑤确认保护气体系统是否工作正常。

⑥开始焊接。

焊接参数参照表3-11~表3-14选择。

⑦焊接过程中,焊工应始终观察焊接熔池,注意焊枪的摆动位置,随时修正,以防止焊缝偏离。

⑧焊接结束之后按停止开关;

⑨确认焊接结束。

CO_2气体保护小车自动焊平对接双面焊焊接参数　　表 3-11

焊道	摆动形式	左右停留时间(s)	摆动速度(次/min)	焊接电流(A)	焊接电压(V)	焊接速度(cm/min)
底层焊道	锯齿型	左:0.3~0.4 右:0.3~0.4	69~71	220~240	24~26	45~47
层间焊道				240~280	26~30	42~44
盖面焊道			76~80	240~260		44~46

CO_2气体保护小车自动焊立对接双面焊焊接参数　　表 3-12

焊道	摆动形式	左右停留时间(s)	摆动速度(次/min)	焊接电流(A)	焊接电压(V)	焊接速度(cm/min)
底层焊道	锯齿型	左:0.3~0.4 右:0.3~0.4	69~71	170~180	22~24	42~44
层间焊道				180~190		40~42
盖面焊道			76~80	180~200		

CO_2气体保护小车自动焊平对接单面焊焊接参数　　表 3-13

焊道	摆动形式	左右停留时间(s)	摆动速度(次/min)	焊接电流(A)	焊接电压(V)	焊接速度(cm/min)
底层焊道	锯齿型	左:0.3~0.4 右:0.3~0.4	65~67	200~220	22~24	42~44
层间焊道			69~71	240~280	26~30	
盖面焊道			76~80	240~260		40~42

CO_2气体保护小车自动焊立对接单面焊焊接参数　　表 3-14

焊道	摆动形式	左右停留时间(s)	摆动速度(次/min)	焊接电流(A)	焊接电压(V)	焊接速度(cm/min)
底层焊道	锯齿型	左:0.3~0.4 右:0.3~0.4	65~67	220~240	24~26	38~40
层间焊道			69~71	240~280	26~30	40~42
盖面焊道			76~80	240~260		

三、陶质衬垫 CO_2气体保护半自动单面焊

在船体结构建造中，陶质衬垫 CO_2气体保护半自动单面焊适用于曲面分段和半立体分段的拼板以及总段及船台的合拢大接缝平焊、立焊和横焊的焊接。

陶质衬垫 CO_2气体保护半自动单面焊，是将陶质衬垫贴在工件焊口的背面，正面进行 CO_2气体保护半自动焊，借助衬垫的承托作用，建立焊道背面成型，完成单面焊双面成型，如图3-28所示。

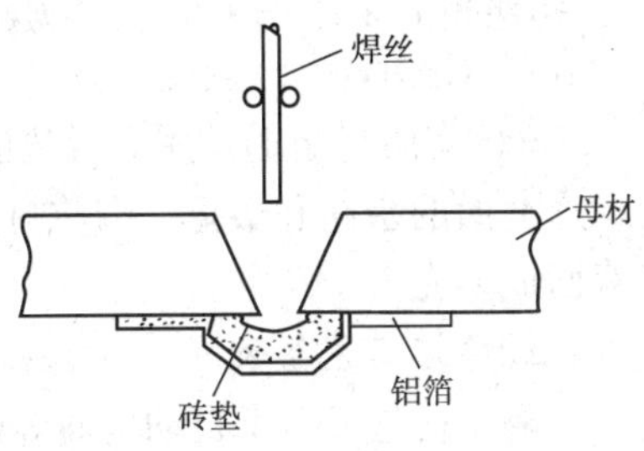

图 3-28　陶质衬垫 CO_2气体保护半自动单面焊示意

1. 陶质衬垫

(1)陶质衬垫的构造。陶质衬垫(图 3-29)由陶质衬垫块、黏胶铝箔(铝箔上涂压敏胶)及

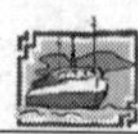

防黏纸三部分组成。

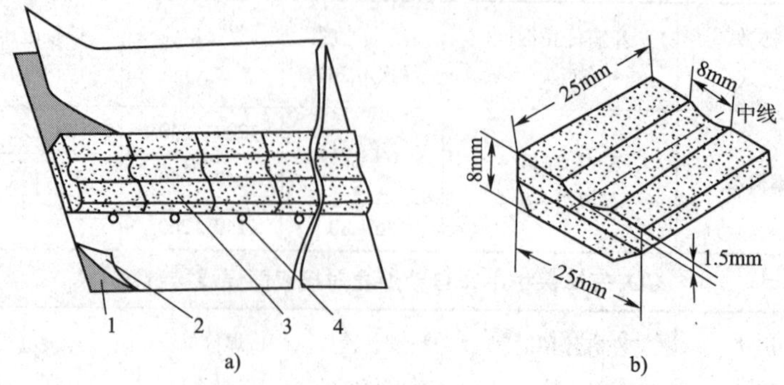

图 3-29 陶质衬垫组成

1-黏胶铝箔;2-防黏纸;3-陶质衬垫块;4-透气孔

陶质衬垫块采用硅和铝氧化物为主要原料,并加入脱氧剂、脱渣剂和助溶剂,混合后用压机压制成型,经阴干后高温 1300℃烧结而成。陶质衬垫块两侧贴有防黏纸(可撕去),其外形尺寸为槽宽 8mm、深 1.5mm、长 25mm。

利用压敏胶将衬垫块固定在铝箔胶带上,衬垫块两端可以阶梯镶嵌连接,达到任意接长的要求。短小的衬垫块也可以连成曲面,以适应曲面焊缝的要求。位于衬垫块两侧的黏胶铝箔及防黏纸上开有小孔,以作透气用。

图 3-30 为常用的陶质衬垫形式。

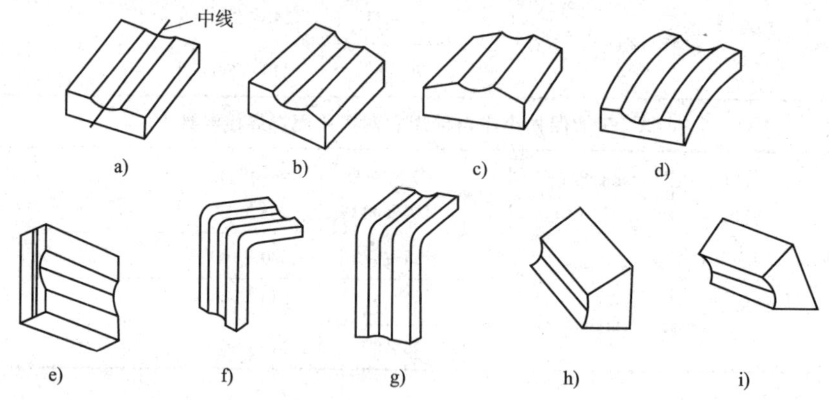

图 3-30 常用的陶质衬垫

a)平对接用;b)不同厚度平对接用;c)两板钝角相交对接用;d)曲线形对接用;e)横对接用;f)角钢对接用;g)球扁钢对接用;h)、i)单面开坡口 T 形接头用

(2)陶质衬垫的功用。衬垫能托住液态的熔融金属,并使焊道背面按衬垫槽面成型,保证焊道背面的余高和熔宽。陶质衬垫受电弧热局部熔化形成熔壳,对焊道背面进行保护,使焊道背面成型光滑。

2. 焊接工艺参数

陶质衬垫 CO_2 半自动单面焊的工艺参数主要包括根部间隙、坡口角度、焊枪的运动方式、焊接规范、焊缝接头的处理、收弧方式和衬垫的使用等。

(1)根部间隙。单面焊的坡口形式为 V 形,其根部间隙大小会影响焊缝背面的成型,通常最佳间隙(平、立、横)范围为(5 ±2)mm,间隙小于 3mm 则不能获得稳定的焊缝背面成型。

焊接速度除与焊接位置有关外,根部间隙的大小对焊接速度影响较大。

(2)坡口角度。坡口角度影响背面焊缝的高度和宽度。

一般平焊、立焊位置的坡口角度为50°±5°。横向焊的上坡口角度为30°,下坡口角度为10°,其公差范围均为+5°。若坡口角度较大(在上述范围内),电弧电压可略小些。

(3)焊枪的运动。操作时可根据结构位置采用右焊法或左焊法,焊枪与焊缝间夹角以60°~70°为宜。

(4)电弧电压与焊接电流的关系。对接焊电弧电压应随焊接电流变化,可按式 $U = 14 + 0.05I$ 估算选定,具体可参照表3-15选取。

电弧电压与焊接电流的匹配关系 表3-15

焊接电流(A)	140	160	180	200	220	240
电弧电压(V)	20~23	21~24	21.5~24.5	22.5~25.5	23.5~26.5	24~27

焊接速度应与焊接电流、电弧电压相匹配,只有综合上述几个参数并配以焊接技能,才能获得良好的焊缝背面成型。

正常情况下,打底焊道的规范参数不宜过大,焊层不宜过厚,否则易引发裂纹。

(5)焊缝接头。接头时间隔时间增加,会使接头处难以熔透而形成缩孔凹陷,甚至形成弧坑裂纹。所以,焊缝接头应采用快速热接方式。

(6)收弧方式。单面焊打底层焊道收弧时,应防止形成缩孔。操作时,可采用焊接电流衰减方法预防缩孔。

焊接前先将旋钮调节到所需的衰减值,收弧时再次按动焊枪按钮,焊接电流及电弧电压即会自动衰减到较小数值。这可延缓熔池上部的凝固速度,控制其与熔池下部同时凝固。当熔化金属填满弧坑后,再将电弧引向已凝固的焊缝上,此时放开焊枪按钮,电弧熄灭。

(7)衬垫的使用。陶质衬垫由塑料包装,应防止受潮及雨淋、随用随拆。若遇水或雨淋必须调换,否则焊接时会产生飞溅和气孔,影响焊接质量。

3. 焊接工艺要点

(1)装配。坡口尺寸应按标准规范选择,接缝两边20mm范围内(正、背面),需清除锈及污物,确保衬垫紧贴。

装配时采用"Ⅱ"型马,在坡口内不允许有定位焊点。

焊缝两端应安装引弧板、熄弧板,以确保两端的焊接质量。

(2)衬垫安装。根据焊缝的不同形状和需要,参照图3-20选用相应的衬垫。

可采用氧—乙炔火焰加热,去除坡口内的水分、油污等。待冷却后,将衬垫上防黏纸撕去,使衬垫中心线与焊缝中心线对齐,再将两侧铝箔压敏胶带与待焊钢板粘贴、抹平、压紧。

(3)焊接规范参数。焊接规范参数应根据焊丝直径、板厚、焊接位置以及接头形式等因素选用,表3-16为16mm钢板推荐选用的焊接规范参数。

(4)操作注意事项:

①环境风速应小于2m/s,如风速大于2m/s时,应采取防风措施。

②操作时应避免熔渣向前流淌和熔融金属的流淌堆积,并注意焊缝边缘有无未熔合现象。

16mm 钢板推荐选用的焊接规范参数 表 3-16

焊接位置	焊接顺序	焊丝直径（mm）	焊接层次	焊接电流（A）	电弧电压（V）	焊接速度（$cm\cdot min^{-1}$）	气体流量（L/min）
平位		Φ1.2 药芯焊丝	1	190 ~ 200	25 ~ 26	9 ~ 10	15 ~ 20
			2	200 ~ 210	24 ~ 26	13 ~ 14	
			3	220 ~ 230	26 ~ 28	12 ~ 13	
			4	240 ~ 259	28 ~ 30	10 ~ 11	
立向上焊			1	170 ~ 190	21 ~ 22	7 ~ 8	
			2	200 ~ 210	24 ~ 25	11 ~ 12	
			3	200 ~ 210	24 ~ 25	10 ~ 11	
			4	190 ~ 200	22 ~ 23	9 ~ 10	
横位			1	180 ~ 190	22 ~ 23	10 ~ 11	
			2 ~ 3	190 ~ 200	25 ~ 26	18 ~ 19	
			4 ~ 6	200 ~ 210	25 ~ 26	20 ~ 21	
			7 ~ 9	190 ~ 200	25 ~ 26	24 ~ 25	
			10 ~ 13	180 ~ 190	24 ~ 25	30 ~ 31	

③送丝软管应尽量减少弯曲，其弯曲半径应大于 300mm，以保证顺利送丝。

④送丝机构的校直及压紧部位应使焊丝校直而又无明显的压扁现象，使送丝匀速进行。

⑤一般情况下，每层焊缝的厚度为 2 ~ 3mm，不宜大于 4 mm。焊层过厚时焊速缓慢，线能量增加使接头的力学性能（特别是韧性）下降。

横焊时，焊道厚度增加会引起坡口下边缘出现未熔合缺陷。

⑥结构拘束度大的焊缝，打底焊时应一次完成。第二层焊缝应及时施焊，禁止打底焊放置时间较长。

⑦导电嘴的口径必须与焊丝直径相匹配。磨损较大时，会影响导电性使电弧稳定性下降，需及时调换导电嘴。另外，送丝软管一般需每周清洗一次，以保证送丝畅通。

思考与练习 SIKAOYULIANXI

1. 试述 CO_2 气体保护焊的工作原理。
2. 试述 CO_2 气体保护焊的冶金特性。
3. CO_2 气体保护焊可能出现哪些气孔？如何预防？
4. 分析 CO_2 气体保护焊产生飞溅的原因及预防措施。
5. CO_2 气体保护焊有哪些特点？
6. 例举 CO_2 气体保护焊在船舶领域中的应用。
7. CO_2 气体保护焊对 CO_2 气体有何要求？

8. 举例说明实芯焊丝牌号及型号的表示方法。
9. 说明实芯焊丝中的合金元素及杂质的影响。
10. 药芯焊丝有哪些优点？简述药芯焊丝的分类方法。
11. 举例说明药芯焊丝牌号及型号的表示方法。
12. CO_2气体保护焊药芯焊丝有哪些使用特性？
13. 焊丝选用有哪些基本原则？
14. 如何计算焊丝和保护气体的消耗量？
15. CO_2气体保护焊焊接电源有哪些性能要求？
16. 举例说明 CO_2气体保护焊焊接电源型号的表示方法。
17. 试述 CO_2气体保护焊供气系统的组成及其作用。
18. CO_2气体保护焊的熔滴过渡形式有哪几种？各有何特点？
19. CO_2气体保护焊的焊接规范参数有哪些？对焊接质量分别有什么影响？
20. 如何选择 CO_2气体保护焊焊接参数？
21. 试述 CO_2气电垂直自动焊的原理。
22. 气电垂直自动焊对装配有什么要求？
23. 气电垂直自动焊有哪些焊接规范？如何选择？
24. 试述气电垂直自动焊的操作要点。
25. 试述陶质衬垫 CO_2气体保护半自动单面焊的工作原理。
26. 陶质衬垫 CO_2气体保护半自动单面焊有哪些焊接工艺参数？

第四章 埋 弧 焊

● **知识目标**

1. 熟悉埋弧焊的工作原理；
2. 掌握埋弧焊对设备及材料的要求；
3. 了解埋弧焊其他方法的工作原理。

● **能力目标**

1. 掌握埋弧焊工艺参数及影响因素；
2. 掌握船体结构埋弧焊典型焊接工艺。

埋弧焊是目前广泛使用、生产效率较高的机械化焊接方法，与焊条电弧焊相比具有焊接质量好、效率高、成本低及劳动条件好等优点，使之成为船舶建造、锅炉压力容器制作及钢结构等生产领域极为重要的焊接手段。

在船舶建造领域，埋弧焊技术已广泛应用于内底板、平直船底板、甲板、纵横舱壁板、平台板、上层建筑甲板、内外围壁板及其他平直板材拼板对接缝，以及分段合拢后处于水平位置的对接缝的盖面焊等结构生产。

第一节 埋弧焊的原理、特点及应用

埋弧焊利用电弧作为热源，焊接时电弧在颗粒状、可熔化的焊剂覆盖下燃烧，电弧不外露，埋弧焊由此得名。

一、埋弧焊工作原理

埋弧焊焊接时电弧在焊丝与工件之间燃烧，电弧热将焊丝端部及电弧附近的母材和焊剂熔化。熔化的金属形成熔池，熔融的焊剂成为熔渣，熔池受熔渣和焊剂蒸汽的保护，不与空气接触。

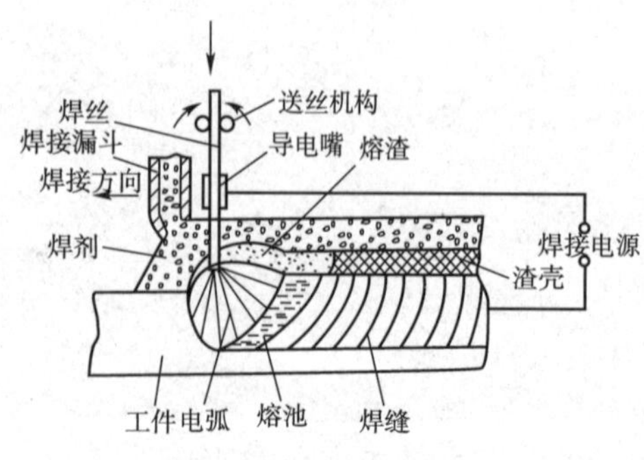

图 4-1 埋弧焊截面示意

电弧向前移动时，电弧力将熔池中的液体金属推向熔池后方，随温度下降，该部分液体金属凝固成焊缝。熔渣则凝固成渣壳，覆盖于焊缝表面，熔渣除对熔池和焊缝金属起机械保护作用外，焊接过程中还与熔化金属发生冶金反应，从而影响焊缝金属的化学成分，如图 4-1 所示。

焊接时被焊工件与焊丝分别接在焊接电源的两极，焊丝通过与导电嘴的滑动接触与电源连接，由焊接电源、连接电缆、导电嘴、焊丝、电弧、熔池及工件

等构成焊接回路。焊丝端部在电弧热作用下不断熔化,焊剂由漏斗铺撒在电弧的前方。焊接后,未被熔化的焊剂可用焊剂回收装置自动回收,或由人工清理回收,图4-2为埋弧焊(焊车式)工作过程示意。

埋弧焊焊机的启动、引弧、送丝及机头(或工件)移动全过程为机械化控制,操作人员通过按动相应按钮完成工作。随机头与工件的相对移动,完成焊接过程。

焊接时,焊剂从焊剂漏斗连续送入电弧区周围,堆积成40~60mm的焊剂带,送丝机构将焊丝经导电嘴送入工件表面的焊剂中,并保持焊丝的送进速度与熔化速度一致,以保证焊接电弧在焊剂层下的稳定、持续燃烧。为保证引弧及熄弧处质量,直缝焊接前应在工件两端设置引弧板和引出(熄弧)板。

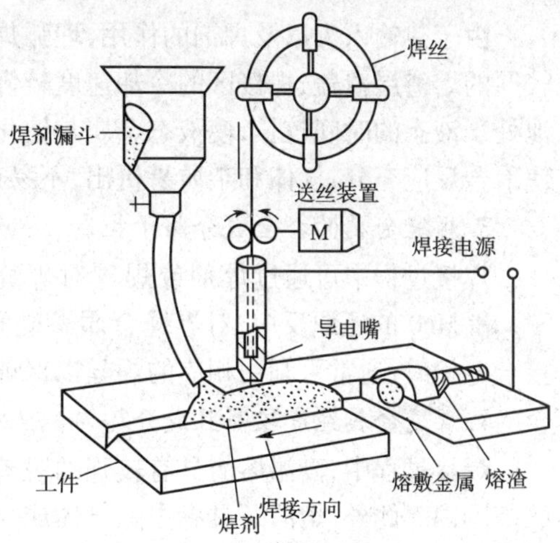

图4-2 埋弧焊焊接过程

二、埋弧焊的特点

1. 埋弧焊的主要优点

(1)焊缝熔深较大。埋弧焊许用焊接电流较大、热输入高,又因焊剂和熔渣的隔热作用,焊接时可获得较大熔深。因此工件坡口可适当较小,减少了填充金属量。

如单丝埋弧焊在工件不开坡口的情况下,一次可熔透20mm。

(2)焊接速度快。以厚度8~10mm的钢板对接焊为例,单丝埋弧焊速度可达50~80cm/min。

(3)焊接质量优良。焊剂的存在不仅能隔断熔化金属与空气的接触,还可使熔池金属凝固速度变慢。液体金属与熔化焊剂间有较充分时间进行冶金反应,减少了焊缝中产生气孔、裂纹等缺陷的可能性,并向焊缝金属进一步补充合金元素,进而改善焊缝金属的力学性能。

(4)焊接参数可通过电弧自身调节保持稳定,焊接质量对焊工技术水平的依赖程度大大降低。由于无电弧光辐射,劳动条件大幅改善。

2. 埋弧焊的主要缺点

(1)由于采用颗粒状焊剂,埋弧焊一般只适用于平焊位置,其他位置焊接则需采用特殊措施以保证焊剂能有效覆盖焊接区。

(2)不能直接观察电弧与坡口的相对位置,未采用焊缝自动跟踪装置时易焊偏。

(3)电弧的电场强度较大,电流小于100A时电弧不稳定,因而不适于焊接厚度小于1mm的薄板。

三、埋弧焊的冶金特性

埋弧焊的冶金过程是指液态熔渣与液态金属以及电弧气氛之间的相互作用。

1. 空气不易侵入焊接区

埋弧焊电弧在较厚的焊剂层下燃烧,部分焊剂在电弧热作用下立即熔化,形成液态熔渣和

气泡，包围了整个焊接区和液态熔池，隔绝了周围的空气，产生了良好的保护作用，使焊缝金属具有较高的致密性和纯度。

2. 冶金反应充分

由于热输入大以及焊剂的作用，埋弧焊熔池体积较大，同时由于熔池和凝固的焊缝金属被较厚的熔渣层覆盖，焊接区的冷却速度较慢，使熔池金属凝固速度减缓。所以，埋弧焊金属熔池处于液态的时间较长，使液态金属与熔化的焊剂及熔渣之间有较充足的时间进行相互作用，使冶金反应充分，气体和杂质易析出，不易产生气孔、夹渣等缺陷。

3. 焊缝金属的合金成分易于控制

焊接过程中可通过焊剂或焊丝对焊缝金属进行合金化。焊接低碳钢时，可利用焊剂中SiO_2和 Mn0 的还原反应，对焊缝金属渗硅和渗锰，以保证焊缝金属合金成分和力学性能。焊接合金钢时，通常可利用相应的焊丝以保证焊缝金属的合金成分。

4. 焊缝金属纯度较高且成分均匀

焊接过程中，高温熔渣具有较强的脱硫、脱磷作用，焊缝金属中的硫、磷含量可控制在很低的范围内。此外，熔渣还具有去除气体成分的作用，大大降低了焊缝金属中氢和氧的含量，提高了焊缝金属的纯度。

另外，埋弧焊焊接过程弧长具有自动调节功能，因此焊接参数比焊条电弧焊稳定，可进一步保证焊缝金属的化学成分均匀。

四、埋弧焊的分类及应用

1. 分类

埋弧焊作为一种高效、优质的焊接方法，近年来有了较大的发展，已演变出多种埋弧焊工艺方法并在工业生产中得到实际应用。

埋弧焊按送丝方式、焊丝数量及形状、焊缝成型条件等可分为多种类型，如表 4-1 所示。

埋弧焊方法分类 表 4-1

分类依据	分类名称	应用范围
按送丝方式	等速送丝埋弧焊	细焊丝高电流密度
	变速送丝埋弧焊	粗焊丝低电流密度
按焊丝数目和形状	单丝埋弧焊	常规对接、角接焊缝，筒体纵缝、环缝焊接
	双丝埋弧焊	高生产率对接、角接焊缝
	多丝埋弧焊	螺旋焊管等超高生产率对接焊缝焊接
	带极埋弧焊	耐磨、耐腐蚀合金堆焊
按焊缝成型条件	双面埋弧焊	常规对接焊缝焊接
	单面焊双面成型埋弧焊	高生产率对接焊缝焊接无法应用双面焊接的焊缝

2. 应用

(1) 焊缝类型和工件厚度。焊缝可以保持在水平位置或倾斜度较小的工件，对接、角接和

搭接接头都可以采用埋弧焊焊接。如平板的拼接缝、圆筒形工件的纵缝和环缝以及各种焊接结构中的角缝和搭接缝等。

埋弧焊可焊的工件厚度范围较大,除厚度5mm以下的工件易烧穿外,较厚的工件都适于埋弧焊焊接。目前,埋弧焊焊接的最大厚度可达65mm左右。

(2)焊接材料种类。随着焊接冶金技术和焊接材料生产技术的发展,适合埋弧焊的材料已从碳素结构钢发展到低合金结构钢、不锈钢、耐热钢以及某些有色金属,如镍基合金、铜合金等。此外,埋弧焊还可在基体金属表面堆焊耐磨或耐腐蚀的合金层。

铸铁因不能承受高热输入量引起的热应力,一般不适合采用埋弧焊焊接。铝、镁及其合金因无适用的焊剂,目前尚不能使用埋弧焊焊接。铅、锌等低熔点金属材料也不适合用埋弧焊焊接。

由于埋弧焊熔深大、生产率高、机械化操作程度高,因而适于焊接中厚板结构的长焊缝。埋弧焊在船舶建造、锅炉与压力容器、桥梁、起重机械、铁路车辆、工程机械、重型机械和冶金机械、核电站结构、海洋结构等制造部门应用广泛,是当今焊接生产中最普遍使用的焊接方法之一。

第二节　埋弧焊设备

目前,埋弧焊焊接技术已经广泛应用在船舶建造修理、锅炉压力容器制作及汽车制造等行业。在生产应用中,埋弧焊对焊接电源的要求及电源极性的选择方面,均不同于焊条电弧焊。同时,在操作过程中需要焊丝不断送进,也对焊接设备性能提出了更高的要求。

掌握埋弧焊接设备组成及特征,即可保证焊接生产过程稳定,又是正确实施焊接工艺的关键。

一、埋弧焊机的分类及功能

1. 埋弧焊机的分类

埋弧焊机分为自动焊机和半自动焊机两大类。依据GB/T 10249—2010《电焊机型号编制方法》的规定,埋弧焊设备的型号由汉语拼音和阿拉伯数字组成。

焊接设备型号编排如下:

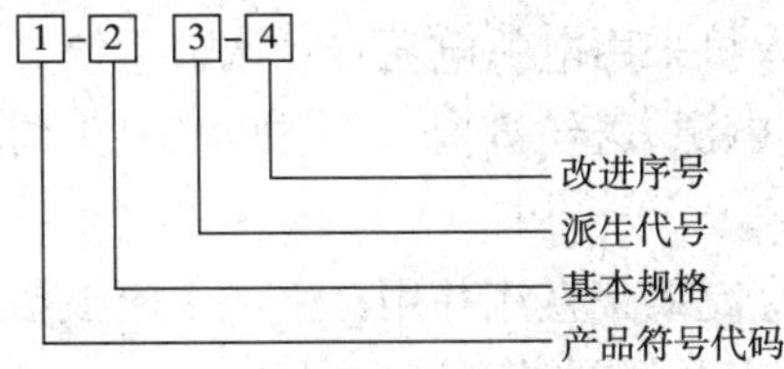

产品符号代码参照表4-2所示。

基本规格指焊接设备额定的焊接电流,单位为(A)

改进序号按产品改进程序用阿拉伯数字连续编写。

型号中3、4项如不用时,可空缺。

埋焊弧机的符号代码　　表4-2

第一字母		第二字母		第三字母		第四字母	
代表字母	大类名称	代表字母	小类名称	代表字母	附注特征	数字序号	系列序号
M	埋弧焊机	Z B U D	自动焊 半自动焊 堆焊 多用	省略 J E M	直流 交流 交直流 脉冲	省略 2 3 9	焊车式(图4-3a) 横臂式(图4-3b) 机床式(图4-3c) 焊头悬挂式(图4-3d)

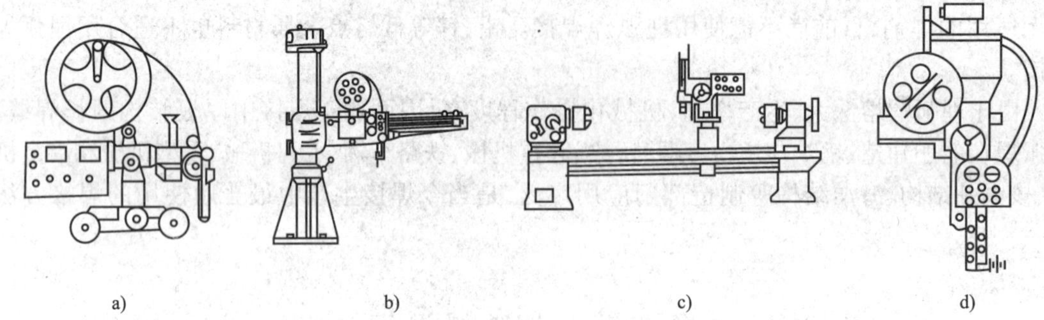

图4-3　埋弧焊机系列图示

2.埋弧焊机的主要功能

(1)半自动埋弧焊机。半自动埋弧焊机需要将焊丝通过软管连续不断地送入电弧区,传输焊接电流,控制焊接起动和停止,向焊接区铺施焊剂。因此半自动埋弧焊机主要由送丝机构、控制箱、带软管的焊接手把及焊接电源组成。

软管式半自动埋弧焊机兼有自动埋弧焊的优点及手工电弧焊的机动性,在难以实现自动焊的工件上(例如中心线不规则的焊缝、短焊缝、施焊空间狭小等),可用此焊机焊接。

(2)自动埋弧焊机。自动埋弧焊机的主要功能包括连续不断地向焊接区送进焊丝,传输焊接电流,控制电弧沿接缝移动,控制电弧的主要参数,控制焊接的起动与停止,向焊接区铺施焊剂,焊接前调节焊丝端部位置等。

二、自动埋弧焊机的构成

常用的自动埋弧焊机有等速送丝和变速送丝两种,等速送丝自动埋弧焊机采用电弧自身调节系统,变速送丝自动埋弧焊机采用电弧电压自动调节系统。

自动埋弧焊机主要由焊接电源、送丝机构、行走机构、机头调整机构和控制系统组成。

1.焊接电源

埋弧焊电源可采用交流、直流或交直流并用。生产中应根据具体的应用条件,如焊接电流范围、单丝焊或多丝焊、焊接速度及焊剂类型等选用。

采用粗焊丝焊接,电弧具有水平的静特性曲线,电源应具有下降的外特性。采用细焊丝焊薄板时,电弧具有上升的静特性曲线,宜采用平特性电源。

一般直流电源适用于小电流范围、快速引弧、短焊缝、高速焊接,所采用焊剂的稳弧性较差及对焊接工艺参数稳定性有较高要求的场合。采用交流电源时,焊丝熔敷率及焊缝熔深介于

直流正接和反接之间,且电弧的磁偏吹最小,因而交流电源多用于大电流埋弧焊和采用直流时磁偏吹较严重的场合。

为加大熔深并提高生产率,多丝埋弧自动焊得到越来越多的工业应用,多丝焊的电源可用直流或交流,也可以交、直流联用。

2. 送丝机构

送丝机构包括送丝电动机及传动系统、送丝滚轮和矫直滚轮等,其作用为可靠送进焊丝并具有较宽的调速范围,以保证电弧稳定。

送丝机构包括直流电动机拖动和交流电动机拖动两种形式。

3. 行走机构

行走机构(焊车)包括行走电动机、传动系统、行走轮及离合器等。行走轮一般采用橡胶绝缘轮,以免焊接电流经车轮短路。离合器合上时由电动机拖动,脱离时焊接小车可用手推动。

4. 控制系统

埋弧焊机控制系统主要包括送丝拖动控制、行走拖动控制以及引弧和熄弧的自动控制。

埋弧焊机常用一控制箱安装主要控制电器元件,一部分元件安装在焊接小车上的控制盒和电源箱内。采用晶闸管等电子控制电路的埋弧焊机,已不单设控制箱,控制系统的电器元件直接安装在焊接小车上的控制盒和电源箱内。大型专用焊机还包括横臂升降、收缩、主柱旋转以及焊剂回收等控制系统。

5. 埋弧焊辅助设备

埋弧焊时,为调整焊接机头与工件的相对位置,使接缝处于最佳的施焊位置或为达到预期的工艺目的,一般需有相应的辅助设备与焊机相配合。

(1)焊接夹具。使用焊接夹具的目的在于使工件准确定位并夹紧,可减少或免除定位焊缝并可控制焊接变形。有时为了达到其他工艺目的,焊接夹具往往与其他辅助设备联用,如单面焊双面成型装置等。

(2)工件变位设备。设备的主要功能是使工件旋转、倾斜、翻转,以便将待焊接缝置于最佳的焊接位置,达到提高生产率、改善焊接质量、减轻劳动强度的目的。

工件变位设备的形式、结构及尺寸,因焊接工件而异,常用的工件变位设备有滚轮架、翻转机等。

(3)焊机变位设备。设备的主要功能是将焊接机头准确地送到待焊位置,焊接时可在该位置操作,或是以一定速度沿规定的轨迹移动焊接机头进行焊接。

焊机变位设备大多与工件变位机、焊接滚轮架等配合使用,基本形式有平台式、悬臂式、伸缩式及龙门式等。

(4)焊缝成型装置。埋弧焊的电弧功率较大,对接时为防止熔化金属的流失和烧穿并促使焊缝背面成型,往往需要在焊缝背面加衬垫。较常用的焊缝成型装置包括铜垫板、焊剂垫等。

(5)焊剂回收输送设备。用以自动回收并输送焊剂,以提高焊接自动化的程度。其中,采用压缩空气吸压式焊剂回收输送器,可以安装在小车上使用。

根据结构特点,船舶建造还需要配备专用焊机,如埋弧自动角焊机、T 形梁焊接机及门架

式拼板焊接机等。

三、典型埋弧焊机

目前国内使用最普通的埋弧焊机为 MZ－1000 型,其电气控制线路及焊接小车的结构比较简单、外形尺寸小、使用方便。在船舶建造领域,MZ－1000 主要用于水平位置以及倾斜度小于 15°的对接和角接焊缝,也可用于焊接直径大于 1200mm 的内环形焊缝。

MZ－1000 型埋弧焊机由焊接小车、控制箱和焊接电源三部分组成,各部件通过焊接电缆和控制电缆连接在一起。

1. 焊接小车

MZ－1000 埋弧焊机配用的焊接小车为 MZT－1000 型,它由送丝机构、行走小车、机头调整机构、控制盘、导电嘴、焊丝盘和焊剂漏斗等部分组成,其外形结构如图 4-4 所示。

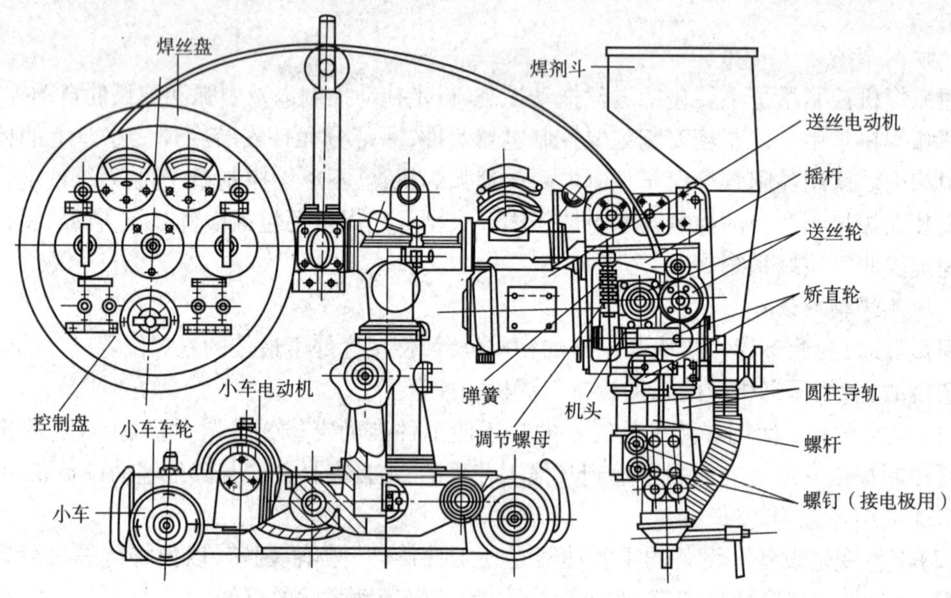

图 4-4　MZT－1000 型焊接小车

小车横臂上悬挂有机头、焊剂漏斗、焊丝盘和控制盘。

机头的功能是给送焊丝,由直流电动机、减速机构和送丝轮组成,主要配用直径为 3～6mm 的焊丝,焊丝给送速度可在 0.5～2m/min 范围内调节。

焊丝经滚轮和导电嘴伸出,从导电嘴上输入焊接电流,通过电弧形成回路。

控制盘和焊丝盘安装在横臂的另一端,焊剂自焊剂漏斗输送到焊接区。

2. 控制盘

控制盘上配有电流表、电压表、调节小车速度和焊丝给送速度的电位器,以及控制焊丝上下的按钮、增大和减小电流的按钮等。

3. 焊接电源

MZ－1000 型埋弧焊机可配用交流或直流电源。配用交流电源时,一般用 BX2－1000 型同体式弧焊变压器。配用直流电源时,可配用 ZX5－1000 型或 ZXG－1000R 型弧焊整流器。

第三节 埋弧焊焊接材料

埋弧焊焊接材料包括焊丝和焊剂(相当于焊条的焊芯和药皮),焊丝和焊剂直接参与焊接过程中的冶金反应,因而其化学成分和物理特性都会影响焊接工艺过程,并通过焊接过程对焊缝金属的化学成分、组织和性能产生影响。正确选择焊丝并与焊剂合理配合,是埋弧焊技术的一项重要内容。

一、焊丝

埋弧焊中焊丝为填充金属,直接影响焊缝质量。埋弧焊所用焊丝有实芯焊丝和药芯焊丝两类,目前在生产中普遍使用的是实芯焊丝。

1. 焊丝的表示方法

依照 GB/T 14957 规定,焊丝牌号表示方法为第一字母"H"表示焊丝,字母后面的两位数字表示焊丝中平均碳含量。如含有其他化学成分,在数字的后面用元素符号表示,当元素的含量小于 1% 时,元素符号后面的 1 省略。牌号最后的 A、E、C 分别表示硫、磷杂质含量的等级。

2. 焊丝的表面质量要求

焊丝表面应光滑,无毛刺、凹陷、裂纹、折痕、氧化皮等缺陷或其他不利于焊接操作以及对焊缝金属性能有不利影响的外来物质。

焊丝表面允许有不超出直径允许偏差之内的划伤及不超出直径偏差的局部缺陷存在。

根据供需双方协议,焊丝表面可采用镀铜,其镀层表面应光滑,不得有肉眼可见的裂纹、麻点、锈蚀及镀层脱落等。

3. 焊丝的选择

选择埋弧焊用焊丝时,最主要的是焊丝中锰和硅的含量,应考虑焊丝向熔敷金属中过度的 Mn、Si 对熔敷金属力学性能的影响。

熔敷金属中必须保证最低的锰含量,防止产生焊道中心裂纹。特别是使用低 Mn 焊丝匹配中性焊剂时易产生焊道中心裂纹,此时应改用高锰焊丝和活性焊剂。

某些中性焊剂,采用 Si 代替 C 和 Mn,并将其含量降到规定值。使用这样的焊剂时,不必采用 Si 脱氧焊丝。对于其他不添加 Si 的焊剂,要求采用 Si 脱氧焊丝,以获得合适的润湿性和防止气孔。

单道焊焊接被氧化的母材时,由焊剂、焊丝提供充分的脱氧成分,可以防止气孔产生。通常,Si 比 Mn 具有更强的脱氧能力,因此必须使用 Si 脱氧焊丝和活性焊剂。

通常,焊丝直径的选择依用途而定。一般半自动埋弧焊使用 ϕ1.6 ~ 2.4mm 直径的焊丝,自动埋弧焊使用 ϕ3 ~ 6mm 直径的焊丝,以充分发挥埋弧焊的大电流和高熔敷率的优点。

为使焊接过程能稳定地进行并减少焊接辅助时间,焊丝应用盘丝机整齐地盘绕在焊丝盘上,每盘钢焊丝应由一根焊丝绕成。

二、焊剂

埋弧焊使用的焊剂是颗粒状可熔化的物质,其作用相当于焊条的药皮。

1. 对焊剂的基本要求

1)具有良好的冶金性能

焊剂与选用的焊丝相配合,通过适当的焊接工艺以保证焊缝金属获得所需的化学成分、力学性能以及抗热裂和冷裂的能力。

2)具有良好的工艺性能

要求焊剂具有良好的稳弧、焊缝成型及脱渣性能,并且在焊接过程中生成的有毒气体较少。

2. 焊剂分类及表示方法

1)焊剂分类

根据生产工艺可分为熔炼焊剂、黏结焊剂和烧结焊剂,按照焊剂中添加脱氧剂、合金剂,又可分为中性焊剂、活性焊剂和合金焊剂。不同类型焊剂,可以通过相应的牌号及制造厂的产品说明书予以识别。

(1)按生产工艺:

①熔炼焊剂。按配方比例称出所需原料,经干混均匀后进行熔化,随后注入冷水中或激冷板上使之粒化,再经干燥、捣碎、过筛等工序而成。熔炼焊剂按其颗粒结构又可分为玻璃状焊剂(呈透明状颗粒)、结晶状焊剂(颗粒具有结晶体特点)和浮石状焊剂(颗粒呈泡沫状)。

②烧结焊剂。将各种粉料组分按配方比例混拌均匀,加水玻璃调成湿料,在400~1000℃温度下烧结而成。

③黏结焊剂。将各种粉料组分按配方比例混拌均匀,加水玻璃调成湿料,将湿料制成一定尺寸的颗粒,经350~400℃温度烘干而成。

(2)按化学成分分类:

①中性焊剂。焊接后,熔敷金属化学成分与焊丝化学成分不产生明显变化的焊剂。中性焊剂不含或含有少量的脱氧剂,所以在焊接过程中只能依赖于焊丝提供脱氧剂。

中性焊剂用于多道焊,特别适应于厚度大于25mm母材的焊接。

②活性焊剂。加入少量锰、硅脱氧剂的焊剂,可提高抗气孔能力和抗裂性能。

活性焊剂由于含有脱氧剂,熔敷金属中的锰、硅将随电弧电压的变化而变化。由于锰、硅增加将提高熔敷金属的强度,降低冲击韧度。因此,在使用活性焊剂进行多道焊时,应严格控制电弧电压。

③合金焊剂。使用碳钢焊丝,其熔敷金属为合金钢的焊剂,焊剂中添加较多的合金成分,用于过渡合金。

多数合金焊剂为黏结焊剂和烧结焊剂,主要用于低合金钢和耐磨堆焊的焊接。

2)焊剂的表示方法

(1)焊剂型号。GB/T 5293—1999《埋弧焊用碳钢焊丝和焊剂》中规定,焊剂型号是根据使用各种焊丝与焊剂组合而形成的熔敷金属的力学性能而划分的。

焊剂型号(-焊丝牌号)的示例如下:

F4A0-H08A、F5P6-H08MnA、F5P4-H10Mn2。

“F”表示焊剂,“F”的后面的数字表示抗拉强度的级别,强度级别后面的字母“A"表示在焊态下测试的力学性能,“P”表示经热处理后测试的力学性能。在字母“A”或‘“P”后面的数字表示熔敷金属冲击吸收功不小于27J时,对试验温度的要求(表4-3)。

任何牌号的焊剂，由于使用的焊丝、热处理状态不同，其分类型号可能有许多类别，因此，焊剂应至少标出一种或所有的试验类别型号。

冲 击 试 验 表4-3

焊剂型号	冲击吸收功(J)	试验温度(℃)	焊剂型号	冲击吸收功(J)	试验温度(℃)
F××0-H×××	≥27	0	F××4-H×××	≥27	-40
F××2-H×××		-20	F××5-H×××		-50
F××3-H×××		-30	F××6-H×××		-60

注：低合金钢"0"表示焊态，"1"表示焊后热处理状态。

(2)焊剂牌号：

①熔炼焊剂　焊剂牌号表示为"HJ×××"。

"HJ"表示熔炼焊剂，后加三个阿拉伯数字组成。

A. 第一位数字表示焊剂中氧化锰的含量，1、2、3、4 依次代表无锰(<2%)、低锰(2%～15%)、中锰(15%～30%)、高锰焊剂(>30%)。

B. 第二位数字表示焊剂中二氧化硅、氟化钙的含量，1～9 依次代表低硅低氟、中硅低氟、高硅低氟、低硅中氟、中硅中氟、高硅中氟、低硅高氟、中硅高氟和其他类型焊剂。

C. 第三位数字表示同一类型焊剂的不同牌号，按 0、1、2、…、9 的顺序排列。

牌号后加"X"表示细颗粒度，0.28～11.6mm(60～14 目)；不加"X"则表示普通颗粒度，0.45～2.5mm(40～8 目)。

如：

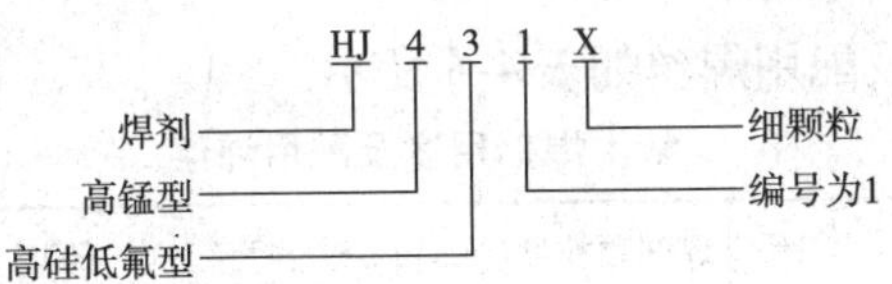

②烧结焊剂　焊剂牌号表示为"SJ×××"。

"SJ"表示烧结焊剂，后加三个阿拉伯数字组成。

第一位数字表示焊剂熔渣的渣系，1～6 依次代表氟碱型、高铝型、硅钙型、硅锰型、铝钛型和其他型焊剂。第二位、第三位数字表示同一渣系类型焊剂中不同牌号的焊剂，按 01、02、…、09 顺序排列。

三、焊剂和焊丝的选配

焊剂和焊丝的正确选用及两者之间的合理配合，是获得优质焊缝的关键，也是埋弧焊工艺过程的重要环节，必须按工件的成分、性能和要求，正确、合理地选配焊剂和焊丝。

1. 材料成分

(1)低碳钢和强度等级较低的合金钢。焊接低碳钢和强度等级较低的合金钢时，选配焊剂和焊丝通常以满足力学性能要求为主，可采用高锰高硅焊剂配合低碳钢焊丝或含锰焊丝，或用无锰高硅或低锰中硅焊剂配合高锰焊丝。

(2)低合金高强度钢。焊接低合金高强度钢时，除应使焊缝与母材等强度外，还应特别注意提高焊缝的塑性和韧性，一般选用中锰中硅或低锰中硅焊剂与钢材强度相匹配的焊丝配合。

(3)低温钢、耐热钢和耐蚀钢。焊接低温钢、耐热钢和耐蚀钢时,应保证焊缝具有与母材相同或相近的性能,可选用中硅或低硅型焊剂与相应的合金钢焊丝配合。

(4)奥氏体不锈钢等高合金钢。焊接奥氏体不锈钢等高合金钢时,应保证焊缝与母材有相近的化学成分,同时满足力学性能和抗裂性能等方面的要求,应选用合金含量比母材略高的焊丝,配合碱度高的中硅或低硅焊剂,防止焊缝增硅而使性能下降。

采用合金成分较低的焊丝时,可配用专用的烧结焊剂或黏结焊剂焊接,依靠焊剂过渡必要的合金元素。

2. 埋弧焊的工艺特点和冶金特性

(1)稀释率的影响。I形坡口对接缝单道焊或双面焊以及开坡口对接缝的根部焊道焊接时,焊缝熔透深度大,母材大量熔化,稀释率可高达70%。焊缝金属的成分在很大程度上取决于母材的成分,选用合金元素含量低于母材的焊丝焊接,并不降低接头的强度。

例如Q345钢I形坡口对接接头,可选用锰含量比母材低的H08MnA焊丝和HJ431焊剂。

(2)热输入的影响。埋弧焊通常选用较大电流焊接,使焊接热输入增大,焊缝金属和热影响区的冷却速度变慢,导致焊接接头的强度和韧性降低。

焊接厚板开坡口焊缝填充焊道,应选用合金成分略高于母材的焊丝并配用中性焊剂。

(3)焊接速度的影响。一般埋弧焊的焊接速度为25m/h,最高焊接速度可达100m/h以上。焊缝成型不仅取决于焊接参数的合理选配,还取决于焊剂的特性,应选用硅钙型、锰硅型及氧化铝型焊剂以满足高速埋弧焊的要求。

3. 埋弧焊焊剂的用途及配用

常用埋弧焊剂的用途及配用焊丝如表4-4所示。

常用焊剂用途及配用焊丝　　表4-4

焊剂型号	用　途	焊剂颗粒度(mm)	配用焊丝	适用电流种类
HJ130	低碳钢,普低钢	0.45~2.5	H10Mn2	交、直流
HJ131	Ni基合金	0.3~2	Ni基焊丝	交、直流
HJ150	轧辊堆焊	0.45~2.5	2Cr13、3Cr2W8	直流
HJ172	高Cr铁素体钢	0.3~2	相应钢种焊丝	直流
HJ173	Mn—Al高合金钢	0.25~2.5	相应钢种焊丝	直流
HJ230	低碳钢,普低钢	0.45~2.5	H08MnA、H10Mn2	交、直流
HJ250	低合金高强度钢	0.3~2	相应钢种焊丝	直流
HJ251	珠光体耐热钢	0.3~2	Cr-Mo钢焊丝	直流
HJ260	不锈钢,轧辊堆焊	0.3~2	不锈钢焊丝	直流
HJ330	低碳钢及普低钢重要结构	0.45~2.5	H08MnA、H10Mn2	交、直流
HJ350	低合金高强钢重要构件	0.45~2.5	Mn-Mo、Mn-Si及含Ni高强钢用焊丝	交、直流
HJ430	低碳钢及普低钢重要构件	0.2~1.4	H08A、H08MnA	交、直流
HJ431	低碳钢及普低钢重要构件	0.45~2.5	H08A、H08MnA	交、直流

续上表

焊剂型号	用　途	焊剂颗粒度(mm)	配用焊丝	适用电流种类
HJ432	低碳钢及普低钢重要构件(薄板)	0.2~1.4	H08A	交、直流
HJ433	低碳钢	0.45~2.5	H08A	交、直流
SJ101	低合金结构钢	0.3~2	H08MnA、H08MnMoA、H08Mn2MoA	交、直流
SJ301	普通结构钢	0.3~2	H08MnA、H08MnMoA、H10Mn2、H10Mn2MoA	交、直流

第四节　埋弧焊焊接工艺

焊接参数决定焊缝成型,影响焊缝的抗裂性以及对气孔、夹渣的敏感性,而焊接热输入又会对焊缝的强度和韧性造成影响。因此,焊接参数的合理匹配,直接决定焊缝质量。

一、埋弧焊的焊前准备

埋弧焊的焊前准备包括工件的坡口加工、工件的清理与装配、焊丝表面清理及焊剂烘干、焊机检查与调整等工作。

1. 坡口设计

船体结构坡口形式应符合 GB/T 3190—1997《船体结构焊接与坡口形式及尺寸》选用规定中的要求,具体选择方法参见附表 7、附表 8 所示。

2. 焊前清理

工件装配前,需将坡口及附近区域表面上的锈蚀、油污、氧化皮、水分等清理干净。

大量生产时可用喷丸处理方法。批量不大时也可用手工清理,即用钢丝刷、风动和电动砂轮或钢丝轮等进行清除,必要时可用氧乙炔火焰烘烤焊接部位,以烧掉工件表面的污垢和油漆。机械加工的坡口,可用挥发性溶剂将污染部位清洗干净。

3. 装配点固

装配时,工件必须用夹具或定位焊缝可靠固定。定位焊缝应平整,且不允许有裂纹、夹渣等缺陷,接头间隙应均匀无错边。

装配时应根据不同板厚选择定位焊间距及定位焊尺寸,直缝接头两端需加引弧板和熄弧板。一般定位焊高度不宜超过设计焊缝高度的 2/3,点焊长度应不大于 40mm,间距宜为 500~600mm,并应填满弧坑。如定位焊存在缺陷,应清理后重焊。

4. 焊丝表面清理与焊剂烘干

焊丝表面的油、锈及拔丝用的润滑剂必须清理干净,以免污染焊缝造成气孔。

焊剂在运输及储存过程中容易吸潮,使用前应进行烘干。一般焊剂应在 250℃温度、保温 1~2h 烘干,限用直流焊接的焊剂使用前必须在 350~400℃、保温 2h 烘干,烘干后应立即使用。

回收使用的焊剂,应过筛清除焊渣等杂质后方可使用。

5. 焊机的检查与调试

焊前应检查接到焊机上的动力线、焊接电缆接头是否松动,接地线是否连接妥当,必须检

查导电嘴磨损情况以及是否夹持可靠。操作前焊机应进行调试，检查仪表指示及各部分动作情况，并按要求调好预定的焊接参数。起动焊机前，应再次检查焊机和辅助装置的各种开关、旋钮等位置是否正确无误，离合器是否可靠接合。

二、埋弧焊工艺参数

1. 焊接电流

焊接电流决定焊丝的熔化速度和焊缝熔深，焊接电流增大，焊接速度、焊缝熔深增加。焊接电流与焊丝直径的匹配可参照表4-5选择。

焊接电流与焊丝直径的匹配　　表4-5

焊丝直径(mm)	2	3	4	5	6
焊接电流(A)	200~400	350~600	500~800	700~1000	800~1200

2. 电弧电压

电弧电压增加，焊缝熔宽增加，熔深和余高略有减小。焊接电流增加时，应适当增加电弧电压，以保证焊缝成型。电弧电压和焊接电流的对应关系可参照表4-6所示选择。

电弧电压与焊接电流的对应关系　　表4-6

焊接电流(A)	600~850	850~1200
电弧电压(V)	34~38	42~44

3. 焊接速度

焊接速度会影响焊缝熔深和熔宽，焊接速度增加，焊缝的熔宽、熔深下降。

4. 焊丝倾斜角度

生产中，焊丝前倾较少采用。

5. 工件倾斜角度

合理的工件倾角，应控制在6°~8°。

6. 坡口形式对焊缝成型的影响

增加坡口深度和宽度，焊缝熔深增加、熔宽减小，余高和熔合比明显减小。

7. 焊丝伸出长度

焊丝伸出长度增加，焊丝熔化速度加快，焊缝余高增加。

8. 焊剂层厚度

焊剂层太薄，会使电弧外露，导致保护效果下降，容易产生气孔、裂纹等缺陷，并使熔深变浅。焊剂层太厚，容易产生未焊透，焊道变窄、余高增大。

一般焊剂层厚度应控制在20~30mm。

三、船舶埋弧焊技术

1. 对接接头埋弧焊

对接接头埋弧焊时，可根据工件厚度和结构形式分别采用单面焊或双面焊方法。

(1)对接接头单面焊。对接接头单面埋弧焊，是指使用较大焊接电流将工件一次熔透。因焊接熔池较大，只有采用强制成型的衬垫，使熔池在衬垫上冷却凝固，才能达到一次成型的目的。

对接接头埋弧焊时，工件可以开坡口或不开坡口。焊接合金钢时，开坡口可以控制熔合比。焊接低碳钢时，开坡口可以控制焊缝余高等。

①RF 法。RF 法是将含有热硬化性树脂粉末的焊剂放入皮带式或槽形的 RF 装配架内上层，其下部是装有铺底焊剂的焊剂袋，最下部是膨胀用的通气软管，依靠膨胀作用将焊剂压紧在坡口背面，防止熔池金属流溢，实现单面焊双面成型。图 4-5 为 RF 法原理示意。

RF 法主要用于平面分段流水线，如甲板板、内底板、外板、斜傍板等拼板接缝。

②焊剂铜板衬垫法(FCB)。如图 4-6 所示，在铜衬垫上均匀铺上细颗粒焊剂，利用压缩空气软管(或液压)作为顶升装置，使工件对中并顶升紧贴，控制焊剂高出铜衬垫 2 ~ 4mm，填实衬垫与工件间压紧时可能出现的间隙。焊接时，焊剂与铜板和熔池直接接触，对熔池进行保护和顶托，可有效控制背面焊缝形状、尺寸。

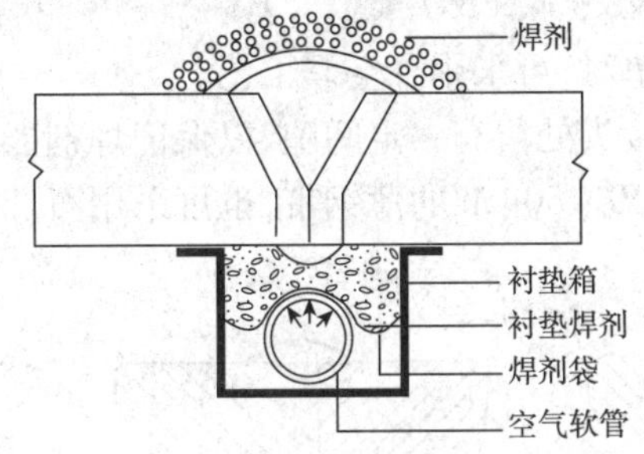

图 4-5 RF 法原理

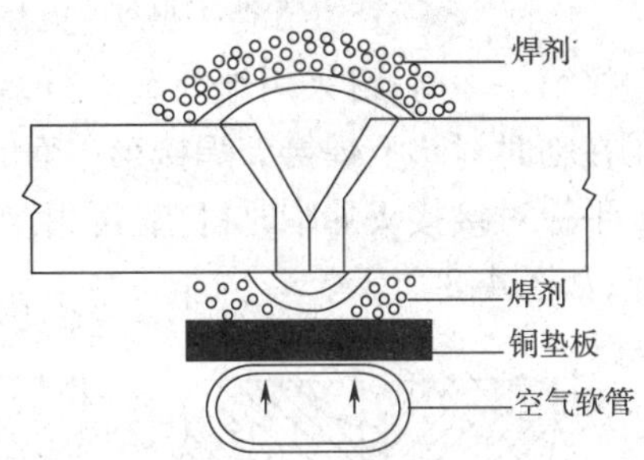

图 4-6 焊剂铜板衬垫法示意

FCB 法焊缝背面成型优良、质量稳定，对接头坡口装配精度及焊接参数变化的允许范围较宽，得到了广泛的应用，如甲板板、内底板、外板、斜傍板等拼板接缝的 FCB 焊接工艺。

③焊剂石棉衬垫单面焊(FAB 法)。将柔性衬垫安装在工件坡口背面，利用铝板和磁性压紧装置将其固定，其特点是简便、省力，材料成本低，但对技术管理、焊工操作技术要求较高。

FAB 法主要用于钢板的拼接，如中合拢、总组合在胎架上的拼板接缝，以及大合拢内底板、甲板纵向大接缝等 FAB 法工艺。

(2)对接接头双面焊。双面埋弧焊对接是指工件两面分别施焊，焊完一面后翻转工件再焊另一面，适用于中厚板的焊接。焊接第一面时，既要保证一定的熔深，又要防止熔化金属的流溢或烧穿工件。所以焊接时必须采取一些必要的工艺措施，以保证焊接过程顺利进行。

①不留间隙双面焊(悬空焊)。焊接第一面时工件背面不加任何衬垫或辅助装置，为防止液态金属从间隙中流失或引起烧穿，要求工件在装配时不留间隙或只留很小的间隙(一般不超过 1mm)。

第一面焊接时，应采用较小焊接参数，使焊缝熔深达到或略小于工件厚度一半。焊接反面时为了保证工件焊透，可采用较大的焊接参数，控制熔深达到工件厚度的 60% ~70%。

②预留间隙双面焊。装配时根据工件厚度预留一定的装配间隙。如图 4-7 所示，为防止金属流溢，第一面焊接时接缝背面应布置焊剂垫或临时工艺垫板，并采取措施使其在焊缝全长均与工件贴合，保证压力均匀。

应保证第一面熔深达工件厚度的 60% ~70%，焊完后翻转工件进行反面焊接并保证焊透。

③开坡口双面焊。对于不宜采用较大热输入焊接的钢材或厚度较大的工件，可采用开坡口双面焊。坡口形式由工件厚度决定，具体参见附表 7。

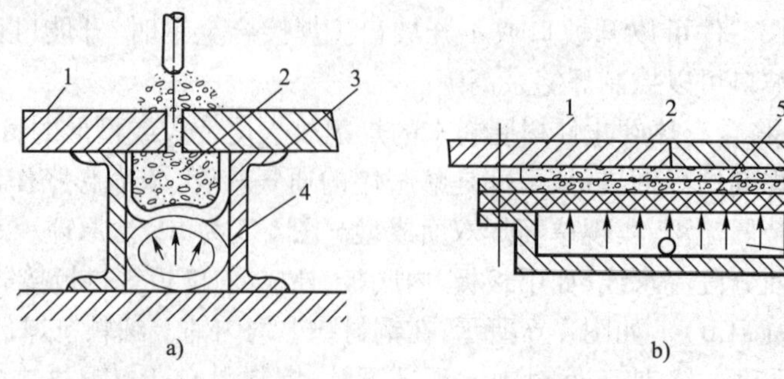

图 4-7　预留间隙双面焊

a)软管式;b)橡胶膜式

1-工件;2-焊剂;3-帆布;4-充气软管;5-橡胶膜;6-压板;7-气室

焊接第一面时,可采用焊剂垫。当无法采用焊剂垫时,可采用悬空焊工艺。

④在临时衬垫上焊接。焊接第一面时,一般要求接头处留有一定间隙,以保证焊剂能填满间隙。平板对接接头的临时衬垫,可用厚 3 ~ 4mm、宽 30 ~ 50mm 的薄钢带,也可采用石棉绳或石棉板,如图 4-8 所示。

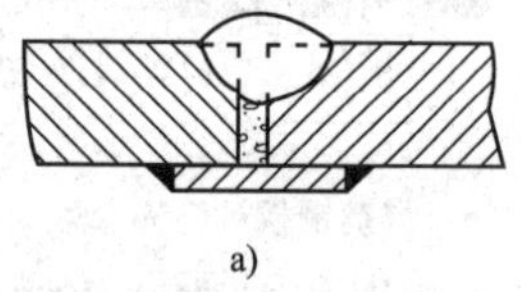

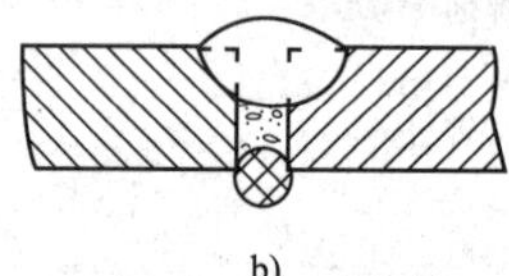

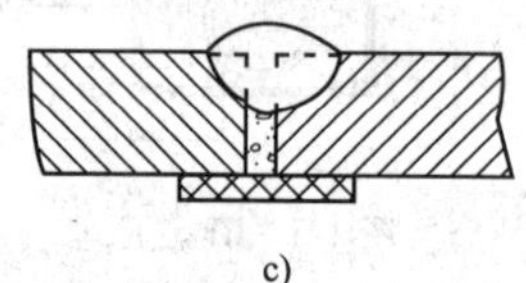

图 4-8　临时衬垫示意

a)薄钢带垫;b)石棉绳垫;c)石棉板垫

焊完第一面后,去除临时衬垫及间隙中的焊剂和焊缝底层的渣壳,用同样参数焊接第二面,应保证每面熔深均达板厚约 60 % ~70% 。

⑤焊条电弧焊(或 CO_2气体保护焊)封底双面焊。对无法使用衬垫或不便翻转的工件,可采用焊条电弧焊(CO_2气体保护焊)先仰焊封底,再用埋弧焊正面焊接。

双面埋弧焊虽然获得广泛应用,但由于施焊时工件需翻转,使生产率大大降低。

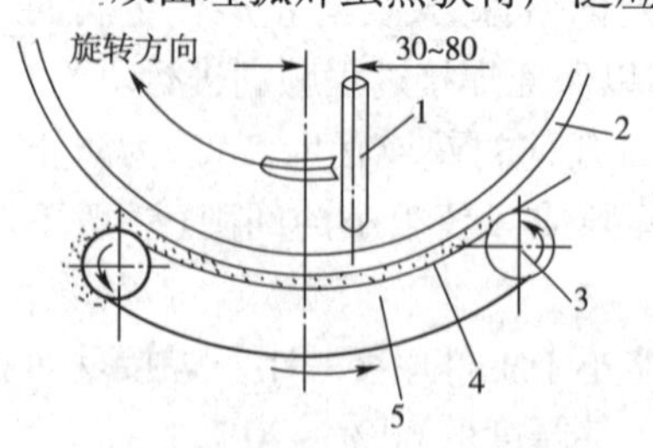

图 4-9　内环缝埋弧焊焊接示意图

1-焊丝;2-工件;3-辊轮;4-焊剂垫;5-传动带

(3)对接接头环缝埋弧焊。环缝埋弧焊一般先在专用的焊剂垫上焊接内环缝,如图 4-9 所示,然后再在滚轮转胎上焊接外环缝。由于筒体内部通风较差,为改善劳动条件,环缝坡口通常不对称布置,将主要焊接工作量放在外环缝,内环缝主要起封底作用。

焊接时,通常采用机头不动、工件匀速转动的方法进行焊接,焊件转动的切线速度即是焊接速度。环缝埋弧焊的焊接工艺可参照平板双面对接的焊接参数选取,焊接操作技术也与平板对接埋弧焊基本相同。

为了防止熔池中液态金属和熔渣从转动的工件表面流失,无论焊接内环缝还是外环缝,焊丝位置都应逆工件转动方向偏离中心线一定距离,使焊接熔池接近于水平位置,以获得较好成型。焊丝偏置距离随所焊筒体直径而变,一般为 30 ~ 80mm,如图 4-10 所示。

2. T 形接头和搭接接头埋弧焊

T 形接头和搭接接头焊缝均为角焊缝，可采用船型焊和平角焊两种形式。小工件及工件易翻转时多用船型焊，大工件及不易翻转时则用平角焊。

(1)船型焊缝埋弧焊。如图 4-11 所示，船型焊是将装配好的工件旋转一定的角度，相当于在呈 90°的 V 形坡口内进行平对接焊。由于焊丝为垂直状态，熔池处于水平位置，因而容易获得理想的焊缝形状。船型焊一次成型的焊脚尺寸较大，而且通过调整工件旋转角度(图 4-11 中的 α 角)可有效控制角焊缝两侧熔合面积的比例。

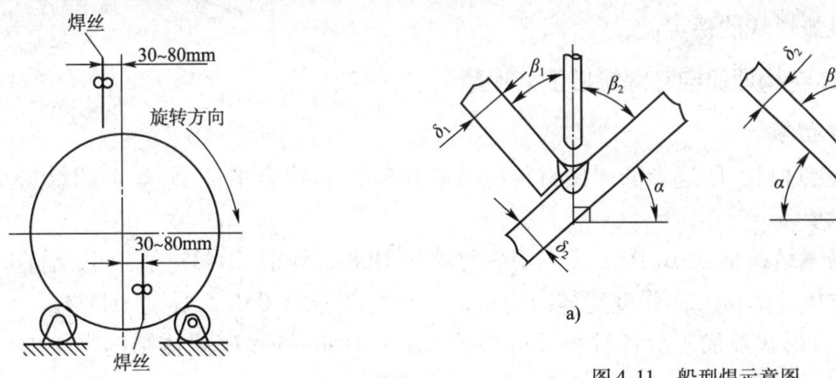

图 4-10 环缝埋弧焊焊丝偏移位置示意图

图 4-11 船型焊示意图

a) T 形接头；b) 搭接接头

当板厚相等即 $\delta_1 = \delta_2$ 时，可取 $\alpha = \beta_1 = \beta_2 = 45°$(对称船型焊)，此时焊丝与接头中心线重合，熔池对称，焊缝在两板上的焊脚相等。

当板厚不相等，即 $\delta_1 < \delta_2$ 时，取 $\alpha < 45°$(不对称船型焊)，焊丝与接头中心线不重合，使焊丝端头偏向厚板，因而熔合区偏向厚板一侧。

船型焊对接头的装配质量要求较高，要求接头的装配间隙不得超过 1 ~ 1.5mm。否则，便需采取工艺措施，如预填焊丝、预封底或在接缝背面设置衬垫等，以防止熔化金属从装配间隙中流失。

选择焊接参数时应注意电弧电压不能过高，以免产生咬边。此外，焊缝的成型系数应不大于 2，有利于焊缝根部焊透，也可避免咬边现象。

(2)平角焊缝埋弧焊。当 T 形接头和搭接接头焊不便翻转或因其他原因不能进行船型焊时，可采用焊丝倾斜布置的平角焊来完成，其示意如图 4-12 所示。

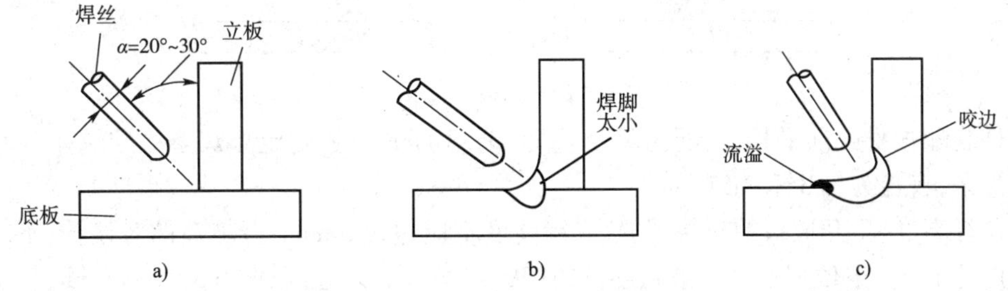

图 4-12 平角焊埋弧焊示意图

a) 焊丝倾角示意；b) 焊丝与立板间距过大；c) 焊丝与立板间距过小

平角焊在生产中应用较为广泛，其优点在于当间隙达到 2 ~ 3mm 时，也不必采取防止液态

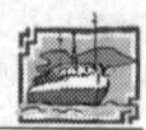

金属流失的措施,因而对接头装配质量要求并不严格。

平角焊时由于熔池不在水平位置,熔池中的液体金属因自重的关系不利于立板侧的焊缝成型,使焊脚尺寸受到限制,单道焊的焊脚尺寸很难超8mm,更大焊脚需采用多道焊焊接。

平角焊时焊丝与焊件的相对位置对焊缝成型影响较大。焊丝位置不正确,易产生咬边或使立板产生未熔合。为保证焊缝的良好成型,焊丝与立板的夹角 α 应保持在15°~45°范围内(一般为20°~30°)。选择焊接参数时应注意电弧电压不宜过高,这样可减少焊剂的熔化量而使熔渣减少,以防止熔渣流溢。使用较细焊丝可减小熔池体积,有利于防止熔池金属的流溢,并能保证电弧燃烧的稳定。

四、船体结构埋弧自动焊焊接工艺规范

1. 焊前准备

(1)焊接材料。所选择的焊接材料应具有相应的船检合格证书,焊剂的烘焙及使用应符合有关技术要求。

一般船体结构钢A、B、D、E级选用焊丝牌号H08A,焊剂SH431,适用于全船拼板及中、大合拢的船体接缝焊接。高强度船体结构钢选用焊丝牌号H10Mn2,焊剂SH331。

(2)坡口形式及加工。各种板厚应根据CB/T 3190—1997《船体结构焊接坡口形式及尺寸》所规定的焊接坡口形式和尺寸进行加工,参见附表7、附表8。

坡口加工精度应符合表4-7规定。

坡口加工精度 表4-7

项　　目	标准公差	允许极限	备　　注
加工边缘不直度(mm)	±0.5	±1.0	
留根 a(mm)			
坡口面角度 θ	±2°	±3°	
斜面长度 L(mm)	±0.5t	±1.0t	

(3)清理及装配。对于平对接开坡口或不开坡口的接缝,在30mm内用砂轮打磨清除铁锈、污泥、油污等,参见图4-13。

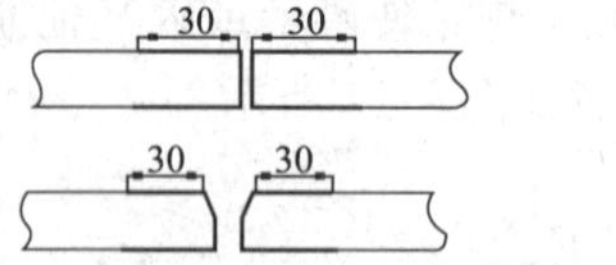

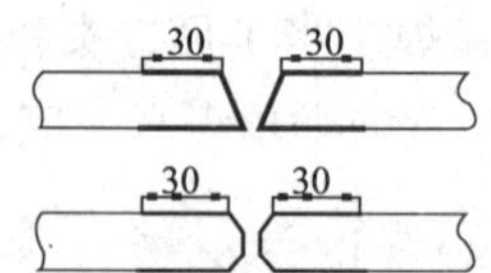

图4-13　工件清理范围

焊件装配板材必须平整,装配间隙公差为(0~1)mm。装配定位焊条必须选用与焊件等强度的焊条,直径为(ϕ3.2~ϕ4)mm。

定位焊高度,不开坡口的对接焊缝,焊缝高度不应超过3mm。开坡口的对接缝,不应超过坡口高度的1/2。定位焊长度一般强度钢约(30~40)mm,高强度钢约(50~60)mm,且不允许有气孔、夹渣、裂缝、焊穿等缺陷。

焊件装配结束后,在焊缝始端和末端必须装好引、熄弧板,其尺寸为150mm×150mm,高强度钢的引、熄弧板尺寸为200mm×200mm,引熄弧板的材质、厚度与焊件相同,或大于焊件1~2mm。

(4)焊机检查。自动焊机必须完好,各种仪表保证正确读数,并要定期进行检修,尤其焊机上的仪表,限期半年内校验一次。

(5)焊剂烘干。焊剂使用前要进行焙烘,熔炼型焊剂焙烘温度200~250℃,烧结型焊剂焙烘温度350~400℃。焊接时焊剂覆盖不宜过高、过宽、过多或过少,否则会影响焊缝成型。当天使用后剩余的焊丝、焊剂应及时返回仓库保管,防止生锈和受潮。

(6)环境、人员要求。当周围环境温度低于-5℃,施焊一般强度钢D、E级,或温度低于0℃焊接高强度钢时,均需要进行预热,预热温度为80~100℃左右。

埋弧焊操作人员必须经过专门培训和考试合格,经有关船级社认可,持证上岗。

2. 操作工艺要求

自动焊时应在引、熄弧板上进行引弧、熄弧。如在焊接过程中,遇到中间熄弧、焊穿等,必须在弧坑100mm处刨去缺陷,用焊条电弧焊或CO_2半自动焊修补后再继续焊接,并在弧坑后退20mm处引弧。

焊丝伸出长度应根据电流、电压、焊接速度、焊丝直径等进行选择,一般为25~45mm。

多层埋弧焊时,每层焊缝的熔渣必须清除干净,每层焊道的起始端应相互错开30~50mm,保证焊道熔透及合理的形状,防止焊缝产生偏析等缺陷。焊接结束后,应在工位上检查焊缝正反面质量,如存在表面粗糙、咬边、气孔、未熔合、满溢、宽度或高度不足、成型不良等缺陷,应用气刨刨净缺陷后,方可进行修补,并用砂轮打磨光顺。

3. 船体结构埋弧焊规范参数

可参照表4-8选择。

焊接规范参数参考范围 表4-8

<table>
<tr><th>钢板厚度(mm)</th><th>坡口形式</th><th>焊接层次</th><th>焊丝直径(mm)</th><th>焊接电流(A)</th><th>电弧电压(V)</th><th>焊接速度(m/h)</th></tr>
<tr><td rowspan="2">6</td><td rowspan="16">I形坡口双面焊
(间隙0~1mm)</td><td>1</td><td rowspan="4">φ4</td><td>500~550</td><td>32~34</td><td>40~41</td></tr>
<tr><td>2</td><td rowspan="2">525~575</td><td>34~36</td><td>37~38</td></tr>
<tr><td rowspan="2">8</td><td>1</td><td>32~34</td><td>40~41</td></tr>
<tr><td>2</td><td>575~625</td><td>34~36</td><td rowspan="2">37~38</td></tr>
<tr><td rowspan="2">10</td><td>1</td><td rowspan="8">φ5</td><td>600~650</td><td>33~35</td></tr>
<tr><td>2</td><td rowspan="2">650~700</td><td>34~36</td><td rowspan="3">34~35</td></tr>
<tr><td rowspan="2">12</td><td>1</td><td>33~35</td></tr>
<tr><td>2</td><td>725~775</td><td>35~37</td></tr>
<tr><td rowspan="2">14</td><td>1</td><td>750~800</td><td>33~35</td><td rowspan="2">29~30</td></tr>
<tr><td>2</td><td>800~850</td><td>35~37</td></tr>
<tr><td rowspan="2">16</td><td>1</td><td>775~825</td><td>33~35</td><td rowspan="2">27~29</td></tr>
<tr><td>2</td><td>825~875</td><td>35~37</td></tr>
<tr><td rowspan="2">18</td><td>1</td><td rowspan="4">φ5</td><td>800~850</td><td>33~35</td><td rowspan="2">22~23</td></tr>
<tr><td>2</td><td>850~900</td><td>35~37</td></tr>
<tr><td rowspan="2">20</td><td>1</td><td>825~875</td><td>33~35</td><td>19~20</td></tr>
<tr><td>2</td><td>850~900</td><td>35~37</td><td>22~23</td></tr>
</table>

续上表

钢板厚度（mm）	坡口形式	焊接层次	焊丝直径（mm）	焊接电流（A）	电弧电压（V）	焊接速度（m/h）
24	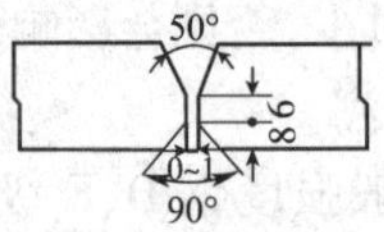	1	ϕ5	875 ~ 925	37 ~ 39	19 ~ 20
	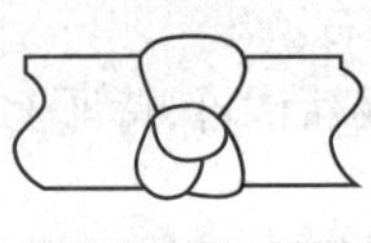	2		975 ~ 1025	38 ~ 40	24 ~ 25
		3		625 ~ 675	33 ~ 35	34 ~ 35
		4				
26		1	ϕ5	875 ~ 925	34 ~ 36	24 ~ 25
		2、3		600 ~ 650	33 ~ 35	31 ~ 32
		4		975 ~ 1025	39 ~ 41	24 ~ 25
		5、6		600 ~ 650	33 ~ 35	31 ~ 32
28	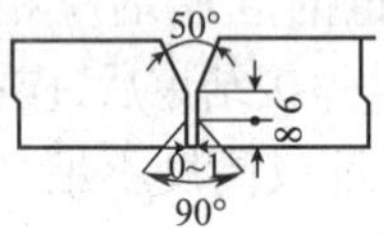	1	ϕ5	875 ~ 925	34 ~ 36	21 ~ 22
		2、3		625 ~ 675	32 ~ 34	29 ~ 30
		4		975 ~ 1025	38 ~ 40	21 ~ 22
		5、6		625 ~ 675	32 ~ 34	29 ~ 30
30	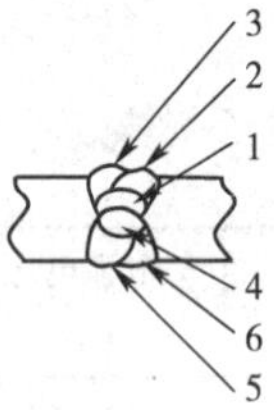	1	ϕ5	825 ~ 875	30 ~ 32	21 ~ 22
		2		725 ~ 775	33 ~ 35	29 ~ 30
		3		725 ~ 775	33 ~ 35	29 ~ 30
		4		1000 ~ 1050	38 ~ 40	24 ~ 25
		5、6		625 ~ 627	33 ~ 35	29 ~ 30
32		1	ϕ5	825 ~ 875	30 ~ 32	17 ~ 18
		2、3		775 ~ 825	34 ~ 36	29 ~ 30
		4		1025 ~ 1075	39 ~ 41	24 ~ 25
		5、6		625 ~ 675	34 ~ 36	29 ~ 30

第五节　高效埋弧自动焊

为适应现代工业生产发展的需要，在不断改进常规埋弧焊的基础上，一些高效率的埋弧焊方法不断应用在实际生产中。

一、附加填充金属埋弧焊

常规埋弧焊提高熔敷速度，必须增大焊接电流，其结果使熔池变大，母材熔化量随之增加，导致焊缝化学成分发生变化，热影响区增大并使接头性能恶化。采用附加填充金属埋弧焊，既可提高熔敷速度，也不会对接头性能造成影响。

附加填充金属埋弧焊使用的焊接设备和焊接工艺，与普通埋弧焊基本相同。其原理为在待焊坡口中预先加入一定数量的填充金属（金属粉末、金属颗粒或切断的短焊丝），然后实施

埋弧焊，图 4-14 为其工作原理示意。

常规埋弧焊，只有较少能量用于填充焊丝的熔化，其余能量消耗于熔化焊剂和母材，并导致熔池过热。因此，可将过剩的能量用于熔化附加的填充金属，以提高焊接生产率。附加填充金属单丝埋弧焊，熔敷速度可提高 60% ~100%。较深坡口焊接时，可减少焊接层数及热影响区宽度，降低焊剂消耗。

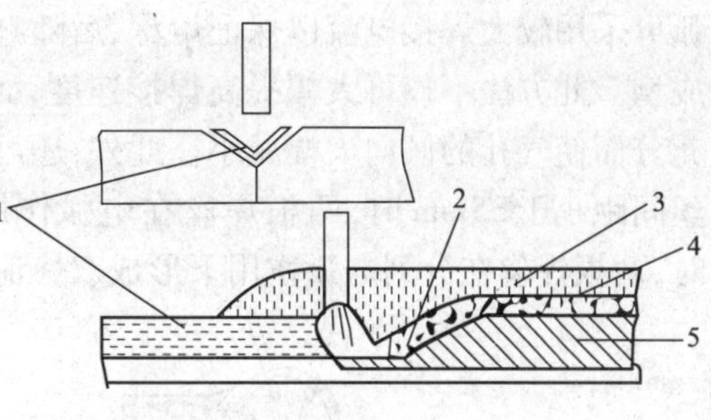

图 4-14　附加填充金属埋弧焊

1-附加填充金属；2-熔池；3-焊渣；4-焊缝；5-母材

附加填充金属埋弧焊适于平焊及角焊，一般在水平位置焊接。操作时，可采用单面焊或双面焊。双面焊可不开坡口（I 形坡口）、预留一定间隙，也可以加工成相应的坡口形式。因其熔敷率高、稀释率低，极适于表面堆焊和厚壁坡口焊缝的填充层焊接。

附加填充金属埋弧焊，不仅可提高生产率，还可获得特定成分的焊缝金属。例如，在坡口中附加高铬和镍的金属粉末，配用低碳钢焊丝进行埋弧焊，可以获得不锈钢成分的熔敷金属。

二、多丝埋弧焊

多丝埋弧焊是一种既能保证合理的焊缝成型及优良的焊接质量，又可提高焊接生产率的焊接技术。多丝单道埋弧焊焊接厚板时可实现一次焊透，其总热输入量要比单丝多层焊时少。因此，多丝埋弧焊与常规埋弧焊相比具有焊接速度快、耗能省及填充金属少等优点。

多丝埋弧焊主要用于厚板焊接，通常采用在工件背面使用衬垫的单面焊双面成型焊接工艺。目前生产中应用最多的是双丝埋弧焊和三丝埋弧焊，其中双丝埋弧焊已普遍应用于船厂平面分段流水线和船台总段建造拼板对接焊缝，在一些特殊应用中焊丝数量多达 14 根。

根据焊丝排列方式可将多丝埋弧焊分为纵列式、横列式和直列式三种，如图 4-15 所示。纵列式的焊缝深而窄，横列式的焊缝浅而宽，直列式焊缝熔合比较小。

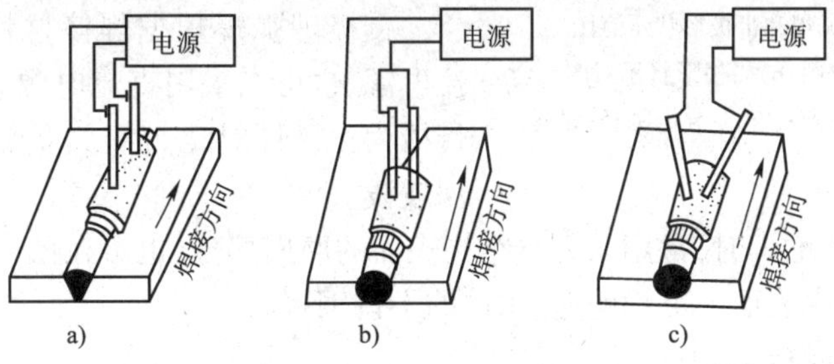

图 4-15　多丝埋弧焊焊丝排列

a）纵列式；b）横列式；c）直列式

双丝埋弧焊可合用一焊接电源，也可以采用两个独立的焊接电源。前者设备简单，但其焊接过程稳定性差（电弧交替燃烧和熄灭），单独调节每一个电弧的功率较困难；后者设备较复杂，但两个电弧均可单独调节功率，且可采用不同的电流种类和极性，焊接过程稳定，可获得更理想的焊缝成型。

双丝埋弧焊应用较多的是纵列式，适用于水平位置平板拼接的单面焊双面成型。前列电

弧可采用较大焊接电流以保证熔深,后随电弧则采用较小电流和稍高电压,主要用以改善焊缝成型。此方法不仅可大幅提高焊接速度,而且还因熔池体积大(液态存在时间长),冶金反应充分而使气孔的倾向大幅减小。此外,还可通过改变焊丝间距及倾角来调整焊缝形状。当焊丝间距小于35mm时,两根焊丝在电弧作用下合并形成一个单熔池。焊丝间距大于100mm时,两根焊丝在分列电弧作用下形成双熔池,如图4-16所示。

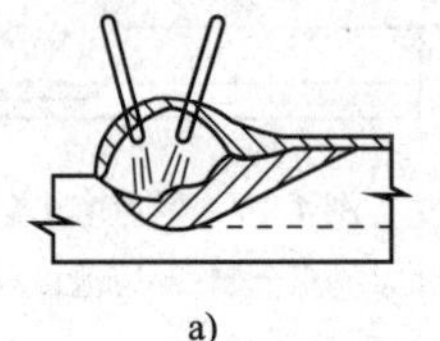

a)

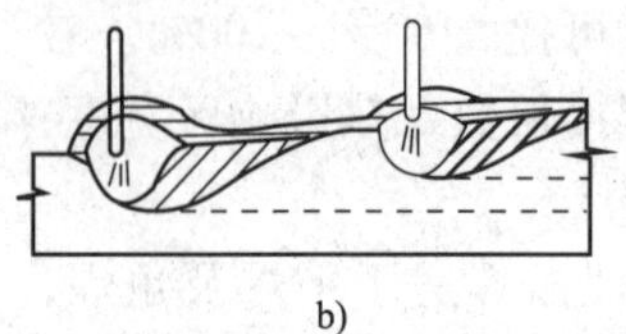

b)

图4-16 纵列式双丝埋弧焊示意

a)单熔池;b)双熔池(分列电弧)

在分列电弧中,后随电弧必须冲开被前一电弧熔化而尚未凝固的熔渣层。

三、带极埋弧焊

带极埋弧焊是在多丝(横列式)埋弧焊基础上发展起来,是采用矩形截面的钢带取代圆形截面的焊丝作为电极,不仅可提高填充金属的熔化量及焊接生产率,而且可增大焊缝成型系数,极适于多层焊表面层焊缝的焊接(特别适合于埋弧堆焊),因而具有较大的应用价值。

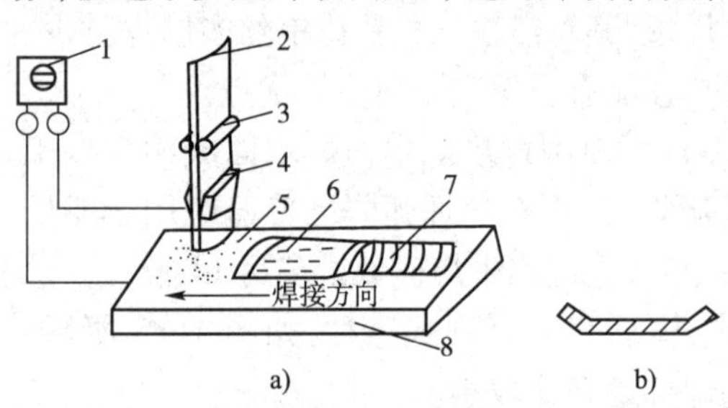

图4-17 带极埋弧焊和带极形状示意图

a)带极埋弧焊示意图;b)带极形状示意图

1-电源;2-带极;3-带极送进装置;4-导电嘴;5-焊剂;6-渣壳;7-焊缝;8-工件

图4-17为带极埋弧焊焊接过程示意图及带极形状。焊接时,焊件与带极间形成电弧,电弧热分布在整个电极宽度上。带极熔化形成熔滴过渡到熔池中,冷凝后形成焊道。由于带极伸出部分的刚性较差,因此需要配用专门的带极送进装置,使焊接过程中带极能顺畅、均匀地连续送进,以保证焊接过程的稳定进行。

带极埋弧焊根据焊接材料不同,可以采用交流电源,也可以采用直流电源。采用直流电源时,带极为正极性时比带极为负极性时熔敷量大,熔深较浅。

带极埋弧焊用于堆焊时,常用来修复结构表面的磨损部分,也可在低合金钢制作的化工容器、核反应堆等容器内表面上堆焊耐磨、耐蚀的不锈钢层。

带极埋弧焊主要特点如下:

1. 使用的焊接电流较大

丝极埋弧焊使用过大焊接电流,可显著增加熔深,容易产生裂纹。而采用带状电极焊接时,电弧在电极端面上快速往返移动,使热量分散,焊缝的成型系数得以提高,焊缝产生裂纹的可能性较小。

2. 熔敷金属量大、效率高

由于电弧热分布在整个电极宽度上使其熔化,熔敷面积较大。此外,由于使用的焊接电流较大,带状电极熔化速度快,因而熔敷金属量大,熔敷效率高。

3. 易控制焊道成型

带极埋弧焊熔化的金属向与电极宽度方向成直角方向流动，将电极偏转角度就可使焊道移位，控制焊道的形状和熔深。在开坡口多层焊时，交替、对称改变电极偏转角，可获得均匀分布的焊道。

四、窄间隙埋弧焊

焊件壁厚较大时，采用常规埋弧焊需开U形或双U形坡口，且坡口的加工量和焊接量较大，生产效率低且不易保证焊接质量。采用窄间隙埋弧焊时，可采用I形坡口，大幅减小了坡口加工量。由于坡口截面积小，焊接时可减小焊接热输入和熔敷金属量，节省焊接材料和电能，并易实现自动控制。

窄间隙埋弧焊一般为单丝焊，间隙大小取决于所焊工件的厚度。当焊件厚度为50～200mm时，间隙宽度为14～20mm。当焊件厚度在200～350mm时，间隙宽度为20～30mm。

焊接时可采用"中间一道"法或"两道一层"法，如图4-18所示。"两道一层"法容易保证焊缝侧壁熔合良好，焊接接头质量优良，因此应用较多。

由于窄间隙焊的装配间隙窄，在底层焊接时焊渣不易脱落，故需采用具有良好脱渣性的专用焊剂(常用烧结焊剂)。另外，窄间隙埋弧焊时，为使焊嘴能伸进窄而深的间隙中，须将焊嘴的主要组成部分(导电嘴、焊剂喷嘴等)制成窄的扁形结构，如图4-19所示。

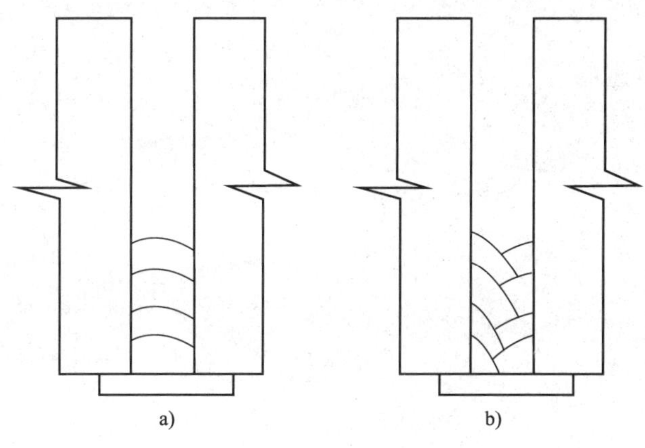

图4-18 窄间隙埋弧焊示意图

a)"中间一道"法；b)"两道一层"法

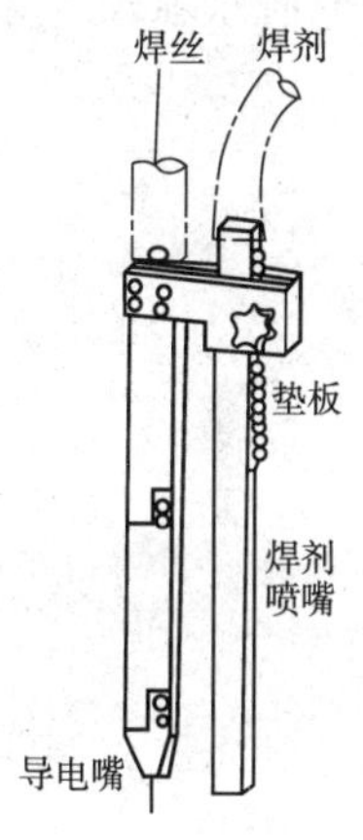

图4-19 窄间隙埋弧焊焊嘴结构示意图

为保证焊嘴与焊缝间隙的绝缘及焊接参数在较高温度和长时间焊接过程中保持恒定，铜导电嘴的整个外表面须涂有耐热的绝缘陶瓷层，导电嘴内部还应有水冷却系统。

窄间隙埋弧焊的焊接电源，根据所焊材料不同，可选择交流电源，也可采用直流电源。

SIKAOYULIANXI

1. 简述埋弧焊的工作原理及焊接过程。

2. 埋弧焊有什么特点？试述其冶金特性。
3. 埋弧焊包括哪些方法？
4. 在应用中埋弧焊有哪些局限性？
5. 试说明埋弧焊焊接设备型号的编排规律。
6. 试说明半自动及自动埋弧焊设备应具备的功能及设备构成。
7. 埋弧焊包括哪些辅助设备？各起什么作用？
8. MZ－1000 型埋弧焊机由哪些机构组成？说明其主要参数调节范围。
9. 埋弧焊实芯焊丝如何表示？如何选择？
10. 如何对焊剂进行分类？说明其牌号和型号的编排方法。
11. 低碳钢埋弧焊时焊剂与焊丝应如何配合？为什么？
12. 埋弧焊时焊前应做些什么准备工作？其目的是什么？
13. 简要说明焊接参数对埋弧焊焊缝质量的影响。
14. 对接接头单面焊包括哪些主要方法？简述其工作原理。
15. 对接接头双面焊有哪些主要方法？简述其工作原理。
16. 如何进行环缝和 T 形接头埋弧焊？
17. 带极埋弧焊有何特点？适用于什么场合？
18. 窄间隙埋弧焊有何优越性？

第五章　氩　弧　焊

● **知识目标**

1. 熟悉钨极氩弧焊的基本原理、特点及应用；
2. 熟悉熔化极氩弧焊的基本原理、特点及应用；
3. 掌握钨极氩弧焊点焊、热丝钨极氩弧焊及双电极钨极氩弧焊原理、特点；
4. 掌握脉冲熔化极氩弧焊及窄间隙氩弧焊的基本原理、特点及应用。

● **能力目标**

1. 掌握钨极氩弧焊的工艺参数及影响因素；
2. 掌握熔化极氩弧焊的工艺参数及影响因素；
3. 掌握典型氩弧焊工艺参数参考范围。

随船舶工业的发展，船体结构类型及材料品种呈多样性。焊条电弧焊、埋弧焊、CO_2气体保护焊已不能完全满足焊接生产要求，如较活泼的铝、镁、钛及其合金，以及管材对接等结构形式，采用氩弧焊在很大程度上可解决其焊接难题，从而推动了船舶焊接生产的发展。

第一节　钨极氩弧焊

船舶生产中，手工钨极氩弧焊常用于重要管系的一次成型或打底焊（单面焊双面成型）焊接，以获得管内焊缝成型均匀、无熔渣及夹杂的优质焊缝。

一、钨极氩弧焊（TIG）的基本原理、分类及特点

1. 钨极氩弧焊的基本原理

如图5-1所示，钨极氩弧焊（非熔化极惰性气体保护焊）是以高熔点钨为电极，工件为另一电极，采用氩气（Ar）作为保护气体，利用钨极与工件间的电弧作为热源的电弧焊方法。焊接时氩气从焊枪喷嘴中连续喷出，在电弧周围形成保护层隔绝空气，防止空气对钨极、熔池及邻近热影响区的有害影响，从而获得优质的焊缝。

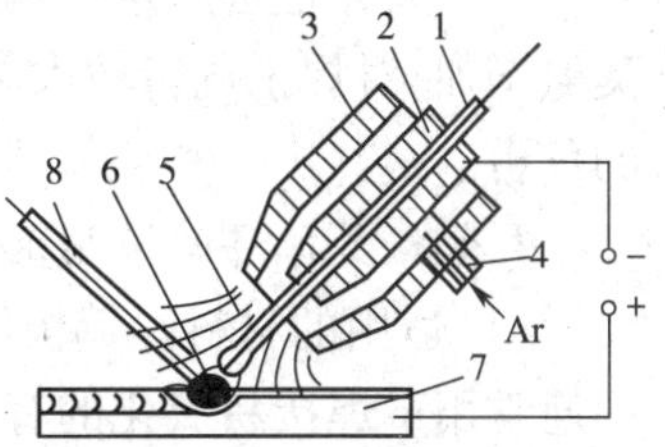

焊接时，可根据结构形式选择添加或不添加焊丝。

图5-1　钨极氩弧焊（TIG）示意图

1-焊丝或电极；2-导电嘴；3-喷嘴；4-进气管；5-氩气流；6-电弧；7-工件；8-填充焊丝

2. 钨极氩弧焊的分类

（1）按电流波型。可分为直流氩弧焊、交流氩弧焊（正弦波、矩形波）和脉冲氩弧焊（低频0.1～10Hz、中频10～1000Hz、高频大于15kHz）三种。

（2）按操作方式。分为手工氩弧焊（手工操作焊枪移动，填充焊丝可采用手工送进，也可

采用机械送进)、自动氩弧焊(焊枪安装在焊接小车上,小车的行走和焊丝送进由机械控制完成)两种。

(3)按填充焊丝的状态。可分为冷丝焊、热丝焊及双丝焊三种。

3. 钨极氩弧焊的特点

(1)优点:

①适用范围广。钨极氩弧焊相当于在真空情况下焊接,几乎可焊接所有金属及合金,且适合于各种位置焊接。

②焊接过程稳定。钨极氩弧焊电弧燃烧极其稳定,焊接过程中钨极不熔化,弧长变化干扰因素相对较少。

③焊接质量优良。氩气为惰性气体,既不溶于液态金属,又不与金属发生任何化学反应。另外,氩气容易形成良好的气流隔离层,能有效阻止氧、氮等侵入焊缝金属。

④适于薄板焊接。采用较小焊接电流时,钨极氩弧仍能稳定燃烧且热量集中,电弧受氩气流的冷却和压缩作用使焊接热影响区变窄,焊接变形和应力较小,特别适于较薄工件焊接。

⑤焊接过程易于实现自动化。钨极氩弧焊为明弧,焊接过程中焊接参数稳定,易于检测、控制,易实现机械化和自动化。

⑥焊接区无熔渣。操作者可清楚观察熔池和焊缝成型过程,有利于控制焊缝成型质量。

(2)缺点:

①抗风能力差。钨极氩弧焊利用气体进行保护,抗侧向风的能力较差,对气体的纯度、流量均有严格要求。

②对工件清理要求较高。由于惰性气体无冶金脱氧或去氢作用,为避免气孔、裂纹等缺陷,焊前必须严格清除工件表面的油污、铁锈等杂质。

③生产率低。因钨极的载流能力有限,电流过大会造成钨极熔化、蒸发,其颗粒可能进入熔池,造成夹钨。因而钨极氩弧焊许用的电流有限,焊缝熔深浅,熔敷速度小,焊接生产率较低。

④生产成本较高。由于惰性气体较贵,与其他焊接方法相比生产成本高,故主要用于质量要求较高产品的焊接。

⑤对人体危害严重。钨极氩弧焊紫外线强度是焊条电弧焊的5~30倍,在紫外线照射下臭氧增加,对焊工危害较大。另外,钨极氩弧焊若使用有放射性的钨极,对焊工也有一定程度的危害。

4. 钨极氩弧焊的适用范围

(1)适用的材料。钨极氩弧焊几乎可用于所有金属和合金的焊接,但因其成本较高,生产中通常用于焊接易氧化的有色金属及其合金(Al、Mg、Ti等),以及不锈钢、高温合金、难熔的活性金属(如Mo、Nb、Zr)等。低熔点和易蒸发的金属(如Pd、Sn、Zn)焊接较困难,镀有Sn、Zn、Al等低熔点金属层的碳钢,焊前必须去除镀层,否则镀层金属会溶入焊缝金属并生成中间合金使接头性能降低。

(2)适用的接头形式。钨极氩弧焊可用于对接、搭接、T形接头和角接等接头全位置焊接,也可用于管板对接的一次成型或打底层焊接。薄板(小于或等于2mm)的卷边接头、搭接的点

焊接头，可采用不添加焊丝焊接。

二、钨极氩弧焊设备及焊接材料

1.设备

钨极氩弧焊设备的分类方法较多。按操作方式可分为手工钨极氩弧焊焊机和自动钨极氩弧焊焊机；按所用电源类型可分为直流钨极氩弧焊焊机、交流钨极氩弧焊焊机及脉冲钨极氩弧焊焊机，此外还有交、直流两用钨极氩弧焊焊机；按引弧方式可分为接触引弧式钨极氩弧焊焊机和非接触引弧式钨极氩弧焊焊机。

1）钨极氩弧焊设备型号

依据GB/T 10249—2010《电焊机型号编制方法》的规定，钨极氩弧焊设备的型号由汉语拼音和阿拉伯数字组成。

焊接设备型号编排如下：

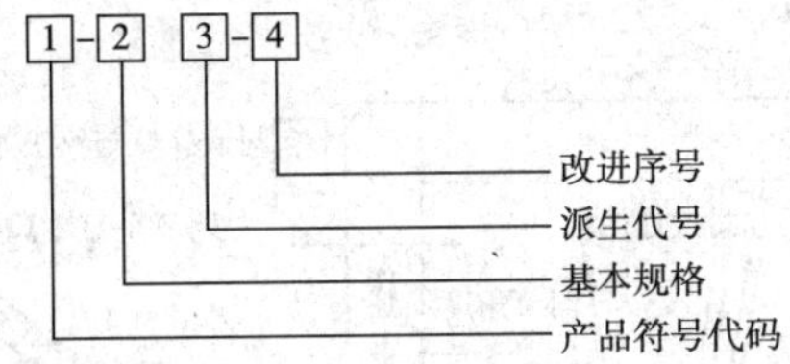

产品符号代码参照表5-1所示。

基本规格指焊接设备额定的焊接电流，单位为（A）

改进序号按产品改进程序用阿拉伯数字连续编写。

型号中3、4项如不用时，可空缺。

钨极氩弧焊焊机的符号代码 表5-1

设备名称	第一字母		第二字母		第三字母		第四字母	
	代表字母	大类名称	代表字母	小类名称	代表字母	附注特征	数字序号	系列序号
电弧焊机	W	TIG焊机	Z	自动焊	省略	直流	省略	焊车式
							1	全位置焊车式
			S	手工焊	J	交流	2	横臂式
							3	机床式
			D	点焊	E	交直流	4	旋转焊头式
							5	台式
			Q	其他	M	脉冲	6	焊接机器人
							7	变位式
							8	真空充气式

2）钨极氩弧焊设备的组成

手工钨极氩弧焊设备通常由焊接电源、控制系统、焊枪、水冷系统及供气系统等部分组成，如图5-2所示。

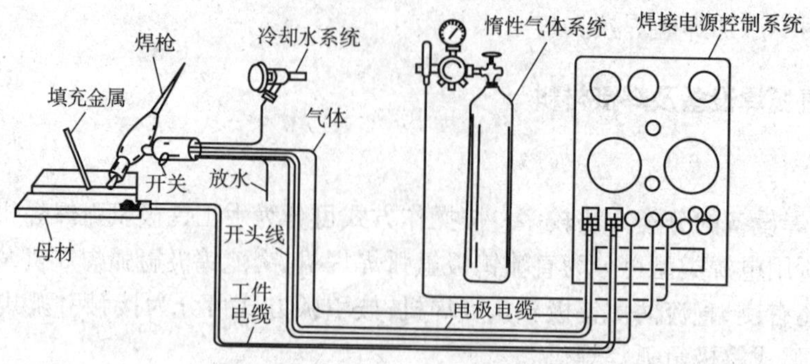

图5-2　手工钨极氩弧焊设备构成

自动钨极氩弧焊设备设有焊枪移动装置(行走小车)和焊丝送进机构,图5-3为焊枪与导丝嘴在焊接小车上的相互位置。专用自动钨极氩弧焊设备机头是根据用途和产品结构而设计,如管子－管板孔口环缝自动钨极氩弧焊设备、管子对接内环缝或外环缝自动钨极氩弧焊设备等。

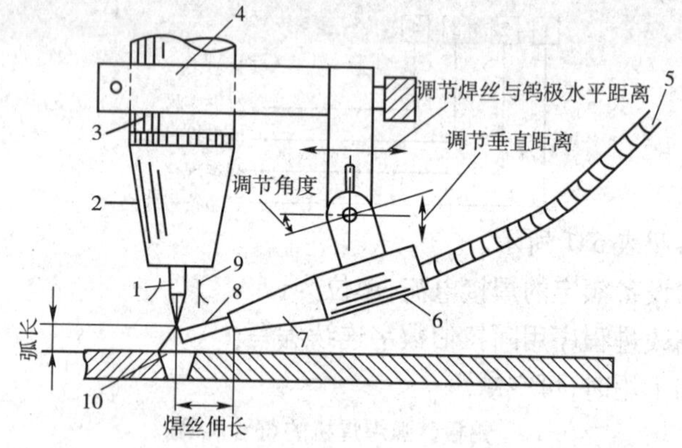

图5-3　自动钨极氩弧焊焊枪与导丝嘴在焊接小车上的位置

1-钨极;2-喷嘴;3-焊枪体;4-焊枪夹;5-焊丝导管;6-导丝装置;7-导丝嘴;8-焊丝;9-保护气体;10-熔池

(1)焊接电源。钨极氩弧焊电源包括直流、交流、交直流和脉冲电源,要求使用具有陡降外特性或垂降外特性的弧焊电源,主要是为了获得稳定的焊接电流,减少或排除因弧长变化而引起的焊接电流波动。

钨极氩弧焊电源在结构及要求方面,同焊条电弧焊电源无太大差别,只是外特性要求更加陡些,空载电压比焊条电弧焊电源略高。目前使用最广泛的钨极氩弧焊电源为晶闸管式弧焊电源和逆变电源,其中逆变电源具有优良的性能指标及节能效果,将逐步成为主导产品。

(2)控制箱及引弧装置:

①控制箱。控制箱内主要安装控制电路,任务是控制提前送气、滞后停气、引弧、电流通断、电流衰减以及冷却水流通断等。对于自动钨极氩弧焊设备,还应具备控制小车行走以及送丝功能。

②引弧装置。钨极氩弧焊引弧方式有接触引弧和非接触引弧两种。

接触引弧是通过接触－回抽过程实现,仅适用于直流正接的直流氩弧焊机。常用的非接触引弧方式,有高频振荡器引弧和高压脉冲引弧两种方式。

(3)焊枪、行走小车及送丝机构:

①焊枪。钨极氩弧焊焊炬(焊枪)的主要作用是夹持钨极、传导电流、输送并喷出保护气体。

根据冷却方式不同,焊枪分为水冷式和气冷式两种。手工钨极氩弧焊选用焊枪时,应综合考虑被焊工件材质、工件厚度、焊道层数、焊接电流的种类及极性、钨极直径、坡口形式、焊接速度、焊接接头的空间位置及经济性等因素。气冷式焊枪允许通过的焊接电流较小(小于或等于100A),焊接电流在150A以上时必须采用水冷式焊枪。

钨极氩弧焊焊枪型号的编制方法如下:

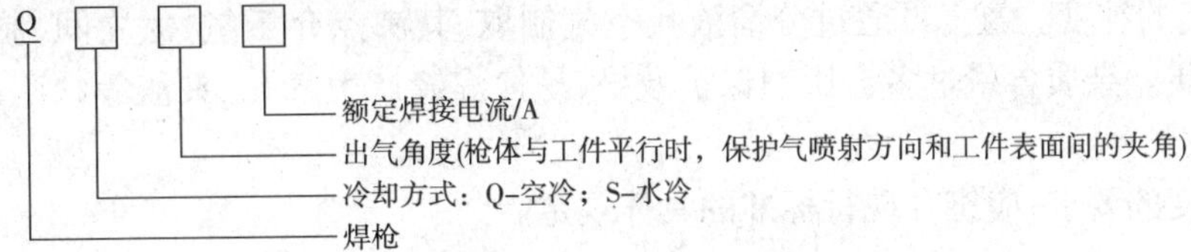

如QQ－85/200,表示空冷式焊枪,出气角度为85°,额定焊接电流为200A。

②行走小车及送丝机构。自动钨极氩弧焊设备还应配有行走小车(或机头)及送丝机构,以实现焊接电弧的自动移动及焊丝的自动送进。

(4)气路和水路:

①供气系统。由氩气瓶、减压阀、浮子流量计、软管及电磁气阀等组成,如图5-4所示。

氩气瓶用于盛装氩气,按规定外表涂成灰色,并用绿色标以“氩气”字样。其标称容量为40L,满瓶压力为15.2MPa。

减压阀用于将气瓶中的高压气体压力降至焊接所需压力。流量计用于调节和控制保护气体流量,目前国内常用浮子式和指针式流量计,也可将流量计同减压阀组合成一体。

电磁气阀由控制系统控制,可控制气流通断。

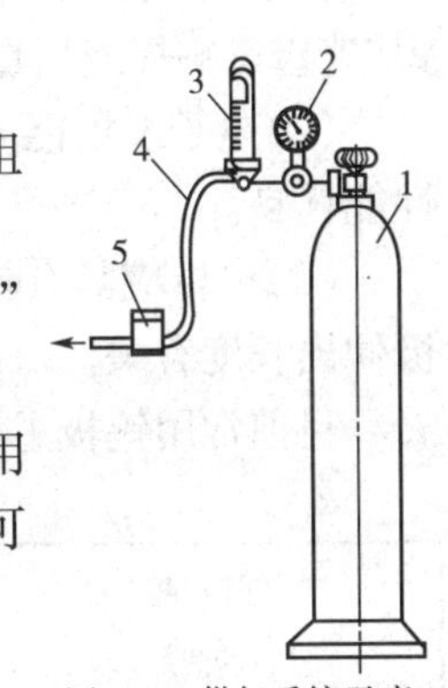

图5-4 供气系统示意

1-高压气阀;2-减压阀;3-浮子流量计;4-软气管;5-电磁气阀

②水路系统。水路系统通以冷却水冷却焊炬(焊枪)及电缆。手工水冷式焊枪,通常将焊接电缆装入通水的软管中,以大幅提高电流密度、减轻电缆质量。

通常水路中设有水压开关,保证冷却水接通并达到一定压力后方可启动焊机。当水压过低或断水时,水压开关将断开控制系统电源,使氩弧焊机停止工作,以保护焊枪不被损坏。

(5)焊接程序控制装置:

①焊前提前输送保护气体,以排除管内及焊接区域的空气;焊后滞后停气,保护尚未冷却的钨极和焊缝。

②自动控制引弧和稳弧电路。

③控制焊接电源的通断。

④焊接结束前控制电流自动衰减。

2. 焊接材料

1)焊丝

钨极氩弧焊焊丝的使用,可依照GB/T 8110—2008气体保护电弧焊用碳钢、低合金钢焊丝中规定进行,具体参见第三章实芯焊丝。

2)氩气

(1)氩气的性质。氩气是一种无色、无味的单原子惰性气体,密度为空气的1.4倍。由于氩气比空气重,使用时不易漂浮散失,因此可形成较好的覆盖层,有利于保护焊缝金属。另外焊接时产生的烟雾较少,便于观察、控制熔池和电弧。

氩气既不与金属产生化学反应,又不溶解于金属,可避免焊缝金属合金元素的烧损及焊接缺陷。

氩气具有较低的热导率,高温时不分解、不吸热,所以热量损失较少,电弧十分稳定。

(2)氩气的纯度。氩气可通过分馏液化空气制取,其沸点介于氧、氮之间,制取时会残留一定量的杂质。杂质含量过多会影响保护效果,易使焊缝产生气孔、夹渣等缺陷,并使钨极烧损增加。

氩气纯度的要求,应符合现行标准的具体规定。

3)钨极

钨极氩弧焊电极材料对电弧的稳定性和焊缝质量存在较大影响,钨极必须满足相应要求。

(1)耐高温,焊接过程中不易损耗,以避免钨极使用寿命降低,以及渗入熔池造成焊缝夹钨,严重影响焊缝质量。

(2)电子发射能力强,利于引弧及稳弧。逸出功低的材料发射电子的能力强,引弧及稳弧性能优良。

(3)电极应具有较大的许用电流,电极的许用电流与电极材料、电流的种类和极性以及电极伸出长度有关。

目前常用钨极主要有纯钨、钍钨及铈钨,表5-2为电极许用电流参考范围。

不同材料电极的许用电流

表5-2

电极直径(mm)	电极材料		
	纯钨极	钍钨极	铈钨极
1.0	20~60	15~80	20~80
1.6	40~100	70~150	50~160
2.0	60~150	100~200	100~200
3.0	140~180	200~300	
4.0	240~320	300~400	
5.0	300~400	420~520	
6.0	350~450	450~550	

钍钨及铈钨是在纯钨中分别加入微量稀土元素钍或铈的氧化物制成,其导电、引弧性能优良,载流能力较强,使用寿命长。但钍钨及铈钨价格较贵,交流施焊时整流效应大、电弧稳定性差,且含有一定的放射性。

纯钨极价格比较便宜,使用交流的整流效应小,电弧稳定,但引弧性能及导电性能差,载流能力小,导致使用寿命缩短。

三、钨极氩弧焊焊接工艺

钨极氩弧焊焊接工艺包括焊前准备、施焊及焊后检验三个环节,具体包括焊前清理、焊接工艺参数的选择、质量检验及操作技术等方面。

1. 焊前准备

(1)坡口形式选择。钨极氩弧焊坡口形式及尺寸应根据材料类型及工件厚度进行选择，具体形式可参照 GB/T 985.1—2008《气焊、焊条电弧焊、气体保护焊和高能束焊的推荐坡口》中规定进行。

(2)焊前清理。氩气是惰性气体，不具备脱氧去氢能力。为确保焊接质量，焊前对工件及焊丝必须清理干净，不应残留油污、氧化皮、水分和灰尘等杂质。

①清除油污、灰尘。可用汽油、丙酮等有机溶剂清洗工件与焊丝表面的油污及灰尘，也可按焊接生产说明书规定的其他方法进行。

②清除氧化膜。常用的方法有机械清理和化学清理两种，也可两者联合进行。

机械清理主要针对工件，包括机械加工、喷砂、磨削及抛光等方法。不锈钢或高温合金，常用砂带磨或抛光法，将工件接头两侧 30 ~ 50mm 范围内的氧化膜清除干净。铝及其合金材质较软，不宜采用喷砂清理，可用细钢丝轮、钢丝刷或刮刀将工件接头两侧一定范围的氧化膜清除。

成批生产时常采用化学方法清理，对于铝、镁、钛及其合金等有色金属的工件与焊丝表面氧化膜采用化学法清理效果好、生产率高。不同金属材料所采用的化学清理剂与清理程序不同，可按焊接生产说明书规定进行。铝及其合金的化学清理工序可参照表 5-3 所示进行。

铝及铝合金的化学清理 表 5-3

材料	碱洗			冲洗	光化			冲洗	干燥(℃)
	W_{NaOH}(%)	温度(℃)	时间(min)		W_{HNO3}	温度(℃)	时间(min)		
纯铝	15	室温	10 ~ 15	清水	30	室温	2	清水	60 ~ 110
	4 ~ 5	6 ~ 70	1 ~ 2						
铝合金	8	5 ~ 60	5	清水	30	室温	2	清水	60 ~ 110

清理后的工件与焊丝必须妥善保管，一般应在 24h 内焊接完毕。如果存放中受污或放置时间过长，其表面氧化膜仍会增厚并吸附水分，焊前必须重新清理。

③施焊环境检查。施焊环境是决定焊接质量优劣的重要条件之一。环境温度较低，焊缝金属冷却速度加快，从而影响材料的组织及力学性能，导致焊接应力增大并产生焊接缺陷，而风速大小会直接影响气体的保护效果。

④装配。钨极氩弧焊制造的产品多为薄壁结构，控制焊接变形和保证熔透且不烧穿是生产中的关键技术。对装配的基本要求，是应严格控制装配间隙和错边量。

2. 焊接工艺参数及选择

焊接工艺参数是决定焊接质量的重要因素，合理的焊接工艺参数是获得优质焊接接头的重要保证。

(1)焊接电流。焊接电流的选择应综合考虑工件厚度、焊接位置、钨极直径及母材性质等因素。

正常情况下，随工件厚度、钨极直径增加，焊接电流增加。焊接位置发生变化时，焊接电流应调整，平位焊接电流最大。焊接导热能力强的金属时，应增加焊接电流，如铜及铜合金的焊

接。而奥氏体不锈钢焊接时，为避免晶间腐蚀，应减小焊接电流，控制在同规格碳钢材料的80%左右。

焊接电流的确定，必须考虑钨极的承载能力，钨极的承载电流能力见表5-2。

(2)电弧电压。电弧长度增加，电弧电压增大，焊缝熔宽及加热面积增大。但电弧长度超过一定范围后，因电弧热量分散使热效率下降，不仅使电弧力对熔池的作用减弱，焊缝熔宽和母材熔化面积减小，还会影响气体的保护效果。在一定程度下，喷嘴至工件距离越近，焊接热效率越高，保护效果越理想。所以焊接时，在保证不短路的情况下，应尽量采用短弧施焊。

不加填充焊丝焊接时，弧长应控制在1~3mm之间，加填充焊丝时弧长约3~6mm。

(3)焊接速度。电弧穿透深度通常与焊接速度成反比，改变焊接速度的目的是保持恒定电弧穿透力所要求的恒定热量，适当的焊接速度是控制焊缝形状及保证焊缝质量的又一因素。焊接速度的选择，应考虑金属的导热性、构件的厚度和尺寸、焊接电流、预热温度及保护气流量等因素。

焊接速度决定焊接线能量，影响焊缝熔深及熔宽。焊接速度快，焊缝获得的热输入减小，会使凹陷深度、熔透深度及熔宽下降，还容易产生未焊透、气孔、夹渣及裂纹等焊接缺陷。焊接速度过慢，会导致焊缝过宽，容易产生焊穿和咬边现象。

焊接速度变化，也会影响气体保护效果，采用较低的焊接速度可获得较大范围的气体保护区域。焊接速度增加，从喷嘴喷出的柔性保护气流套会受到前方静止空气的阻滞作用，产生变形和弯曲，影响气体的保护效果。焊接速度过快时，可能会使电极末端、部分电弧和熔池暴露在空气中，特别是在自动焊中更容易出现。

(4)电源极性。钨极氩弧焊的电源极性包括直流正接、直流反接及交流三种形式，极性的选择应根据工件厚度及材料的性质等因素来确定。

①直流正接。工件连接电源正极，钨极连接电源负极。因钨极热发射能力强，所以电弧中带电粒子主要为钨极热发射产生的电子。电子撞击工件时释放能量，可获得深而窄的焊缝，降低了焊接应力和变形。

另一方面，钨极接受正离子撞击时放出能量小，钨极发射电子会带走大量逸出功，钨极不容易过热、烧损。

②直流反接。直流反接具有阴极破碎作用，可焊接容易氧化的金属材料。但阳极产热量多于阴极，大量电子撞击钨极并放出较高热量，容易使钨极过热而烧损。另一方面，因工件产热少，导致焊缝熔深浅、生产率低。

所以在生产中，直流反接只在铝、镁及其合金以及较薄工件焊接时使用。

③交流。交流同时具备直流正接及反接的优点，即可利用阴极破碎作用清除工件表面氧化膜，又可使钨极得到一定程度的冷却，焊缝形状也介于直流正接与反接之间。实践证明，交流焊接铝、镁及合金可获得满意的焊接质量。

(5)焊丝直径。焊丝直径选择不当，会造成焊缝出现未焊透、烧穿、凹陷、余高过大及焊缝成型差等焊接缺陷。焊丝直径的选择应结合工件厚度及坡口间隙确定，当工件较厚或接头间隙较大时，可选择直径较大的焊丝。

(6)保护气体流量及喷嘴孔径。保护气体流量和喷嘴孔径的选择是影响气体保护效果的重要因素，二者之间搭配合理时，保护效果最佳。

喷嘴孔径一定时，会有一个最佳的保护气体流量与之匹配，可达到最理想的保护效果。保护气体流量过小气体挺度差，流量过大气流中出现紊流使空气卷入，均影响保护效果。随喷嘴孔径增大，气体流量也应随之增加。

生产中，当焊接电流、电弧长度增加及风速较大时，应适当增大气体流量。

(7)钨极直径和钨极端部形状：

①钨极直径。钨极直径的选择取决于工件厚度、焊接电流、电源极性及焊接材料的性能，原则上应尽可能选择较小直径的钨极以保证较小的加热面积。

焊接电流较小、钨极直径较大时电流密度较低，钨极端部温度不足，电弧在钨极端部不规则漂移极不稳定，使保护区被破坏，致使熔池容易被氧化。

焊接电流较大、钨极直径较小时电流密度过高，钨极端部温度较高，当温度达到或超过钨极熔点时，钨极端部会出现熔化现象。熔化的钨极会在端部形成一个小尖状突起，逐渐变大形成熔滴，电弧随熔滴尖端漂移极不稳定，也会破坏保护区，使焊缝成型不良，并产生夹钨缺陷。

②钨极端部形状。钨极端部的表面质量和形状尺寸对焊接许用电流和焊缝成型均会产生一定的影响。

一般情况下，焊接薄板及焊接电流较小时，可采用较小直径的钨极并将其磨成尖锥角(约30°)，以保证容易引弧且电弧稳定，如图 5-5a)所示。在大电流焊接时，要求钨极端部磨成钝角或平顶锥形，如图 5-5b)所示。钨极氩弧焊交流施焊时，一般钨极末端磨成半圆球状，如图 5-5c)所示。

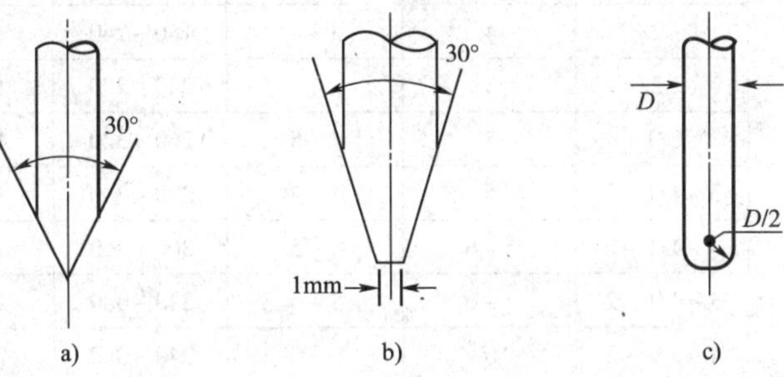

图 5-5 钨极端部形状

a)尖锥角钨极端头；b)平顶的锥形钨极端头；c)半圆球状钨极端头

(8)钨极伸出长度及喷嘴至工件距离。伸出长度过大，钨极易过热且保护效果变差，会影响钨极的承载电流能力。伸出长度过小，会导致喷嘴过热。

对接焊时，钨极的伸出长度一般保持在 5 ~ 10mm。焊接 T 形焊缝时，钨极的伸出长度应控制为 7 ~ 8mm。

喷嘴距工件距离应与钨极伸出长度相匹配，一般应控制在 8 ~ 14mm 之间。距离过小会影响操作者视线，且易导致钨极与熔池接触短路，使焊缝夹钨并降低钨极寿命。喷嘴距工件距离过大时，气体保护效果较差，电弧不稳定。

3. 典型钨极氩弧焊工艺参数

焊接过程中，任何一项参数都直接影响焊接质量，各参数间又相互影响，相互制约。为获得优质的焊接质量，应注意各焊接参数对焊缝成型和焊接过程的影响，更应考虑参数间的合理匹配。

(1)碳钢焊接,可参照表5-4所示进行。

碳钢钨极氩弧焊焊接工艺参数参考范围　　表5-4

工件厚度(mm)	接头形式	焊接电流(A)	电源极性	钨极种类及直径(mm)	焊丝直径(mm)	气体流量(L/min)	背面保护气体流量(L/min)	喷嘴直径(mm)	喷嘴至工件距离(mm)
1.5~3.0	I形对接	50~100	直流正接	钍钨极2.4	1.6~2.5	8~12	2~4	8~10	≤12
3.0~6.0	V形对接	70~120			2.5~3.2	8~12	2~4	8~10	
6.0~12	X形	90~150		钍钨极3.2	2.5~3.2	10~14	2~4	10~12	

(2)铝及铝合金焊接,可参照表5-5所示进行。

铝及铝合金钨极氩弧焊焊接工艺参数参考范围　　表5-5

工件厚度(mm)	坡口形式	焊接层数(正/背)	钨极直径(mm)	焊丝直径(mm)	焊接电流(A)	气体流量(L/min)	喷嘴直径(mm)
1	卷边	正1	2	1.6	45~60	7~9	8
1.5	卷边或I形	正1	2	1.6~2.0	50~80	7~9	8
2	I形	正1	2~3	2.0~2.5	90~120	8~12	8~12
3	Y形对接	正1	3	2~3	150~180	8~12	8~12
4		1~2/1	4	3	180~200	10~15	8~12
5		1~2/1	4	3~4	180~240	10~15	10~12
6		1~2/1	5	4	240~280	16~20	14~16
8		2/1	5	4~5	260~320	16~20	14~16
10		3~4/1~2	5	4~5	280~340	16~20	14~16
12		3~4/1~2	5~6	4~5	300~360	18~22	16~20
14		3~4/1~2	5~6	5~6	340~380	20~24	16~20
16		4~5/1~2	6	5~6	340~380	20~24	16~20
18		4~5/1~2	6	5~6	360~400	25~30	16~20
20		4~5/1~2	6	5~6	360~400	25~30	20~22
16~20	X形坡口	2~3/2~3	6	5~6	300~380	25~30	16~20
22~25		3~4/3~4	6~7	5~6	360~400	30~35	20~22

(3)18-8型不锈钢焊接,可参照表5-6所示进行。

18-8型不锈钢钨极氩弧焊焊接工艺参数参考范围　　表5-6

工件厚度(mm)	坡口形式	焊接电流(A)	钨极种类及直径(mm)	电源极性	焊丝直径(mm)	气体流量(L/min)	背面气体流量(L/min)	喷嘴直径(mm)	喷嘴至工件距离(mm)
1.6~3.0	I形对接	50~90	钍钨极2.5	直流正接	1.6~2.5	8~12	2~4	8~10	≤12
3.0~6.0	Y形对接	70~120			2.5~3.2	10~14		10~12	
6.0~12	X形	100~150			2.5~3.2	10~14		10~12	

(4)钛及钛合金焊接,可参照表5-7所示进行。

钛及钛合金钨极氩弧焊焊接工艺参数参考范围 表5-7

工件厚度(mm)	坡口形式	焊接层数	钨极直径(mm)	焊丝直径(mm)	焊接电流(A)	气体流量(L/min)			喷嘴直径(mm)	备注
						主喷嘴	拖罩	背面		
0.5	I形对接	1	1.5	1.0	30~50	8~10	14~16	6~8	10	坡口间隙0.5mm
1.0		1	2.0	1.0~2.0	40~60	8~10	14~16	6~8	10	
1.5		1	2.0	1.0~2.0	60~80	10~12	14~16	8~10	10~12	
2.0		1	2.0~3.0	1.0~2.0	80~110	12~14	16~20	10~12	12~14	
2.5		1	2.0~3.0	2.0	110~120	12~14	16~20	10~12	12~14	
3.0	Y形对接	1~2	3.0	2.0~3.0	120~140	12~14	16~20	10~12	14~18	坡口间隙2~3mm,钝边0.5mm
4.0		2	3.0~4.0	2.0~3.0	130~150	14~16	20~25	12~14	18~20	
5.0		2	4.0	3.0	130~150	14~16	20~25	12~14	18~20	
6.0		2~3	4.0	3.0~4.0	140~180	14~16	25~28	12~14	18~20	
7.0		2~3	4.0	3.0~4.0	140~180	14~16	25~28	12~14	20~22	
8.0		3~4	4.0	3.0~4.0	140~180	14~16	25~28	12~14	20~22	

四、其他钨极氩弧焊技术

1.钨极氩弧焊点焊

(1)工作原理及特点。钨极氩弧焊点焊是指利用焊枪端部喷嘴将被焊两工件压紧,保证连接面密合,然后利用钨极与工件间的电弧将上层工件熔穿、下层工件局部熔化,熔合后凝固形成焊点,如图5-6所示。

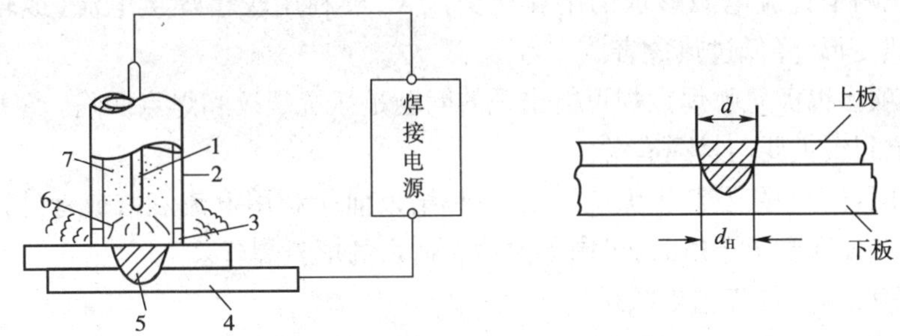

图5-6 钨极氩弧焊点焊示意图

1-钨极;2-喷嘴;3-出气孔;4-焊件;5-焊点;6-电弧;7-氩气;d-焊点直径;d_H-点核直径

钨极氩弧焊点焊适用于各种薄板结构以及薄板与较厚材料的焊接,目前主要应用于不锈钢及低合金钢。

钨极氩弧焊点焊可从单面焊接(特别适合无法两面焊接的构件),易于焊接厚度相差悬殊的工件,可进行多层叠加板材的点焊。此外,钨极氩弧焊点焊还具有需施加的压力小,无需加压装置,设备费用低,耗电少等优点。钨极氩弧焊点焊的主要缺点为,焊接速度不如电阻点焊高及焊接费用(人工、氩气消耗等)较高。

钨极氩弧焊点焊专用设备与一般 TIG 焊设备的不同之处,在于具有特殊的控制装置和点焊焊枪。控制装置除能确保提前送气、通水、引弧外,还具有精确的焊接时间控制、电流自动衰减以及滞后关断氩气等功能。焊枪通常制成带有按钮以及便于对工件施压,采用金属喷嘴与焊枪内导电部分绝缘,根据容量和负载持续率大小设计成水冷或气冷形式。

另外,在普通 TIG 焊设备中增加焊接时间控制器,并更换点焊喷嘴,也可作为简易设备进行钨极氩弧焊点焊操作。

(2)焊接工艺参数。钨极氩弧焊点焊决定焊点强度的主要因素为点核直径,影响点核直径的因素包括电弧长度、焊接电流及点焊时间、钨极末端形状以及装配间隙等。

①电弧长度。电弧较长时,熔池会过热并可能产生咬边缺陷。电弧过短,母材膨胀后会接触钨极使焊缝污染。

电弧长度越短,熔深越大,上板较厚时应采用短弧施焊。

②焊接电流和通电时间。钨极氩弧焊点焊以高频引弧为主,由于焊接电流和通电时间决定了焊点的热输入,故通过调节焊接电流和电流持续时间可控制焊点尺寸。

增加焊接电流和通电时间,可使点核直径增加,但过大会造成烧穿或焊点过热。

③钨极末端形状。钨极氩弧焊点焊一般采用铈钨极。钨极末端为圆锥尖顶状时,点焊直径增加、熔深变浅。钨极末端为圆锥平顶状时,点焊直径减小、熔深变大。

钨极氩弧焊点焊钨极一般采用末端圆锥角为30°,平顶直径为1.5mm。

④装配间隙。工件之间存在间隙,会出现焊点凹陷、点核直径减小或液态金属流向周围缝隙,造成下板不易熔合。

通常钨极氩弧点焊利用手工加压,故上板的厚度受到限制。例如,上板厚度为2~3 mm的不锈钢,其间隙不应大于0.3mm。

⑤电源极性。钨极氩弧焊点焊可采用直流正接或交流电源(附加稳弧装置)。通常以直流正接为主,原因是直流电源形成的熔深比交流大,可利用较小焊接电流(或较短的焊接时间)有效控制热变形、降低过热危害。

⑥注意事项。钨极氩弧焊点焊可能出现的问题是弧坑裂纹和焊点凹陷。装配间隙影响焊点凹陷,而弧坑裂纹主要与材质有关。

为防止表面过度凹陷及产生弧坑裂纹,点焊结束前应利用电流衰减或者进行二次脉冲电流加热。当焊点强度要求严格时,可向熔池输送适量的填充焊丝。

(3)钨极氩弧焊点焊工艺参数示例:

①碳钢焊接,可参照表5-8所示进行。

碳钢钨极氩弧焊点焊焊接工艺参数参考范围 表5-8

板厚(mm)(上板+下板)	焊接电流(A)	焊接时间(s)	喷嘴孔径(mm)	钨极直径(mm)	氩气流量(L/min)	电源极性
0.56+0.56	50~55	0.8	9.5	1.6		
0.56+0.71	55	0.8	9.5	1.6		
0.56+0.9	55	0.8	9.5	1.6		
0.56+1.21	55~60	0.8	9.5	1.6		

续上表

板厚(mm)(上板+下板)	焊接电流(A)	焊接时间(s)	喷嘴孔径(mm)	钨极直径(mm)	氩气流量(L/min)	电源极性
0.56+1.62	60	0.8	9.5	1.6	2~6	直流直接
0.71+0.71	75	0.8	9.5	2.4		
0.71+0.9	75~80	0.8	9.5	2.4		
0.71+1.21	80~85	0.8	9.5	2.4		
0.71+1.62	85~90	0.8	9.5	2.4		
0.9+0.9	85~90	1.0	12.7	2.4		
0.9+1.21	85~90	1.0	12.7	2.4		
0.9+1.62	85~90	1.0	12.7	2.4		
1.21+1.21	140~150	1.0	12.7	2.4		
1.21+1.62	160	1.0	12.7	2.4		
1.62+1.62	170	1.5	12.7	2.4		

②钛及钛合金焊接,可参照表5-9所示进行。

钛及钛合金钨极氩弧焊点焊焊接工艺参数参考范围 表5-9

板厚(mm)	焊接电流(A)	焊接时间(s)	喷嘴孔径(mm)	钨极直径(mm)	氩气流量(L/min)
0.9+0.9	90	0.5	9.5	2.4	2~6
1.21+1.21	140	1.5	9.5	2.4	
1.62+1.62	180	2.5	12.7	2.4	

③铝及铝合金焊接,可参照表5-10所示进行。

铝及铝合金钨极氩弧焊点焊焊接工艺参数参考范围 表5-10

板厚(mm)	焊接电流(A)	焊接时间(s)	喷嘴孔径(mm)	钨极直径(mm)	氩气流量(L/min)
0.9+0.9	135	0.7	9.5	3.2	2~6
1.21+1.21	160	1.0	9.5	3.2	
1.62+1.62	225	1.3	12.7	3.2	

④奥氏体不锈钢焊接,可参照表5-11所示进行。

奥氏体不锈钢钨极氩弧焊点焊焊接工艺参数参考范围 表5-11

板厚(mm)	焊接电流(A)	焊接时间(s)	二次脉冲电流(A)	二次脉冲时间(s)	氩气流量(L/min)	焊点直径(mm)
0.5+0.5	80	1.03	80	0.57	7.5	4.5
	100	1.03	100	0.57		5.5
2+2	190	7.5	180	0.57		9

2. 热丝钨极氩弧焊

热丝钨极氩弧焊是指在填充焊丝进入熔池前约10cm处，开始利用加热电源通过导电块对其通电，在电阻热作用下使焊丝达到预热温度并完成焊接过程。由于流经焊丝的电流所产生磁场的影响，电弧会产生磁偏吹而沿着焊缝作纵向偏摆。因此，用交流电源加热填充焊丝，可以减少磁偏吹。热丝钨极氩弧焊一般焊丝加热电流不超过焊接电流的60%，焊丝的最大直径限制在1.2mm以内，电弧摆动幅度限制在30°左右，其工作原理如图5-7所示。

热丝钨极氩弧焊的熔敷效率比普通钨极氩弧焊大幅提高，在完成焊接前提下，可降低焊接热输入，减小热影响区宽度，利于对温度敏感材料进行焊接。

热丝钨极氩弧焊设备主要由直流弧焊电源、预热焊丝的附加电源（交流电源）、送丝机构以及控制电路组成。

3. 双电极钨极氩弧焊

双电极钨极氩弧焊是一种高效的焊接方法，是利用可控脉冲电流加热工件，并增加一个电极交流供电，以减少焊接电流平均值、降低工件的热输入，并增强焊缝的熔透性、增加焊缝熔深，从而得到优良的焊接接头，图5-8为双电极脉冲钨极氩弧焊示意。

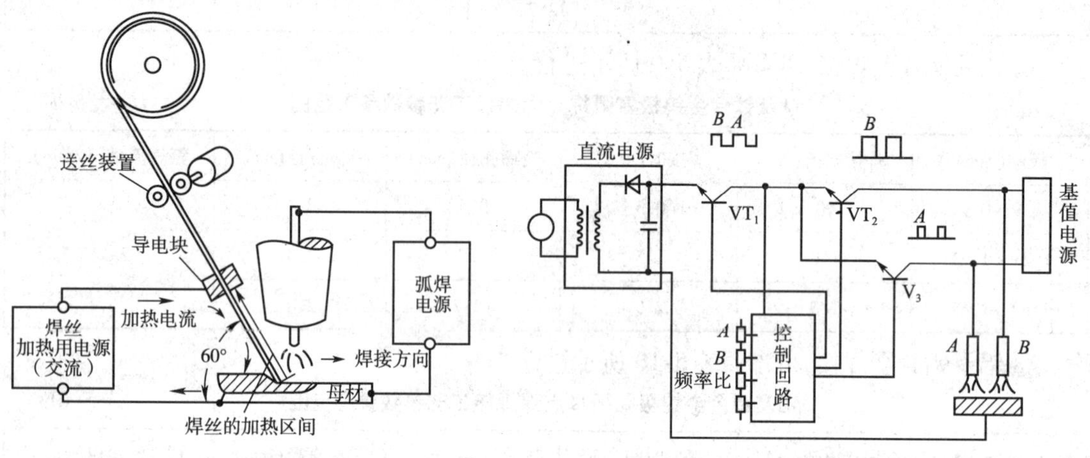

图5-7　热丝钨极氩弧焊示意图

图5-8　双电极脉冲钨极氩弧焊示意

由于直流钨极氩弧焊多电极焊接时，当相近电极通以同方向电流时，电极间电弧相互作用会导致磁偏吹，影响焊接过程。因此，双电极钨极氩弧焊应采用两个电弧交替供电，电流互相错开，减少了磁偏吹影响，可选择较大的焊接电流，以提高焊接速度。

第二节　熔化极氩弧焊

随科技进步焊接技术也在不断完善、发展，以满足产品生产需要。焊接技术的发展，应在保证生产质量的前提下力争高效、自动化及低成本。CO_2气体保护焊技术虽然能基本满足以上要求，但在产品质量及适用性方面仍然存在一定局限性。在许多生产领域，熔化极惰性气体保护焊（MIG）已成为极为重要的焊接手段，其中熔化极氩弧焊是熔化极惰性气体保护焊中应用最广泛的焊接形式。

一、熔化极氩弧焊原理、特点及应用

熔化极氩弧焊是利用惰性气体(Ar)作为保护气体,使用焊丝作为熔化极的一种电弧焊方法。

1. 工作原理

焊接时焊丝由送丝机自动送丝,连续送进的焊丝作为电极及填充金属,利用焊丝与工件间产生的电弧熔化工件和焊丝,焊丝不断熔化并过渡到熔池。同时,焊枪喷嘴中喷出氩气对焊接区进行保护,图5-9为其工作原理示意。

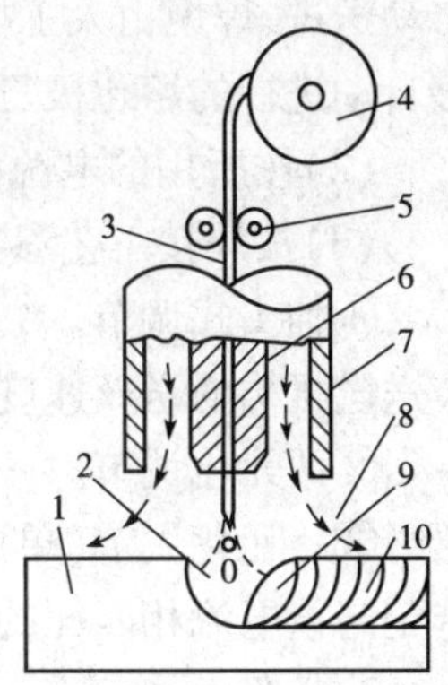

图5-9 熔化极氩弧原理

1-工件;2-电弧;3-焊丝;4-焊丝盘;5-送丝滚轮;6-导电嘴;7-保护罩;8-保护气体;9-熔池;10-焊缝金属

2. 主要特点

(1)优点:

①适用范围广。由于采用惰性气体保护,与熔池金属完全不发生反应,保护效果好,几乎所有的金属材料都可以焊接,如铝、镁、铜、钛、镍及其合金以及碳钢、不锈钢、耐热钢等。

②生产率较高。允许使用的电流密度较高,焊缝熔深较大,焊丝熔化速度快。焊丝可连续不间断送进,焊缝不需要清渣,节省了处理时间。

③焊接过程易于实现自动化。熔化极氩弧焊属于明弧操作,焊接过程中焊接参数稳定,易于检测及控制,容易实现自动化,目前绝大多数弧焊机械手及机器人均采用熔化极氩弧焊技术。

④焊接质量优良。熔化极氩弧焊氧化烧损极少,熔滴过渡均匀且稳定,焊接变形小、焊接飞溅极少,焊缝成型均匀、美观。

可采用直流反接焊接铝及铝合金,具有良好的阴极破碎作用。

(2)缺点。对焊丝及工件的油、锈较敏感,惰性气体价格高,设备较复杂,使用和维护要求较高。

3. 适用范围

(1)适用材料。熔化极氩弧焊几乎可以焊接所有的黑色金属和有色金属,特别适于铝及铝合金、钛及钛合金、铜及铜合金以及不锈钢、耐热钢的焊接。

(2)焊接位置。熔化极氩弧焊适应性好,可进行任何接头位置的焊接,平焊位置和横焊位置的焊接效率最高。

(3)构件形式。目前熔化极氩弧焊已广泛用于薄板和中、厚板的焊接,焊接厚度最小为1mm,最大厚度不受限制。

熔化极氩弧焊按操作特点,可分为半自动焊和自动焊两种形式。自动熔化极氩弧焊,适用于较规则的纵缝、环缝及水平位置的焊接。半自动熔化极氩弧焊,大多用于定位焊、短焊缝、断续焊缝以及铝容器中封头、管接头以及加强圈等工件的焊接。

二、熔化极氩弧焊设备

1. 设备分类

(1)按操作方式。可分为半自动和自动熔化极氩弧焊设备两种。半自动焊设备是指焊丝

自动送进、焊炬由人工操纵的熔化极氩弧焊设备。自动焊设备是指焊丝送进、焊炬行走,均能够自动进行的熔化极氩弧焊设备。

(2)按所用的电源种类。可分为直流及脉冲熔化极氩弧焊设备。

(3)按焊接工艺参数的调节方式:

①抽头式调节。一般设有粗调、细调两个转换开关,用于调节焊接电源的外特性,通过调节送丝机构的送丝速度来调节电弧的稳定工作点。

②两元化调节。一般设有两个旋钮,分别用于调节焊接电流及电弧电压。

③一元化调节(单旋钮式)。仅设有一个电流调节按钮,调节焊接电流后,控制系统自动选定与该电流相匹配的电弧电压。

2.设备型号

依据 GB/T 10249—2010 电焊机型号编制方法规定,具体可参照 CO_2 气体保护焊。

3.设备组成

熔化极氩弧焊设备与 CO_2 气体保护焊设备相似,通常由弧焊电源、控制箱、送丝机构、焊炬、水冷系统及供气系统组成。自动熔化极氩弧焊设备还配有行走小车或悬臂梁等,送丝机构及焊炬一般安装在小车上或悬臂梁的机头上,如图 5-10 所示。

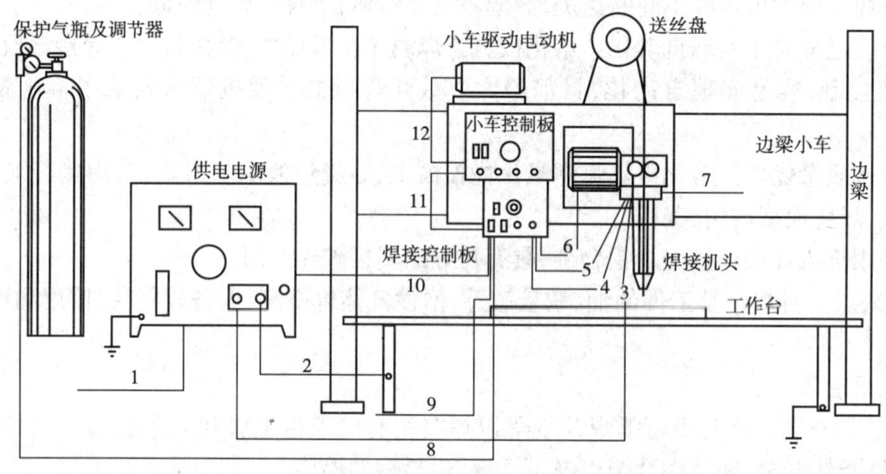

图 5-10 熔化极氩弧焊的设备组成示意

1-电源输入;2-工件插头及连接;3-供电电缆;4-保护气输入;5-冷却水输入;6-送丝控制输入;7-冷却水输出;8-输入到焊接控制箱的保护气;9-输入到焊接控制箱的冷却水;10-输入到焊接控制箱的 220V 交流;11-输入到小车控制箱的 220V 交流;12-小车电动机控制输入

(1)电源。熔化极氩弧焊设备使用的电源有直流和脉冲两种,一般不使用交流电源。通常直流电源包括磁放大器式弧焊整流器、晶闸管式弧焊整流器、晶体管式弧焊整流器及逆变式弧焊整流器等。

采用细焊丝(直径小于 1.2mm)焊接低碳钢、低合金钢及不锈钢时,一般采用平特性或缓降特性电源,并配以等速送丝式送丝机构。实际应用的平特性电源的外特性有一定的倾斜率,但一般不大于 5V/100A,适用于薄板及中厚板的焊接。

采用亚射流过渡工艺焊接铝及铝合金时,一般采用恒流特性的电源,配以等速送丝的送丝机构,依靠电弧的固有自调节作用保证弧长的稳定。

采用粗焊丝(直径大于1.6mm)焊接,一般采用均匀送丝(弧压反馈)式送丝机构,配以陡降特性或垂直特性电源,依靠弧压反馈调节作用保证弧长的稳定。

(2)控制箱。熔化极氩弧焊控制箱内装有焊接时序控制电路,主要控制焊丝的自动送进、提前送气、滞后停气、引弧、电流通断、电流衰减、冷却水流的通断及焊丝的送进等。对于自动焊机,还应设置控制小车的行走机构。

(3)气路和水路。熔化极氩弧焊设备的气路系统由气瓶、减压阀、流量计、软管及气阀等组成。

水路系统通有冷却水以冷却焊枪及电缆,通常水路中设有水压开关。当水压太低或断水时,水压开关将断开控制系统电源,使焊机停止工作,保护焊接设备不被损坏。

(4)焊枪。熔化极氩弧焊焊枪主要由导电嘴、喷嘴、枪体及冷却水套等组成,其作用是送丝、导通电流并向焊接区输送保护气体等。

熔化极氩弧焊焊枪分为半自动和自动焊枪,半自动焊枪为手握式,自动焊枪安装在有行走机构的机头上。

额定电流在200A以下的半自动焊枪通常为气冷式,超过200A时应采用水冷式焊枪。焊接内角接头或T形接头时,传给焊枪的热量比对接、搭接和端接接头时多,因此专用于角接头和T形接头的焊枪,对其冷却要求较高。

(5)送丝系统及软管。熔化极惰性气体保护焊、熔化极混合气体保护焊以及CO_2气体保护焊所使用的送丝系统相同,一般由焊丝盘、送丝电机、减速装置、送丝滚轮、压紧装置以及送丝软管等组成。

送丝系统的主要作用是将焊丝输送到焊接区,并通过相应的控制方式保证弧长稳定。有些送丝系统还配有焊丝矫直装置,盘绕在焊丝盘上的焊丝经矫直轮矫直后,经过安装在减速器输出轴上的送丝轮,最后经送丝软管送向焊枪。

三、熔化极氩弧焊焊接工艺

1.熔滴过渡形式

根据所用焊丝及焊接规范不同,熔化极氩弧焊的熔滴过渡形式主要有短路过渡、大滴过渡及喷射过渡等。

(1)短路过渡。采用细丝并配以小电流及小电压焊接时,通过熔滴与熔池间的短路实现过渡,称为短路过渡。

短路过渡主要用于细丝(焊丝直径在0.6~1.0之间),因送丝困难,需要采用拉丝式焊枪施焊。操作时,可将焊丝装入0.3~0.5kg的小型焊丝盘中,主要应用于0.8~1.2mm的薄铝板焊接。

(2)大滴过渡。尺寸较大的熔滴(直径大于焊丝直径)以重力加速度从焊丝端部向熔池过渡,熔滴过渡频率为每秒几滴,一般出现在电弧电压较高、焊接电流较小的情况下。

大滴过渡形式主要用于平焊及横焊位置的焊接。采用大滴过渡容易出现熔合不良、未焊透及余高过大等缺陷,且形成指状熔深,生产中通常采用混合气体进行焊接。

(3)喷射过渡。尺寸细小的熔滴(直径小于焊丝直径)以较大加速度(远大于重力加速度)沿焊丝轴线向熔池过渡。富氩保护可产生稳定的、无飞溅的轴向喷射过渡,出现在焊接电

压较高、焊接电流(直流反接和电流在临界值以上)较大的情况下,每秒形成和过渡几十到几百滴熔滴,沿焊丝轴线,以较高速度通过电弧空间。

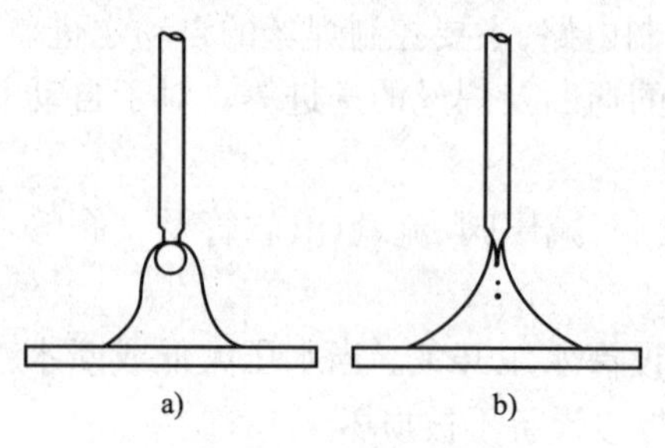

图 5-11 喷射过渡示意
a)射滴过渡;b)射流过渡

焊接不同材料,喷射过渡的型态不同。低碳钢、低合金钢及不锈钢焊接时,喷射过渡呈流束状,该喷射过渡为射流过渡(图 5-11a);铝及铝合金焊接时,喷射过渡呈滴状,该过渡称为射滴过渡(图 5-11b)。

由大滴过渡向喷射过渡转变的最小电流,称为喷射过渡的临界电流。使用纯 Ar 或 Ar + 1% O_2 的混合气体,转变电流范围较窄,只有几安培左右。

采用 Ar + 20% CO_2 的混合气体时,熔滴尺寸与焊丝直径相近,并以较大的加速度沿焊丝轴向射向熔池(射滴过渡)。超过临界电流以上时,熔滴直径细小(为焊丝直径的 1/5 ~ 1/3),电弧呈锥形包围呈铅笔尖状的焊丝端头,形成明显的轴向性很强的液体流束(射流过渡)。

临界电流的大小与焊丝直径大致成正比,而与焊丝伸出长度成反比,此外还与焊丝材料和保护气体成分密切相关。如低熔点和低沸点的金属材料,临界电流较低。

(4)亚射流过渡。亚射流过渡采用较小的电弧电压,弧长较短,当熔滴长大即将以射流过渡形式脱离焊丝端部时,即与熔池短路接触,电弧熄灭,熔滴在电磁力及表面张力的作用下产生颈缩断开,电弧复燃完成熔滴过渡。图 5-12 为射流过渡和亚射流过渡的比较示意。

在实际应用中,亚射流过渡为主要的生产形式,其特点如下:

①短路时间很短,短路电流对熔池的冲击力很小,焊接过程稳定,焊缝成型美观。

②焊接时,焊丝熔化系数随电弧缩短而增大,从而使亚射流过渡可采用等速送丝配以恒流外特性电源进行焊接,弧长由熔化系数的变化实现自身调节。

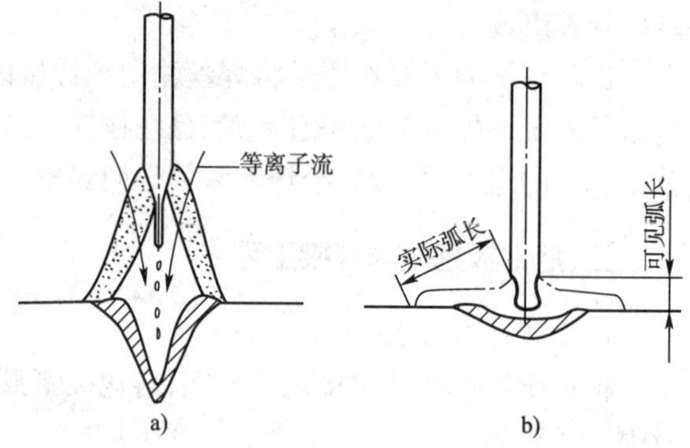

图 5-12 射流过渡和亚射流过渡
a)射流过渡;b)亚射流过渡

③亚射流过渡电弧电压、焊接电流基本保持不变,所以焊缝熔宽和熔深比较均匀。同时电弧下潜至熔池中,热利用率高,加速焊丝的熔化,对熔池的底部加热作用增强,从而改善了焊缝根部熔化状态,有利于提高焊缝的质量。

④采用的弧长较短,可提高气体保护效果,降低焊缝产生气孔和裂纹的倾向。

(5)脉冲射流过渡。脉冲射流过渡是近几年最新研究成功的焊接工艺,主要应用于交流焊接。其原理为在一个交流脉冲的反极性时,过渡一个熔滴,并可控制焊缝的熔深和熔宽。

2. 焊接工艺参数及影响因素

熔化极氩弧焊焊接参数主要包括焊丝直径、焊接电流、电弧电压、焊接速度、保护气体种类及流量、焊丝伸出长度、喷嘴直径以及喷嘴高度等。

(1)焊丝直径。焊丝直径应根据工件厚度、熔滴过渡形式及施焊位置选择。细焊丝(直径≤1.2mm)以短路过渡为主,主要用于焊接薄板和全位置焊接。较粗焊丝则以射流过渡为主,多用于厚板平焊位置。

生产中焊丝直径的选择,可参照表5-12进行。

不同焊丝直径的适用范围　　表5-12

焊丝直径(mm)	熔滴过渡形式	可焊板厚(mm)	施焊位置
0.5~0.8	短路过渡	0.4~3.2	全位置(平、立、横)
	射流过渡	2.5~4.0	水平
1.0~1.4	短路过渡	2~8	全位置、单面焊双面成型
	射滴过渡(CO_2焊)	2~12	水平、单面焊双面成型
	射流过渡(活性气体保护)	>6	水平
	脉冲射滴过渡	2~9	全位置(平、立、横)
1.6	短路过渡	3~12	全位置(平、立、横)
	射滴过渡(CO_2焊)	>8	水平
	射流过渡(活性气体保护)	>8	水平
	脉冲射滴过渡(活性气体保护)	>3	全位置(平、立、横)
2.0~5.0	射滴过渡(CO_2焊)	>10	水平
	射流过渡(活性气体保护)	>10	水平
	脉冲射滴过渡(活性气体保护)	>6	水平

(2)焊接电流。焊接电流是最重要的焊接参数,主要根据工件厚度、焊接位置、焊丝直径及熔滴过渡形式进行选择。增大焊接电流会使焊丝熔化速度加快,焊缝熔深和余高明显增加,熔宽略有增加。

表5-13为低碳钢熔化极氩弧焊焊接电流的参考范围。

低碳钢熔化极氩弧焊焊接电流范围　　表5-13

焊丝直径(mm)	焊接电流(A)	熔滴过渡形式
1.0	40~150	短路过渡
1.2	80~180	短路过渡
	220~350	射流过渡
	80~220	脉冲射流过渡
1.6	270~500	射流过渡
	100~270	脉冲射流过渡

其他参数保持恒定时,焊接电流与送丝速度或熔化速度呈非线性关系变化。送丝速度增加,焊接电流也随之增大。

焊丝直径一定时,可通过选用不同的焊接电流范围来获得相应的熔滴过渡形式。如需获得连续喷射过渡,电流必须超过某一临界电流值。

熔化极氩弧焊焊丝直径不同,熔滴过渡形式和焊接电流范围也不同,应根据具体工艺要求而定。图5-13为不同直径焊丝熔滴过渡形式对应的焊丝直径及电流范围。

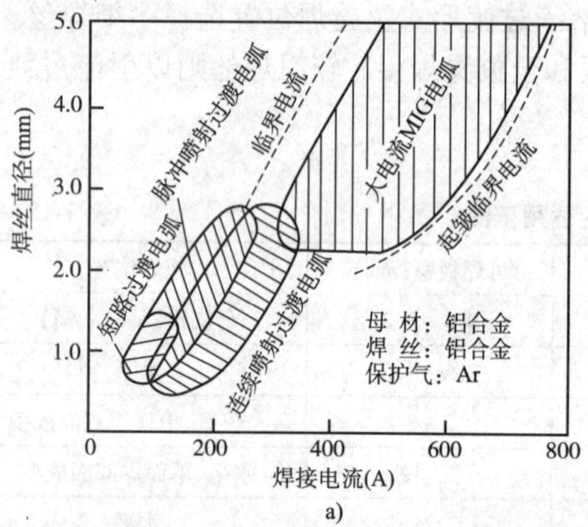

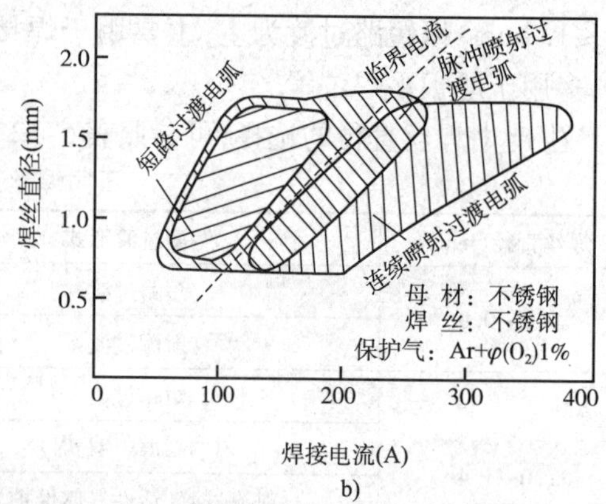

图 5-13　不同熔滴过渡形式对应的焊丝直径及使用焊接电流范围

a）铝合金；b）不锈钢

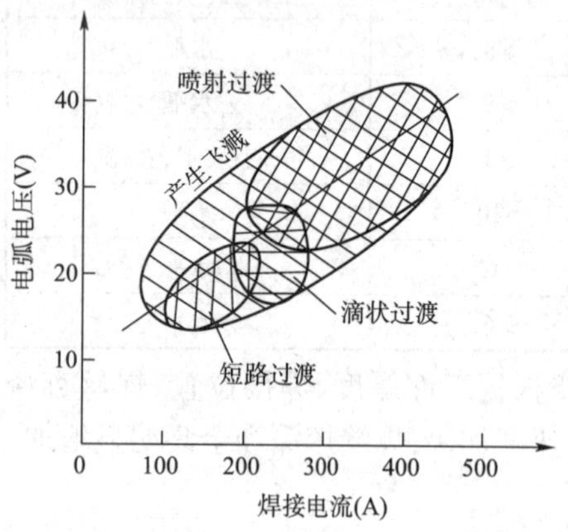

图 5-14　熔化极氩弧焊电弧电压和焊接电流间的关系

（3）电弧电压。为实现稳定的熔滴过渡，除正确选用合适焊接电流外，还必须选择合适的电弧电压与之相匹配，否则容易产生焊接缺陷。如果电弧电压过高，则可能产生气孔和飞溅；如电弧电压过低，焊接时极容易短接。

图 5-14 为熔化极氩弧焊电弧电压和焊接电流之间的关系。

电弧电压的大小，主要影响熔滴的过渡形式及焊缝成型。电弧电压应根据焊接电流的大小、保护气体的成分、被焊材料的种类及熔滴过渡形式等进行选择。

表 5-14 为不同保护气体焊接时的电弧电压参考范围。

不同保护气体熔化极氩弧焊的电弧电压（V）　　表 5-14

母材成分	喷射或细颗粒过渡			短路过渡		
	Ar	Ar + 72% He	Ar + (1% ~5%) He	Ar	Ar + (1% ~5%) O_2	Ar + 25% O_2
铝	25	29	—	19	—	—
镁	26	28	—	16	—	—
碳钢	—	—	28	17	18	19
低合金钢	—	—	28	17	18	19
不锈钢	24	—	26	18	19	21
镍	26	28	—	22	—	—
铜 - 镍合金	28	30	—	23	—	—
镍 - 铬 - 铁合金	26	28	—	22	—	—
铜	30	33	—	24	22	—

（4）焊接速度。焊接速度是指焊枪沿焊缝中心线相对移动的速度，应与焊接电流适当配合才能获得良好的焊缝成型。

焊接热输入不变的条件下，焊接速度过大，熔宽、熔深减小，甚至产生咬边、未熔合及未焊透等缺陷。如果焊接速度过慢，单位长度焊缝上熔敷量增加，熔池体积增大、熔宽增加，不但直接影响生产率，还可能导致烧穿及焊接严重变形等缺陷。

自动熔化极氩弧焊的焊接速度一般为 25～150m/h，半自动熔化极氩弧焊的焊接速度一般为 5～60m/h。

（5）焊丝伸出长度。焊丝伸出长度是指导电嘴端部至焊丝端头的距离。焊丝伸出长度越长，焊丝的电阻热越大，熔化速度越快。焊丝的伸出长度影响焊丝的预热，对焊接过程及焊缝质量有显著影响。其他条件不变而焊丝伸出长度过长时，会导致电弧电压下降、焊接电流减小、电弧不稳定及焊缝成型不良，容易造成未焊透、未熔合等缺陷；焊丝伸出长度过短时，电弧易烧损导电嘴，而且金属飞溅易堵塞喷嘴。

焊丝伸出长度一般应根据焊接电流、焊丝直径及焊丝电阻率选择。短路过渡焊丝伸出长度以 6～13mm 为宜，其他形式熔滴过渡推荐的焊丝伸出长度在 13～25mm。

（6）保护气体的种类及流量。熔化极氩弧焊一般不使用纯氩气体进行焊接，通常根据所焊接的材料采用适当比例的混合气体（Ar 加入 CO_2、O_2或 CO_2+O_2气体称为活性气体保护焊，简称 MAG 焊）。铝及合金焊接一般选用 Ar 或 Ar + He，低碳钢、低合金钢焊接选用 $Ar+O_2$、$Ar+CO_2$或 $Ar+CO_2+O_2$，不锈钢焊接选用 $Ar+O_2$或 $Ar+CO_2$。

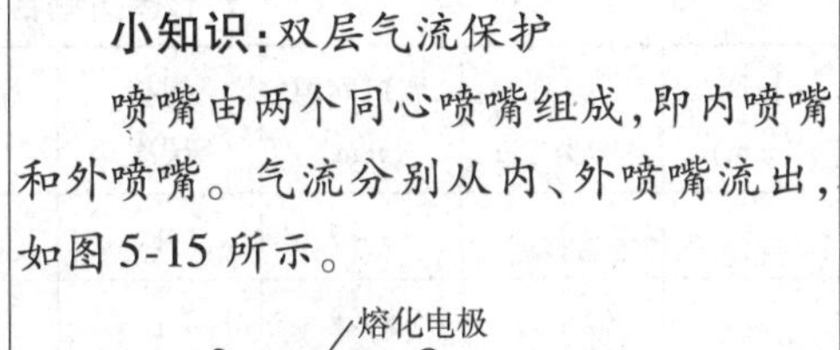
小知识：双层气流保护

喷嘴由两个同心喷嘴组成，即内喷嘴和外喷嘴。气流分别从内、外喷嘴流出，如图 5-15 所示。

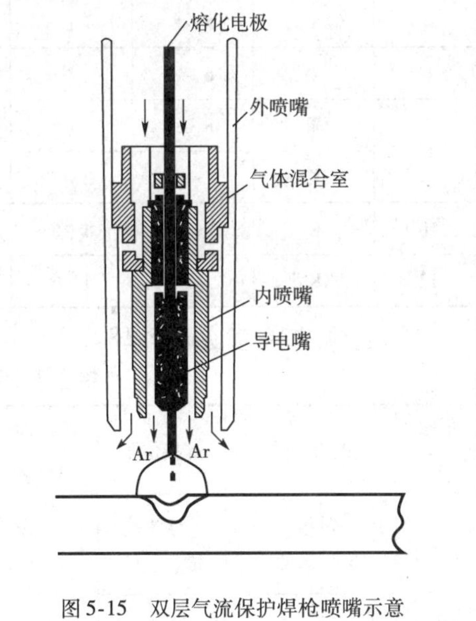

图 5-15　双层气流保护焊枪喷嘴示意

保护气体的流量一般应根据电流大小、喷嘴孔径及接头形式进行选择。对于一定直径的喷嘴，有一最佳的保护气体流量范围。流量过大易产生紊流，流量过小气流的挺度差，保护效果下降。

（7）电源极性。因交流电源将破坏电弧稳定性，在电流过零时，电弧难以再引燃。所以，熔化极氩弧焊通常采用直流电源，主要应用反极性。

（8）焊丝位置。焊丝和焊缝的相对位置会影响焊缝成型，焊丝的相对位置包括前倾、后倾和垂直三种。当焊丝处于前倾焊法时，形成的熔深大、焊道窄、余高大；当处于后倾焊法时，形成的熔深小、余高小；垂直焊法介于两者之间。

半自动熔化极氩弧焊，焊接时一般采用左焊法，便于操作者观察熔池。当拖角在 15°～20°之间时熔深最大，但焊枪倾角一般不超过 25°。

（9）喷嘴至工件距离。如果仅考虑气体保护效果，距离越近保护效果越理想。但喷嘴端部至工件的距离过近，容易使喷嘴接触到熔池表面，反而恶化焊缝成型，飞溅也容易损坏喷嘴。

喷嘴端部至工件的距离应根据焊接电流确定，参见表 5-15。

喷嘴高度参考范围　表5-15

焊接电流(A)	<200	200~250	350~500
喷嘴高度(mm)	10~15	15~20	20~25

选择焊接工艺参数时，应先根据工件厚度、坡口形状选择焊丝直径，再由熔滴过渡形式确定焊接电流，并配以合适的电弧电压，其他参数的选择应以保证焊接过程稳定及焊缝质量为原则。另外，在焊接过程中，焊前调整好的工艺参数仍需要随时进行调整，以便获得良好的焊缝成型。

3. 铝及合金焊接工艺参数

(1)短路过渡(参见表5-16、表5-17)。

铝合金薄板(2mm)短路过渡焊接参数参考范围　表5-16

坡口形式	坡口间隙(mm)	施焊位置	焊接电流(A)	电弧电压(V)	焊接速度(cm/min)	焊丝直径(mm)	送丝速度(cm/min)	保护气体流量(L/min)
I形对接	0~0.5	全位置	70~85	14~15	40~60	0.8	—	15
		平位	110~120	17~18	120~140	1.2	5.9~6.2	18

T形接头铝合金薄板焊接参数参考范围　表5-17

板厚(mm)	坡口形式	坡口间隙(mm)	焊接层次	焊丝直径(mm)	焊接电流(A)	电弧电压(V)	焊接速度(cm/min)	保护气体流量(L/min)
3	I	5~7	1	1.2	120~140	21~23	7~8	16
4	I	5~8	1	1.2、1.6	160~180	22~24	3.5~5	16~18
6	I	6~8	1	1.6、2.4	220~250	24~26	5~6	16~24
8	I	8~9	1	2.4	250~280	25~27	4~5.5	20~28
	K	—	2~4	2.4	240~270	24~26	5.5~6	20~28
10	K	—	4~6	2.4	250~280	25~27	5~6	20~28
12	K	—	4~6	2.4	270~300	25~27	4.5~6	20~28

(2)射流过渡，参见表5-18。

铝合金射流过渡焊接参数参考范围　表5-18

板厚(mm)	接头形式	焊接位置	焊丝直径(mm)	焊接电流(A)	电弧电压(V)	焊接速度(cm/min)	送丝速度(cm/min)	保护气体流量(L/min)
6	对接，60°V形坡口	水平 横、立、仰	1.6 1.6	200~250 170~190	24~27 23~26	40~50 60~70	5.9~7.7 5.0~5.6	20~24
8	对接，60°V形坡口	水平 横、立、仰	1.6 1.6	240~290 190~210	25~28 24~28	40~50 60~70	7.3~8.9 5.6~6.3	20~24
12	对接，双面90°V形坡口，间隙1~3	水平 水平 横、立、仰	1.6 2.4 1.6	230~300 230~300 190~230	25~28 25~28 24~28	40~70 40~70 30~45	7.0~9.3 3.1~4.1 5.6~7.0	20~28 20~28 20~24

续上表

板厚（mm）	接头形式	焊接位置	焊丝直径（mm）	焊接电流（A）	电弧电压（V）	焊接速度（cm/min）	送丝速度（cm/min）	保护气体流量（L/min）
16	对接，双面60°~90°V形坡口，间隙1~3	水平 横、立 仰	2.4 1.6 1.6	310~350 220~250 230~250	26~30 25~28 24~28	30~40 15~30 40~50	4.3~4.8 6.6~7.7 5.6~7.0	24~30
25	对接，双面90°V形坡口，间隙2~3	水平 横、立 仰	2.4 1.6 1.6	310~350 220~250 240~270	26~30 25~28 25~28	40~60 15~30 40~50	4.3~4.8 6.6~7.7 7.3~8.3	24~30

四、其他熔化极氩弧焊焊接技术

1.脉冲熔化极氩弧焊

脉冲熔化极氩弧焊是指利用脉冲电弧控制熔滴过渡的熔化极惰性气体保护焊，由于采用可控的脉冲电流取代恒定的直流电流，可方便调节电弧能量，控制熔滴过渡，从而扩大了应用范围，提高了焊接质量，特别适合于热敏感金属材料以及超薄工件的全位置焊接。

1）特点

（1）具有较宽的焊接参数调节范围。脉冲熔化极氩弧焊平均电流小于连续射流过渡临界电流值时，也可以实现稳定的射流过渡，可在几十安培至几百安培范围内获得稳定的射流过渡。

（2）可精确控制焊接线能量。脉冲熔化极氩弧焊焊接电流可由四个参数进行调节，即脉冲电流、基值电流、脉冲维持时间及脉冲间歇时间。因此可以在保证焊缝成型的前提下，通过调节以上四个参数，降低焊接电流平均值，将焊接线能量控制在较低水平，从而减小热影响区宽度和工件变形，利于焊接热敏感性较大的金属材料。

（3）适于焊接薄板和全位置焊接。脉冲熔化极氩弧焊可在较小的线能量下实现喷射过渡，熔池体积小，冷却速度快，液体金属不易流失。任何空间位置施焊，当焊接电流超过临界电流时，熔滴均可沿焊丝轴线呈轴向向熔池有力过渡。

因此，脉冲熔化极氩弧焊可用于焊接薄板及全位置焊接。

（4）焊缝质量优良。脉冲电弧对熔池有强烈的搅拌作用，可改善熔池的结晶条件及冶金性能，利于消除焊接缺陷，提高焊缝质量。

2）焊接工艺参数

脉冲熔化极氩弧焊的焊接参数包括脉冲特征参数（基值电流、脉冲峰值电流、脉冲电流持续时间、脉冲间歇时间、脉冲周期、脉冲频率、脉冲幅比、脉冲宽比），其余和普通熔化极气体保护焊相同。焊接工艺参数的选择，必须综合考虑母材的性能、种类以及焊缝的空间位置等因素。

（1）基值电流。基值电流的主要作用是在脉冲电流休止期间维持电弧稳定燃烧，并对焊丝及工件预热，为脉冲电流期间熔滴过渡作准备，是调节总焊接电流和母材热输入的重要参数。

基值电流的选择必须适当,在保证电弧稳定的条件下,尽量选择较低的基值电流,以突出脉冲熔化极氩弧焊的特点。基值电流过大,脉冲焊的特点不明显,甚至在脉冲间歇期间出现熔滴过渡,使熔滴过渡失去控制。但基值电流过小,会导致电弧不稳定。

通常,基值电流在 50 ~ 80A 之间比较合适,平焊位置焊接时略高,其他位置焊接时选择低些。

(2)脉冲峰值电流及脉冲电流持续时间。脉冲峰值电流与脉冲电流持续时间决定熔滴的尺寸、过渡力和焊缝的熔深。

①脉冲峰值电流。它是决定熔池形状及熔滴过渡形式的主要参数,在平均电流和送丝速度一定的条件下,脉冲峰值电流越大,熔深越大。因此,可以通过调节脉冲电流改变焊缝熔深,为保证焊缝根部焊透,随工件厚度增加,脉冲电流也应增大。

为保证熔滴呈射流过渡,脉冲峰值电流必须大于脉冲临界电流,但过高会出现旋转射流过渡。需要注意的是,脉冲临界电流随脉冲电流持续时间及基值电流的增大而减小,随脉冲电流持续时间及基值电流的减小而增大。

②脉冲电流持续时间。它是控制母材热输入的主要参数。持续时间长,焊接热输入增大,调整脉冲电流持续时间,可获得不同的熔池形状。

选择脉冲峰值电流与脉冲电流持续时间必须适当配合,使其位于图 5-16 所示的一脉一滴临界曲线之上。

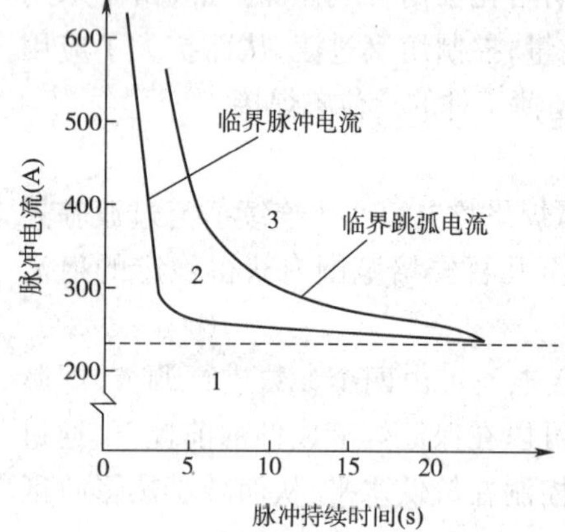

图 5-16 熔滴过渡形式与脉冲电流及脉冲持续时间的关系

1-多个脉冲;2-一个脉冲;3-一个脉冲多滴

(3)脉冲频率。脉冲频率过低,焊丝易插入熔池,焊接过程稳定性下降;频率过高,则失去了脉冲氩弧焊的特点。脉冲频率通常应根据焊接电流的大小进行选择,焊接电流较大时,脉冲频率应相应大些。送丝速度一定时,脉冲频率与熔滴尺寸成反比,与焊缝熔深成正比。因此,厚板焊接应选择较高的脉冲频率,薄板焊接应选择较低的脉冲频率。

脉冲熔化极氩弧焊采用的脉冲频率在几十至几百赫兹的范围内,一般可在 35 ~ 75Hz 范围内合理选择。

(4)脉冲宽比。脉冲宽比的大小反映了脉冲焊特点的强弱。脉冲宽比越小,脉冲氩弧焊的特征越明显,但过小时易导致电弧不稳定。

脉冲宽比一般在 25% ~ 50% 之间进行选择,全位置焊接、薄板及热敏感材料焊接脉冲宽比均要求小些。

3)铝合金喷射过渡工艺参数(表 5-19)

铝合金(平位)脉冲熔化极氩弧焊喷射过渡工艺参数参考范围 表 5-19

板厚(mm)	接头形式	焊丝直径(mm)	焊接电流(A)	电弧电压(V)	焊丝伸出长度(mm)	焊接速度(cm/min)	保护气体流量(L/min)
2.5 ~ 3.0	I 形坡口对接,间隙 0.5mm	1.2	40 ~ 80	15 ~ 18	10 ~ 13	58 ~ 75	7 ~ 9
4.0	60°V 形坡口对接,间隙 0.5mm	1.4 ~ 1.6	80 ~ 130	18 ~ 20	13 ~ 18	50 ~ 66	8 ~ 10

续上表

板厚(mm)	接头形式	焊丝直径(mm)	焊接电流(A)	电弧电压(V)	焊丝伸出长度(mm)	焊接速度(cm/min)	保护气体流量(L/min)
6.0	平板对接,间隙1mm	1.6~3.0	180~250	23~26	15~30	50~75	12~14
8~10	平板对接(双面焊),间隙1mm	1.6~3.0	250~320	25~30	15~30	33~58	12~20

2. 窄间隙熔化极氩弧焊

窄间隙熔化极氩弧焊是焊接厚大板材对接焊缝的一种高效率的特种焊接技术,其工作原理如图5-17所示。

窄间隙熔化极氩弧焊接头形式为对接接头,可选择I形坡口或小角度V形坡口,间隙范围在6~15mm之间。操作时,可采用单道多层或双道多层焊,可焊厚度可达到30~300mm范围。

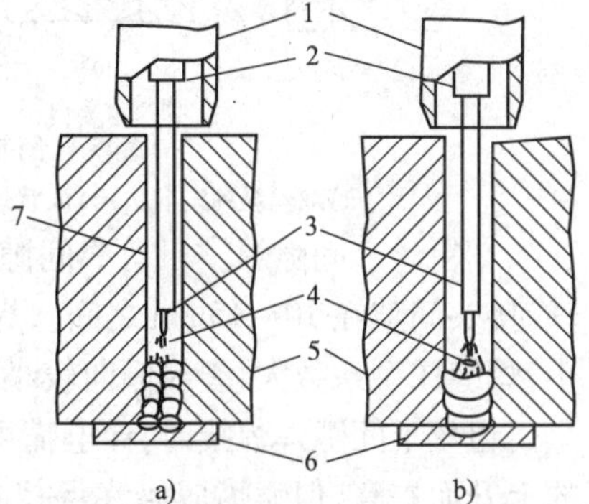

图5-17　窄间隙熔化极氩弧焊示意图

a)细丝窄间隙焊;b)粗丝窄间隙焊

1-喷嘴;2-电嘴;3-焊丝;4-电弧;5-工件;6-衬垫;7-绝缘导管

(1)窄间隙熔化极氩弧焊特点:

①窄间隙熔化极氩弧焊接头不需开设坡口,减少了填充金属量。焊后不需清渣,故节省时间和材料,焊接生产率提高。

②因焊缝热输入较低,热影响区减小,焊接应力和变形小,裂纹倾向降低,焊缝机械性能提高。

③窄间隙熔化极氩弧焊可应用于平焊、立焊、横焊及全位置焊接。

④熔池和电弧观察比较困难,要求焊枪位置能方便进行调整。

(2)窄间隙熔化极氩弧焊的应用。窄间隙熔化极氩弧焊可焊接黑色金属和有色金属,主要用于焊接低碳钢、低合金高强度钢、高合金钢和铝及钛合金。

实际生产中,窄间隙熔化极氩弧焊应用领域包括压力容器及建筑结构制作、机械制造,以及管道、船舶及桥梁建造等。

(3)窄间隙熔化极氩弧焊焊接工艺。窄间隙熔化极氩弧焊可分为两种形式,即细丝窄间隙和粗丝窄间隙焊接。

①细丝窄间隙焊。细丝窄间隙焊一般采用的焊丝直径为0.8~1.6mm,接头间隙控制在6~9mm之间。为提高生产率,可采用双丝或三丝,每根焊丝都有独立的送丝系统、控制系统和焊接电源。细丝窄间隙焊焊接时均采用多道焊,前道焊缝对后道焊缝起到预热作用,而后道焊缝对前道焊缝又起到回火作用,所以焊缝金属的晶粒细小均匀,焊缝的力学性得以改善。

电源极性一般采用直流反极性,熔深大、保证焊透,裂纹倾向较小。

因焊丝细较,必须选用导电嘴在坡口内的焊枪,且导电管要求绝缘、水冷。由于接头坡口深而窄,向坡口底部输送保护气体存在困难,为了提高保护效果必须采用特殊的送气装置,焊接时一般采用混合气体保护(混合比例大约为Ar80% + $CO_2$20%)。

为保证每一焊道与坡口两侧均匀熔合，操作时焊丝在坡口内应采取摆动措施，常用的摆动送丝方式如图 5-18 所示。

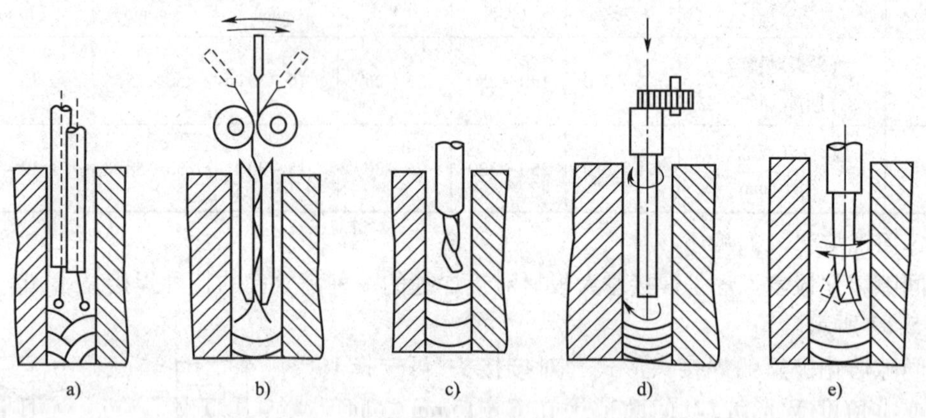

图 5-18　细丝窄间隙焊接的送丝方式

a）双丝纵列定向法；b）波状焊丝法；c）麻花焊丝法；d）偏心旋转焊丝法；e）导电嘴倾斜法

②粗丝窄间隙焊。粗丝窄间隙焊一般采用焊丝直径为 2～4.8mm，可用单丝，也可用多丝，接头间隙在 10～15mm 之间。焊接电源一般采用直流正极性，熔滴细小且过渡平稳，飞溅小，焊缝成型系数大，裂纹倾向较小。

粗丝窄间隙焊焊接时，导电嘴可不伸入间隙，为保证焊丝伸出长度不变，导电嘴应随焊缝的上升而提高，但喷嘴应始终保持在坡口的上表面，以保证气体保护效果，保护气体应选择 $Ar+CO_2$ 混合气体（也可选择 CO_2）。因导电嘴在坡口表面，焊丝伸出长度较长，焊接规范参数较大，焊接生产率高。

由于受焊丝伸出长度的限制，可焊工件厚度小于 152mm，只适合于平焊位置的焊缝。

（4）典型焊接工艺参数。窄间隙焊接工艺参数，应根据母材性质、焊接位置、焊缝性能和焊接变形等要求进行选择，表 5-20 为钢材窄间隙焊接的典型工艺参数。

窄间隙焊接的典型工艺参数　　表 5-20

送丝方式	波状焊丝法	波状焊丝法	麻花焊丝法	偏心旋转焊丝法	双丝纵列定向法	导电嘴倾斜法
焊接位置	平位	平位	平位	平位	横位	横角
焊丝直径（mm）	1.2	1.2	2.0×2	1.2	1.2，1.6	1.6
保护气体（体积分数）	$Ar+CO_2$（20%）	$Ar+CO_2$（20%）	$Ar+CO_2$（10－20%）	$Ar+CO_2$（20%）	$Ar+CO_2$（20%）	CO_2
坡口形状	I 形（9mm）	V 形	I 形（14mm）	I 形	I 形	I 形
间隙（mm）	—	—	—	16～18	10～14	13
焊接电流（A）	280～300	260～280	480～550	300	前丝 170 后丝 140	320～380
电弧电压（V）	28～32	29～30	30～32	33	21～23	32～38

续上表

送丝方式	波状焊丝法	波状焊丝法	麻花焊丝法	偏心旋转焊丝法	双丝纵列定向法	导电嘴倾斜法
焊接速度（$cm \cdot min^{-1}$）	22～25	18～22	20～35	25	18～20	25～35
摆动频率	—	250～900次/min	—	最大150Hz	—	45次/min

SIKAOYULIANXI

1. 简述钨极氩弧焊的工作原理、分类及特点。
2. 试述钨极氩弧焊的适用范围。
3. 如何识别钨极氩弧焊设备？说明钨极氩弧焊设备的组成及基本特点。
4. 对钨极有何要求？
5. 试述钨极氩弧焊焊接工艺参数及影响因素。
6. 试述钨极氩弧焊点焊、热丝钨极氩弧焊及双电极钨极氩弧焊原理、特点及焊接工艺参数。
7. 试述熔化极氩弧焊原理、特点及应用。
8. 试述熔化极氩弧焊适用范围。
9. 试述熔化极氩弧焊设备分类及构成。
10. 熔化极氩弧焊有哪些熔滴过渡形式？各有何特点？
11. 试述熔化极氩弧焊工艺参数及影响因素。
12. 说明脉冲熔化极氩弧焊的特点及焊接工艺参数。
13. 试述窄间隙熔化极氩弧焊的特点及焊接工艺参数。

第六章　其他焊接方法

● 知识目标

1. 熟悉电渣焊的原理、特点及应用；
2. 熟悉激光焊及等离子弧焊的原理及特点；
3. 熟悉电阻焊及摩擦焊的原理、特点。

● 能力目标

1. 掌握电渣焊工艺要求；
2. 掌握等离子弧焊接工艺参数及影响因素；
3. 掌握点焊、缝焊及闪光对焊的焊接工艺参数及影响因素。

第一节　电　渣　焊

随着工业和科学技术的发展，对焊接技术提出了多种多样的要求，焊接方法也在不断发展、应用。除前面介绍的各种电弧焊，还有很多焊接方法在生产中得以应用，各自的适用范围也有所区别。在某些生产领域，厚大工件为其主要结构形式，如船舶超厚板（艉柱）立位焊接。如仍然采用已往的焊接手段生产加工，很难满足生产要求，而电渣焊则可完全体现出其生产优势。

一、电渣焊的基本原理及分类

1. 电渣焊的基本原理

电渣焊是指利用电流通过液态熔渣产生的电阻热进行焊接，其原理如图 6-1 所示。

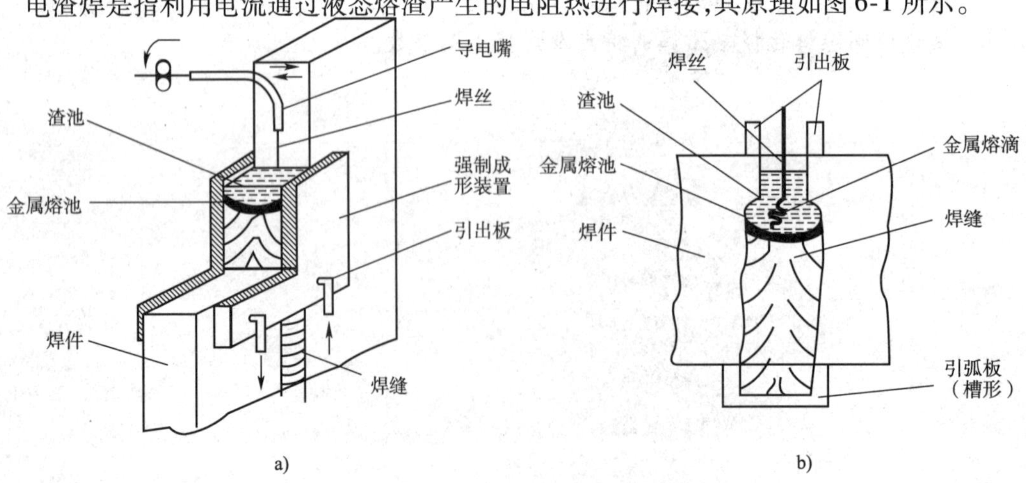

图 6-1　电渣焊原理示意图

焊前先将工件垂直放置，两工件间预留一定间隙（一般为20～40mm），并在工件上、下两端分别装好引弧板（槽形）和引出板，在工件两侧表面装好强迫成型装置。焊接开始时，通常先使焊丝与引弧板短路起弧，然后不断加入少量焊剂，利用电弧的热量使焊剂熔化形成液态熔渣，待渣池达到一定深度时，增加焊丝送进速度并降低焊接电压，使焊丝插入渣池，电弧熄灭，从而转入电渣焊焊接过程。由于高温的液态熔渣具有一定的导电性，焊接电流流经渣池时，在渣池内产生大量电阻热将工件边缘和焊丝熔化，熔化的金属沉积到渣池下面形成金属熔池。随着焊丝的不断送进，熔池不断上升并冷却、凝固形成焊缝。由于熔渣始终浮于金属熔池的上部，不仅可保证电渣焊过程的顺利进行，且对金属熔池起到良好的保护作用。随着熔池不断上升，焊丝送进装置和强迫成型装置亦随之不断提升，焊接过程得以连续进行。

2. 电渣焊的种类

根据所采用电极的形状和电极是否固定，可将电渣焊分为丝极电渣焊、熔嘴电渣焊和板极电渣焊。此外，电渣焊与压力焊结合的电渣压力焊在建筑工程中获得了较为广泛的应用。

（1）丝极电渣焊。丝极电渣焊采用焊丝作为电极，焊丝通过导电嘴送入渣池，导电嘴和焊接机头随金属熔池的上升同步向上提升，如图6-2所示。

焊接较厚工件时可以采用多根焊丝，但焊接设备和技术较为复杂。为了增加可焊工件厚度，并使母材在厚度方向上受热熔化均匀，可借助焊丝在接头间隙中往复摆动，以获得较均匀的熔宽和熔深。

因焊丝在接头间隙中的位置及焊接参数均容易调节，从而易于控制熔宽和熔深，故丝极电渣焊适合于环焊缝焊接和高碳钢、合金钢对接接头及T形接头焊接，常用于焊接厚度为40～50mm和焊缝较长的工件。但丝极电渣焊设备及操作比较复杂，而且机头位于焊缝一侧，只能在焊缝另一侧安设控制变形的定位铁，导致焊后会产生角变形，所以一般对接焊缝、T形焊缝较少采用。

（2）熔嘴电渣焊。熔嘴电渣焊的电极为固定在接头间隙中的熔嘴和由送丝机构不断向熔池中送进的焊丝构成，其中熔嘴通常由钢板和钢管点焊而成，熔嘴电渣焊工作原理见图6-3所示。

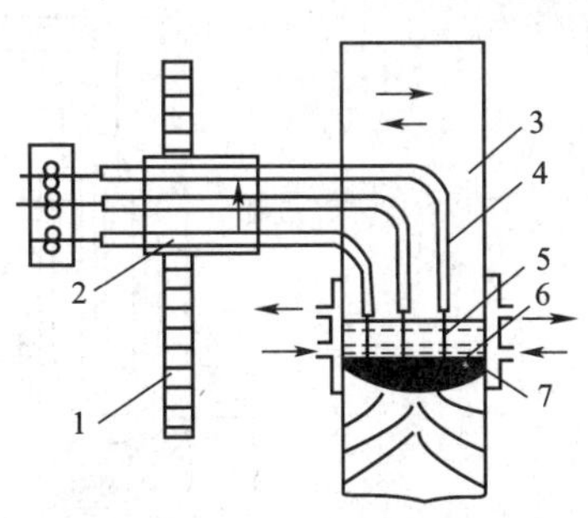

图6-2　丝极电渣焊示意图

1-导轨；2-焊机机头；3-工件；4-导电杆；5-渣池；6-金属熔池；7-水冷成型滑块

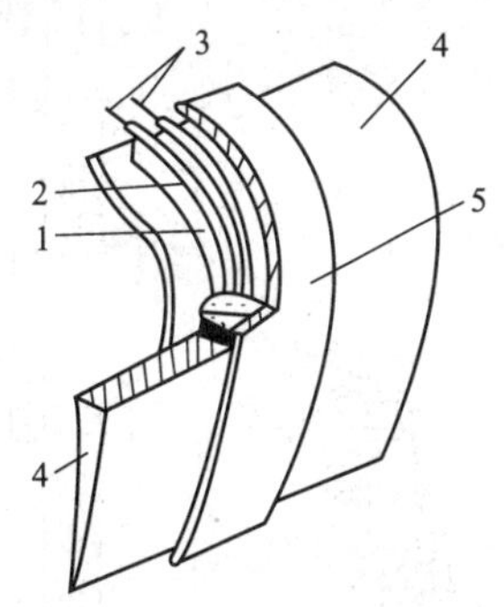

图6-3　熔嘴电渣焊示意图

1-熔嘴；2-导丝管；3-焊丝；4-工件；5-强迫成型装置

根据所焊工件厚度不同，可以采用单个熔嘴或多个熔嘴。根据工件的具体形状，熔嘴可以相应地选择规则或不规则的形状。

熔嘴电渣焊设备简单、操作方便,目前已成为对接焊缝和T形焊缝的主要焊接技术。另外,熔嘴电渣焊设备体积小,焊接时机头位于焊缝上方,故适合于梁体等复杂结构的焊接。由于可采用多个熔嘴且熔嘴固定于接头间隙中,不易产生短路等故障,所以极适合大截面结构的焊接。因熔嘴可做成各种曲线或曲面形状,也适合于曲线及曲面焊缝,如大型船舶艉柱焊接。

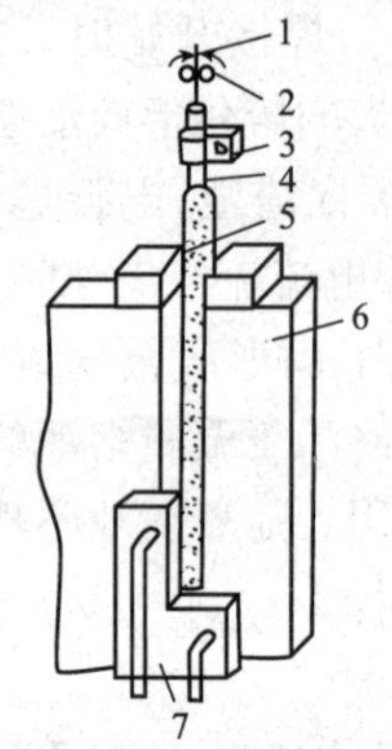

图6-4 管极电渣焊示意图
1-焊丝;2-送丝滚轮;3-管极夹持机构;4-管极钢管;5-管极涂料;6-工件;7-水冷成型滑块

①管极电渣焊。被工件厚度不大时,熔嘴可简化为一根或两根管子,称为管极电渣焊(熔嘴电渣焊特例),其工作原理如图6-4所示。

管极电渣焊的电极也称管状焊条,其外表涂有2~3mm厚的涂料。管极涂料具有一定的绝缘性能以防止管极与工件发生电接触、短路,因此可以缩小装配间隙以节省焊接材料和提高焊接生产率。

此外,还可以通过管极上的涂料适当地向焊缝中掺入合金,以此细化焊缝晶粒。当工件厚度不太大时可只采用一根管极,操作方便且管极易于弯曲成各种曲线形状,故管极电渣焊多用于中等厚度(约20~60mm)的工件及曲线焊缝的焊接。

②窄间隙电渣焊。采用空心矩形断面的熔嘴来代替管极,同时采用厚度为1mm或0.8mm的带钢代替焊丝进行焊接,形成“窄间隙电渣焊”,如图6-5所示。

采用带状电极时,使焊接电流流经带极端部时的主通电点会沿带极宽度方向往复移动,克服了管极电渣焊间隙较小时工件沿厚度方向加热不均匀,降低了工件表面产生未熔合缺陷倾向,因而可以采用更小的装配间隙(一般为10~15mm)。同普通电渣焊相比,焊接生产率可显著提高,而材料、电能的消耗和焊接热输入大为降低。

③板极电渣焊。板极电渣焊的电极为板条状,焊接时通过送进机构将板极不断向熔池中送进。根据被焊工件厚度不同,可采用一块或数块金属板条进行焊接,由于单板极沿板极宽度方向热能分布不均,使焊缝熔宽不均匀,呈明显的腰鼓形,采用多板极时成型有所改善。

板极电渣焊工作原理如图6-6所示。

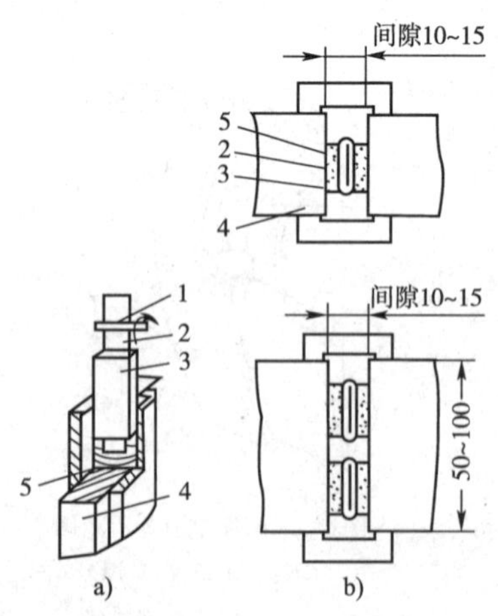

图6-5 窄间隙电渣焊示意图(单位:mm)
a)窄间隙电渣焊;b)采用一根带极、两根带极的情况
1-带极输送轮;2-带极;3-熔嘴;4-工件;5-焊剂

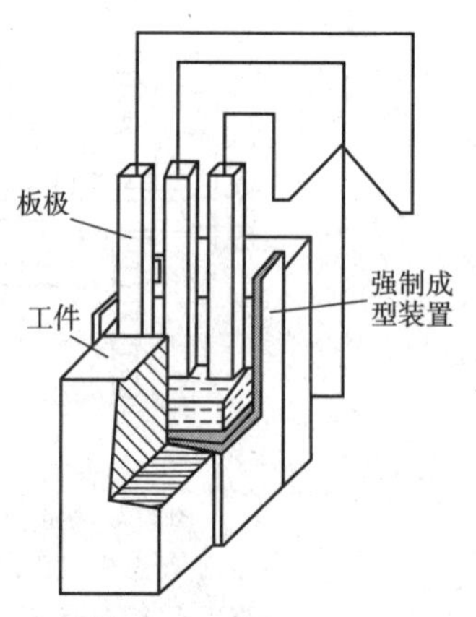

图6-6 板极电渣焊示意图

板极可以铸造也可锻造，还可用边角料制成，焊材的来源经济方便，尤其适于不宜拉拔成焊丝的合金钢材料的焊接和堆焊。板极在焊接过程中无须作横向摆动，因而设备、工艺简单。

小知识：电渣压力焊

电渣压力焊主要用于钢筋混凝土建筑工程中竖向钢筋的连接，其工作原理如图6-7所示。电渣压力焊具有电弧焊、电渣焊和压力焊的特点，在焊接方法的分类上属于熔化压力焊的范畴。钢筋电渣压力焊是将两钢筋安放在竖直位置，采用对接形式，利用焊接电流通过端面间隙，在焊剂层下形成电弧过程和电渣过程，利用电弧热和电阻热熔化钢筋端部，最后加压完成连接的一种焊接方法。电渣压力焊焊接过程包括引弧过程、电弧过程、电渣过程及顶压过程等。

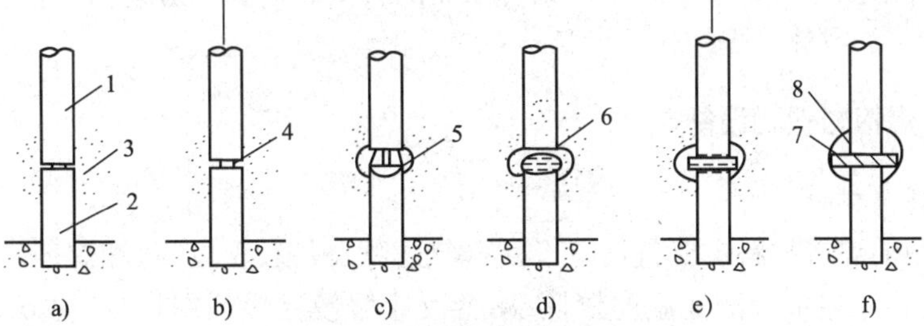

图6-7　电渣压力焊接过程示意图

a）引弧前；b）引弧过程；c）电弧过程；d）电渣过程；e）顶压过程；f）凝固后

1-上钢筋；2-下钢筋；3-焊剂；4-电弧；5-熔池；6-熔渣（渣池）；7-焊缝；8-焊渣

因板极电渣焊板极一般为焊缝长度的4～5倍，因此送进设备高大，焊接过程中板极易在接头间隙中晃动而导致和工件短路，操作较为复杂，所以一般不用于普通材料的焊接。目前，板极电渣焊主要用于模具钢的堆焊、轧辊的堆焊等。

二、电渣焊的特点和应用

1. 电渣焊特点

（1）适于垂直位置焊接。当焊缝中心线处于铅垂位置时，电渣焊形成熔池及焊缝成型条件最好，故最适合于垂直位置焊缝的焊接，也可用于小角度倾斜焊缝（与水平面垂直线的夹角小于30°）的焊接。

（2）厚大工件可一次焊成。电渣焊时整个渣池均处于高温，热源体积大，故可不开坡口、预留一定装配间隙即可一次焊接成型，生产率大幅提高。同开坡口焊接方法（如埋弧焊）相比，热效率高，焊接材料消耗较少，并可节省大量的电能、金属和加工时间。

（3）焊缝成型系数和熔合比调节范围大。通过调节焊接电流和电压，可以在较大范围内调节焊缝成型系数和熔合比，易控制焊缝化学成分以获得所需的力学性能，并降低焊缝金属中的有害杂质，防止产生焊缝热裂纹。

（4）渣池对被焊工件有较好的预热作用。焊接碳当量较高的金属不易出现淬硬组织，冷裂倾向较小，中碳钢、低合金钢焊接时均可不预热。

（5）焊缝和热影响区晶粒粗大

焊缝和热影响区在高温停留时间较长，易产生粗晶和过热组织，导致焊接接头冲击韧度较低。一般焊后应进行正火和回火热处理，以细化晶粒。

2. 电渣焊的适用范围

电渣焊适用于焊接厚度较大的工件(目前焊接的最大厚度达300mm)。对于某些曲线或曲面焊缝(难以采用埋弧焊或气电立焊),受现场施工或起重设备限制必须在垂直位置焊接的焊缝,大面积的堆焊,以及某些焊接性较差的金属如高碳钢、铸铁的焊接等,均可采用电渣焊技术。

目前船舶建造领域电渣焊的应用,主要包括船舶甲板纵骨对接的管极电渣焊,以及船舶超厚板(艉柱)立位电渣焊技术。

电渣焊是一种优质、高效、低成本的焊接方法,也为生产、制造大型构件和重型设备开辟了新途径。一些外形尺寸和重量受到生产条件限制的大型铸造和锻造结构,借助于电渣焊方法,可用铸－焊、锻－焊或轧－焊结构来代替。

三、电渣焊焊接材料和设备

1. 电渣焊焊接材料

电渣焊所用的焊接材料主要包括电极(焊丝、熔嘴、板极、管极等)和焊剂。

(1)电极。由于电渣焊渣池温度较低、冶金反应缓慢且焊剂用量少、更新率低,主要通过调整电极材料合金成分控制焊缝金属的化学成分和力学性能,一般不通过焊剂向焊缝金属掺合金,选择电渣焊电极时应考虑母材对焊缝的稀释作用。

焊接碳素钢和低合金钢时,为使焊缝具有良好的抗裂性和抗气孔能力,应控制电极的硫、磷含量,电极的含碳量通常应低于母材,由此引起焊缝力学性能的降低可通过提高锰、硅和其他合金元素的含量来补偿。

①焊丝(JB/T 6967《电渣焊　通用技术条件》)。焊丝的选择主要根据被焊工件材质和设计要求(等强匹配和不等强匹配),不同强度母材焊接时焊丝可按低强度母材选用。

丝极电渣焊焊接碳含量低于0.18%的低碳钢时,可采用H08A或H08MnA焊丝;焊接碳含量在0.18%～0.45%的碳钢及低合金钢时,可采用H08MnMoA或H10Mn2焊丝。

②熔嘴(JB/T 6967)。熔嘴是由板条和导丝管组焊而成,一般板条厚10mm,导丝管宜选用ϕ10mm×2.5mm的无缝钢管,其长度由被焊工件的尺寸决定。熔嘴板条的材质,应根据设计对焊接接头性能的要求而定。

管状熔嘴由钢管外面涂以药皮而成,钢管为20号无缝钢管,可选ϕ14mm×4mm、ϕ12mm×3mm、ϕ10mm×3mm。管状熔嘴长度一般为2m,过长则应考虑加中间导电装置。

根据不同需要,可在药皮内填加合金。

(2)焊剂。电渣焊用焊剂的主要作用与一般埋弧焊焊剂不同。电渣焊焊剂熔化成熔渣后,由于渣池具有相应的电阻而使电能转化成熔化填充金属和母材的热能,并起到预热焊件、延长金属熔池存在时间和使焊缝金属缓冷的作用,但不要求具有对焊缝金属掺合金的作用。

电渣焊用焊剂必须容易、迅速形成电渣过程并保证电渣过程的稳定性,因此,要求液态熔渣具有适当的导电性及适当的黏度。

电渣焊用焊剂一般由硅、锰、钛、钙、镁和铝的复合氧化物组成。目前,国内焊接生产的较常用的电渣焊专用焊剂为HJ360与HJ431。

JB/T 6967中规定,通常HJ431即可用于电渣焊,在有特殊要求时,由工艺选定。

2. 电渣焊设备

电渣焊设备主要包括焊接电源、机头、成型(滑)块和控制系统等几部分组成。依据 GB/T 10249—2010《电焊机型号编制方法》的规定,电渣焊焊接设备的型号由汉语拼音和阿拉伯数字组成。

焊接设备型号编排如下:

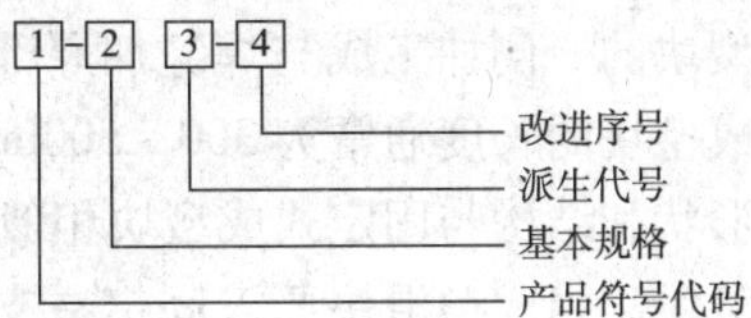

产品符号代码参照表 6-1 所示。

基本规格指焊接设备额定的焊接电流,单位为(A)。

改进序号按产品改进程序用阿拉伯数字连续编写。

型号中 3、4 项如不用时,可空缺。

电渣焊设备的符号代码　　表 6-1

第一字母		第二字母		第三字母		第四字母	
代表字母	大类名称	代表字母	小类名称	代表字母	附注特征	数字序号	系列序号
H	电渣焊机	S B D R	丝极 板极 多用极 熔嘴			(省略)	(省略)
H	钢筋电渣压力焊机	Y		S Z F 省略	手动式 自动式 分体式 一体式		

以丝极电渣焊设备为例。

(1)电源。从经济方面考虑,电渣焊多采用交流电源。

为保持稳定的电渣过程及减小网路电压波动的影响,电渣焊电源应避免出现电弧放电过程或电渣电弧的混合过程,否则将破坏正常的电渣过程。因此,电渣焊电源必须是空载电压低、感抗小(不带电抗器)的平特性电源。另外,电渣焊的变压器必须是三相供电,其二次电压应具有较大的调节范围。由于电渣焊焊接时间长且中间无停顿,因此电渣焊焊接电源的负载持续率应按 100% 考虑。

目前国内常用的电渣焊电源有 BPl-3×1000 和 BPl-3×3000 电渣焊变压器,典型电渣焊机如 HS-1000 型等。

(2)电渣焊机头。丝极电渣焊机头包括送丝机构、摆动机构及升降机构(上下行走机构)。

①送丝机构和摆动机构。电渣焊送丝机构与熔化极电弧焊使用的送丝机构类似,送丝速度可均匀无级调节。摆动机构的作用是扩大单根焊丝所焊的工件厚度,其摆动距离、行走速度以及在每一行程终端的停留时间均可控制和调整。

②升降机构。焊接垂直焊缝时,焊接机头借助升降机构随焊缝金属熔池的上升而向上移

动。升降机构的垂直上升可通过控制器用手工提升或自动提升,自动提升运动可利用传感器检测渣池位置而加以控制。

升降机构可分为有轨式和无轨式两种。

(3)水冷成型块(强迫成型装置)。为提高金属熔池的冷却速度,水冷成型块一般用纯铜板制成。

①固定式水冷成型块。成型块的一侧加工成与焊缝加厚部分形状相同的成型槽,一侧焊上冷却水套。单块固定式水冷成型块的长度通常为300~500mm。

②移动式水冷成型滑块。形状和结构与固定式成型块相似,但长度较短。

③环缝电渣焊用的内成型滑块。内成型滑块要求固定在支架上,用以保持滑块的位置并将滑块压紧在工件的内表面上。成型滑块可以根据工件的内圆尺寸制成相应的弧形,当允许在工件内部留存时,可用钢板制成。

(4)控制系统。电渣焊控制系统主要由送进焊丝的电机速度控制器、焊接机头横摆距离及停留时间控制器、升降机构垂直运动控制器以及电流表、电压表等组成。

四、电渣焊工艺

1. 接头设计

船舶熔嘴电渣焊生产中推荐使用的坡口形式,可按附表6-2所示选择。

熔嘴电渣焊对接接头坡口形式、尺寸及代号(mm)——船体结构焊接坡口形式及尺寸 表6-2

规　格	坡口形式	坡口代号	适用范围
$\delta=12\sim35$ $b=22\sim30$		EI－1	用于甲板纵骨对接管状熔嘴电渣焊

2. 焊接参数

(1)丝极电渣焊。丝极电渣焊规范参数主要包括焊接电压、焊接电流、送丝速度、渣池深度、装配间隙、焊接速度等。此外,还包括焊丝直径、焊丝根数、焊丝伸出长度、焊丝摆动规范(摆动幅度、摆功速度、焊丝在摆幅两端的停留时间、焊丝摆至离工件边缘的距离)及冷却水温度等。

丝级电渣焊推荐的主要焊接参数如表6-3所示。

丝极电渣焊焊接参数推荐范围 表6-3

焊接电流(A)	焊接电压(V)	焊丝摆动速度(m/h)	渣池深度(mm)	焊丝干伸长(mm)	焊缝间隙(mm)	焊接速度(m/h)	焊丝直径(mm)
400~500	40~50	40	40~60	40~70	28~36	低碳钢:0.7~1.2 中碳钢及低合金钢:0.3~0.7	3

焊丝在冷却滑块旁停留时间,一般选取3~6s。

焊丝与冷却滑块距离,一般选取8~12mm。

多丝焊摆动时,两焊丝间的不重合距离一般选取20~30mm。

冷却滑块出水温度，一般选取40~50℃。

焊丝的根数选择取决于被焊工件的厚度及是否采用焊丝摆动，具体参见表6-4。

焊丝根数选择　　表6-4

焊丝根数	被焊工件厚度（mm）	
	焊丝不摆动	焊丝横向摆动
1	≤60	60~100(150)
2	70~100(120)	100~240(300)
3	130~180(220)	180~400(450)

注：表中为推荐值，括号内为设备可焊的最大厚度。

（2）熔嘴电渣焊：

①单板熔嘴电渣焊。熔嘴电渣焊的规范参数主要有送丝速度、渣池深度和焊接电压等。一般送丝速度控制在100m/h以下，渣池深度在30~50mm，焊接电压为40~48V（渣池附近的电压，应考虑在熔嘴上的电压降）。具体参如表6-5所示。

单板熔嘴电渣焊常用参数　　表6-5

图例	板厚S (mm)	板条宽(mm)		送丝速度 (m/h)	焊接电压 (V)	渣池深度 (mm)	焊接速度 (m/h)
		b_1	b_2				
	60	20	40	70	40~42	35~38	低降碳：0.7~1.2 中碳钢：0.35~0.6 低合金钢：0.3~0.7
	70	30	50	70	41~43	35~38	
	80	40	60	80	41~43	35~38	
	90	50	70	80	43~45	35~38	
	100	60	80	90	43~45	38~45	
	120	80	100	100	45~48	38~45	

②管状熔嘴电渣焊。焊接参数见表6-6、表6-7。

管状熔嘴电渣焊对接推荐参数　　表6-6

板厚t (mm)	坡口形式	焊丝直径 (mm)	熔嘴外径 (mm)	根部间隙G (mm)	焊接电流① (A)	焊接电压 (V)	焊接速度 (m/h)
20	熔嘴、滑块、G	2.4或3.2	10或12	20~25	400~450	34~42	0.12~1.86
25				20~25	420~480	36~44	1.08~1.68
30				20~25	430~490	33~46	0.96~1.44
40				20~28	430~520	36~46	0.78~0.99
50				20~28	450~550	38~46	0.06~0.864
60				20~28	480~550	38~46	0.54~0.726
80	熔嘴、滑块、G	2.4或3.2	10或12	25~28	430~522	38~46	0.72~1.02
100				25~30	450~550	38~46	0.57~0.9

注：①均指丝极电流。

管状熔嘴电渣焊 T 形接头推荐参数 表 6-7

板厚 t (mm)	坡口形式	焊丝直径 (mm)	熔嘴外径 (mm)	垫板		根部间隙 G (mm)	焊接电流[①] (A)	焊接电压 (V)	焊接速度 (m/h)
				T'(mm)	W(mm)				
20	熔嘴、垫板、G、W、t	2.4 或 3.2	10	19	45	20 ~ 25	350 ~ 420	32 ~ 40	0.9 ~ 1.62
25			10 或 12	19			380 ~ 460	32 ~ 40	0.9 ~ 1.26
30			10 或 12	22			400 ~ 480	34 ~ 42	0.84 ~ 1.14
40	滑块、熔嘴、垫板、G、W、t	2.4 或 3.2	10 或 12	22	50	25 ~ 28	420 ~ 500	36 ~ 44	0.72 ~ 0.9
50			10 或 12	25			450 ~ 550	40 ~ 46	0.66 ~ 0.84
60			10 或 12	25			480 ~ 600	40 ~ 46	0.06 ~ 0.84
80	熔嘴、垫板、G、W、t	2.4 或 3.2	10 或 12	28	50	25 ~ 28	420 ~ 500	38 ~ 42	0.72 ~ 0.96
100	滑块、熔嘴、垫板、G、W、t	2.4 或 3.2	10 或 12	32	50	25 ~ 30	450 ~ 550	40 ~ 46	0.72 ~ 0.96

注:①均指丝极电流。

3. 焊后热处理

由于常规电渣焊热循环的特点,焊后焊缝晶粒粗大,焊接接头的力学性能降低,且存在一定内应力,所以通常需要进行焊后热处理。

(1)退火处理(消除应力)。退火处理只为消除焊接应力(不发生相变),机械性能无明显变化,可用于复杂工件的中间热处理和冲击性能要求不高的工件,其热处理工艺曲线如图 6-8 所示。

(2)高温退火处理。高温退火处理可使魏氏体组织基本消除,晶粒细化,冲击性能提高(不如正火 + 回火完善),在无法正火处理的条件下采用,其热处理工艺曲线如图6-9 所示。

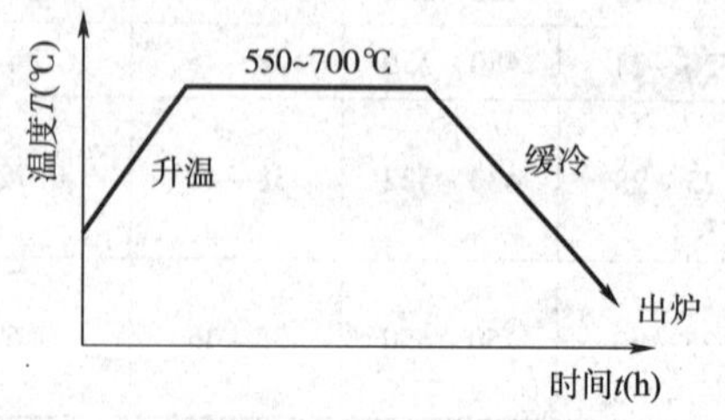

图 6-8 电渣焊退火处理

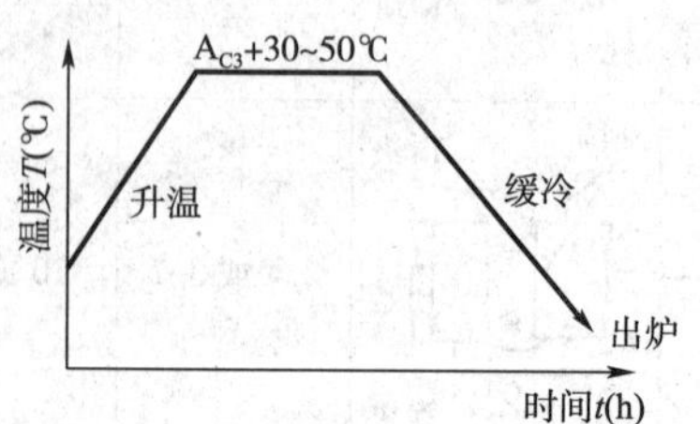

图 6-9 电渣焊高温退火处理

(3)正火+回火处理。

正火+回火处理不仅使魏氏体组织消除，晶粒细化，而且冲击性能提高，其热处理工艺曲线如图6-10所示。

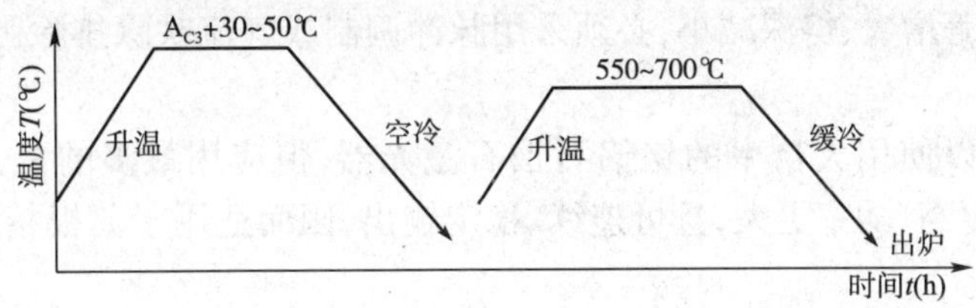

图6-10 电渣焊正火+回火处理

单熔嘴电渣焊和管状熔嘴电渣焊由于热输入量减少，可以考虑不进行热处理或只进行消除应力处理。是否进行热处理，也可由用户同厂家或设计、工艺部门协商处理。

第二节 高能束焊

高能束焊通常指功率密度达到10^5W/cm^{2}以上的焊接方法，其束流由电子、光子、离子或两种以上的粒子组合而成，属于此类高功率密度的热源包括等离子弧、电子束、激光束以及复合热源如激光束+电弧等。船舶建造领域高能束焊的应用，以激光焊、复合热源及等离子弧焊(及切割)为主，如大型水面舰艇船体结构钢的脉冲激光焊及激光复合焊等。

一、激光焊

随科技及生产的发展，对焊接技术的要求越来越高，激光焊接已成为很多材料和结构不可缺少的焊接手段。

1.激光焊的原理及分类

1)工作原理

激光焊是利用激光器产生的高能量密度激光光束作为热源的一种熔焊技术。激光器种类很多，目前用于焊接的激光器主要有两大类，即气体激光器和固体激光器，前者以CO_2激光器为代表，后者以YAG(钇铝石榴石)激光器为代表，图6-11为固体激光器的结构示意图。

2)激光焊分类

(1)根据激光对工件的作用方式，可将激光焊分为脉冲激光焊和连续激光焊。

①脉冲激光焊。是指激光以脉冲的方式输出，其脉冲宽度、脉冲能量均精确可调，其输入到工件上的能量是断续的。因此，小功率脉冲激光焊接尤其适合于直径ϕ0.5mm以下金属丝与丝、丝与板或薄膜之间的点焊，特别是微米级细丝、箔的点焊。脉冲激光焊中大量使用的脉冲激光器主要是YAG激光器，也可将连续输出的YAG激光器和CO_2激光器通过打开或关闭装在激光器上的光闸用于脉冲焊接。

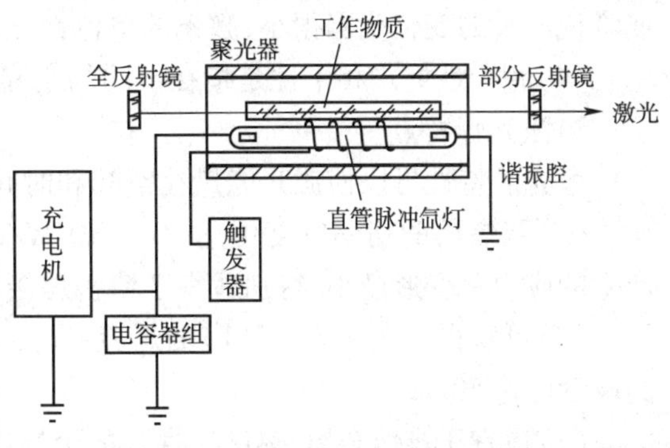

图6-11 固体激光器的结构示意图

②连续激光焊。是指激光连续、稳定地输出,焊缝成型主要由激光功率及焊接速度确定。当激光器输出功率较低时,光的反射损失较大,为减少光能反射损失,通常要对被焊材料表面进行适当的处理(如黑化)。高功率激光焊熔池表面还会形成金属蒸汽的等离子云,使激光束能量的反射损失显著增大、熔深减小,必须采用脉冲调制或气流吹除排除影响,以保证焊接过程的顺利进行。

连续激光焊可以使用大功率的钇铝石榴石激光器,但应用最多的是 CO_2 激光器。由于 CO_2 激光器的效率更高、功率更大,且可连续、稳定输出,因而适用于薄板精密焊至 50mm 厚板深熔焊等各种焊接。

(2)根据作用在工件上的功率密度,根据实际作用在工件上的功率密度,可将激光焊接分为热传导焊接(功率密度 $<10^5 W/cm^2$)和深熔焊接(功率密度 $\geq 10^5 W/cm^2$)。

热传导焊接时,工件表面温度不超过材料的沸点,工件吸收的光能转变为热能后,通过热传导将工件熔化,无小孔效应发生。热传导焊接过程与非熔化极电弧焊相似,熔池形状近似为球形。

深熔焊接时,金属表面在光束作用下,温度迅速上升到沸点,金属迅速蒸发形成的蒸气压力、反冲力等能克服熔融金属的表面张力以及液体的静压力等而形成小孔,激光束可直接深入材料内部,所以也称小孔型或穿孔型焊接。光斑的功率密度更高时,所产生的小孔能贯穿整个板厚,因而能获得深宽比较大的焊缝。

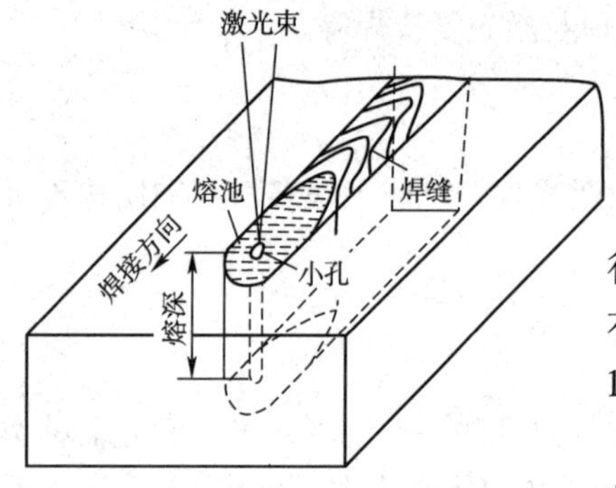

图 6-12　激光深熔焊接示意图

图 6-12 为激光深熔焊接示意图。

2. 激光及激光焊的特点

1)激光特性

(1)亮度高。激光束可以通过光学系统汇聚成面积很小的斑点(<1mm),所以其亮度比普通光源高百万倍。有些脉冲激光器的光脉冲持续时间还可压缩至 $10^{-12} \sim 10^{-9}$s 甚至更短,其亮度甚至比太阳还亮 16 个数量级。

(2)方向性好。激光的发散角很小,可以达到 0.1mrad 甚至更小,接近于理想的平行光。

(3)单色性强。单色性是指激光的频率宽度很窄,或者说波长的变化范围很小,激光的单色性比普通光源好万倍以上。

(4)相干性好。相干性是指在不同的空间点上以及不同的时刻,光波场相位的相关性。

2)激光焊特点

激光的特性可以使激光能量在空间和时间上高度集中,是焊接和切割的理想热源。

(1)聚焦后的功率密度可达 $10^5 \sim 10^7 W/cm^2$ 甚至更高,加热集中,热影响区窄,所以工件产生的应力和变形极小,特别适宜于精密焊接和微小零件的焊接。

(2)可获得深宽比大(12∶1)的焊缝,焊接厚件时可不开坡口一次成型,不开坡口单道焊接的厚度已达 50mm。

(3)适宜于难熔金属、热敏感性强的金属以及热物理性能相差悬殊、尺寸和体积悬殊工件的焊接,也可以焊接陶瓷、有机玻璃等非金属材料。

(4)能透射、反射,有的激光还可以用光纤传输,在空间远距离传播时衰减很小,可用于一

般焊接方法难以施焊的部位以及密闭容器内的工件焊接。

(5)激光束不受电磁干扰,无磁偏吹现象,适用于磁性材料焊接。

(6)不需要真空室,不产生X射线,观察及对中方便。

(7)一台激光器可以完成多种工作,可焊接、切割、合金化和热处理等。

激光焊的不足之处是设备的一次性投资大,对反射率高的金属直接焊接比较困难,可焊接工件厚度尚比电子束焊小,对焊件加工、组装、定位要求高,激光器的电光转换及整体运行效率较低等。

3. 激光焊设备

依据GB/T 10249—2010《电焊机型号编制方法》的规定,激光焊设备的型号由汉语拼音和阿拉伯数字组成。

焊接设备型号编排如下:

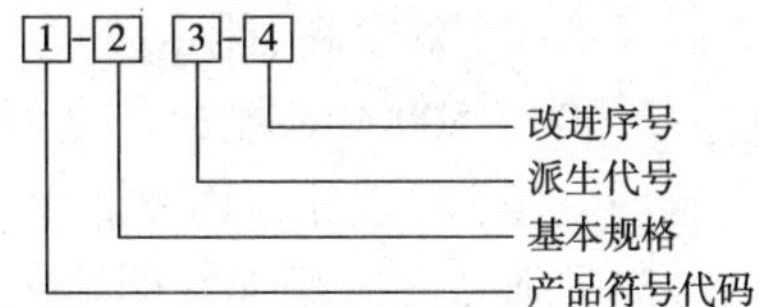

产品符号代码参照表6-8所示。

基本规格指焊接设备额定的焊接电流,单位为(A)。

改进序号按产品改进程序用阿拉伯数字连续编写。

型号中3、4项如不用时,可空缺。

激光焊设备的符号代码 表6-8

设备名称	第一字母		第二字母		第三字母		第四字母	
	代表字母	大类名称	代表字母	小类名称	代表字母	附注特征	数字序号	系列序号
光束焊接设备	G	激光焊机	省略 M	连续激光 脉冲激光	D Q Y	固体激光 气体激光 液体激光		

4. 激光焊复合技术

激光焊复合技术是指将激光焊与其他焊接组合起来的集约式焊接技术,以克服单纯激光焊的某些不足,充分发挥组合中每种焊接方法的优点,进一步扩展激光焊的应用。

单纯的激光焊接由于激光束流细小,因此对接头的间隙要求较高(<0.101mm),熔池的搭桥能力较差,同时由于反射、等离子云等问题,严重影响焊接过程的稳定性,光能利用率低,能量浪费大,严重影响了激光焊接应用的进一步扩展。

运用激光焊接复合技术能够较好地解决这些问题。目前,激光焊接复合技术主要包括激光－电弧焊、激光－高频焊及激光－压焊等形式。

二、等离子弧焊

1. 等离子弧

1)等离子弧的形成

焊接领域中应用的等离子弧，是利用外部拘束作用使弧柱受到压缩的电弧，其实质为在钨极气体保护电弧的基础上借助水冷铜喷嘴的外部拘束作用，使弧柱的横截面受到限制，使电弧温度、能量密度和等离子体流速显著增大。

目前广泛采用的压缩电弧方法是将钨极缩入喷嘴内部，在水冷喷嘴中通以一定压力和流量的离子气，使电弧受到三种压缩作用（机械压缩效应、热收缩效应、电磁收缩效应），强迫电弧通过喷嘴孔道，形成高温、高能量密度的等离子弧，如图6-13所示。

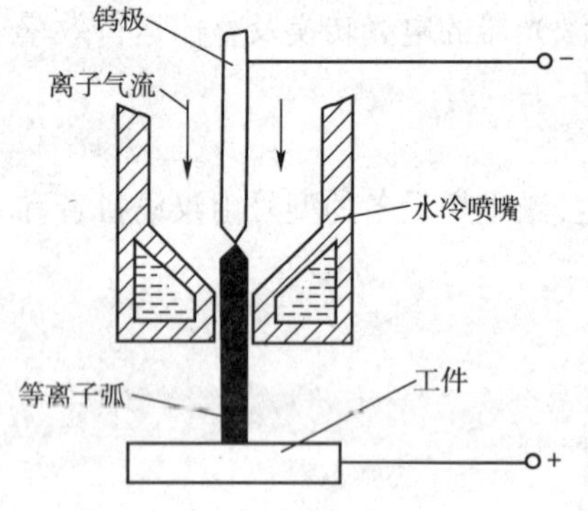

图6-13　等离子弧形成示意

上述压缩作用中，喷嘴孔径的机械压缩作用是前提，热收缩效应则是电弧被压缩的最主要原因，而电磁收缩效应是必然存在的。

2）等离子弧的特性

（1）温度高、能量密度大。等离子弧的最高温度可达24000～50000K，能量密度可达10^5～10^8W/cm^2。

（2）能量分布均衡。由于弧柱被压缩，横截面减小，等离子弧弧柱电场强度明显提高，因此等离子弧的最大压降是在弧柱区，几乎整个弧长都具有较高温度。加热金属主要是利用弧柱区的热功率，即利用弧柱等离子体的热能。

（3）电弧挺度好、冲力大。经过压缩后的等离子弧，横截面缩小，温度升高，喷嘴内部的气体剧烈膨胀，迫使等离子体高速从喷嘴孔中喷出，其形状近似于圆柱形，电弧扩散角很小（约5°左右），因此冲力大，挺直性好。

电流越大，等离子弧的冲力也越大，挺直性也就越好。弧长发生波动时，等离子弧加热面积的波动比钨极氩弧要小得多。

（4）静特性曲线仍接近于U形。由于弧柱横截面受到限制，等离子弧电场强度增大，电弧电压明显提高，U形曲线上移且其平直区域明显减小。电流较小时，等离子弧仍具有缓降或平的静特性，但U形曲线的下降区斜率明显减小，所以小电流时等离子弧静特性与电源外特性仍有稳定工作点。

（5）电弧稳定性好。等离子弧的电离度较钨极氩弧更高，因此稳定性好。外界气流和磁场对等离子弧的影响较小，不易发生电弧偏吹和漂移现象。采用微束等离子弧，当电流小至0.1A时，电弧仍可稳定燃烧，指向性和挺度良好，利于采用小电流焊接极薄工件。

3）等离子弧类型

按接线方式和工作方式，可将等离子弧分为非转移型、转移型和混合型三种类型，如图6-14所示。

（1）非转移型等离子弧。非转移型等离子弧是指钨极接电源负极、喷嘴接电源正极，工件不接电源，电弧在钨极与喷嘴孔壁之间燃烧，并在离子气流作用下从喷嘴孔喷出，因受到压缩而形成等离子弧，如图6-14a）所示。

由于工件不接电源，工作时仅利用等离子焰进行加热，故其温度、能量密度比转移型等离子弧低。工作时喷嘴受热较多，大量热能通过喷嘴散失，所以对喷嘴冷却要求较为严格，以保证其使用寿命。

非转移弧主要应用于等离子弧喷涂、焊接及较薄的金属及非金属切割。

(2)转移型等离子弧。转移型等离子弧是指钨极接电源负极、工件接电源正极,等离子弧燃烧于钨极与工件之间,如图6-14b)所示。

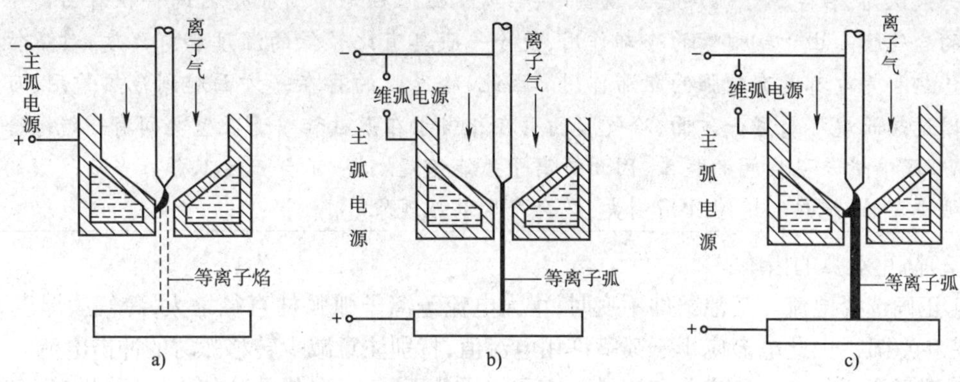

图6-14　等离子弧类型

a)非转移型;b)转移型;c)混合型

因等离子弧不能直接产生,必须先在钨极和喷嘴之间接通维弧电源,以引燃小电流的非转移型弧(引导弧)。然后将非转移型弧通过喷嘴过渡到工件表面,再引燃钨极与工件之间的转移型等离子弧(主弧),并自动切断维弧电源。

采用转移弧工作时,等离子弧温度高、能量密度大,工件上获得的热量多,热量的有效利用率较高,主要应用于等离子弧切割、等离子弧焊接和等离子弧堆焊。

(3)混合型等离子弧。工作过程中非转移型弧和转移型弧同时存在,所以称之为混合型(联合型)等离子弧,如图6-14c)所示。其中转移弧主要用以加热工件和填充金属,非转移弧用以协助转移弧的稳定燃烧(小电流时)以及对填充金属进行预热(堆焊时)。

混合型等离子弧稳定性优良,电流较小时也能保持电弧稳定,主要应用于微束等离子弧焊接和粉末等离子弧堆焊。

4)双弧现象及防止

(1)双弧现象。使用转移型等离子弧进行焊接或切割过程中,等离子弧应稳定燃烧于钨极与工件之间,但由于某些原因会在钨极和喷嘴及喷嘴和工件之间产生与主弧并列的电弧,称为等离子弧双弧现象,如图6-15所示。

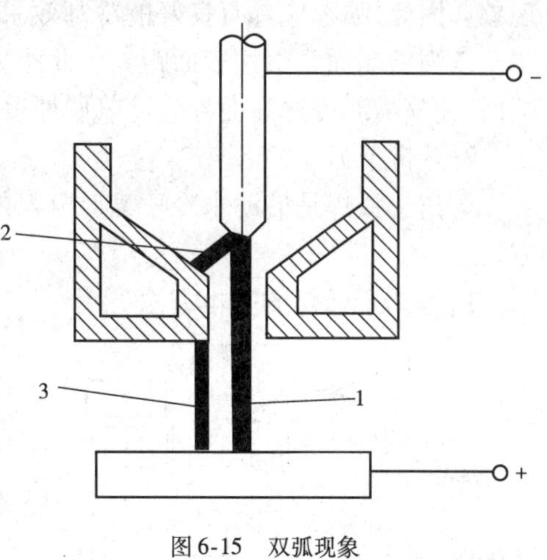

图6-15　双弧现象

1-主弧;2、3-并列弧

双弧的危害:

①破坏等离子弧的稳定性,使焊接或切割过程无法稳定进行,恶化焊缝成型和切口质量。

②钨极和工件之间同时形成两条并列的导电通路,减小了主弧电流及电功率,使熔透能力(焊接)和切割厚度(切割)减小。

③双弧产生后,喷嘴成为并列弧电极,导致并列弧电流通过。同时等离子弧和喷嘴内孔壁

间的冷气膜受到破坏,使喷嘴受到强烈加热,容易烧坏喷嘴。

小知识:形成双弧的原因

一般认为,在等离子弧焊接或切割时,等离子弧弧柱与喷嘴孔壁之间存在着由离子气所形成的冷气膜。由于铜喷嘴的冷却作用,使冷气膜具有比较低的温度和电离度,对弧柱向喷嘴的传热和导电都具有较强的阻滞作用。因此,冷气膜的存在一方面起到绝热作用,可防止喷嘴因过热而烧坏。另一方面,冷气膜的存在相当于在弧柱和喷嘴孔壁之间有一绝缘套筒存在,隔断了喷嘴与弧柱间的联系,因此等离子弧能稳定燃烧,不会产生双弧。当冷气膜的阻滞作用被击穿时,绝热和绝缘作用消失,就会产生双弧现象。

(2)防止双弧的措施:

①正确选择电流。其他条件不变时,增大电流等离子弧弧柱直径增大,冷气膜厚度减小,容易产生双弧。因此电流应小于喷嘴许用电流值,特别注意减少转移弧时的冲击电流。

②选择合适的离子气成分和流量。离子气成分不同,对电弧的冷却作用不同,产生双弧的倾向不同。

例如,采用 $Ar+H_2$ 作为离子气时,由于氢的冷却作用强,弧柱直径缩小,使冷气膜的厚度增大,因此不易产生双弧。增大离子气流量会增强对电弧的冷却作用,从而减小产生双弧的可能。

③合理设计喷嘴结构。减小喷嘴孔径或增大孔道长度,会使冷气膜厚度减小而容易被击穿产生双弧。钨极内缩长度增加,也容易引起双弧。

因此,喷嘴孔道不应过长,电极和喷嘴应尽可能对中,电极内缩量不能过大。

④喷嘴的冷却效果。喷嘴的水冷效果不良,必然会使冷气膜的厚度减小而容易引起双弧现象。因此,喷嘴应具有良好的冷却效果。

⑤喷嘴端面至工件表面距离。此距离过小,会造成等离子弧热量从工件表面反射到喷嘴端面,使喷嘴温度升高而导致冷气膜厚度减小,故容易产生双弧。

2.等离子弧焊

等离子弧焊是借助水冷喷嘴对电弧的拘束作用,获得高能量密度的等离子弧进行焊接的方法。

1)等离子弧焊的基本方法

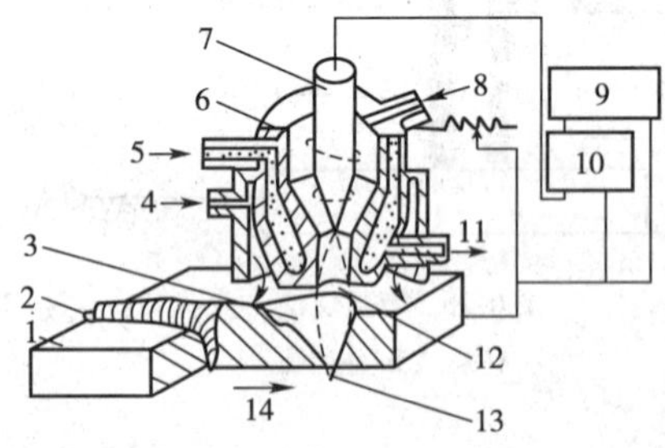

图6-16　穿透型等离子弧焊示意

1-工件;2-焊缝;3-液态熔池中的小孔;4-保护气;5-进水;6-喷嘴;7-钨极;8-等离子气;9-焊接电源;10-高频发生器;11-出水;12-等离子弧;13-尾焰;14-焊接方向

按焊缝成型原理,等离子弧焊包括穿孔型等离子弧焊、熔透型等离子弧焊及微束等离子弧焊。此外,还有一些派生类型,如脉冲等离子弧焊、交流等离子弧焊、熔化极等离子弧焊等。

(1)穿透型等离子弧焊(小孔型等离子弧焊)。穿透型等离子弧焊是指采用转移型等离子弧,在适当的工艺参数条件下将工件完全熔透,并在等离子流力作用下形成一个穿透工件的小孔,部分等离子弧("尾焰")从工件的背面喷出,熔化金属被排挤在小孔周围,依靠表面张力承托而不会流失。

图6-16为其工件原理示意。

焊接时小孔随焊枪向前移动，熔池中的液态金属在电弧吹力、表面张力作用下沿熔池壁向熔池尾部流动，并逐渐收口、凝固，形成完全熔透的正反面均有波纹、断面呈酒杯状的焊缝，如图6-17所示。

利用小孔效应，穿透型等离子弧焊不用衬垫就可实现单面焊双面成型。焊接时一般不加填充金属，当焊缝余高有要求时可加入填充金属。

穿透型等离子弧焊极适于焊接3～8mm不锈钢、12mm以下钛合金、2～6mm低碳钢或低合金结构钢以及铜、黄铜、镍及镍合金的对接焊，可采用不开坡口、不加填充金属、不用衬垫的条件下实现单面焊双面成型。当工件厚度大于上述范围时，需开V形坡口进行多层焊。

(2)熔透型(熔入型)等离子弧焊。是指采用较小焊接电流(30～100A)及较低离子气流量，并利用混合型等离子弧焊接。焊接时只熔化工件、不形成小孔效应。当等离子气流量较小时，电弧压缩程度较弱，电弧穿透能力不足以形成小孔，工件熔化到一定深度或熔透成双面焊缝，如图6-18所示。

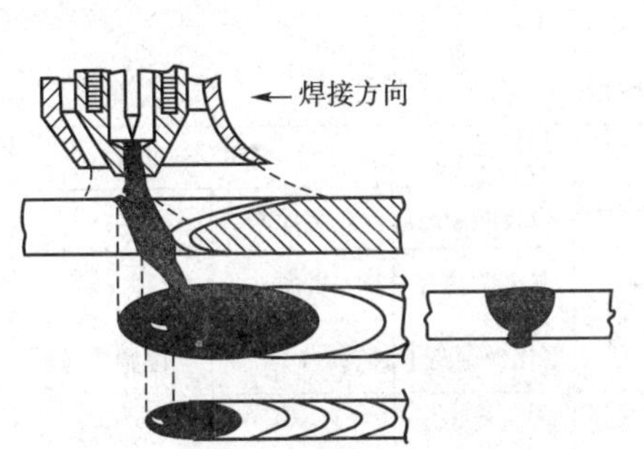

图6-17　穿透型等离子弧焊焊缝形成示意

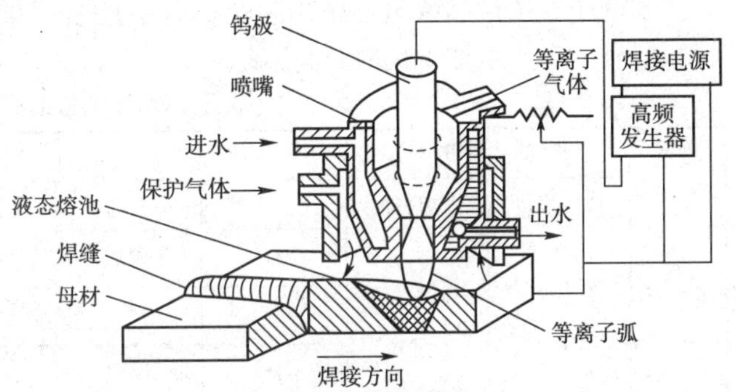

图6-18　熔透型等离子弧焊

熔透型等离子焊适合于薄板的单面焊双面成型焊接，也可以用于厚板的双面焊和多层打底焊。

(3)微束等离子弧焊。焊接电流在30A以下(有时焊接电流稍大)，使用很小孔径的喷嘴，得到针状细小的等离子弧，主要用于焊接厚度1mm以下的超薄、超小、精密的工件。

微束等离子弧焊通常采用混合型等离子弧，并采用两个独立焊接电源。其中一电源为维弧电源，空载电压一般大于90V(以便引弧)，其功能是向钨极与喷嘴之间的非转移弧(维弧)供电。维弧的作用是在小电流下帮助和维持转移弧工作，焊接电流小于10A时维弧的作用尤为明显。当维弧电流大于2A时，转移型等离子弧小至0.1A焊接电流下仍可稳定燃烧。另一个电源则向钨极与工件间的转移弧(主弧)供电，以进行焊接。

上述等离子弧焊方法均可采用脉冲电流(脉冲等离子弧焊)，以提高焊接过程的稳定性。脉冲等离子弧焊易于控制热输入和熔池，热影响区和焊接变形小，适于全位置焊接。其中脉冲微束等离子弧焊特点更为突出，因而应用较广泛。

交流等离子弧焊具有阴极清理作用，主要用来焊接铝、镁及其合金。熔化极等离子弧焊实质上是将等离子弧焊和MIG焊组合在一起的联焊方法。由于这两种方法特点不突出，目前应用较少。

2)等离子弧焊设备

按操作方式不同，等离子弧焊设备可分为手工焊设备和自动焊设备两大类。手工等离子

弧焊设备主要由焊接电源、焊枪、控制系统、气路系统和水路系统等部分组成。自动等离子弧焊设备除上述部分外，还包括焊接小车和送丝机构（需要加填充金属）。

按焊接电流大小，等离子弧焊设备可分为大电流等离子弧焊设备和微束等离子弧焊设备。

（1）焊接设备的型号。依据 GB/T 10249—2010《电焊机型号编制方法》的规定，等离子弧焊接设备的型号由汉语拼音和阿拉伯数字组成。

焊接设备型号编排如下：

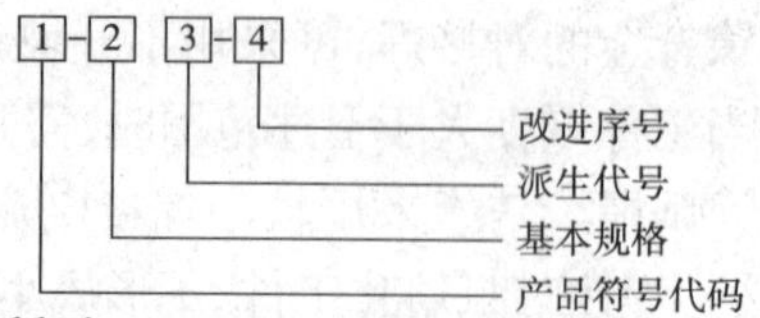

产品符号代码参照表 6-9 所示。

基本规格指焊接设备额定的焊接电流，单位为（A）。

改进序号按产品改进程序用阿拉伯数字连续编写。

型号中 3、4 项如不用时，可空缺。

等离子弧焊接设备的符号代码 表 6-9

设备名称	第一字母		第二字母		第三字母		第四字母	
	代表字母	大类名称	代表字母	小类名称	代表字母	附注特征	数字序号	系列序号
电弧焊机	L	等离子弧焊机/等离子弧切割机	G	切割	省略	直流等离子	省略	焊车式
					R	熔化极等离子	1	全位置焊车式
			H	焊接	M	脉冲等离子	2	横臂式
					J	交流等离子	3	机床式
			U	堆焊	S	水下等离子	4	旋转焊头式
					F	粉末等离子	5	台式
			D	多用	E	热丝等离子	8	手工等离子
					K	空气等离子		

（2）焊接设备的组成：

①焊接电源。等离子弧焊设备一般采用具有陡降或垂直下降外特性的直流弧焊电源。电源空载电压根据离子气的种类而定，如用纯氩气作离子气时，电源空载电压只需 80V 左右；而用氩气加氢气混合气体作离子气时，电源空载电压则需要 110～120V。微束等离子弧焊设备宜采用垂直下降外特性的电源，以提高等离子弧的稳定性。为保证收弧处的焊缝质量，不留弧坑，等离子弧焊接一般采用电流衰减法熄弧，因此应具有电流衰减装置。

②焊枪。主要由电极、喷嘴、中间绝缘体、上、下枪体、保护罩、水路、气路及馈电体等组成，如图 6-19 所示。

使用棒状电极的焊枪，其水、电、离子气及保护气接头一般均从枪体侧面连接。镶嵌式电极的水、电、离子气及保护气接头，可从焊枪顶端接入。

③气路系统。典型供气系统如图 6-20 所示，包括离子气、焊接区保护气以及背面保护气等的供给。

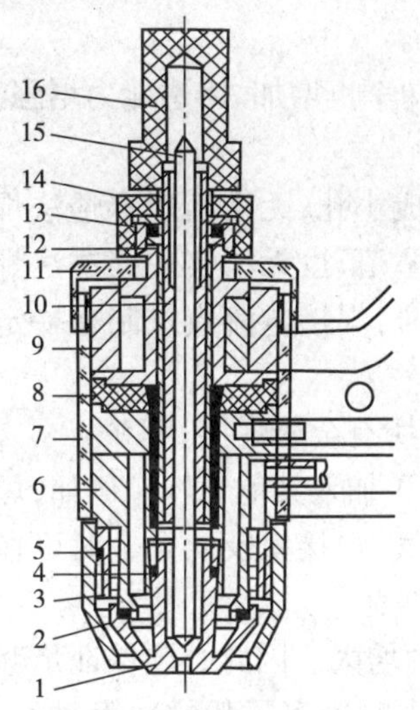

图6-19　等离子弧焊枪示意图

1-喷嘴;2、4、5、13-密封胶圈;3-保护罩;6-下枪体;7-绝缘外壳;8-绝缘柱;9-上枪体;10-钨极卡;11-外壳帽;12-钨极卡套;14-锁紧螺母;15-钨极;16-钨极帽

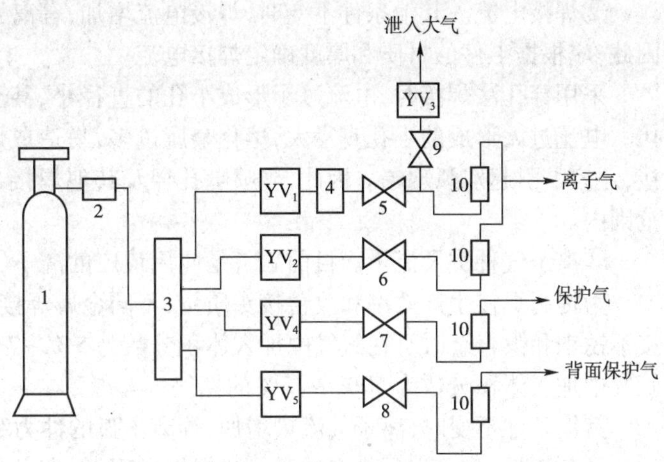

图6-20　等离子弧焊典型供气系统示意图

1-氩气瓶;2-减压表;3-气体汇流排;4-储气桶;5～9-调节阀;10-流量计;YV1～YV5-电磁气阀

为保证引弧和收弧处的焊缝质量,离子气可分两路供给,其中一路经放气阀放入大气,以实现离子气衰减。为避免保护气对离子气的干扰,保护气和离子气最好由独立气路分开供给。

为延长喷嘴及电极的使用寿命,保证等离子弧产生良好的热收缩效应,等离子弧焊机必须具有合适的水冷系统以对焊枪进行良好的冷却。

④控制系统。一般包括高频引弧电路、拖动控制电路、延时电路和程序控制电路等部分。

3)等离子弧焊工艺

(1)接头形式。等离子弧焊接的通用接头形式为I形对接接头、单面V形和双面V形坡口的对接接头以及单面U形和双面U形坡口的对接接头,此外也可采用角接接头和T形接头。

①厚度大于1.6mm,小于表6-10所列厚度的工件,可不开坡口,采用穿透型焊接法一次焊透。

等离子弧焊一次焊透的工件厚度(单位:mm)　　表6-10

材料	不锈钢	钛及钛合金	镍及镍合金	低碳钢
厚度范围	≤8	≤12	≤6	≤8

②厚度较大的工件,需开坡口进行多层焊。为使第一层焊缝仍可采用穿透型焊接技术,坡口钝边可留至5mm,坡口角度也可减小,之后各层焊缝可采用熔透型焊接技术焊接。

③工件厚度在0.025～1.6mm之间,通常使用微束等离子弧焊接。

(2)焊接参数的选择。等离子弧焊焊透母材的方式主要有穿透焊和熔透焊(包括微束等离子弧焊)两种。

采用穿透型等离子弧焊时,焊接过程中确保小孔的稳定,是获得优质焊缝的前提。

影响小孔稳定性的主要焊接工艺参数包括:

①喷嘴孔径。直接决定对等离子弧的压缩程度,是选择其他参数的前提。一定孔径的喷

嘴其许用电流有限，一般应按工件厚度和所需电流值确定喷嘴孔径。

②焊接电流。其他条件不变时，焊接电流增加，等离子弧的热功率也增加，熔透能力增强。因此，应根据工件的材质和厚度确定焊接电流。

采用穿孔法焊接时，电流过小形成小孔的直径小，甚至不能形成小孔，无法实现穿透法焊接。电流过大形成的小孔直径大，熔化金属过多，易造成熔池金属坠落，也无法实现穿透法焊接，还容易引起双弧现象。因此，当喷嘴孔径及其他焊接参数一定时，焊接电流应控制在一定范围内。

③离子气种类及流量。目前氩气是应用最广的离子气，适用于所有金属焊接。

为提高焊接生产效率和改善接头质量，不同金属焊接可在氩气中加入其他气体。例如，焊接不锈钢和镍合金时可在氩气中加入体积分数为5% ~7.5%的氢气，焊接钛及钛合金时可在氩气中加入体积分数为50% ~75%的氦气。

其他条件不变时，离子气流量增加，等离子弧的冲力和穿透能力增大。因此必须保证足够的离子气流量，才可实现稳定的穿孔法焊接过程，但离子气流量过大时等离子弧的冲力过大，容易导致熔池金属被冲掉。

④焊接速度。其他条件不变时，提高焊接速度，输入到焊缝的热量减少，穿孔法焊接时，小孔直径将减小。如果焊速太高，则无法形成小孔。

焊接速度的确定，取决于焊接电流和离子气流量。

⑤喷嘴高度。喷嘴端面至工件表面的距离。喷嘴高度过大，会增加等离子弧的热损失，使熔透能力减小，保护效果变差。喷嘴高度过小时不便操作，喷嘴也易被飞溅物堵塞，还容易产生双弧现象。

喷嘴高度应保持在3 ~8mm较为合适。

⑥保护气成分及流量。等离子弧焊时，除向焊枪输入离子气外，还应输入保护气体，以充分保护熔池不受大气污染。

大电流等离子弧焊保护气体与离子气成分应相同，否则会影响等离子弧的稳定性。小电流等离子弧焊离子气与保护气体成分可以相同，也可以不同。保护气体一般采用氩气，焊接铜、不锈钢、低合金钢时，为防止焊缝产生缺陷，通常在氩气中加一定量的氦气、氢气或二氧化碳等气体。

保护气体流量应与离子气流量比例适当，如果保护气体流量过大，则会造成气流紊乱，影响等离子弧稳定性和保护效果。

穿透法焊接时，一般保护气体流量控制在15 ~30L/min。

熔透型等离子弧焊的工艺参数类型和小孔型等离子弧焊基本相同。

(3)典型焊接参数参考范围(表6-11、表6-12)。

穿透型等离子弧焊焊接工艺参数　　表6-11

材料	厚度(mm)	焊接电流(A)	电弧电压(V)	焊接速度(cm/min)	气体成分(体积分数)	坡口形式	气体流量(L/min)	
							离子气	保护气
碳钢	3.2	185	28	30	Ar	I形	6.1	28
低合金钢	4.2	200	29	25	Ar	I形	5.7	28
	6.4	275	33	36			7.1	

续上表

材料	厚度（mm）	焊接电流（A）	电弧电压（V）	焊接速度（cm/min）	气体成分（体积分数）	坡口形式	气体流量(L/min)	
							离子气	保护气
不锈钢	2.4	115	30	61	Ar95% + $H_2$5%	I 形	2.8	17
	3.2	145	32	76			4.7	17
	4.8	165	36	41			6.1	21
	6.4	240	38	36			8.5	24
钛合金	3.2	185	21	51	Ar	I 形	3.8	28
	4.8	175	25	33	Ar		8.5	
	9.9	225	38	25	Ar25% + He75%	I 形	15.1	
	12.7	270	36	25	Ar50% + He50%		12.7	
	15.1	250	39	18	Ar50% + He50%	V 形	14.2	

不锈钢微束等离子弧焊接工艺参数 表 6-12

厚度（mm）	焊接电流（A）	电弧电压（V）	焊接速度（cm/min）	气体流量(L/min)		喷嘴孔径（mm）	备注
				离子气 Ar	保护气（体积分数）		
0.025	0.3	—	12.7	0.2	8（Ar）	0.75	卷边焊
0.075	1.6	—	15.2	0.2	8（Ar + $H_2$1%）	0.75	
0.125	1.6	—	37.5	0.28	7（Ar + $H_2$0.5%）	0.75	
0.175	3.2	—	77.5	0.28	9.5（Ar + $H_2$4%）	0.75	
0.25	5	30	32	0.5	7（Ar）	0.6	
0.1	3.3	24	37	0.15	4（Ar）	0.6	对接（背面加铜衬垫）
0.2	4.3	25	—	0.4	5（Ar）	0.8	
	4	26	—	0.4	6（Ar）	0.8	
0.25	6.5	24	27	0.6	6（Ar）	0.8	
	6	—	20	0.6	9.5（Ar + $H_2$1%）	0.75	
0.75	10	—	12.5	0.28	9.5（Ar + $H_2$1%）	0.75	
1.0	2.7	25	27.5	0.6	11（Ar）	1.2	
1.2	13	—	15	0.42	7（Ar + $H_2$8%）	0.8	

第三节 电 阻 焊

电阻焊属压焊范畴，是压焊技术中主要方法之一，在船舶建造领域得到了一定应用，如船用锚链的闪光对焊以及船用风道的点焊、缝焊等。

一、电阻焊的实质及特点

1. 电阻焊实质

电阻焊是将工件组合后通过电极施加压力,利用电流通过接头的接触面及邻近区域产生的电阻热进行焊接的方法。

电阻焊是利用本身的电阻热及大量塑性变形能量,形成结合面的共同晶粒而得到焊点、焊缝或对接接头,而焊接电源、电极压力是形成电阻焊接头的最基本条件。

2. 电阻焊的特点

(1)优点:

①焊接生产率高。点焊时通用点焊机每分钟可焊60点,快速点焊机则每分钟可达500点以上。对焊直径为40mm的棒材每分钟可焊一个接头,缝焊厚度为1~3mm薄板的焊接速度通常为0.5~lm/min,滚动对焊最高焊接速度可达60m/min。

②焊接质量好。电阻焊冶金过程简单,且不易受空气的有害作用,所以焊接接头的化学成分均匀,并且与母材基本一致。由于热量集中,受热范围小,热影响区较小,焊接变形小且易于控制。

此外,点、缝焊时由于焊点处于工件内部,焊缝表面平整光滑。

③焊接成本较低。电阻焊时不使用焊接材料(一般不用保护气体),正常情况下主要为电力消耗。

④劳动条件较好。电阻焊时既不会产生有害气体,也没有强光辐射,所以劳动条件比较好。此外,电阻焊焊接过程简单,易于实现机械化、自动化,因而工人的劳动强度较低。

(2)缺点:

①由于焊接过程较短,某些工艺因素发生波动对焊接质量造成影响时,往往来不及进行调整。

②设备比较复杂。除了需要大功率的供电系统外,还需精度高、刚度较大的机械系统,设备成本较高。

③工件的厚度、形状和接头形式受到一定程度的限制。如点、缝焊一般只适用于薄板搭接接头,增加了材料的消耗,使承载能力降低。对焊主要适用于紧凑断面的对接接头,对薄板类零件焊接则比较困难。

二、点焊和缝焊

1. 点焊

1)点焊接头形成过程

点焊是指在电极压力作用下,通过电阻热熔化金属,断电后在电极压力作用下结晶而形成接头。焊接时将工件放入两电极之间,电极施加压力压紧工件后,电源通过电极向工件通电加热,在工件内部形成熔核。熔核中的液态金属在电磁力作用下发生强烈搅拌,成分均匀、结晶界面迅速消失,断电后在电极压力作用下凝固结晶,形成点焊接头。同时,在接头周围形成一个环状尚未达到熔化状态的塑性变形区(塑性环),可防止周围气体侵入和液态熔核金属沿板缝向外喷溅。点焊工作原理和接头形成过程如图6-21所示。

焊接时，每完成一个接头称为一个点循环，一般包括预压、通电加热、锻压和休止四个相互衔接的阶段。

(1)预压阶段(通电前的加压)。预压的目的是使工件间紧密接触，并使接触面上凸点处产生塑性变形，破坏表面的氧化膜，以获得稳定的接触电阻。

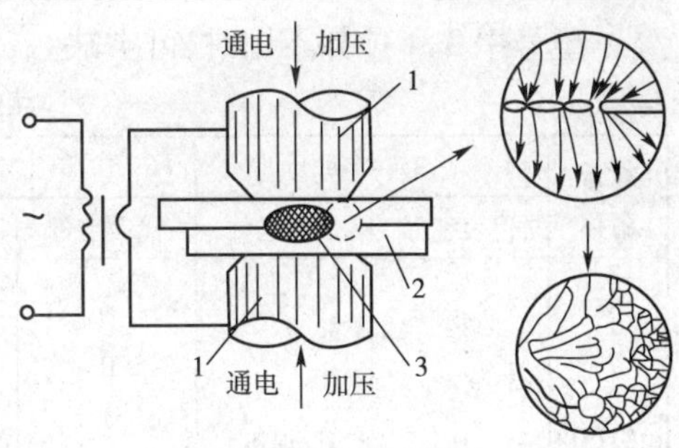

图6-21　电阻点焊原理

1-电极；2-工件；3-熔核

若预压力不足，可能只有少数凸点接触，形成较大的接触电阻，产生较大的电阻热，接触处的金属很快熔化，并以火花的形式飞溅出来，严重时甚至可能烧坏工件或电极。当工件较厚、结构刚性较大或工件表面质量较差时，可以加大预压力或在预压力阶段施加辅助电流。

(2)通电加热阶段。预压力使工件紧密接触后，即可通电焊接。正常情况下，金属在电极夹持处的两工件接触面上开始熔化，并不断扩展逐步形成熔核。熔核在电极压力作用下结晶(断电)，在工件间牢固结合。

通电加热阶段最易发生的问题是熔核金属的飞溅，会导致焊点强度下降，使工件表面产生凹坑，污染工作环境。

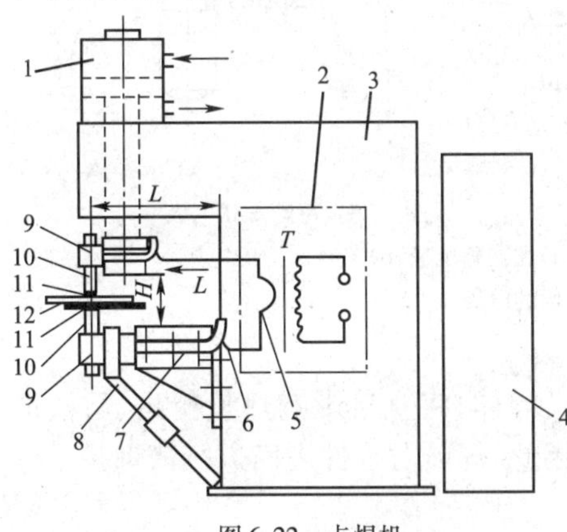

图6-22　点焊机

1-加压机构；2-变压器；3-机座；4-控制箱；5-二次绕组；6-柔性母线；7-支座；8-撑杆；9-机臂；10-电极握杆；11-电极；12-焊件

(3)锻压阶段(冷却结晶阶段)。熔核达到合适的形状与尺寸后，切断焊接电流，熔核在电极压力作用下冷却结晶。

熔核结晶在封闭的金属膜内进行，结晶时不能自由收缩，利用电极挤压可使正在结晶的金属变得紧密，避免产生缩孔和裂纹。因此，电极压力应在焊接电流断开、熔核金属全部结晶后才能停止作用。

2)点焊设备及电极

(1)点焊设备。点焊设备由机座、焊接变压器、加压机构及控制箱等几部分组成，应具备以一定压力压紧工件，并向焊接区传送电流的性能，如图6-22所示。

依据GB/T 10249—2010《电焊机型号编制方法》的规定，点焊设备的型号由汉语拼音和阿拉伯数字组成。

焊接设备型号编排如下：

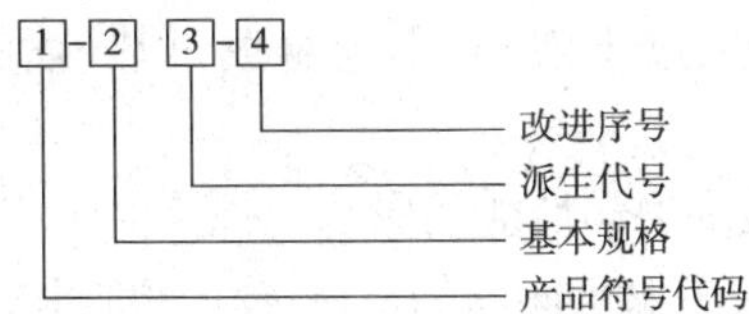

产品符号代码参照表6-13所示。

基本规格指焊接设备额定的焊接电流，单位为(A)。

改进序号按产品改进程序用阿拉伯数字连续编写。

型号中3、4项如不用时,可空缺。

点焊设备的符号代码 表6-13

设备名称	第一字母		第二字母		第三字母		第四字母	
	代表字母	大类名称	代表字母	小类名称	代表字母	附注特征	数字序号	系列序号
电阻焊机	D	点焊机	N	工频	省略	一般点焊	省略	垂直运动式
			R	电容储能	K	快速点焊	1	圆弧运动式
			J	直流冲击波			2	手提式
			Z	次级整流			3	悬挂式
			D	低频				
			B	逆变	W	网状点焊	6	焊接机器人

(2)电极。点焊电极由端部、主体、尾部及冷却水孔四部分组成。

标准电极(直电极)有五种形式(图6-23),为满足特殊形状工件点焊要求,有时需要设计特殊形状的电极(图6-24)。

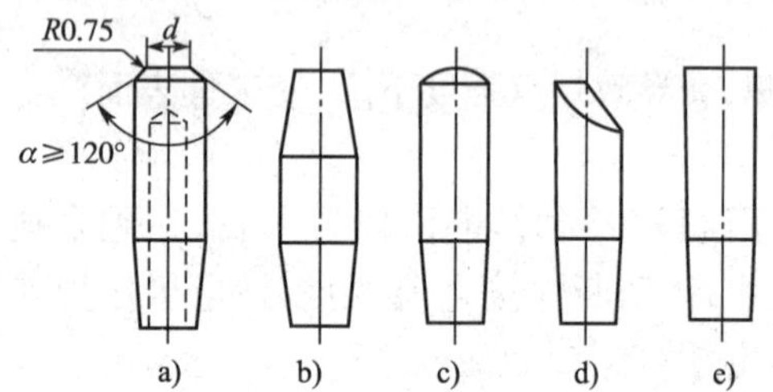

图6-23 标准电极

a)锥形电极;b)夹头电极;c)球形电极;d)偏心电极;e)平面电极

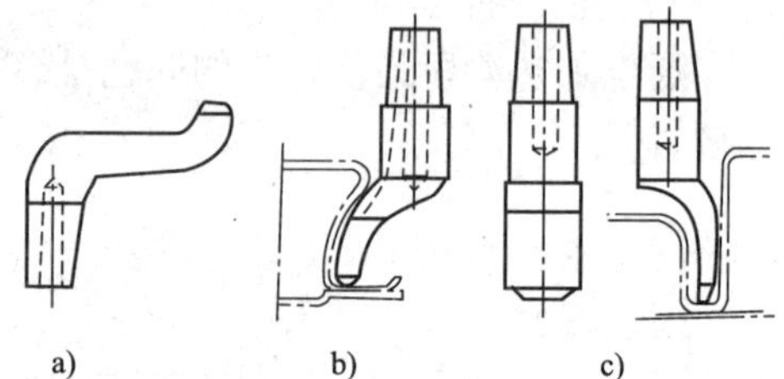

图6-24 特殊形状电极

a)普通弯电极;b)刻有水槽的电极;c)增大横截面的电极

3)点焊工艺

(1)焊前清理。工件表面的氧化膜、油污等均属不良导体,将直接影响热量析出、熔核形成及电极寿命,并导致焊接缺陷产生及接头强度降低。因此,焊前对工件表面进行清理是十分关键、重要的工序。

目前常用的清理方法有机械清理与化学清理,应根据产量、材料、厚度、结构形式及对表面状态的要求等选择清理方法,并严格规定存放时间。

(2)工艺参数选择。点焊工艺参数包括焊接电流、通电时间、电极压力、电极工作端面的形状和尺寸等,应综合考虑金属材料的性质、板厚及结构形式等因素选择。

①焊接电流。焊接电流过小时,不能形成熔核或熔核尺寸过小,焊点抗剪载荷能力较低且不稳定。焊接电流过大时使加热过于强烈,引起金属过热、喷溅、压痕过深等缺陷,接头性能降低。

②通电时间。通电时间对接头力学性能的影响与焊接电流相似,但通电时间对接头塑性指标影响较大,尤其对承受动载荷或具有脆性倾向的材料,较长的通电时间将产生较大的不良影响。

③电极压力。电极压力过大或过小均会导致焊点强度降低和分散性变大。

电极压力过小,焊接区金属的塑性变形不足,造成因电流密度过大引起加热速度增大,而塑性环又来不及扩展,从而产生严重喷溅。从而造成熔核形状和尺寸发生变化,且污染环境、

产生安全隐患。电极压力过大将使焊接区接触面积增大，总电阻和电流密度均减小，使熔核尺寸变小，严重时会产生未焊透缺陷。

正常情况下，增大电极压力的同时适当增加焊接电流和延长通电时间，可使焊点强度维持不变，稳定性亦可大大提高。

④电极工作端面尺寸。电极截面直径增大，电极与工件接触面积增大，使电流密度减小，散热效果增强，焊接区加热程度减弱，因而熔核尺寸小，焊点强度下降。

(3)低碳钢点焊工艺要点：

①焊前冷轧板表面可不必清理，热轧板应去除氧化皮、锈等杂质。

②宜采用强规范点焊，碳当量较大时会产生一定的淬硬倾向，但一般不影响使用。

③厚板(>3mm)时宜选用带锻压力的压力曲线，带预热脉冲电流或断续通电的多脉冲点焊方式，选用三相低频焊机焊接。

④低碳钢属铁磁性材料，工件尺寸较大时应考虑分段调整焊接参数，以弥补因工件伸入焊接回路过多而引起焊接电流的减弱。

⑤低碳钢板的焊接参数(表6-14)。

低碳钢钢板点焊焊接参数　　表6-14

板厚(mm)	电极端面直径(mm)	强规范			弱规范			一般规范		
		焊接电流(A)	通电时间(s)	电极压力(N)	焊接电流(A)	通电时间(s)	电极压力(N)	焊接电流(A)	通电时间(s)	电极压力(N)
0.4	3.2	5200	0.08	1150	4500	0.16	750	3500	0.34	400
0.5	4.8	6000	0.10	1350	5000	0.18	900	4000	0.40	450
0.6	4.8	6600	0.12	1500	5500	0.22	1000	4300	0.44	500
0.8	4.8	7800	0.14	1900	6500	0.26	1250	5000	0.50	600
1.0	6.4	8800	0.16	2250	7200	0.34	1500	5600	0.60	750
1.2	6.4	9800	0.20	2700	7700	0.38	1.750	6100	0.60	850
1.6	6.4	11500	0.26	3600	9100	0.50	2400	7000	0.86	1150
1.8	8.0	12500	0.28	4100	9700	0.54	2750	7500	0.96	1300
2.0	8.0	13300	0.34	4700	10300	0.60	3000	8000	1.06	1500
2.3	8.0	15000	0.40	5800	11300	0.74	3700	8600	1.28	1800
3.2	9.5	17400	0.54	8200	12900	1.0	5000	10000	1.74	2600

2. 缝焊

缝焊即连续点焊，是指将工件装配成搭接或对接接头并置于两滚轮电极之间，滚轮加压工件并转动连续或断续送电，形成一条连续焊缝(图6-25)。

根据滚轮电极旋转(工件移动)与焊接电流通过(通电)的机－电配合方式，可将缝焊分为连续缝焊、断续缝焊和步进缝焊三种基本类型。

1)缝焊设备

缝焊机结构见图6-26，依据GB/T 10249—2010《电焊机型号编制方法》的规定，缝焊设备的型号由汉语拼音和阿拉伯数字组成。

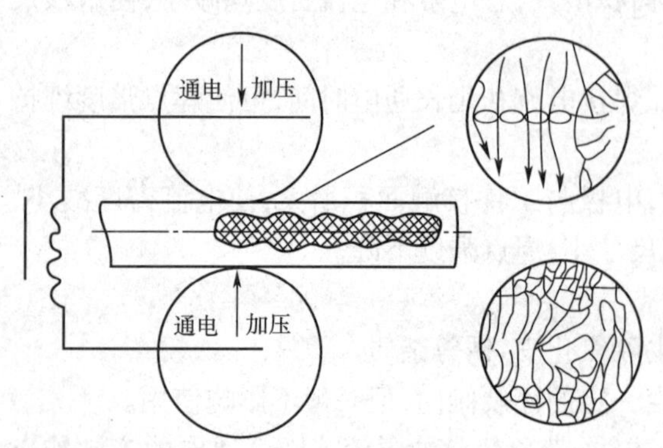

图6-25　缝焊工作原理

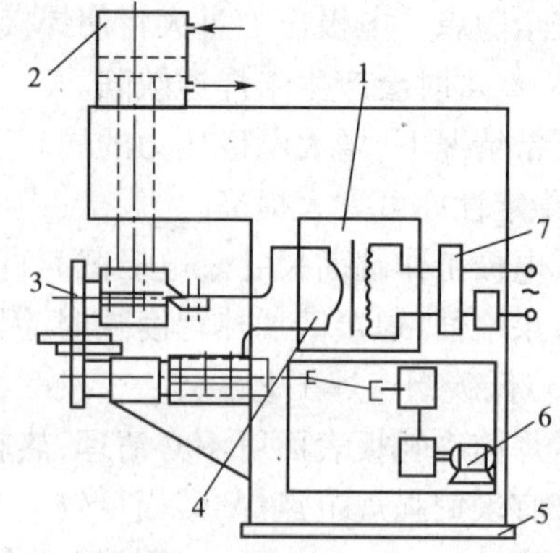

图6-26　缝焊机结构示意

1-电源;2-加压机构;3-滚轮电极;4-焊接回路;5-机架;6-传动与减速机构;7-开关与调节装置

焊接设备型号编排如下:

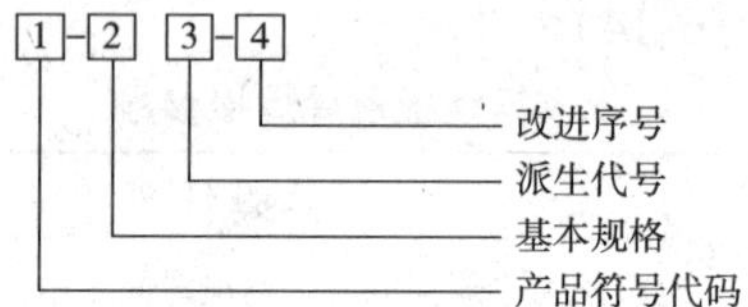

产品符号代码参照表6-15所示。

基本规格指焊接设备额定的焊接电流,单位为(A)。

改进序号按产品改进程序用阿拉伯数字连续编写。

型号中3、4项如不用时,可空缺。

缝焊设备的符号代码　　表6-15

设备名称	第一字母		第二字母		第三字母		第四字母	
	代表字母	大类名称	代表字母	小类名称	代表字母	附注特征	数字序号	系列序号
电阻焊机	F	缝焊机	N R J Z D B	工频 电容储能 直流冲击波 次级整流 低频 逆变	省略 Y P	一般缝焊 挤压缝焊 垫片缝焊	省略 1 2 3	垂直运动式 圆弧运动式 手提式 悬挂式

2)缝焊工艺

(1)焊接参数选择。对缝焊接头质量要求,主要体现在接头应具有良好的密封性和耐蚀性,因此选择焊接参数时应注意焊接参数对焊透率和重叠量的影响。缝焊的主要工艺参数包括焊接电流、电流脉冲时间和脉冲间隔时间、电极压力、焊接速度和滚轮电极端面尺寸等。

①焊接电流。考虑缝焊接时的分流,焊接电流应比点焊时增加15% ~40%,具体数值视材料的导电性、厚度和重叠量而定。

一般随焊接电流增大,焊透率及重叠量增加。但应注意,当焊接电流值满足接头强度要求后,继续增大虽可获得更大的焊透率和重叠量,便却不能提高接头强度(接头强度受板厚限

制),还可能产生过深的压痕甚至烧穿,接头质量反而降低。

②电流脉冲时间和脉冲间隔时间。缝焊时,可通过电流脉冲时间控制熔核的重叠量,两者应适当配合。

随焊接速度增加,将引起点距加大、重叠量降低。随脉冲间隔时间的增加,焊透率及重叠量将下降。

③电极压力。电极压力对缝焊过程的影响与点焊过程相似。由于缝焊时电极压力作用不充分,因此缝焊时电极压力应比点焊大些,具体数值视材料的高温塑性而定。

④焊接速度。随焊接速度增加,接头强度降低。同时,为使焊接区获得足够热量而提高焊接电流时,将很快出现工件表面过烧和电极黏损现象。一般随板厚的增加,缝焊速度必须减慢。

⑤滚轮电极端面尺寸。滚轮电极端面是缝焊时与工件表面相接触的部分。为提高滚轮电极散热效果,减小电极黏损倾向,在工件结构尺寸允许的条件下,滚轮电极直径应尽可能大些。

(2)低碳钢板缝焊焊接工艺要点。无油污和铁锈的冷轧低碳钢板,焊前可不进行特殊清理,但热轧钢板必须进行焊前清理。表6-16为低碳钢薄板断续缝焊焊接参数参考范围。

低碳钢钢板断续缝焊焊接参数　　表6-16

工艺	板厚(mm)	焊轮宽度(mm)		电极压力(N)	最小搭边(mm)	焊接时间(周波)		焊接速度(m/min)	点距(mm)	焊接电流(KA)
		工作面	总宽			脉冲	休止			
高速缝焊	0.4	5	11	2200	10	2	1	2.5	4.2	12
	0.8	6	13	3300	12	2	1	2.6	4.6	15.5
	1.0	7	14	4000	13	2	2	2.5	3.6	18
	1.2	7.7	14	4700	14	2	2	2.4	3.7	19
	2.0	10	17	7200	17	3	1	2.2	4.2	22
	3.2	13	20	10000	22	4	2	1.7	3.4	27.5
中速缝焊	0.4	5	11	2200	10	2	2	2.0	4.5	9.7
	0.8	6	13	3300	12	3	2	1.8	4.9	13
	1.0	7	14	4000	13	3	3	1.8	3.4	14.5
	1.2	7.7	14	4700	14	4	3	1.7	3.0	16
	2.0	10	17	7200	17	5	5	1.4	2.5	19
	3.2	13	20	10000	22	11	7	1.1	1.8	22
低速缝焊	0.4	5	11	2200	10	3	3	1.2	5.1	8.6
	0.8	6	13	3300	12	2	4	1.1	5.7	11.7
	1.0	7	14	4000	13	2	4	1	6.0	13
	1.2	7.7	14	4700	14	3	4	0.9	5.3	14
	2.0	10	17	7200	17	6	6	0.7	3.9	16.5
	3.2	13	20	10000	22	6	6	0.6	5.2	20

低碳钢(或其他磁性钢)工件的焊缝长度较大时,由于在焊接过程中伸入焊接回路的铁磁体断面不断变化,引起焊接回路的阻抗变化,从而导致焊接电流的变化。

为防止由此造成的影响,可采取如下措施:

①分两次焊接，从中间焊至两端。

②长缝应分段施焊，采用不同的焊接工艺参数焊接，以抵消焊接电流的变化。

③采用次级整流焊机。

④采用具有恒流控制功能的控制箱。

三、对焊

对焊（图6-27）是利用电阻热为热源，然后加压在两工件整个端面形成接头的电阻焊方法，是一种高效、易实现过程自动化的焊接方法。

图6-27　对焊原理示意

按加压和通电方式不同，可将其分为电阻对焊、闪光对焊及滚对焊。

1. 电阻对焊

电阻对焊是将工件装配成对接接头，使其端面紧密接触，利用电阻热将工件端面加热至塑性状态，然后迅速施加预锻力完成焊接的方法。电阻对焊的优点是操作过程简单，接头外形光滑匀称、毛刺较小；缺点是接头强度和冲击值低，焊前准备工作要求高。所以，一般只适用于焊接小尺寸和要求不高的工件。

1）接头形成过程

电阻对焊接头形成过程（焊接循环）由预压、通电加热及顶锻等阶段组成。

（1）预压阶段。预压阶段的作用与点焊时的预压相同，由于工件对口接触表面上压强较小，清除表面不平和氧化膜、形成接触点的作用不如点焊充分。

（2）通电加热阶段。通电加热阶段是电阻对焊过程中的主要阶段。通电加热开始时，首先一些接触点被迅速加热、温度升高、压溃而使接触表面紧密贴合。随通电加热的进行，接触面温度急剧升高，在压力作用下工件发生塑性变形。

（3）顶锻阶段。顶锻有两种方式，一是顶锻力等于焊接压力，二是顶锻力大于焊接压力。等压力方式加压机构简单，便于实现，但顶锻效果不如变压力效果好。变压力方式主要用于合金钢、有色金属及其合金的电阻对焊。

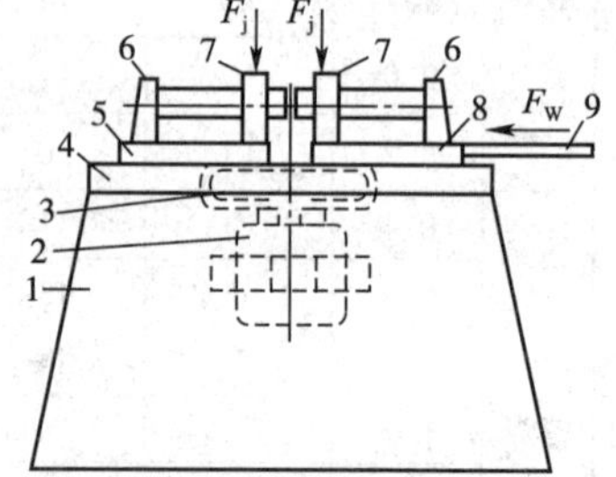

图6-28　对焊机结构示意

1-机架；2-变压器（焊接电源）；3-软导线；4-导轨；5-固定座板；6-顶座；7-夹紧机构；8-动板；9-送给机构

2）对焊设备

对焊机由机架、导向机构、动夹具和固定夹具、送给机构、夹紧机构、顶座、焊接电源及控制系统等部分组成，如图6-28所示。

依据GB/T 10249—2010《电焊机型号编制方法》的规定，对焊机的型号由汉语拼音和阿拉伯数字组成。

焊接设备型号编排如下：

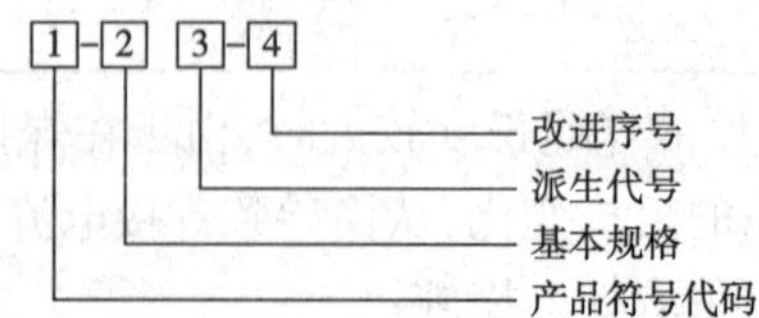

产品符号代码参照表6-17所示。

基本规格指焊接设备额定的焊接电流,单位为(A)。

改进序号按产品改进程序用阿拉伯数字连续编写。

型号中3、4项如不用时,可空缺。

对焊设备的符号代码　　表6-17

设备名称	第一字母		第二字母		第三字母		第四字母	
	代表字母	大类名称	代表字母	小类名称	代表字母	附注特征	数字序号	系列序号
电阻焊机	U	对焊机	N R J Z D B	工频 电容储能 直流冲击波 次级整流 低频 逆变	省略 B Y G C T	一般对焊 薄板对焊 异型截面对焊焊 钢窗闪光对焊 自行车轮圈对焊 链条对焊	省略 1 2 3	固定式 弹簧加压式 杠杆加压式 悬挂式

3)电阻对焊工艺

(1)电阻对焊参数:

①伸出长度。工件伸在卡具外的长度,又称调伸长度,其作用是保证必要的留量(工件缩短量)和调节工件的加热温度梯度。

伸出长度过小散热快,塑性变形困难,需增大焊接压力和预锻压力;伸出长度过大工件易过热,使加热区变宽,塑性变形不易在接触面集中,导致排除氧化物夹杂困难,顶锻时可能失稳而使工件弯曲。

②电流密度和通电时间。电流密度和通电时间是决定工件加热的重要参数,为达到同样的温度可采用大电流、短时间的强规范,也可采用小电流、长时间的弱规范。

强规范可提高生产率,但加热区窄且温度分布不均匀,应配以较大的压力;弱规范会使焊缝晶粒粗大、氧化程度加剧,生产率低。

③焊接压力和顶锻压力。加热过程中的压力称焊接压力,顶锻过程中所施加的压力称为顶锻力。顶锻力可以等于焊接压力,也可以大于焊接压力。

压力过低易产生接触不良,发生氧化或使接触处的金属局部熔化外溢,还可能导致塑性变形量不够,使接头的晶粒粗大,接头质量下降;压力过大,有利于挤出氧化物,但会造成变形量过大,冲击性能下降。

(2)典型电阻对焊参数(表6-18)。

电阻对焊焊接参数　　表6-18

材料	截面积(mm)	伸出长度(mm)	电流密度(A/mm)	焊接时间(s)	顶锻量(mm)		压力(MPa)
					有电	无电	
低碳钢	25	12	200	0.6	0.5	0.9	10~20
	50	16	160	0.8	0.5	0.9	
	100	20	140	1.0	0.5	1.0	
	250	24	90	1.5	1.0	1.8	

续上表

材料	截面积(mm)	伸出长度(mm)	电流密度(A/mm)	焊接时间(s)	顶锻量(mm)		压力(MPa)
					有电	无电	
铜	25	15	70~200	—	1	1	30
	100	25			1.5	1.5	
	500	60			2.0	2.0	
黄铜	25	10	50~150	—	1	1	—
	100	15			1.5	1.5	
	500	30			2.0	2.0	
铝	25	10	40~120	—	2	2	15
	100	15			2.5	2.5	
	500	30			4	4	

2. 闪光对焊

闪光对焊是将工件装配对正后接通电源，并使工件端面逐渐移近达到局部接触，利用电阻热加热接触点(产生闪光)，使端面金属熔化，直至端部在一定深度范围内达到预热温度时，迅速施加顶锻力完成焊接。

1)接头形成过程

闪光对焊可分为连续闪光对焊和预热闪光对焊两类。连续闪光对焊包括闪光和预锻两个主要阶段，预热闪光对焊包括预热、闪光和顶锻三个主要阶段。

(1)预热阶段。预热是在对焊机上，通过预热将工件端面温度提高到一合适值后，再进行闪光和顶锻。预热可减少需用功率、缩短闪光加热时间等，但会造成生产效率低、过程控制复杂以及过热区宽和接头质量稳定性较差等。

预热包括电阻预热和闪光预热。

①电阻预热。多次将两工件端面紧密接触、分开，接触时施加较小的挤出压力并通以预热电流。

②闪光预热。接通电源后，多次将两工件端面轻微接触、分开，每次接触过程中均激起短暂的闪光。

(2)闪光阶段。接通电源并使两焊件端面轻微接触时，两端面间形成许多具有较小电阻的小接触点，在较大电流密度的加热下瞬间熔化，在两工件端面间形成液态金属过梁。

在电磁力等作用下液体过梁截面积减小，使液体过梁的电流密度进一步提高，同时由于温度上升，液态金属的电阻率也相应提高，在液体过梁上产生很大的电阻热，使液态金属达到蒸发状态，液态金属微滴以较大速度从工件间隙处喷射出来，形成火花急流－闪光。过梁爆裂后，工件端面上的凸点被烧平，并留下一薄层液态金属(亦称火口)，临近火口处也被加热到一定的温度。

随工件的连续送进，在其他凸点处发生新的闪光过程。经过一定时间的闪光之后，工件端部被加热到一定温度，并在端面处留下一层液态金属和氧化物，其流动性很好，为顶锻时挤出杂质、获得优质焊接接头提供了条件。

(3)顶锻阶段。闪光结束后，工件快速靠拢，并在顶锻力作用下将液态金属和氧化物在凝固前挤出焊口，局部产生较大的塑性变形，使结合面形成共同晶粒，从而获得牢固的焊接接头。

2)闪光对焊工艺

(1)焊接参数选择。闪光对焊的主要焊接参数包括伸出长度、闪光留量、闪光速度、闪光电流密度及顶锻力等，工艺参数的选择应从技术条件出发，结合材料性质、断面形状和尺寸、设备条件和生产规模等因素综合考虑。

①伸出长度。按工件截面大小和材料性能进行选择。伸出长度影响工件轴向的温度分布和接头的塑性变形。此外，随伸出长度增加，焊接回路的阻抗增大，需要功率大。

不同金属材料对焊时，为使两工件上的温度分布一致，通常导电性和导热性差的材料伸出长度应小些。

②闪光留量。闪光过程中两工件总的烧化量，主要依据工件断面大小选取。选择闪光留量必须保证在闪光结束时，工件整个端面存在一金属熔化层，同时在一定深度内达到塑性变形温度。闪光留量过小不能满足上述要求，从而影响接头质量；闪光留量过大，会浪费金属材料，降低生产率。

此外，选择闪光留量时还应考虑是否进行预热，预热时留量可比连续闪光小30% ~50%左右。

③闪光速度。稳定闪光条件下动夹具的进给速度，又称烧化速度。闪光速度大可保证闪光强烈稳定，使保护作用增强，但过大的闪光速度会使温度分布变陡，加热区变窄，增加塑性变形的困难。同时，由于需要的焊接电流大，会增大过梁爆破后的火口深度，使接头质量降低。

④闪光电流密度。与焊接方法、材料性质和工件断面尺寸等有关，通常在较宽的范围内变化。

连续闪光对焊、导热和导电性好的金属材料、展开型断面的工件，闪光电流密度应略高些；预热闪光对焊、大断面的工件，应取低值。

⑤顶锻力。闪光对焊时，顶锻阶段施加给工件端面上的力称顶锻力。其大小应保证能挤出接口内的液态金属，并在接头处产生一定的塑性变形。

顶锻力过小，塑性变形不足，接头强度下降；顶锻力过大，变形量过大，使接头冲击韧度明显下降。

(2)常用金属材料闪光对焊性能：

①碳素钢的闪光对焊。材料电阻率较高，加热时碳元素的氧化为接口提供保护性气氛，不含生成高熔点氧化物的元素，焊接性较好。

随钢中含碳量的增加，电阻率增大，结晶温度区间、高温强度及淬硬倾向随之增大，需要相应顶锻力和顶锻留量。为减轻淬火影响，可采用预热闪光对焊，并进行焊后热处理。

碳素钢进行闪光对焊时，因氧化物熔点低于母材，顶锻时易被挤出。但在接头中会出现白带(脱碳层)而使接口软化，采用长时间热处理后可以改善或消除脱碳区。

②合金钢的闪光对焊。由于合金元素铝、铬、硅、钼等易生成高熔点的氧化物，因此焊接时应增大闪光和预锻速度，以减少其氧化。随合金元素含量增加，合金钢的高温强度提高，焊接时应增大顶锻力。对于珠光体钢，随合金元素增加，淬火倾向增大，一般均需提高顶锻力和有电顶锻时间，有时也需要进行后热处理。

③铝合金的闪光对焊。铝及其合金具有导热性好、易氧化和氧化物熔点高等特点，焊接性较差。焊接参数不当时，接头中易形成氧化物夹杂、残留铸态组织、疏松和层状撕裂等缺陷，使接头塑性急剧下降。

一般冷作强化铝合金、退火状态的热处理强化铝合金，焊接性较差，必须采用较高的闪光速度和强制成型顶锻模式，且焊后应进行淬火和时效处理。

第四节　摩　擦　焊

摩擦焊是在压力作用下，通过待焊界面的摩擦使界面及其附近温度升高，材料的变形抗力降低、塑性提高、界面的氧化膜破碎，伴随着材料产生塑性变形与流动，通过界面上的扩散及再结晶而实现连接的固态焊接方法。

一、摩擦焊原理及特点

1. 摩擦焊原理

在压力作用下，待焊界面通过相对运动进行摩擦，机械能转变为热能，在足够的摩擦压力和相对运动速度条件下，被焊材料的温度不断上升。随着摩擦过程的进行，工件产生一定的塑性变形量，在适当时刻停止工件间的相对运动，同时施加较大的顶锻力并维持一定的时间，即可实现材料间的固相连接。

2. 摩擦焊特点

(1)优点：

①接头质量高。摩擦焊属于固相焊接，正常情况下接合面不发生熔化，焊合区金属为锻造组织，不会产生与熔化和凝固相关的焊接缺陷。另外，由于压力与转矩的力学冶金效应，致使晶粒细化、组织致密、夹杂物弥散分布，不仅接头质量高，而且延性好。

②适合异种材料的连接。一般来说，凡是可进行锻造的金属材料均可以采用摩擦焊焊接。通常难以焊接的金属材料组合（如铝－钢、铝－铜、钛－铜等），以及非金属材料都可进行摩擦焊焊接。

此外，摩擦焊还具有节能省电、劳动条件好、设备操作简单以及易实现机械化、自动化等优点。

(2)缺点。非圆形截面、盘状薄零件以及薄壁管件焊接较困难，设备复杂、一次性投资较大。

3. 摩擦焊设备

依据GB/T 10249—2010《电焊机型号编制方法》的规定，摩擦焊设备的型号由汉语拼音和阿拉伯数字组成。

焊接设备型号编排如下：

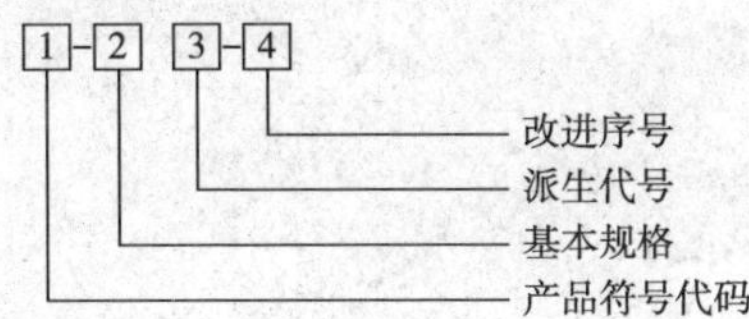

产品符号代码参照表6-19所示。

基本规格指焊接设备额定的焊接电流，单位为(A)。

改进序号按产品改进程序用阿拉伯数字连续编写。

型号中3、4项如不用时，可空缺。

摩擦焊焊机的符号代码　　表6-19

设备名称	第一字母		第二字母		第三字母		第四字母	
	代表字母	大类名称	代表字母	小类名称	代表字母	附注特征	数字序号	系列序号
摩擦焊设备	C	摩擦焊机	省略	一般旋转式	省略	单头	省略	卧式
			C	惯性式	S	双头	1	立式
			Z	振动式	D	多头	2	倾斜式

二、搅拌摩擦焊

典型摩擦焊方法，包括连续驱动摩擦焊、惯性摩擦焊、相位摩擦焊、径向摩擦焊、轨道摩擦焊及搅拌摩擦焊等。其中搅拌摩擦焊在船舶生产领域尚处于应用研究阶段，但具有极其广阔的应用前景。

1. 搅拌摩擦焊原理

搅拌摩擦焊开始焊接时，搅拌头高速旋转，特型指棒迅速钻入被焊板件的接缝，与特型指棒接触的金属摩擦生热，形成很薄的热塑性层。当特型指棒钻入焊件表面以下时，部分金属被挤出表面。由于正面轴肩和背面垫板的密封作用，轴肩与被焊板表面摩擦产生辅助热，搅拌头相对工件运动时，在搅拌头前面不断形成的热塑性金属转移到搅拌头后面，填满后面的空腔。

在整个焊接过程中，空腔的产生与填满连续进行，焊缝区金属经历着被挤压、摩擦生热、塑性变形、转移、扩散以及再结晶等过程。

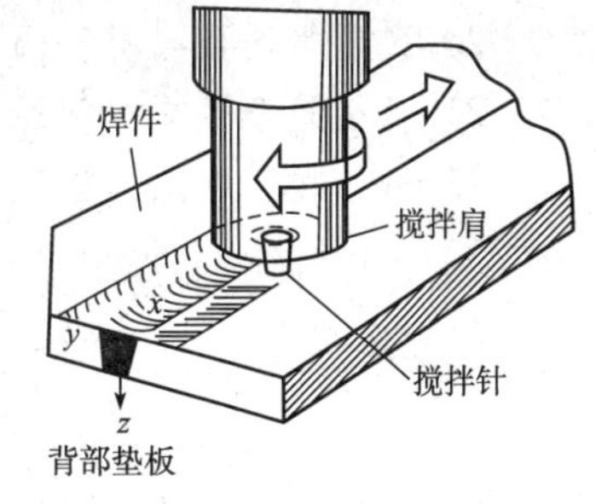

图6-29　搅拌摩擦焊原理示意

图6-29为搅拌摩擦焊原理示意。

搅拌摩擦焊主要由搅拌头完成，搅拌头由特型指棒(搅拌针)、夹持器及圆柱体组成。

2. 搅拌摩擦焊优势

搅拌摩擦焊与传统的氩弧焊相比具有独特的优点，尤其在制造成本、性能及环境方面显示出其巨大的优越性。搅拌摩擦焊可以完成铝、铜等材料的对接、搭接、T形接头的焊接，使铝合金等有色金属的连接技术产生了革命性的进步。

思考与练习 SIKAOYULIANXI

1. 试述电渣焊的工作原理及特点。
2. 电渣焊包括哪些方法？各有何特点？
3. 电渣焊有哪些焊接工艺参数？如何选择？
4. 电渣焊对焊后热处理有何要求？
5. 什么是高能束焊？包括哪些焊接方法？
6. 试述激光焊的原理。
7. 激光焊有哪些方法？
8. 激光有什么特点？激光焊具有哪些优势？
9. 什么是等离子弧？有何特点？
10. 等离子弧有哪些类型？各有何特点？
11. 说明等离子弧双弧的危害及预防措施。
12. 等离子弧焊有哪些基本方法？各有何特点？
13. 试述等离子弧焊接设备的组成及其基本要求。
14. 等离子弧焊包括哪些焊接参数？如何选择？
15. 试述电阻焊的实质及特点。
16. 试述点焊及缝焊接头的形成过程。
17. 点焊及缝焊各包括哪些焊接参数？如何选择？
18. 试述电阻对焊及闪光对焊接头的形成过程。
19. 电阻对焊及闪光对焊包括哪些焊接参数？如何选择？
20. 说明常用金属材料闪光对焊的焊接性能。
21. 什么是摩擦焊？简述其原理及特点。
22. 试述搅拌摩擦焊原理及其优势。

第七章　船用金属材料及其焊接

● **知识目标**

1. 熟悉船用金属材料的种类及表示方法；
2. 熟悉船用金属材料的性能；
3. 熟悉典型船用金属材料的焊接性能。

● **能力目标**

1. 掌握船体结构钢的性能要求；
2. 掌握典型船用金属材料的焊接工艺要点。

第一节　船体结构钢的性能要求

船体结构的性能及安全可靠，取决于船体材料选择、结构设计和建造工艺的合理性，三者缺一不可。其中材料是船体结构设计和制定建造工艺的基础，因此船体结构用钢应具备相应的性能，以符合加工及结构运行需要。

一、对材料力学性能的要求

船体构件工作时会受到不同外力的作用，如船舶航行中的重力、浮力和波浪撞击等，使甲板和船底的受力处于拉伸和压缩交变状态。为防止船体结构破损及船体形状发生改变，要求船体钢材具备相应的力学性能。

1. 对屈服强度的要求

屈服强度是船舶材料力学性能的主要指标，我国通常以屈服强度作为船体强度计算的技术依据，从而决定船体构件的尺寸。

船体结构设计时，选用屈服强度较高的钢材，可以减少结构截面、降低材料消耗、减轻船体质量，提高船舶的装载能力或航速。如选用钢材的屈服强度过高，在按强度要求计算、选择结构剖面时，可能造成结构的稳定性不足，船体刚性较差。

因此，对于不同的船舶类型，应选择屈服强度适当的钢材建造。

2. 对抗拉强度的要求

抗拉强度表征材料在拉伸条件下所能承受最大载荷的应力值，是设计和选材的主要依据之一。

中国船级社《材料与焊接规范》中规定，一般强度船体结构用钢的抗拉强度为 400 ~ 520N/mm^2，高强度船体结构用钢的抗拉强度为 440 ~ 660N/mm^2。

3. 对屈强比的要求

屈强比为屈服强度与抗拉强度之比，与钢材的屈服强度及形变强化性能有关，是表征钢材

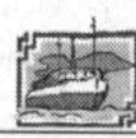

强度储备的指标。屈强比反映了金属结构具有一定抗偶然过载能力的大小,也反映了金属均匀塑变的冷变形加工工艺性能。随船体结构屈服强度等级的提高,屈强比也逐渐增加。

> **小知识:屈强比的意义**
>
> 在船舶结构承受塑性过载的情况下,屈强比具有重要意义。塑性过载是指船体因偶然情况,如特异海况、冲击或搁浅触礁,战时遭受爆炸冲击等而发生局部结构塑性过载,结构和材料将发生较大的塑性变形,材料承受的应力将会超过屈服强度。在这种情况下,钢材屈强比越小,延缓结构损坏过程的潜力越大,结构可靠性越高。

目前船舶结构设计,其应力都处于弹性应力范围。在船体的个别部位,结构的应力集中及建造施工造成的附加应力重新分布,应力重新分布所需的钢材塑性变形很小,结构钢材的一般塑性指标均能满足。因此在一般的船舶结构使用条件下,船体结构钢不会承受高于其屈服强度的应力。在正常使用条件下,可不必考虑屈强比对船体安全的影响。

4. 对塑性的要求

对于船用钢材,塑性是重要的性能指标之一。材料具有良好的塑性,才能在加工过程中经受冷热加工,在航行过程中避免因局部受力而破坏。

(1)伸长率。伸长率决定了钢材承受总塑性变形的能力。中国船级社《材料与焊接规范》中,对一般强度船体结构用钢及高强度船体结构用钢要求为 $A_5 \geqslant 22\%$。

(2)断面收缩率。经验证明,船体结构用钢断面收缩率大于或等于50%可满足要求,但在规范中没有明确规定。

5. 对疲劳性能的要求

船舶在运行过程中,必然会承受各种交变载荷的作用,如波浪的拍击、浪涌中的沉浮、机器的振动以及水下舰艇的下潜、上浮等,使材料产生高周疲劳和低周疲劳,均可能导致结构的破坏。因此,船舶材料应具备必要的疲劳强度。

通常船体结构承受的是工作应力较低而交变频率较高的高周疲劳,高周疲劳极限与静强度间存在着线性关系。一般材料的静强度高,其疲劳极限也高(中、低强度范围内)。低应力高周疲劳抗力的评定,常用的指标包括疲劳极限、疲劳极限过负荷持久值和疲劳缺口敏感度等。

6. 对冲击韧性的要求

船舶用钢应具有良好的冲击韧性,以防止脆性断裂,特别是应具有较低的脆性转变温度。

二、对材料工艺性能要求

船体结构零件经常需要进行轧圆、折边、角弯及刨边等冷加工,形状复杂的双向曲度钢板必须通过热加工方法成型,船体结构均采用焊接进行连接。因此,要求船舶用钢必须具备良好的工艺性能以适应加工需要,并应保证加工后的力学性能符合要求。

1. 冷加工对钢材的要求

船体构件大多用冷加工方法成型,如船体外板、肋骨、肋板等,为确保船体构件具有良好的冷加工工艺性能,要求船体结构钢的含碳量限制在较低的范围内。

船用碳钢、低合金钢含碳量较低,一般都可满足要求。

2. 热加工对钢材的要求

曲率较大或具有双向曲度的船体构件，如轴包板、艏、艉柱及潜艇耐压壳体肋骨等，用冷加工方法成型往往比较困难，通常需要采用热加工方法成型。

钢材在加热过程中，随温度升高强度下降、塑性提高，易于成型，但必然会发生氧化和脱碳。钢加热到相变点以上较高温度会导致晶粒粗大，力学性能大幅下降。当采用退火或正火改善时，如加热温度较高或长时间保温，炉内氧气会渗入钢的内部组织，破坏钢的晶粒结构，甚至造成晶界局部熔化。因此钢件在加热过程中，必须严格控制加热温度和保温时间。

3. 焊接性

金属材料的焊接性是指材料在限定的生产条件下，获得优质焊接接头的能力。为满足船舶建造要求，船体用钢必须具备良好的焊接性能。

第二节　船舶金属材料

一、船体结构用钢

船体结构用钢是指按船级社建造规范要求生产的用于制造船体结构的钢材，一般包括船板和型钢，按屈服强度等级可分为一般强度船体结构用钢和高强度船体结构用钢。

1. 一般强度船体结构用钢

中国船级社（CCS）《材料与焊接规范》规定，一般强度船体结构钢分为 A、B、D、E 四个等级，如 CCS－A，CCS－B，CCS－D，CCS－E。

A 级钢——要求 +20℃的冲击试验性能；

B 级钢——要求 0℃的冲击试验性能；

D 级钢——要求 －20℃的冲击试验性能；

E 级钢——要求 －40℃的冲击试验性能。

（1）脱氧方法和化学成分。一般强度船体结构钢，各级化学成分和对脱氧方法的要求各不相同。随钢材等级提高，其碳锰含量比相应增大，以提高材料韧性。一般强度船体结构钢脱氧方式和熔炼分析化学成分如表 7-1 所示。

一般强度船体结构用钢的脱氧方法和化学成分（摘自 CCS《材料与焊接规范》(2012)）　表 7-1

钢材等级		A	B	D	E
脱氧方法厚度 t (mm)		$t\leqslant50$，除沸腾钢外任何方法①；$t>50$，镇静处理	$t\leqslant50$，除沸腾钢外任何方法；$t>50$，镇静处理	$t\leqslant25$，镇静处理；$t>25$，镇静和细晶处理	镇静和细晶处理
化学成分(%)⑦⑧⑨	C②	≤0.21③	≤0.21	≤0.21	≤0.18
	Mn②	≥2.5C	≥0.80④	≥0.60	≥0.70
	Si	≤0.50	≤0.35	≤0.35	≤0.35
	S	≤0.035	≤0.035	≤0.035	≤0.035
	P	≤0.035	≤0.035	≤0.035	≤0.035
	Al(酸溶)	—	—	≥0.015⑤⑥	≥0.015⑥

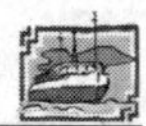

注:①凡经 CCS 和订货方同意,对 $t \leq 12.5$mm 的 A 级型钢,可采用沸腾钢,但应在材料证书上注明。

②所有等级的钢均应符合:C% + Mn1/6% ≤0.40%。

③对于型钢,最大含碳量可为 0.23%。

④当 B 级钢作冲击试验时,其最低含锰量可降低至 0.6%。

⑤对 $t > 25$mm 的 D 级钢适用。

⑥对 $t > 25$mm 的 D 级钢和 E 级钢,可采用总铝含量来代替酸溶铝含量的要求;此时,铝含量应不小于 0.02%。经 CCS 同意后,也可使用其他细化晶粒元素。

⑦若采用温度 - 形变控制轧钢(TMCP)状态交货,经 CCS 同意后,化学成分可以不同于表中规定。

⑧钢中残余铜含量应不大于 0.35%;铬、镍的残余含量各应不大于 0.30%。

⑨在钢材的冶炼过程中添加的任何其他元素,应在材料证书上注明。

(2)力学性能。一般强度船体结构钢的力学性能如表 7-2 所示,根据力学性能对照,相当于碳素结构钢 Q235。

一般强度船体结构用钢的力学性能(摘自 CCS《材料与焊接规范》(2012)) 表 7-2

钢材等级	屈服强度 R_{eH} 不小于 (N/mm^2)	抗拉强度 R_m (N/mm^2)	伸长率 A_5 不小于 (%)	夏比 V 形缺口冲击试验						
				试验温度 (℃)	平均冲击功不小于(J) 厚度 t(mm)					
					$t \leq 50$		$50 < t \leq 70$		$70 < t \leq 100$	
					纵向②	横向②	纵向	横向	纵向	横向
A	235	400 ~ 520①	22	20	—	—	34④	24④	41④	27④
B				0	27③	20③				
D				-20						
E				-40						

注:①经 CCS 同意后,A 级型钢的抗拉强度的上限可以超出表中所规定的值。

②除订货方或 CCS 要求外,$t \leq 50$mm 时冲击试验一般仅做纵向试验,但钢厂应采取措施保证钢材的横向冲击性能。

③对厚度不大于 25mm 的 B 级钢,经 CCS 同意可不做冲击试验。

④厚度大于 50mm 的 A 级钢,如经过细化晶粒处理并以正火状态交货,可以不做冲击试验;经 CCS 同意,以温度 - 形变控制轧制状态交货的 A 级钢亦可不做冲击试验。

⑤型钢一般不进行横向冲击试验。

对于宽度 25mm、标距长度 200mm 的全厚度板状试样,其最小伸长率应符合表 7-3 的规定。

全厚度板状试样的最小伸长率(摘自 CCS《材料与焊接规范》(2012)) 表 7-3

厚度 t (mm)	$t \leq 5$	$5 < t \leq 10$	$10 < t \leq 15$	$15 < t \leq 20$	$20 < t \leq 25$	$25 < t \leq 30$	$30 < t \leq 40$	$40 < t \leq 50$
伸长率 A (%)	14	16	17	18	19	20	21	22

(3)交货状态。交货状态是指钢厂提供给船厂的钢材的供应状态,应包括产品类型、热处

理类别及轧制方法等，表7-4为一般强度船体结构钢的交货状态。

一般强度船体结构用钢的交货状态（摘自CCS《材料与焊接规范》(2012)）　　表7-4

<table>
<tr><th rowspan="3">钢材等级</th><th rowspan="3">脱氧方法</th><th rowspan="3">产品形式</th><th colspan="5">交货状态①②</th></tr>
<tr><th colspan="5">厚度 t(mm)</th></tr>
<tr><th>$t\leq 12.5$</th><th>$12.5<t\leq 25$</th><th>$25<t\leq 35$</th><th>$35<t\leq 50$</th><th>$50<t\leq 100$</th></tr>
<tr><td rowspan="3">A</td><td>沸腾钢</td><td>型材</td><td>A(－)</td><td colspan="4">不适用</td></tr>
<tr><td rowspan="2">$t\leq 50$mm，除沸腾钢外任何方法；$t>50$mm，镇静处理</td><td>板材</td><td colspan="4">A(－)</td><td>N(－)，TM(－)，CR(50)，AR*(50)</td></tr>
<tr><td>型材</td><td colspan="4">A(－)</td><td>不适用</td></tr>
<tr><td rowspan="2">B</td><td rowspan="2">$t\leq 50$mm，除沸腾钢外任何方法；$t>50$mm，镇静处理</td><td>板材</td><td colspan="2">A(－)</td><td colspan="2">A(50)</td><td>N(50)，TM(50)，CR(25)，AR*(25)</td></tr>
<tr><td>型材</td><td colspan="2">A(－)</td><td colspan="2">A(50)</td><td>不适用</td></tr>
<tr><td rowspan="3">D</td><td>镇静处理</td><td>板材
型材</td><td colspan="2">A(50)</td><td colspan="3">不适用</td></tr>
<tr><td rowspan="2">镇静和细晶处理</td><td>板材</td><td colspan="3">A(50)</td><td>N(50)，CR(50)，TM(50)</td><td>N(50)，TM(50)，CR(25)</td></tr>
<tr><td>型材</td><td colspan="3">A(50)</td><td>N(50)，CR(50)，TM(50)，AR*(5)</td><td>不适用</td></tr>
<tr><td rowspan="2">E</td><td rowspan="2">镇静和细晶处理</td><td>板材</td><td colspan="5">N(每件)，TM(每件)</td></tr>
<tr><td>型材</td><td colspan="4">N(25)，TM(25)，AR*(15)，CR*(15)</td><td>不适用</td></tr>
</table>

注：①交货状态：A：任意；N：正火；CR：控制轧制；TM(TMCP)：温度－形变控制轧制；AR*：经CCS特别认可后，可采用热轧状态交货；CR*：经CCS特别认可后，可采用控制轧制状态交货。

②括号中的数值表示冲击试样的取样批量（单位为t），(－)表示不作冲击试验。每一批量应取1组3个夏比V形缺口冲击试样进行试验。

2. 高强度船体结构钢

高强度船体结构钢是指通过低合金化，在保证塑性、韧性基础上大幅提高屈服强度，并具有良好的焊接性和耐腐蚀性能的专用钢种。此类钢在大型远洋船舶和军用舰艇的船体建造中获得了广泛应用。

CCS《材料与焊接规范》规定，高强度船体结构用钢按其最小屈服强度划分强度级别，每一强度级别又按其冲击韧性的不同分为A、D、E、F四级，如A32（或AH32）、D36（或DH36）。

AH32，代表屈服强度 $R_{eH}\geq 320$MPa的高强度A级船用钢，其中"A"代表钢的等级，"H"代表高强度，"32"代表屈服强度 $R_{eH}\geq 315$MPa。

(1)化学成分。高强度船体结构用钢均应为经过细化晶粒处理的镇静钢，其熔炼分析化学成分应符合表7-5要求。

高强度船体结构用钢的化学成分(摘自 CCS《材料与焊接规范》(2012)) 表 7-5

等级		AH32,AH36,AH40,DH32,DH36,DH40,EH32,EH36,EH40	FH32,FH36,FH40
化学成分(%)⑤⑥	C	≤0.18	≤0.16
	Mn	0.90~1.60①	0.90~1.60
	Si	≤0.50	≤0.50
	S	≤0.035	≤0.025
	P	≤0.035	≤0.025
	Al(酸溶)	$T>0.015$②③	≥0.015②③
	Nb④	0.02~0.05③	0.02~0.05③
	V④	0.05~0.10③	0.05~0.10③
	Ti④	≤0.02	≤0.02
	Cu	≤0.35	≤0.35
	Cr	≤0.20	≤0.20
	Ni	≤0.40	≤0.80
	Mo	≤0.08	≤0.08
	N	—	≤0.009(如含铝时,≤0.012)

注:①对厚度不大于 12.5mm 的钢材,其锰含量最低可为 0.70%。

②可以采用总铝含量来代替酸溶铝含量的要求,此时,总铝含量应不小于 0.02%。

③钢厂可以将细化晶粒元素(Al、Nb、V 等)单独或以任一组合形式加入钢中。当单独加入时,其含量应不低于表列值;若混合加入两种以上细化晶粒元素时,则表中对单一元素含量下限的规定不适用。

④铌、钒、钛的含量还应符合:Nb% + V% + Ti% ≤0.12%。

⑤若采用 TMCP 状态交货,化学成分应满足规范规定。

⑥在钢材的冶炼过程中添加的任何其他元素,应在材料证书上注明。

(2)力学性能。高强度船体结构用钢的力学性能应符合表 7-6 的规定。

高强度船体结构用钢的力学性能(摘自 CCS《材料与焊接规范》(2012)) 表 7-6

钢材等级	屈服强度 R_{eH} 不小于 (N/mm²)	抗拉强度 R_m (N/mm²)	伸长率 A_5 不小于 (%)	夏比 V 形缺口冲击试验①						
				试验温度 (℃)	平均冲击功不小于(J) 厚度 t(mm)					
					$t≤50$		$50<t≤70$		$70<t≤100$	
					纵向	横向	纵向	横向	纵向	横向
AH32	315	440~570	22	0	31②	22②	38	26	46	31
DH32				-20						
EH32				-40						
FH32				-60						

续上表

<table>
<tr><td rowspan="5">钢材等级</td><td rowspan="5">屈服强度 R_{eH} 不小于 (N/mm²)</td><td rowspan="5">抗拉强度 R_m (N/mm²)</td><td rowspan="5">伸长率 A_5 不小于 (%)</td><td colspan="7">夏比 V 形缺口冲击试验①</td></tr>
<tr><td rowspan="4">试验温度 (℃)</td><td colspan="6">平均冲击功不小于(J)</td></tr>
<tr><td colspan="6">厚度 t(mm)</td></tr>
<tr><td colspan="2">t≤50</td><td colspan="2">50<t≤70</td><td colspan="2">70<t≤100</td></tr>
<tr><td>纵向</td><td>横向</td><td>纵向</td><td>横向</td><td>纵向</td><td>横向</td></tr>
<tr><td>AH36</td><td rowspan="4">355</td><td rowspan="4">490~630</td><td rowspan="4">21</td><td>0</td><td rowspan="4">34②</td><td rowspan="4">24②</td><td rowspan="4">41</td><td rowspan="4">27</td><td rowspan="4">50</td><td rowspan="4">34</td></tr>
<tr><td>DH36</td><td>-20</td></tr>
<tr><td>EH36</td><td>-40</td></tr>
<tr><td>FH36</td><td>-60</td></tr>
<tr><td>AH40</td><td rowspan="4">390</td><td rowspan="4">510~660</td><td rowspan="4">20</td><td>0</td><td rowspan="4">39</td><td rowspan="4">26</td><td rowspan="4">46</td><td rowspan="4">31</td><td rowspan="4">55</td><td rowspan="4">37</td></tr>
<tr><td>DH40</td><td>-20</td></tr>
<tr><td>EH40</td><td>-40</td></tr>
<tr><td>FH40</td><td>-60</td></tr>
</table>

注:①除订货方或 CCS 有要求外,冲击试验一般仅做纵向试验,但钢厂应采取措施保证钢材的横向冲击性能。型钢一般仅做纵向冲击试验。

②如钢厂能保证冲击试验抽查合格,经 CCS 同意,AH32 和 AH36 级钢验收时冲击试验的批量可予以放宽。

对于宽度 25mm、标距长度 200mm 的全厚度板状试样,其最小伸长率应符合表 7-7 的规定。

全厚度板状试样的最小伸长率(摘自 CCS《材料与焊接规范》(2012))　　表 7-7

厚度 t (mm)	等　级	t≤5	5<t≤10	10<t≤15	15<t≤20	20<t≤25	25<t≤30	30<t≤40	40<t≤50
伸长率	AH32,DH32,EH32,FH32	14	16	17	18	19	20	21	22
A_5	AH36,DH36,EH36,FH36	13	15	16	17	18	19	20	21
(%)	AH40,DH40,EH40,FH40	12	14	15	16	17	18	19	20

(3)交货状态。表 7-8 为高强度船体结构钢的交货状态。

高强度船体结构用钢的交货状态(摘自 CCS《材料与焊接规范》(2012))　　表 7-8

<table>
<tr><td rowspan="3">钢材等级</td><td rowspan="3">细化晶粒元素</td><td rowspan="3">产品形式</td><td colspan="6">交货状态(冲击试验取样批量)①②</td></tr>
<tr><td colspan="6">厚度 t(mm)</td></tr>
<tr><td>t≤12.5</td><td>12.5<t≤20</td><td>20<t≤25</td><td>25<t≤35</td><td>35<t≤50</td><td>50<t≤100</td></tr>
<tr><td rowspan="5">AH32
AH36</td><td rowspan="2">Nb 和/或 V</td><td>板材</td><td>A(50)</td><td colspan="4">N(50),CR(50),TM(50)</td><td>N(50),CR(25),TM(50)</td></tr>
<tr><td>型材</td><td>A(50)</td><td colspan="4">N(50),CR(50),TM(50),AR*(25)</td><td>不适用</td></tr>
<tr><td rowspan="3">Al 或
Al 和 Ti</td><td rowspan="2">板材</td><td colspan="2" rowspan="2">A(50)</td><td colspan="3">AR*(25)</td><td>不适用</td></tr>
<tr><td colspan="3">N(50),CR(50),TM(50)</td><td>N(50),CR(25),TM(50)</td></tr>
<tr><td>型材</td><td>A(50)</td><td colspan="4">N(50),CR(50),TM(50),AR*(25)</td><td>不适用</td></tr>
</table>

续上表

钢材等级	细化晶粒元素	产品形式	交货状态(冲击试验取样批量)①②					
			厚度 t(mm)					
			$t \leqslant 12.5$	$12.5 < t \leqslant 20$	$20 < t \leqslant 25$	$25 < t \leqslant 35$	$35 < t \leqslant 50$	$50 < t \leqslant 100$
AH40	任意	板材	A(50)	N(50),CR(50),TM(50)				N(50),TM(50) QT(每热处理长度)
		型材	A(50)	N(50),CR(50),TM(50)				不适用
DH32 DH36	Nb 和/或 V	板材	A(50)	N(50),CR(50),TM(50)				N(50), CR(25),TM(50)
		型材	A(50)	N(50),CR(50),TM(50), AR*(25)				不适用
	Al 或 Al 和 Ti	板材	A(50)		AR*(25)			不适用
					N(50),CR(50),TM(50)			N(50), CR(25),TM(50)
		型材	A(50)		N(50),CR(50),TM(50), AR*(25)			不适用
DH40	任意	板材	N(50),CR(50),TM(50)					N(50),TM(50) QT(每热处理长度)
		型材	N(50),CR(50),TM(50)					不适用
EH32 EH36	任意	板材	N(每件),TM(每件)					
		型材	N(25),TM(25),AR*(15),CR*(15)					不适用
EH40	任意	板材	N(每件),TM(每件),QT(每处热处理长度)					
		型材	N(25),TM(25),QT(25)					不适用
FH32 FH36	任意	板材	N(每件),TM(每件),QT(每热处理长度)					
		型材	N(25),TM(25),QT(25),CR*(15)					不适用
FH40	任意	板材	N(每件),TM(每件),QT(每热处理长度)					
		型材	N(25),TM(25),QT(25)					不适用

注:①交货状态:A:任意;N:正火;CR:控制轧制;TM(TMCP):温度-型变控制轧制;QT:淬火加回火;AR*:经 CCS 特别认可后,可采用热轧状态交货;CR*:经 CCS 特别认可后,可采用控制轧制状态交货。

②括号中的数值表示冲击试样的取样批量(单位为 t)。每一批量应取 1 组 3 个夏比 V 形冲击试样。

二、焊接结构用高强度淬火回火钢及其性能

焊接结构用高强度淬火回火钢含碳量较低,属热处理强化钢,其合金系统为 C-Mn-Si 系。利用淬火回火处理,可在保证塑性、韧性的基础上进一步提高强度,且焊接性优良。

CCS《材料与焊接规范》规定,焊接结构用高强度淬火回火钢,按其最小屈服强度划分为 420、460、500、550、620 和 690N/mm^2 六个强度等级。每一强度等级中,又根据韧性的不同而分为 A、D、E 和 F 四个钢级。

1. 化学成分

焊接结构用高强度淬火回火钢，均应为经过细化晶粒处理的镇静钢，其熔炼分析化学成分应符合表7-9要求。

焊接结构用高强度淬火回火钢的化学成分(摘自CCS《材料与焊接规范》(2012))　　表7-9

强度等级 (N/mm^2)	韧性等级	化学成分(%)					
		C	Si	Mn	P	S	N
420～690	A	≤0.21	≤0.55	≤1.70	≤0.035	≤0.035	≤0.020
	D,E	≤0.20	≤0.55	≤1.70	≤0.030	≤0.030	≤0.020
	F	0.18	≤0.55	≤1.60	≤0.025	≤0.025	≤0.020

注：用于合金化和细化晶粒的元素应符合公认的有关标准。

2. 力学性能

焊接结构用高强度淬火回火钢的力学性能应符合表7-10的规定。

焊接结构用高强度淬火回火钢的力学性能(摘自CCS《材料与焊接规范》(2012))　　表7-10

钢材等级	屈服强度 R_{eH} 或 $R_{p0.2}$①不小于 (N/mm^2)	抗拉强度 R_m (N/mm^2)	伸长率① A_5 (横向)不小于 (%)	夏比V形缺口冲击试验②		
				试验温度 (℃)	平均冲击功不小于(J)	
					纵向③	横向
A420	420	530～680	18	0	42	28
D420				-20		
E420				-40		
F420				-60		
A460	460	570～720	17	0	46	31
D460				-20		
E460				-40		
F460				-60		
A500	500	610～770	16	0	50	33
D500				-20		
E500				-40		
F500				-60		
A550	550	670～830	16	0	55	37
D550				-20		
E550				-40		
F550				-60		
A620	620	720～890	15	0	62	41
D620				-20		
E620				-40		
F620				-60		

续上表

钢材等级	屈服强度 R_{eH} 或 $R_{p0.2}$①不小于 (N/mm²)	抗拉强度 R_m (N/mm²)	伸长率① A_5 (横向)不小于 (%)	夏比V形缺口冲击试验②		
				试验温度 (℃)	平均冲击功不小于(J)	
					纵向③	横向
A690	690	770~940	14	0	69	46
D690				-20		
E690				-40		
F690				-60		

注:①当拉伸试验时屈服应力 R_{eH} 不明显时,则取非比例延伸强度 $R_{p0.2}$。

对于纵向试样,其伸长率(纵向)应较表中伸长率(横向)高2%。

②如钢厂能保证冲击试验抽查合格,经CCS同意,A级高强度淬火回火钢在验收时冲击试验的批量可予以放宽。

③型钢一般仅做纵向冲击试验。

对于宽度25mm、标距长度200mm的全厚度板状试样,其最小伸长率应符合表7-11的规定。

全厚度板状试样的最小伸长率(摘自CCS《材料与焊接规范》(2012)) 表7-11

厚度 t(mm)	强度等级	$t \leq 10$	$10 < t \leq 15$	$15 < t \leq 20$	$20 < t \leq 25$	$25 < t \leq 40$	$40 < t \leq 50$	$50 < t \leq 70$
伸长率 A_5 (%)	420	11	13	14	15	16	17	18
	460	11	12	13	14	15	16	17
	500	10	11	12	13	14	15	16
	550	10	11	12	13	14	15	16
	620	9	11	12	12	13	14	15
	690	9	10	11	11	12	13	14

三、低温韧性钢及其性能

低温韧性钢含碳量较低,利用添加Ni元素及严格控制s、p含量,使其具有一定强度且具备非常好的低温韧性,适用于建造液化气体运输船的液货舱及靠近液货舱的船体结构。

1.脱氧方法和化学成分

低温韧性钢应为采用铝处理细化晶粒方法的全镇静钢,其熔炼分析化学成分应符合表7-12要求。

低温韧性钢的化学成分(摘自CCS《材料与焊接规范》(2012)) 表7-12

钢号	化学成分(%)						
	C	Mn	Si	P	S	Ni	其他元素
0.5NiA	≤0.14	0.7~1.60	0.1~0.50	≤0.025	≤0.02	0.3~0.80	Cr≤0.25 Mo≤0.08 Cu≤0.35 Cr+Mo+Cu≤0.60 Al(酸溶)≥0.015
0.5NiB	≤0.16	0.7~1.60	0.1~0.50	≤0.025	≤0.02	0.5~0.80	
1.5Ni	≤0.14	0.3~1.50	0.1~0.35	≤0.025	≤0.02	1.3~1.70	
3.5Ni	≤0.12	0.3~0.80	0.1~0.35	≤0.025	≤0.02	3.2~3.80	
5Ni	≤0.12	0.3~0.90	0.1~0.35	≤0.025	≤0.02	4.7~5.30	
9Ni	≤0.10	0.3~0.90	0.1~0.35	≤0.025	≤0.02	8.5~10.0	

注:①含氮量应不超过0.009%(如含有铝时,应不超过0.012%)。

②碳当量 C_{eq} 应根据熔炼分析结果按规范列举公式计算。

2. 热处理和力学性能

各级低温韧性钢的交货状态和力学性能应符合表 7-13 的要求。

低温韧性钢的交货状态和力学性能（摘自 CCS《材料与焊接规范》(2012)）　　表 7-13

钢号	交货状态	规定非比例延伸强度 $R_{p1.0}$ 不小于 (N/mm²)	抗拉强度 R_m (N/mm²)	伸长率 A_5 不小于 (%)	夏比 V 形缺口冲击试验				
					试验温度 T (℃)	3 个试样冲击功的平均值不小于(J)		单个试样冲击功的最小值不小(J)	
						纵向	横向	纵向	横向
0.5NiA	正火或淬火加回火	285	400～530	24	-60	41	27	27	18
0.5NiB		355	490～610	22	-60				
1.5Ni	正火或正火加回火或淬火加回火	275	470～640	22	-65				
3.5Ni		345	440～690	21	-95				
5Ni		390	520～710	21	-110				
9Ni	两次正火加回火或淬火加回火	490	640～830	19	-196				

四、奥氏体不锈钢和双相不锈钢

奥氏体不锈钢的金相组织为奥氏体，其成分为在高铬不锈钢中加入适当的镍，通常通过冷加工硬化提高硬度，具有较好的力学性能，便于机加工、冲压和焊接。

双相不锈钢是指奥氏体—铁素体双相不锈钢。同含碳量相同的奥氏体不锈钢相比，双相不锈钢具有较小的晶间腐蚀倾向和较高的力学性能，韧性比铁素体不锈钢好。由于双相不锈钢中有少量铁素体的存在，焊接过程中裂纹倾向下降。

奥氏体不锈钢和双相不锈钢适用于散装化学品和液化气体船的液货舱和油、气、水处理用受压容器或其他构件。

1. 化学成分

奥氏体不锈钢及双相不锈钢的熔炼分析化学成分应符合表 7-14、表 7-15 的规定。

奥氏体不锈钢的成分（摘自 CCS《材料与焊接规范》(2012)）　　表 7-14

钢号	统一数字代号	化学成分(%)									
		C	Si	Mn	P	S	Cr	Ni	Mo	N	其他
022Cr19Ni10	S30403	≤0.03	≤1.0	≤2.0	≤0.045	≤0.03	18.0～20.0	8.0～12.0	—	—	
022Cr19Ni10N	S30453	≤0.03	≤1.0	≤2.0	≤0.045	≤0.03	18.0～20.0	8.0～11.0	—	0.10～0.16	
022Cr17Ni12Mo2	S31603	≤0.03	≤1.0	≤2.0	≤0.045	≤0.03	16.0～18.0	10.0～14.0	2.0～3.0	—	
022Cr17Ni12Mo2N	S31653	≤0.03	≤1.0	≤2.0	≤0.045	≤0.03	16.0～18.0	10.0～13.0	2.0～3.0	0.10～0.16	
022Cr19Ni13Mo3	S31703	≤0.03	≤1.0	≤2.0	≤0.045	≤0.03	18.0～20.0	11.0～15.0	3.0～4.0	—	
022Cr19Ni13Mo4N	S31753	≤0.03	≤1.0	≤2.0	≤0.045	≤0.03	18.0～20.0	11.0～15.0	3.0～4.0	0.10～0.22	
06Cr18Ni11Nb	S34778	≤0.08	≤1.0	≤2.0	≤0.045	≤0.03	17.0～19.0	9.0～12.0	—	—	10≤Nb≤1.10

双相不锈钢的成分(摘自 CCS《材料与焊接规范》(2012))　　表 7-15

钢　号	统一数字代号	化学成分(%)									
		C	Si	Mn	P	S	Cr	Ni	Mo	N	其他
022Cr22Ni5Mo3N	S22253	≤0.03	≤2.0	≤1.0	≤0.030	≤0.020	21.0~23.0	4.5~6.5	2.5~3.5	0.08~0.20	
022Cr23Ni5Mo3N	S22053	≤0.03	≤2.0	≤1.0	≤0.030	≤0.020	22.0~23.0	4.5~6.5	3.0~3.5	0.14~0.20	
03Cr25Ni6Mo3Cu2N	S25554	≤0.04	≤1.5	≤1.0	≤0.035	≤0.030	24.0~27.0	4.5~6.5	2.9~3.9	0.10~0.25	1.0≤Cu≤2.5
022Cr25Ni7Mo4N	S25073	≤0.03	≤1.2	≤0.8	≤0.035	≤0.020	24.0~26.0	6.0~8.0	3.0~5.0	0.24~0.32	Cu≤0.50

2. 力学性能

奥氏体不锈钢及双相不锈钢的力学性能应符合表 7-16、表 7-17 的规定。

奥氏体不锈钢的力学性能(摘自 CCS《材料与焊接规范》(2012))　　表 7-16

钢　号	规定非比例延伸强度 $R_{p0.2}$不小于 (N/mm^2)	规定非比例延伸强度 $R_{p1.0}$不小于 (N/mm^2)	抗拉强度 R_m (N/mm^2)	伸长率 A_5 不小于 (%)
022Cr19Ni10	175	215	480	40
022Cr19Ni10N	245	285	550	40
022Cr17Ni12Mo2	175	215	480	40
022Cr17Ni12Mo2N	245	285	550	40
022Cr19Ni13Mo3	205	245	520	40
022Cr19Ni13Mo4N	275	315	570	40
06Cr18Ni11Nb	205	245	520	40

双相不锈钢的力学性能(摘自 CCS《材料与焊接规范》(2012))　　表 7-17

钢　号	规定非比例延伸强度 $R_{p0.2}$不小于 (N/mm^2)	抗拉强度 R_m (N/mm^2)	伸长率 A_5 不小于 (%)	夏比 V 形缺口冲击试验		
				试验温度 (℃)	冲击值(J)	
					纵向	横向
022Cr22Ni5Mo3N	450	620	25	-20	41	27
022Cr23Ni5Mo3N	450	620	25	-20	41	27
03Cr25Ni6Mo3Cu2N	490	690	25	-20	41	27
022Cr25Ni7Mo4N	550	790	20	-20	41	27

五、铝合金及其性能

铝及铝合金热容量大、熔化潜热高,具有导电导热以及在低温下能保持良好力学性能的特点,适用于船体结构、上层建筑和其他海上设施。

CCS《材料与焊接规范》规定,铝合金板材与型材及其半成品应由 CCS 认可的生产厂制造。

1.化学成分

铝及铝合金牌号由四位字符体系构成,第一个数字表示铝及铝合金的类别,如5×××系为铝镁合金(Al-Mg),6×××系为铝镁硅合金。第二位数表示受控杂质个数,第三、四位数表示纯铝铝含量百分数小数点后的最低含量。

CCS《材料与焊接规范》规定,应从每一批铝合金产品中取样测定化学成分,并提交一份证书。铝合金的化学成分应符合表7-18规定。

铝合金的化学成分(%)(摘自CCS《材料与焊接规范》(2012))　　表7-18

牌号	Si	Fe	Cu	Mn	Mg	Cr	Zn	Ti	Al	其他元素①	
										每种	总量
5A01	Si+Fe≤0.40		≤0.10	0.30~0.70	6.0~7.0	0.10~0.20	≤0.20	≤0.15	余量	≤0.05	≤0.15
5454	≤0.25	≤0.40	≤0.10	0.50~1.0	2.4~3.0	0.05~0.20	≤0.25	≤0.20	余量	≤0.05	≤0.15
5083	≤0.40	≤0.40	≤0.10	0.40~1.0	4.0~4.9	0.05~0.25	≤0.25	≤0.15	余量	≤0.05	≤0.15
5383	≤0.25	≤0.25	≤0.20	0.7~1.0	4.0~5.2	≤0.25	≤0.40	≤0.15	余量	≤0.05④	≤0.15④
5059	≤0.45	≤0.50	≤0.25	0.6~1.2	5.0~6.0	≤0.25	0.40~0.90	≤0.20	余量	≤0.05⑤	≤0.15⑤
5086	≤0.40	≤0.50	≤0.10	0.20~0.70	3.5~4.5	0.05~0.25	≤0.25	≤0.15	余量	≤0.05	≤0.15
5456	≤0.25	≤0.40	≤0.10	0.50~1.0	4.7~5.5	0.05~0.20	≤0.25	≤0.20	余量	≤0.05	≤0.15
5754	≤0.40	≤0.40	≤0.10	≤0.50②	2.6~3.6	≤0.30②	≤0.20	≤0.15	余量	≤0.05	≤0.15
6005A	0.50~0.90	≤0.35	≤0.30	≤0.50③	0.4~0.7	≤0.30③	≤0.20	≤0.10	余量	≤0.05	≤0.15
6061	0.40~0.80	≤0.7	0.15~0.40	≤0.15	0.8~1.2	0.04~0.35	≤0.25	≤0.15	余量	≤0.05	≤0.15
6082	0.7~1.3	≤0.50	≤0.10	0.40~1.0	0.6~1.2	≤0.25	≤0.20	≤0.10	余量	≤0.05	≤0.15

注:①其他元素包括Ni、Ga、V和其他未显示成分限止的元素,常规试验时不必分析。

②0.10%≤Mn+Cr≤0.60%。

③0.12%≤Mn+Cr≤0.50%。

④Zr≤0.20,其他元素的总量中不包括锆(Zr)。

⑤0.055%≤Zr≤0.25%,其他元素的总量中不包括锆。

2.交货状态

铝合金一般以下列状态交货:

O-退火状态

H111 – 退火后经过轻微加工处理（如矫正等）

H112 – 热加工成型的状态

H116 – 对 Mg 超过 4.0% 的铝合金，进行防腐蚀处理后的状态

H32 – 加工硬化后进行稳定化处理至 1/4 硬度

H321 – 加工硬化后进行稳定化处理至稍低于 H32 的硬度

H34 – 加工硬化后进行稳定化处理至 1/2 硬度

T5 – 高温成型冷却后进行人工时效处理

T6 – 固溶热处理后进行时效处理

轧制铝镁系合金一般以 H111、H112、H116、H32、H321、H34 或 O 状态交货；

挤压成型铝镁合金一般以 H111、H112 或 O 状态交货；

挤压成型的铝硅镁系合金一般以 T5 或 T6 状态交货。

3. 力学性能

（1）轧制成型铝合金。在各种状态下的轧制成型铝合金力学性能应分别符合表 7-19 的规定。

轧制成型铝合金板和带材的力学性能（摘自 CCS《材料与焊接规范》(2012)）　　表 7-19

牌号	状态	厚度 t (mm)	规定非比例延伸强度 $R_{p0.2}$ 不小于 (N/mm²)	抗拉强度 R_m (N/mm²)	最低断后伸长率 A[①] (%)	
					50(mm)	5(d)
5A01	O	3≤t≤50	≥165	≥325	10	
	H112	3≤t≤50	≥165	≥325	10	
	H32	3≤t≤50	≥245	≥365	8	
5454	O	3≤t≤50	≥85	215～285	17	16
	H112	6≤t≤12.5	≥125	≥220	8	
		12.5＜t≤50	≥85	≥215		9
	H32	3≤t≤6.3	≥180	250～305	8	
		6.3＜t≤50	≥180	250～305		10
5083	O	3≤t≤50	≥125	275～350	16	14
	H112	3≤t≤50	≥125	≥275	12	10
	H116	3≤t≤50	≥215	≥305	10	
	H321	3≤t≤50	215～295	305～385	12	10
5383	O	3≤t≤50	≥145	≥290		17
	H116	3≤t≤50	≥220	≥305	10	
	H321	3≤t≤50	≥220	≥305	10	
5059	O	3≤t≤50	≥160	≥330		24
	H116	3≤t≤20	≥270	≥370	10	
		20＜t≤50	≥260	≥360	10	
	H321	3≤t≤20	≥270	≥370	10	
		20＜t≤50	≥260	≥360	10	

续上表

<table>
<tr><th rowspan="2">牌号</th><th rowspan="2">状态</th><th rowspan="2">厚度
t
(mm)</th><th rowspan="2">规定非比例延伸强度
$R_{p0.2}$不小于
(N/mm^2)</th><th rowspan="2">抗拉强度
R_m
(N/mm^2)</th><th colspan="2">最低断后伸长率A①(%)</th></tr>
<tr><th>50(mm)</th><th>5(d)</th></tr>
<tr><td rowspan="4">5086</td><td>O</td><td>3≤t≤50</td><td>≥95</td><td>240~305</td><td>16</td><td>14</td></tr>
<tr><td rowspan="2">H112</td><td>3≤t≤12.5</td><td>≥125</td><td>≥250</td><td>8</td><td></td></tr>
<tr><td>12.5<t≤50</td><td>≥105</td><td>≥240</td><td></td><td>9</td></tr>
<tr><td>H116</td><td>3≤t≤50</td><td>≥195</td><td>≥275</td><td>10②</td><td>9</td></tr>
<tr><td rowspan="8">5456</td><td rowspan="2">O</td><td>3≤t≤6.3</td><td>130~205</td><td>290~365</td><td>16</td><td></td></tr>
<tr><td>6.3<t≤50</td><td>125~205</td><td>285~360</td><td>16</td><td>14</td></tr>
<tr><td rowspan="3">H116</td><td>3≤t≤30</td><td>≥230</td><td>≥315</td><td colspan="2">10</td></tr>
<tr><td>30<t≤40</td><td>≥215</td><td>≥305</td><td></td><td>10</td></tr>
<tr><td>40<t≤50</td><td>≥200</td><td>≥285</td><td></td><td>10</td></tr>
<tr><td rowspan="3">H321</td><td>3≤t≤12.5</td><td>230~315</td><td>315~405</td><td>12</td><td></td></tr>
<tr><td>12.5<t≤40</td><td>215~305</td><td>305~385</td><td></td><td>10</td></tr>
<tr><td>40<t≤50</td><td>200~295</td><td>285~370</td><td></td><td>10</td></tr>
<tr><td>5754</td><td>O</td><td>3≤t≤50</td><td>≥80</td><td>190~240</td><td>18</td><td>17</td></tr>
</table>

注：①试验时对厚度12.5mm及以下的材料，应采用标距长度为50mm的伸长率，当材料厚度大于12.5mm时，应采用5d伸长率。

②对厚度小于及等于6.3mm的材料，为8%。

(2)挤压成型铝合金。挤压成型铝合金在各种状态下的力学性能应分别符合表7-20的规定。

挤压成型铝合金的力学性能(摘自CCS《材料与焊接规范》(2012))　　表7-20

<table>
<tr><th rowspan="2">牌号</th><th rowspan="2">状态</th><th rowspan="2">厚度
t
(mm)</th><th rowspan="2">规定非比例延伸强度
$R_{p0.2}$不小于
(N/mm^2)</th><th rowspan="2">抗拉强度
R_m
(N/mm^2)</th><th colspan="2">最低断后伸长率A①(%)</th></tr>
<tr><th>50(mm)</th><th>5(d)</th></tr>
<tr><td>5A01</td><td>H112</td><td>3≤t≤50</td><td>≥170</td><td>≥330</td><td colspan="2">10</td></tr>
<tr><td>5454</td><td>H112</td><td>3≤t≤50</td><td>≥100</td><td>≥230</td><td colspan="2">10</td></tr>
<tr><td rowspan="3">5083</td><td>O</td><td>3≤t≤50</td><td>≥110</td><td>270~350</td><td>14</td><td>12</td></tr>
<tr><td>H111</td><td>3≤t≤50</td><td>≥165</td><td>≥275</td><td>12</td><td>10</td></tr>
<tr><td>H112</td><td>3≤t≤50</td><td>≥110</td><td>≥270</td><td>12</td><td>10</td></tr>
<tr><td rowspan="3">5383</td><td>O</td><td>3≤t≤50</td><td>≥145</td><td>≥290</td><td>17</td><td>17</td></tr>
<tr><td>H111</td><td>3≤t≤50</td><td>≥145</td><td>≥290</td><td>17</td><td>17</td></tr>
<tr><td>H112</td><td>3≤t≤50</td><td>≥190</td><td>≥310</td><td></td><td>13</td></tr>
<tr><td>5059</td><td>H112</td><td>3≤t≤50</td><td>≥200</td><td>≥330</td><td></td><td>10</td></tr>
<tr><td rowspan="3">5086</td><td>O</td><td>3≤t≤50</td><td>≥95</td><td>240~315</td><td>14</td><td>12</td></tr>
<tr><td>H111</td><td>3≤t≤50</td><td>≥145</td><td>≥250</td><td>12</td><td>10</td></tr>
<tr><td>H112</td><td>3≤t≤50</td><td>≥95</td><td>≥240</td><td>12</td><td>10</td></tr>
<tr><td>5456</td><td>H112</td><td>3≤t≤50</td><td>≥130</td><td>≥300</td><td colspan="2">10</td></tr>
</table>

续上表

牌号	状态	厚度 t (mm)	规定非比例延伸强度 $R_{p0.2}$不小于 (N/mm²)	抗拉强度 R_m (N/mm²)	最低断后伸长率 A[①](%)	
					50(mm)	5(d)
5754	H112	3≤t≤50	≥80	≥180	10	
6005A	T5	3≤t≤50	≥215	≥260	9	8
	T6	3≤t≤10	≥215	≥260	8	6
		10<t≤50	≥200	≥250	8	6
6061	T6	3≤t≤50	≥240	≥260	10	8
6082	T5	3≤t≤50	≥230	≥270	8	6
	T6	3≤t≤5	≥250	≥290	6	
		5<t≤50	≥260	≥310	10	8

注:①试验时对厚度12.5mm及以下的材料,应采用标距长度为50mm的伸长率,当材料厚度大于12.5mm时,应采用5d伸长率。

②表中数据纵向或横向试样均适用。

第三节　船体结构焊接

一、基本要求

依照CCS《材料与焊接规范》(2012)规定,船体钢材、铝材和奥氏体不锈钢复合材的焊接应符合以下要求。

1.焊前准备

(1)构件的坡口加工、装配次序、定位精度及装配间隙应符合认可的工艺规程的要求。并应避免强制装配,以减少构件的内应力。若因焊缝坡口或装配间隙过大必需修正时,其修正方法应征得验船师的同意。

(2)焊缝坡口区域的铁锈、氧化皮、油污和杂物等应予清除,并保持清洁和干燥。

涂有底漆的钢材,如在焊接之前未能将底漆清除,则应证明该底漆对焊缝的质量没有不良的影响,相关资料应交CCS备查。

(3)当焊接需要在潮湿、多风或寒冷的露天场地进行时,应对焊接作业区域提供适当的遮蔽和防护措施。

(4)在下列情况下应考虑对焊件采取适当的预热和(或)缓冷措施,以防焊件内产生过大的应力或不良的组织。

①施工环境的温度低于0℃时;

②材料的碳当量 C_{eq} 按下式计算数值较大时;

$$C_{eq} = C + \frac{Mn}{6} + \frac{Cr + Mo + V}{5} + \frac{Ni + Cu}{15}$$

③结构刚性过大、构件板厚较厚或焊段较短时。

当碳当量 C_{eq} 大于 0.45% 时，应进行预热，并考虑进行焊后热处理。

2. 焊接工艺

(1)船体结构的焊缝应按已认可的焊接工艺规程施焊。

较长的焊缝应尽可能从焊缝中间向两端施焊，以减小结构的变形和内应力。

(2)定位焊的数量应尽量减少，定位焊缝应具有足够的高度。一般强度钢定位焊的长度应不小于30mm，高强度钢应不小于50mm。

定位焊的质量应与施焊的焊缝质量相同，有缺陷的定位焊应在施焊前清除干净。

(3)焊缝末端收口处应填满弧坑，以防止产生弧坑裂纹。如采用自动焊，一般应使用引弧板和熄弧板。

多道焊时，在下道焊接之前，应将前道焊渣清除。

(4)除 CCS 特别同意外，对有焊透要求的焊缝，在焊接第二面焊缝前应进行清根，清根后应具有适当的坡口形状，以便进行封底焊。

(5)在去除临时焊缝、定位焊缝、焊缝缺陷、焊疤和清根时，均不应损伤母材。

二、船体构件的焊接

1. 一般要求

(1)除确能保证完全焊透者外，对接焊焊件边缘应开单面或双面坡口，坡口角度一般在40°~60°之间。

(2)若全焊透对接焊缝因结构原因而无法进行封底焊时，经验船师同意，允许加固定垫板进行对接焊，但接头的坡口形式及装配间隙应保证熔敷金属与垫板能完全熔合。

(3)船体构件的角焊缝和板材的对接缝在交叉处，应符合下列规定：

①应将交叉处的对接焊缝的余高铲平，或将跨过对接焊缝的构件腹板边缘挖孔(通焊孔)，以使构件与板材能贴紧，保证焊接质量。

②连续角焊缝的构件腹板上如有对接焊缝时，应先焊好对接焊缝，并将角焊缝处的余高铲平，然后进行连续角焊接。

2. 焊接性分析

1)一般强度船用结构钢的焊接性

一般强度船用结构钢含碳量≤0.21%，属于低碳钢范畴，焊接性优良。

2)高强度船用钢的焊接性

(1)焊接裂纹：

①冷裂纹。形成冷裂纹的原因包括焊接接头产生淬硬组织、氢含量较高及结构拘束力较大。

高强度船用结构钢的焊缝和热影响区容易产生冷裂纹，特别是强度级别高的厚板焊接。

②热裂纹。正常情况下，高强度船用结构钢产生热裂纹的可能性比冷裂纹小的多。

当原材料化学成分不符合规范要求时，焊接时会产生严重偏析使局部硫、磷的含量偏高，当残余应力较大时，也容易产生热裂纹。

③再热裂纹。在焊后热处理过程中出现，形成原因是在消除应力热处理过程中，发生的变

形超出了热影响区金属在该温度塑性变形的能力而造成的。

④层状撕裂。大多产生在三通管接头及 T 形接头的角焊缝处，与母材的层状杂质偏析有密切关系。

(2)热影响区淬硬倾向。一般来说，钢中含碳量和所合金元素含量越高其淬硬倾向越大。当碳当量 $C_{eq}>0.45\%$ 时，热影响区淬硬倾向增大，硬度明显增高，塑性和韧性下降。

冷却速度也会影响淬硬倾向，热影响区的淬硬程度主要取决于 800～850℃温度区间的冷却速度。在该温度区间，工件冷却速度越快，其淬硬倾向越大。

(3)对焊接热输入的敏感性。焊接时采用过大的焊接线能量，会导致焊缝热输入过大，造成焊接接头过热，使接头塑性、韧性下降。

3. 焊接工艺要点

1)一般强度船用钢

(1)焊接方法选择。几乎所有焊接方法均适用一般强度船用结构钢焊接。船舶建造领域常用的焊接方法，包括焊条电弧焊、埋弧自动焊、CO_2气体保护焊和电渣焊等。

(2)焊接材料选择。一般强度船用钢应根据“等强原则”选择焊条或焊丝。简单、承受静载荷的船体结构可选用酸性焊条，承受动载荷、复杂和厚度较大的重要船体结构宜选用碱性焊条。

2)高强度船用钢

(1)焊接方法选择。高强度船用钢焊接，一般采用焊条电弧焊、CO_2气体保护焊和埋弧焊，工件较厚时也可采用电渣焊。对于屈服强度大于 500MPa 的高强度船用结构钢，应采用富氩混合气体（Ar80% + $CO_2$20%）保护焊。

(2)焊接材料。焊接材料选择应综合考虑坡口形式、冷却速度及焊缝金属使用性能的特殊要求等因素，焊接时应采用与母材相适应的并经 CCS 认可的低氢型高强度焊接材料。

焊接材料使用前，需按规定进行烘焙、保温，烘焙、保温时间应记录在册。

(3)焊接规范的选择。焊接时，应考虑预热并注意控制线能量和道间温度，保证焊缝的外形光顺，不应有超标的焊缝余高。

焊接规范对热影响区淬硬组织的影响，主要体现在冷却速度。焊接规范过大，会降低冷却速度，反之冷却速度加快。增大焊接规范，可减少热影响区淬硬倾向，但高温停留时间较长，会使过热区的晶粒粗大。

(4)焊后热处理。是否进行热处理，应根据材料的化学成分、工件厚度、结构刚性、焊接方法及使用条件等因素考虑。

船用结构钢大多不需要焊后热处理，若船体构件（如首柱、尾柱、舵叶等）由高强度钢板组焊而成，则施焊后应考虑对其进行退火处理，以消除焊接时的残余应力。

三、船用不锈钢焊接

1. 奥氏体不锈钢及双相不锈钢焊接

1)奥氏体不锈钢的焊接性

奥氏体不锈钢具有良好的耐蚀性、塑性、高温性能及可焊性，但如果焊材选用不当或焊接工艺不合理时，焊接接头也容易出现问题。

(1)晶间腐蚀。晶间腐蚀主要产生于 18－8 型奥氏体不锈钢（如 1Cr19NiTi），是一种极危险的破坏形式。晶间腐蚀是因为晶粒边界形成贫铬区造成,其特点是沿晶界开始腐蚀。

晶间腐蚀的防止措施:

①控制含碳量。碳是造成晶间腐蚀的主要元素,因而控制母材和焊材中的含碳量,可以有效预防奥氏体不锈钢焊接过程中产生晶间腐蚀的问题。

②采用热量集中的焊接方法,如钨极氩弧焊(TIG)、焊条电弧焊及等离子弧焊等。

③多层多道焊时,控制层间温度,使先焊的焊缝冷却到60℃以下时再焊下一道焊缝。

④由于奥氏体不锈钢无淬硬倾向,故可采取焊后快速冷却的工艺措施,避免焊接接头在敏感温度区(450~850℃)停留时间过长。

⑤添加稳定剂。选用含有钛、铌等稳定化元素的焊接材料。

⑥与腐蚀介质接触的一面应最后施焊。

⑦采用双相组织。在焊缝中加入铁素体形成元素,如铬(Cr)、硅(Si)、铝(Al)及钼(Mo)等,以使焊缝形成奥氏体+铁素体双相组织。

⑧最后进行固溶处理或稳定化热处理。将焊件加热至1050~1150℃后淬火,可使晶界上产生的碳化铬熔入奥氏体。由于淬火时的快速冷却,碳化物来不及析出,而使工件成为均匀的奥氏体组织。这种热处理方式适用于热处理后不再进行450~850℃加热的结构。

另外,也可以将接头加热至850~900℃的温度下保温两小时,使奥氏体晶粒内部的铬逐步扩散到晶界,晶界处的含铬量又重新恢复到需要的含量,以防止产生晶间腐蚀,即稳定化热处理。

(2)热裂纹。奥氏体不锈钢的导热系数小、线膨胀系数大,接头容易形成较大的拉应力区。奥氏体不锈钢的液、固相线的区间较大,结晶时间较长,凝固过程有较大的温度范围。此外,奥氏体结晶的枝状晶方向较强,使低熔点杂质偏析严重并集中于晶界处,形成低熔点共晶夹层。

热裂纹的防止措施:

①控制钢材及焊材的化学成分。选用含有适量铬、钼或锰等合金元素且杂质元素硫、磷较低的钢材和焊材。

②采用双相组织。当焊缝形成奥氏体加5%左右的铁素体双相组织时,奥氏体的晶粒长大就会受到阻碍,既打乱了柱状晶的方向又细化了晶粒,使焊缝中的杂质均匀分散。另外,铁素体还可溶解较多的杂质,降低了低熔点共晶在奥氏体晶粒边界上的偏析。但铁素体双相组织含量不宜超过5%,否则易造成焊缝的脆化。

③工艺措施。可采用小焊接电流、窄焊道、快焊速、短弧及运条时不摆动等操作技术。

2)奥氏体不锈钢焊接工艺

(1)焊接材料选择。奥氏体不锈钢通常选用其熔敷金属的化学成分与母材基本相当的焊接材料。双相不锈钢宜选用其熔敷金属的金相结构中奥氏体组织多于铁素体组织的焊接材料,或直接选用相适应的奥氏体不锈钢焊接材料。

不锈钢复合钢板的焊接材料应分别适用于相应的基材和复层材。

焊接含氮不锈钢时,可考虑采用含有适量氮气的惰性保护气体。

(2)焊接方法。不锈钢宜采用能量集中的焊接方法进行焊接,如熔化极惰性气体保护焊、非熔化极惰性气体保护焊、等离子弧焊等。

(3)焊前准备。奥氏体不锈钢及其复合钢板的接头设计和焊接工艺的编制,应以尽量减

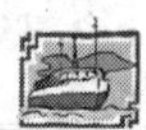

少焊接应力的产生为原则。

不锈钢板及其复合板的坡口应采用机加工或磨削方法制备，应避免采用火焰切割。加工后应检查坡口表面（包括钝边部分），不应有裂纹和复层脱开现象。

焊前板材表面应彻底清除油、漆等污物和杂质。

邻近焊缝的不锈钢板或复合板复层材的表面应有适当的保护措施，以防焊接过程中飞溅或其他物体沾污或擦伤板材表面。

复合钢板的对接应以复材为基准对齐，定位焊应焊在基层材上。

(4)焊接工艺要点：

①焊接工艺参数应遵循认可的焊接工艺，应以低热输入、短弧方法进行焊接。焊接时应使电弧稳定而快速地直线移动，避免两边摆动。

不锈钢焊接层间温度应尽可能低，不宜超过100℃，且最高不超过150℃。

②面向腐蚀介质一侧的焊道通常在最后焊接。

③在复合钢板的基材焊缝与复材焊缝之间，宜采用合金元素含量高于复层材的奥氏体不锈钢焊接材料焊制1~2层过渡焊层。紧靠过渡焊层的基材焊道，应采用低氢或超低氢的基材焊接材料焊接。

焊接复合钢板的过渡层及其随后1层的焊道应采用小直径的焊接材料和小电流施焊，以保持最小的焊缝稀释率。

④不应在面向腐蚀介质的钢板表面引弧或随意焊接、安装临时构件，施焊过程应避免工件碰撞损伤，降低腐蚀根源。

⑤焊后处理。

不锈钢板及复合板两侧的表面应避免使用铁锤矫正。

为使不锈钢板及其复合板的焊接区域具有良好的耐腐蚀性能，必要时可按照原材料制造厂的使用说明进行焊后处理（酸化或钝化）。

酸化可去除焊缝和热影响区表面的氧化皮，钝化可使酸洗后的表面形成无色的致密氧化膜，提高耐腐蚀能力。

常用的酸化方法包括酸液酸洗和酸膏酸洗。钝化是指工件酸洗后，用钝化液在工件表面擦拭，完毕后用冷水冲洗并用拖布仔细擦洗，最后用温水冲净并干燥。

2. 铁素体不锈钢焊接

1)铁素体不锈钢的焊接性

铁素体不锈钢在加热、冷却过程中无同素异型转变，焊接时焊缝及热影响区(HAZ)晶粒长大严重，易形成粗大铁素体组织，导致接头韧性比母材低。

多层焊时，焊道间重复加热，会导致σ相析出和475℃脆性，会进一步增加接头的脆化。

(1)焊接接头的晶间腐蚀。铁素体不锈钢晶间腐蚀倾向产生的原因与奥氏体不锈钢基本相同，由于形成贫铬层所致。

铁素体不锈钢的焊接接头，出现晶间腐蚀的位置在接头熔合线附近(950℃以上)，且在快速冷却的条件下才能发生。

防止晶间腐蚀的措施：

经过700~900℃加热缓冷，铬自晶粒内扩散到晶界，从而使贫铬层消失，恢复其耐蚀性能。

选用含有 Ti、Nb 等稳定剂的焊接材料，可有效防止晶间腐蚀。

降低母材中的碳和氮的总含量，晶间腐蚀倾向减小。

(2)焊接接头的脆化。铁素体不锈钢焊接接头的脆化主要是由于晶粒长大、σ 相脆性和 475℃脆性造成。

σ 相脆性是指当铬的质量分数 $W_{Cr}>21\%$ 时，如果在 520 ~ 820℃之间长期加热，会形成硬而脆的铁铬金属间化合物，使材料脆性增大。

475℃脆性是指铁素体不锈钢在 $W_{Cr}\geqslant 15.5\%$，并在 400 ~ 500℃之间长期加热时，常常出现强度升高而韧性下降的现象。

防止焊接接头脆化的措施：

小电流、高焊速，减少横向摆动，待前一道焊缝冷却到预热温度后，再焊下一道焊缝。焊后进行 750 ~ 800℃退火处理，退火后应快冷，防止出现 σ 相和 475℃脆化。

超纯铁素体不锈钢焊接，注意防止焊缝污染，避免焊缝碳、氮、氧含量增加。

2)铁素体不锈钢的焊接工艺要点

(1)选择合适的焊接材料。如选用与母材相近的铁素体铬钢作为填充材料，则焊缝金属为粗大的铁素体组织，塑性、韧性较差。向焊缝中加入少量 Ti、Nb 等变质剂元素，可细化焊缝组织，改善焊缝性能。

(2)焊前预热。为降低焊接应力，保持焊接接头的韧性，焊前应进行 100 ~ 200℃预热。随母材铬含量增加，应相应提高预热温度。

(3)焊后热处理。焊后对接头区域进行 750 ~ 800℃退火处理，促使过饱和的碳、氮完全析出，保证铬及时补充，并改善焊接接头的塑性。需要注意的是退火后应快速冷却，以防止产生 475℃脆性。

(4)选择合适的焊接方法。铁素体不锈钢对过热敏感性大，所以应采用焊接热输入较小的焊接方法，如焊条电弧焊及钨极氩弧焊等，以减少焊接接头的高温停留时间。

四、船舶低温韧性钢焊接

1.低温韧性钢的焊接性

(1)不含 Ni 的低温钢。碳含量低及硫、磷含量限制在较低范围内时，淬硬倾向和冷裂倾向小，常温下焊接不易形成冷裂纹。

板厚小于 25mm 时不需要预热，板厚超过 25mm 或接头刚性拘束较大时，应考虑预热，但预热温度不宜过高，可控制在 100 ~ 150℃。板厚超过 16mm 时，焊后往往需要进行消除应力热处理。

(2)含 Ni 较低的低温钢。碳含量低，冷裂倾向不严重。由于对 S、P 控制极为严格，所以热裂纹敏感性也不高。薄板时可不预热，厚板焊接时可进行 100℃左右的预热。

(3)含 Ni 较高的低温钢。淬透性大，焊后会形成淬火组织，但由于碳含量较低，仍可保证较好的韧性。一般情况下，焊前不需要预热，但应注意相应事宜。

①焊接材料匹配适当。选用焊接材料必须保证焊缝金属具有与母材相近的低温韧性和线膨胀系数。如选用与母材成分相近的合金系统，焊缝金属的低温韧性比母材低很多。

②磁偏吹倾向。含 Ni 较高的 9Ni 钢属于强磁性材料,采用直流电源焊接会产生磁偏吹现象。

2. 低温韧性钢焊接要点

(1)焊接方法选择。常用的焊接方法包括焊条电弧焊、埋弧焊、钨极氩弧焊及熔化极气体保护焊。

(2)焊接材料选择。焊接含 Ni 的低温钢,选用焊条的含 Ni 量应与母材相当或稍高。

埋弧焊可用中性熔炼焊剂配合 Mn - Mo 焊丝或碱性熔炼焊剂配合含 Ni 焊丝,也可采用 C - Mn钢焊丝配合碱性非熔炼焊剂。

(3)焊接热输入控制。应采用较小的热输入施焊,焊条电弧焊应控制在 20kJ/mm 以下,熔化极气体保护焊应控制在 25kJ/mm 左右,埋弧焊应控制在 28 ~45kJ/mm 范围以内。

(4)注意事项。焊条尽量不摆动,采用窄焊道、多层焊,焊接电流不宜过大,应采用快速多道焊。

(5)焊后检查与处理。避免弧坑、未焊透及焊缝成型不良等缺陷,严格检查并及时修复焊接缺陷。应进行消除应力热处理,以降低焊接产品脆断的危险性。

五、船用铝及铝合金焊接

1. 铝及铝合金的焊接性

1)容易氧化

铝和氧的亲和力很大,在常温大气中就能与氧化合,生成一层致密而难熔的氧化膜(Al_2O_3),其熔点高达 2050℃,远远超过铝的熔点。另外,Al_2O_3的密度较大(约为铝的 1.4 倍),焊接时不易上浮,容易形成夹渣。

焊接过程中除铝被氧化外,另外的合金元素(Mg、Zn)也容易被氧化、蒸发,必然会影响焊接接头的力学性能。因氧化镁的熔点较高,会导致夹渣形成。

2)易焊穿

铝及铝合金由固态转变为液态时表面颜色无明显变化,不易判断工件是否熔化及熔池温度的变化情况,极易因熔池温度过高而烧穿焊件。

3)热导率和比热容较大

焊接时消耗的热量要比碳钢大得多,必须采用能量集中、功率大的焊接热源,必要时可采用预热等工艺措施。

4)焊接变形及热裂纹倾向

铝合金的线膨胀系数和凝固时的收缩率均比钢大很多,焊接时会产生较大的内应力和焊接变形。

大部分非热处理铝合金及纯铝,熔焊时很少会产生裂纹。但当杂质含量超过规定或结构刚性较大的情况下,也可能产生裂纹。

热处理强化铝合金熔焊,极易产生热裂纹,特别是在结构刚性大或大厚度工件焊接的情况下,产生热裂纹的倾向增大。

5)容易形成气孔

焊接铝合金时易产生氢气孔。原因是氢能大量溶解于液态铝中,其溶解度随温度的升高而增加,因熔池冷却很快,氢气来不及从焊缝中逸出,从而形成气孔。

当焊丝、工件及焊条等含有水分时,气孔敏感性增加。

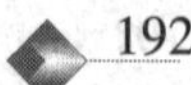

6)焊接接头力学性能下降

纯铝或防锈铝合金在退火状态下焊接,如采用与母材化学成分相近的焊接材料时,基本不会出现软化现象。但在冷作硬化状态下焊接,将发生再结晶软化,使接头强度降低,主要原因是由于焊接热影响区晶粒粗大以及接头局部冷作硬化效果减退或消失。

硬铝和超硬铝焊接时,无论在退火状态还是时效状态,焊后接头强度必然低于母材,可采用较小热输入,或在焊后重新进行固溶处理、人工时效处理解决。

7)焊接接头耐腐蚀性下降

接头组织不均匀是造成接头耐腐蚀性下降的根本原因。除此以外,气孔、夹杂及裂纹等焊接缺陷,以及焊接接头的残余应力也会影响接头的耐蚀性。

2. 铝及铝合金的焊接工艺

1)焊前准备

(1)铝合金焊接场地应有防潮、防尘、防寒和防风设施,施工时的风速应小于0.5m/s。

(2)铝合金材料可采用机械或等离子弧方法进行切割,坡口一般可采用刨削或磨削等机加工方法制备。若采用其他方法,应经CCS验船师同意。

(3)焊丝、焊缝坡口及其临近区域应彻底清洁(必要时可采用化学方法清理),并保持干燥。清洁后应尽快进行焊接,通常清洁部位应在24h内施焊,否则应对该部位采取有效的保护措施或重新进行清洁。

(4)凡符合下列情况之一者,可考虑对焊接区域进行预热:

①当铝合金材料的厚度大于8mm时;

②环境温度低于0℃时;

③环境湿度大于80%时。

铝合金的预热不宜采用氧—乙炔火焰加热的方法。

铝镁系合金的预热温度通常为50℃ ±10℃。

(5)采用惰性气体保护焊时,焊前应检查保护气体的成分是否符合工艺规程的要求。

2)焊接工艺要点

(1)焊接方法。铝及铝合金宜采用钨极惰性气体保护焊(TIG)或熔化极惰性气体保护焊(MIG)方法焊接,重要焊缝的两端应装有引弧板和熄弧板。

(2)焊接材料的选择。铝及铝合金焊接材料的选择,必须考虑母材成分、产品具体要求及施工条件,除应满足接头的力学性能及耐蚀性外,还应考虑结构的刚性及抗裂性等因素。

目前,铝及铝合金焊丝可分为同质焊丝和异质焊丝。

①同质焊丝。焊丝成分与母材成分相同,也可用母材切下来的板条作为填充金属。

②异质焊丝。主要是为适应抗裂性能要求研制,其成分与母材有较大差异。

(3)焊缝空间位置。主要对接焊缝应尽量采用倾角小于20°的位置进行平对接焊。

(4)为使变形减至最小程度,焊接时应注意相关事项:

①单条长焊缝应采用分中对称焊或逐步退焊法;

②密集性的多条长焊缝应采用中间向四周对称焊的方法;

③在满足设计要求的基础上,尽可能不加大焊缝的尺寸。

(5)施焊时应保持焊接的连续性。若有中断,引弧前应清洁接缝处,接缝应有一定长度的重叠。

(6)焊道清理。多道焊时,应注意前后焊道之间的清洁和道间温度。后续焊道进行前应将前道焊缝表面清理干净,道间温度尽可能控制在60℃以下。

清理焊缝根部和清除焊缝缺陷时,应采用铲或刨削等机加工方法。

对全焊透对接焊缝,在正面焊毕后应对反面清根,直至焊缝缺陷完全清除为止。

(7)喷嘴、电极的注意事项。采用MIG焊时,如喷嘴附有明显的飞溅物,应更换喷嘴或予以清洁。

采用TIG焊时,如发现钨极氧化或形状不良,应及时更换钨极或进行修磨。焊接时如钨极触及熔池或焊丝,应立即停止焊接,焊缝夹钨应彻底清除。

沾污的焊丝和钨极也应予以清洁。

(8)当焊接钢铝成型接头时,应严格控制焊接线能量,防止对成型接头产生不良影响。

(9)主要结构的小角度相交部位,一般应在反面开坡口进行焊接,并保证角焊缝的焊脚高度符合设计规定。

(10)焊接变形的矫正。铝合金结构的变形不宜采用铁锤直接锤击矫正。若采用加热矫正,应按铝合金制造厂的说明进行。

思考与练习 SIKAOYULIANXI

1. 船用金属材料对材料力学性能有什么要求?
2. 船用金属材料对材料工艺性能有什么要求?
3. 一般强度船体结构用钢有哪几类? 如何表示?
4. 低温韧性钢具有哪些性能?
5. 什么是奥氏体不锈钢和双相不锈钢? 有何主要特点?
6. 船用铝及铝合金如何表示?
7. 船体结构焊接有哪些基本要求?
8. 船体结构焊接工艺应符合哪些要求?
9. 试说明高强度船用钢的焊接性能。
10. 试述高强度船用钢的焊接工艺要点。
11. 试说明船用奥氏体不锈钢及双相不锈钢的焊接性能。
12. 试述船用奥氏体不锈钢及双相不锈钢的焊接工艺要点。
13. 说明船用铁素体不锈钢的焊接性能。
14. 试述船用铁素体不锈钢的焊接工艺要点。
15. 说明船用低温韧性钢的焊接性能。
16. 试述船用低温韧性钢的焊接工艺要点。
17. 说明船用铝及铝合金的焊接性能。
18. 试述船用铝及铝合金的焊接工艺要点。

第八章　焊接应力与变形

● **知识目标**

1. 了解焊接应力和变形的产生原因;
2. 熟悉焊接残余应力的类型及分布特征;
3. 掌握焊接变形的种类及影响因素。

● **能力目标**

1. 掌握减小焊接应力的措施;
2. 掌握控制焊接变形的措施;
3. 具备船体结构焊接变形的矫正能力;
4. 掌握整体造船及分段造船的焊接工艺要点。

焊接过程中,因局部高温加热使工件上温度分布不均匀,最终导致在结构内部产生焊接应力与变形。焊接应力会导致船舶结构承载能力降低,是引起脆性断裂、疲劳断裂、应力腐蚀断裂和失稳破坏的主要原因。另外,焊接变形也使船舶结构的形状和尺寸精度难以达到技术要求,直接影响制造质量和使用性能。

第一节　焊接应力与变形的产生

一、应力与变形

1. 应力和变形的基本知识

(1)变形。物体在外力或温度等因素的作用下,形状和尺寸发生变化称为变形。当使物体产生变形的外力或其他因素去除后变形随之消失,物体可恢复原状,这样的变形称为弹性变形。当外力或其他因素去除后变形仍然存在,物体不能恢复原状,则称为塑性变形。按拘束条件可将变形分为自由变形和非自由变形,非自由变形包括外观变形和内部变形两种形式。

以金属杆变形为例,当温度为 T_0 时,其长度为 L_0。对其均匀加热,温度上升到 T 时,若金属杆不受阻,杆的长度会增加至 L,其长度的改变 $\Delta L_T = L - L_0$,ΔL_T 为自由变形,如图 8-1a)所示。

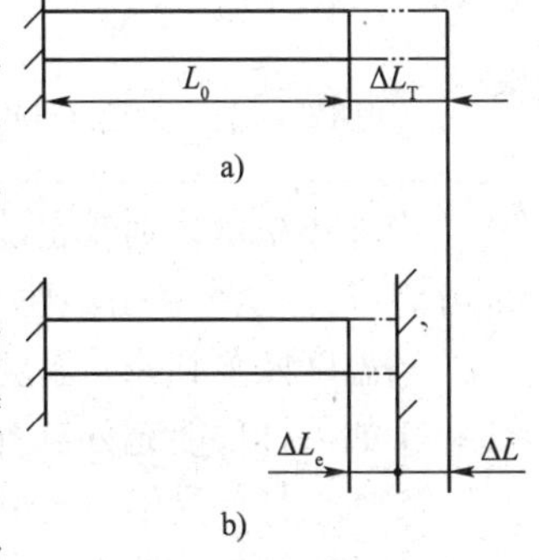

图 8-1　金属杆件的变形
a)自由变形;b)非自由变形

如果金属杆件的伸长受阻,则变形量不能完全表现出来,体现为非自由变形。其中表现出来的变形为外观变形,用 ΔL_e 表示,未表现出来的变形为内部变形,用 ΔL 表示。在数值上,$\Delta L = \Delta L_T - \Delta L_e$,如图 8-1b)所示。

单位长度的变形量称为变形率，自由变形率用 ε_T 表示，其数学表达式为：

$$\varepsilon_T = \Delta L_T / L_0 = \alpha(T - T_0)$$

式中：a——金属的线膨胀系数，其数值随材料及温度而变化。

外观变形率 ε_e 可用下式表示：

$$\varepsilon_e = \Delta L_e / L_0$$

内部变形率 ε 可用下式表示：

$$\varepsilon = \Delta L / L_o$$

(2)应力。物体受外力作用后所导致物体内部之间的相互作用力称为内力。在物理、化学或物理化学变化过程中，如温度、金相组织或化学成分等变化时，在物体内部也会产生内力。

作用在物体单位面积上的内力为应力，根据应力产生原因，可将其分为工作应力和内应力。

工作应力是由外力作用于物体而引起的应力。内应力是由物体的化学成分、金相组织及温度等因素变化，造成物体内部不均匀变形而引起的应力。内应力存在于铆接、铸造、焊接等工程结构中，如焊接应力。

2. 应力、变形与温度及拘束的关系

(1)不受约束的杆件。如图 8-1a)所示，在均匀加热与冷却时，其变形属于自由变形。因此杆件在加热过程中不会产生任何内应力，冷却后也不会有任何残余应力和残余变形。

(2)受约束杆件。如图 8-1b)所示，其变形属于非自由变形，包括外观变形和内部变形。

当加热温度低于材料屈服点温度 T_s 时，材料处于弹性范围内。加热过程中杆件的变形全部为弹性变形，杆件内部存在压应力的作用。当温度恢复到原始温度时，杆件自由收缩到原来长度，压应力全部消失。此时既不存在残余变形，也不存在残余应力。

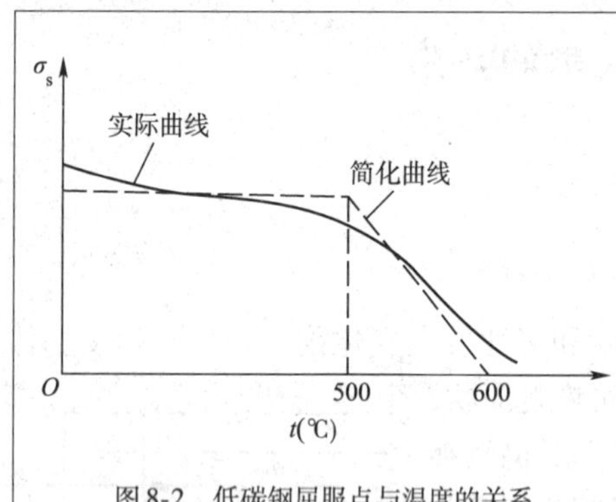

图 8-2　低碳钢屈服点与温度的关系

小知识：低碳钢屈服点与温度的关系

图 8-2 中实线为低碳钢屈服点与温度的实际关系。曲线表明，随温度升高低碳钢屈服点迅速下降。温度超过 600℃以上某一温度时屈服点为零(呈塑性状态)，材料屈服点为零时的温度称为塑性温度。

为分析问题方便，可将低碳钢屈服点与温度的关系简化为虚线所示。即在 500℃以下，屈服点与常温时相同，不随温度变化；500℃～600℃之间，屈服点迅速下降；600℃以上时，屈服点为零。

当加热温度达到或超过 T_s，杆件中将产生压缩塑性变形，内部变形由弹性变形和塑性变形两部分组成，甚至全部由塑性变形组成($T > 600℃$)。

当温度恢复到原始温度时，弹性变形恢复，塑性变形不可恢复，可能出现如下情况：

①如果杆件能充分自由收缩，那么杆件中只出现残余变形而无残余应力；

②如果杆件受绝对拘束，那么杆件中没有残余变形但存在较大的残余应力；

③如果杆件收缩不充分，那么杆件中既有残余应力又有残余变形。

二、焊接应力和变形的产生原因

产生焊接应力与变形的原因很多，根本原因在于焊接时工件受热不均匀，因焊缝金属的膨胀

与收缩、金相组织的变化、工件的刚度以及拘束不同所致。另外，焊缝在焊接结构中的位置、装配焊接的顺序、焊接方法、焊接线能量及焊接方向等对焊接应力与变形也存在一定的影响。

1. 工件不均匀加热

(1)长板条中心加热。如图8-3a)所示，长度为L_0、厚度为σ的低碳钢长板条，在其中心沿长度方向加热。为简化分析，将扳条分为两个区域，中间为温度均匀一致的高温区，两侧为温度均匀一致的低温区。

如果板条的高温区与低温区可分离，加热时高温区和低温区将伸长，但高温区伸长量较大(ΔL_{e2})，如图8-3b)所示。但板条实际为一个整体，所以板条将整体伸长，此时高温区内产生较大的压缩塑性变形和压缩弹性变形。

如果高温区与低温区可分离，冷却时高温区应缩短(压缩塑性变形不可恢复)，低温区恢复原长，如图8-3c)所示。但板条实际为一个整体，所以板条将整体缩短，产生残余变形。同时在板条内部产生残余应力，中间高温区为拉应力，两侧低温区为压应力，如图8-3d)所示。

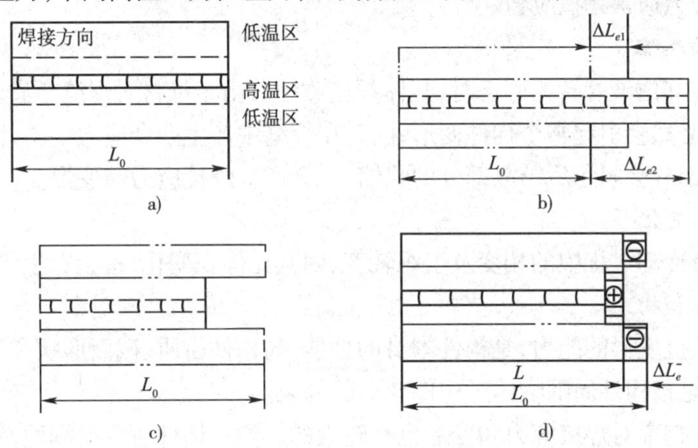

图8-3　钢板条中心加热应力及变形示意

a)原始状态；b)加热状态；c)、d)冷却状态

(2)长板条一侧加热。如图8-4a)所示，材质均匀的钢板，在其上边缘快速加热。

假设钢板由许多互不相连的窄条组成，各窄条钢板加热时将按温度高低产生不同程度的伸长，如图8-4b)所示。但板条实际为一个整体，各板条之间互相牵连，上一部分金属受下部分金属限制而不能自由伸长，因此产生了压缩塑性变形。由于钢板的温度分布自上而下逐渐降低，因此钢板产生了向下的弯曲变形，如图8-4c)所示。

钢板冷却后，各板条(如互不相连)的收缩应符合图8-4d)所示。但钢板实际为一个整体，上一部分金属受下部分限制而不能自由收缩，所以钢板产生了与加热时相反的残余弯曲变形。同时在钢板内产生残余应力，钢板中部为压应力，如图8-4e)所示。

(3)不均匀加热的影响：

①对构件进行不均匀加热，当温度高于材料屈服点温度，构件就会产生压缩塑性变形，冷却后构件必然存在残余应力和残余变形。

②通常，焊接过程中构件的变形方向与焊后构件的变形方向相反。

③焊接(加热)时，焊缝及其附近区域将产生压缩塑性变形，冷却时压缩塑性变形区收缩。

如果收缩能充分进行，则焊接残余变形大、残余应力小；若收缩不能充分进行，则焊接残余变形小、焊接残余应力大。

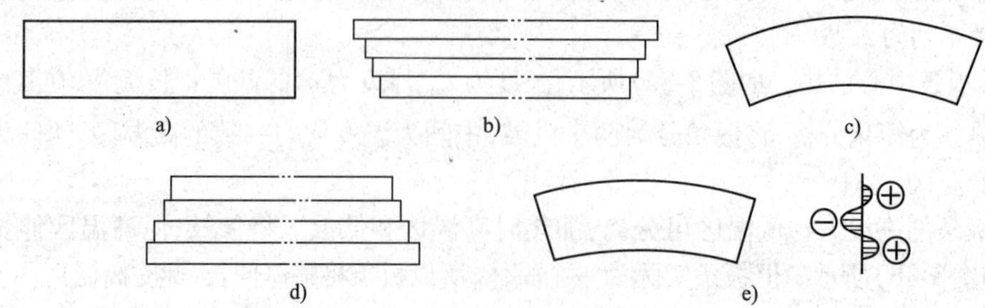

图 8-4 钢板一侧边缘加热应力及变形示意

a)原始状态；b)板条假设伸长；c)加热后状态；d)板条假设收缩；e)冷却后状态

④焊接过程中及焊接结束后，构件中的应力分布始终为不均匀。焊接结束后，焊缝及其附近高温区域的残余应力通常是拉应力。

2. 焊缝金属的收缩

当焊缝金属冷却由液态转为固态时，其体积应收缩。由于母材对焊缝金属的限制，使焊缝金属不能自由收缩，必然会引起整个构件变形，同时在焊缝中产生残余应力。另外焊缝是逐步形成的，焊缝中先结晶部分会阻止后结晶部分的收缩，也会产生焊接应力与变形。

3. 金属组织的变化

随钢在加热及冷却过程中的相变及组织转变，因其比体积变化，也会产生焊接应力与变形。

4. 构件的刚性和拘束

刚性指构件抵抗变形的能力，是构件本身的性能，与构件材质、截面形状和尺寸等因素有关。拘束是外部条件，是指构件周围物体对构件变形的约束。

构件的刚性和拘束对焊接应力和变形也有较大的影响。构件自身的刚性及受周围的拘束程度越大，焊接变形越小，焊接应力越大；反之，构件自身的刚性及受周围的拘束程度越小，则焊接变形越大，而焊接应力越小。

第二节 焊接残余应力

焊接残余应力是指构件焊完冷却后残留在构件内的焊接应力，焊接残余应力直接影响焊接结构的强度、耐腐蚀性、尺寸及稳定性。

一、焊接残余应力的分类

1. 按应力在构件内的空间位置

(1)一维空间应力。应力沿构件一个方向作用，即单向(或单轴)应力。

(2)二维空间应力。应力在一个平面内不同方向上作用，即双向(或双轴)应力，常用平面直角坐标表示，如 σ_x、σ_y。

(3)三维空间应力。应力在空间所有方向上作用，即三向(或三轴)应力，常用三维空间直角坐标表示，如 σ_x、σ_y、σ_z。

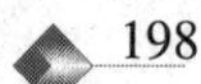

厚板焊接时为三向应力。随板厚减小,沿厚度方向的应力相对较小可将其忽略,主要考虑双向应力 σ_x、σ_y。薄长板条对接时,因垂直焊缝方向的应力 σ_y 较小而忽略,主要考虑平行于焊缝轴线方向的纵向应力 σ_x。

2. 按产生应力的原因

(1)热应力。焊接过程中,构件内部温度差异引起的应力,也称温差应力,是造成热裂纹的力学原因之一。

(2)相变应力。焊接过程中局部金属发生相变,其比体积增大或减小而引起的应力。

(3)塑变应力。金属局部发生拉伸或压缩塑性变形后引起的内应力。

对金属进行剪切、弯曲、切削、冲压及锻造等冷热加工时,常产生塑变应力。焊接过程中,近缝高温区的金属热胀冷缩受阻时会产生塑性变形,从而产生焊接内应力。

二、焊接残余应力的分布

1. 纵向残余应力的分布

作用方向平行于焊缝轴线的残余应力,称为纵向残余应力(σ_x)。

在焊接结构中,焊缝及其附近区域的纵向残余应力为拉应力,一般可达到材料的屈服点。随离焊缝距离的增加,拉应力急剧下降并转为压应力。

宽度相等的两板对接时,其纵向残余应力在焊缝横截面上的分布情况如图 8-5 所示。图 8-6 为板边堆焊时,其纵向残余应力在焊缝横截面上的分布状况。

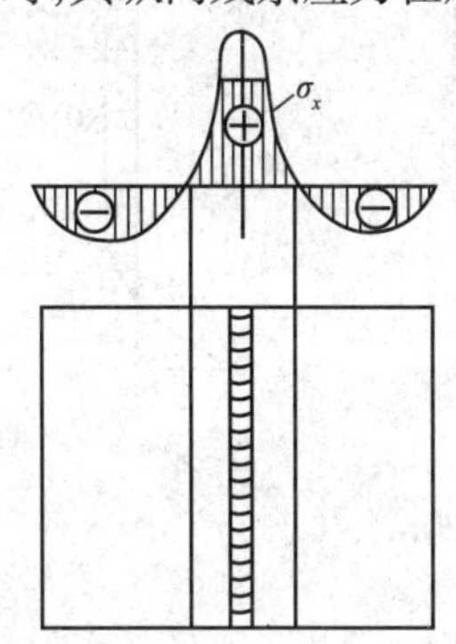

图 8-5　对接接头纵向残余应力在焊缝横截面上的分布情况

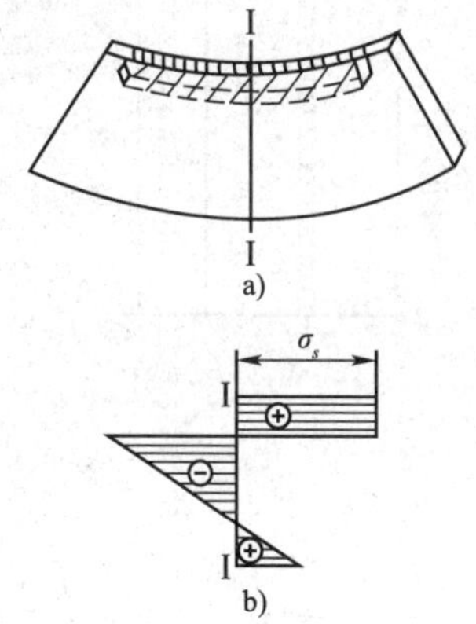

图 8-6　板边堆焊时的纵向残余应力与变形

两不等宽板对接时,宽度相差越大,宽板中的应力分布越接近于板边堆焊时的情况。若两板宽度相差较小时,其应力分布近似于等宽板对接时的情况。

纵向残余应力在焊缝纵截面上的分布规律如图 8-7 所示。在焊缝纵截面端头,纵向应力为零,焊缝端部存在一个残余应力过渡区,焊缝中段是残余应力稳定区。当焊缝较短时,不存在稳定区,焊缝越短,σ_x 越小。

纵向残余应力的大小和焊接线能量、预热温度、坡口形式、焊接方法、构件拘束度及焊缝长短等因素有关。

2. 横向残余应力的分布

垂直于焊缝轴线的残余应力称为横向残余应力(σ_y)。

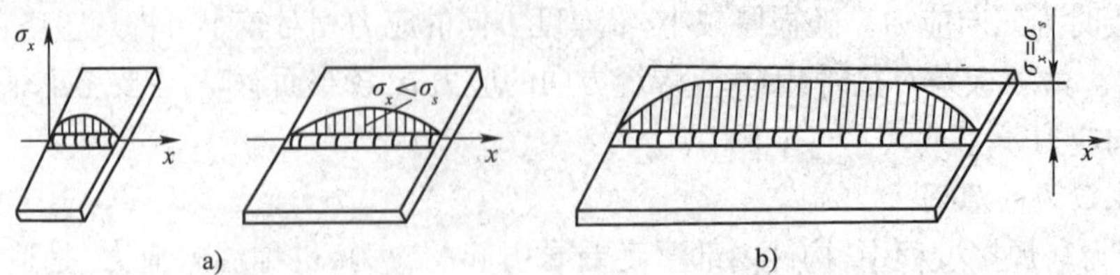

图 8-7　焊缝纵截面上纵向残余应力的分布

a)短焊缝;b)长焊缝

(1)焊缝及其附近塑性变形区的纵向收缩引起的横向残余应力(σ'_y)。如图 8-8a)所示构件由两块平板条对接而成,如果假想沿焊缝中心将构件一分为二,即两块板条都相当于板边堆焊,将出现如图 8-8b)所示的弯曲变形。如果使两板条恢复到原来位置,必须在焊缝中部施加横向拉应力,在焊缝两端施加横向压应力。

因此,焊缝及其附近塑性变形区的纵向收缩引起的横向应力如图 8-8c)所示,其两端为压应力、中间为拉应力。不同长度平板条对接焊,其 σ'_y 的分布规律基本相同,但焊缝越长,中间部分的拉应力越低,如图 8-9 所示。

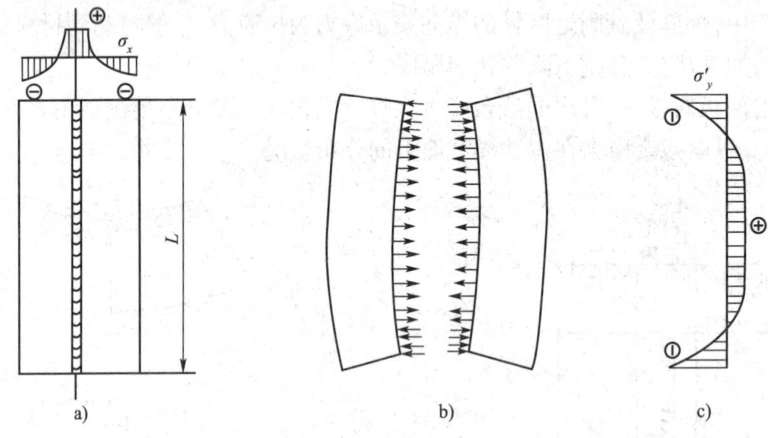

图 8-8　纵向收缩引起的横向残余应力分布示意

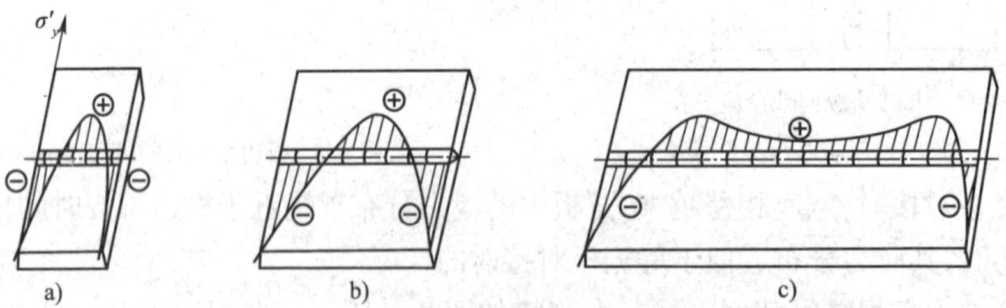

图 8-9　不同长度平板对接横向残余应力分布示意

a)短焊缝;b)中长焊缝;c)长焊缝

(2)横向收缩引起的横向残余应力(σ''_y)。焊缝先焊部分先冷却,并限制后焊部分的横向收缩。因横向收缩的不均匀性及不同时性,会引发横向残余应力 σ''_y,其分布与焊接方向、分段方法及焊接顺序等有关。

图 8-10 为焊接方向不同时 σ''_y 的分布状况。如果将一条焊缝分两段从中间向两端施焊,中间部分先收缩,两端部分的横向收缩受到中间部分的限制,因此 σ''_y的分布呈中间部分为压应力、

两端部分为拉应力,如图 8-10a)所示。如果从两端向中间施焊,则中间部分为拉应力、两端部分为压应力,如图 8-10b)所示。

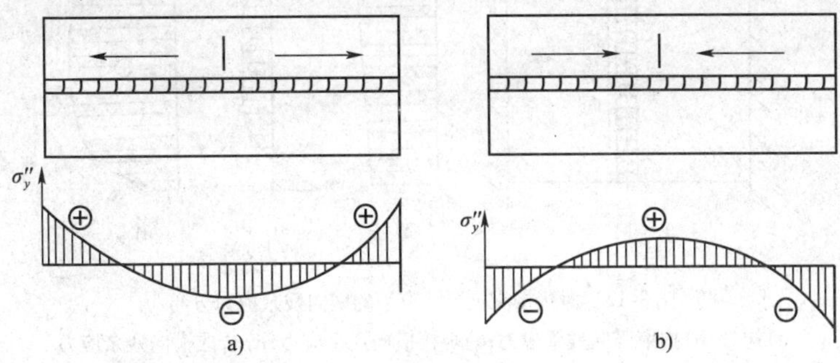

图 8-10 焊接方向对 σ''_y 分布的影响

总之,横向残余应力 σ'_y、σ''_y 同时存在,构件中的横向残余应力 σ_y 由 σ'_y、σ''_y 合成而得。

3. 典型结构的残余应力

(1)厚板的焊接残余应力。厚板焊接接头中除存在纵向和横向残余应力外,在厚度方向还有较大的残余应力 σ_z。σ_z 在厚度上的分布不均匀,主要同焊接工艺方法有关。

图 8-11 为 240mm 厚低碳钢电渣焊焊缝中心线上的应力分布。在焊缝中心存在三向均为拉伸的残余应力,且均为最大值。原因是电渣焊焊缝正、背面装有水冷铜滑块,焊缝表面冷却速度快、中心部位冷却较慢,中心部位的收缩受周围金属制约,故中心部位出现较高的拉应力。

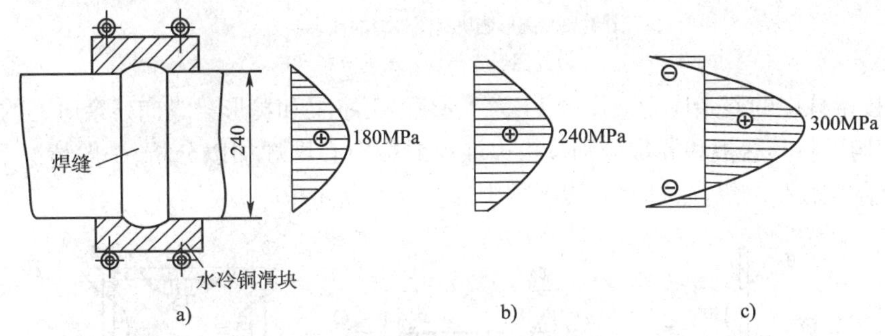

图 8-11 厚板电渣焊沿厚度方向的残余应力分布

a) σ_z 在厚度上的分布;b) σ_x 在厚度上的分布;c) σ_y 在厚度上的分布

(2)拘束状态下的焊接残余应力。生产中焊接结构往往是在受拘束的情况下进行焊接,如图 8-12a)所示。构件焊后的横向收缩受到限制,因而产生了拘束横向应力,其分布如图 8-12b)所示。拘束横向应力与无拘束横向应力(图 8-12c 所示)叠加,结果在构件中产生合成横向残余应力,如图 8-12d)所示。

(3)封闭焊缝中的残余应力。板壳结构中大多设有接管、镶块和人孔等构造,属于封闭焊缝类型,因在较大拘束条件下焊接,所以内应力较大。应力大小与构件和镶入体本身的刚度有关,刚度越大,内应力也越大。

图 8-13 为圆盘中焊入镶块后的残余应力,其中 σ_θ 为切向应力,σ_r 为径向应力。

曲线显示径向应力均为拉应力,切向应力在焊缝附近最大,为拉应力,由焊缝向外侧逐渐下降为压应力,由焊缝向中心达到一均匀值。在镶块中部为均匀的双轴应力场,镶块直径越小,外板对其约束越大,均匀双轴应力值就越高。

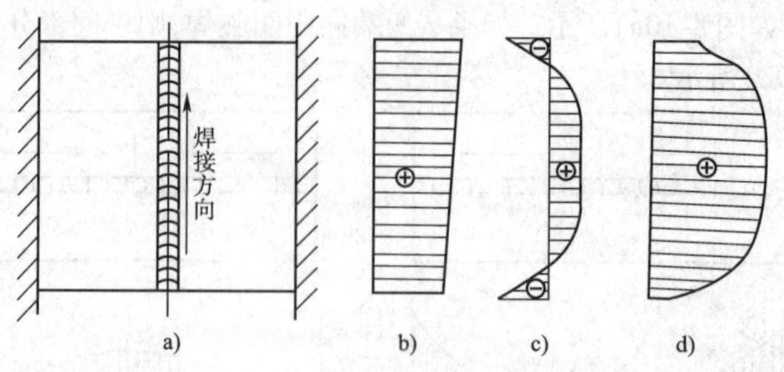

图 8-12　对接接头拘束状态下的横向残余应力分布

a)构件;b)拘束横向残余应力;c)焊接横向残余应力;d)合成横向残余应力

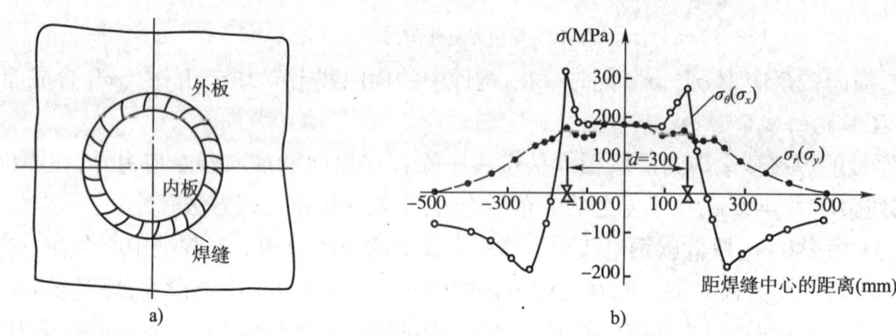

图 8-13　圆形镶块封闭焊缝的残余应力

a)封闭焊缝;b)σ_θ、σ_r的分布

(4)焊接梁柱中的残余应力。图 8-14 为 T 形梁、工字梁和箱形梁纵向残余应力的分布情况。

此类结构可将其腹板和翼板分别按板边堆焊或板中心堆焊加以分析,一般情况下焊缝及其附近区域中存在较高的纵向拉应力,腹板的中部会产生纵向压应力。

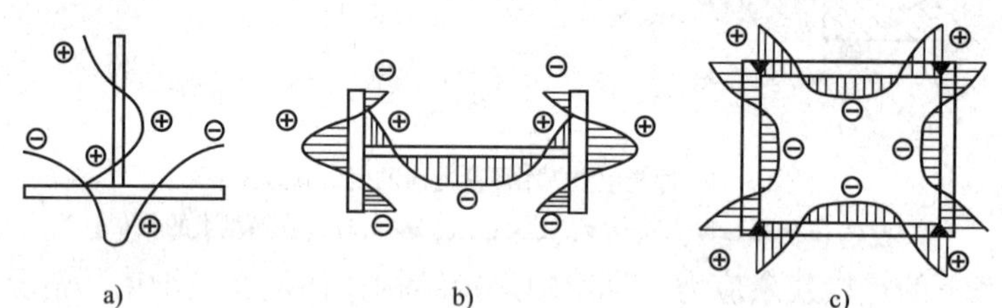

图 8-14　焊接梁柱的纵向残余应力分布

a)焊接 T 形梁的残余应力;b)焊接工字梁的残余应力;c)焊接箱形梁的残余应力

(5)环形焊缝中的残余应力。管道对接时焊接残余应力的分布比较复杂,当管径和壁厚之比较大时,环形焊缝中的应力分布与平板对接相类似,如图8-15所示,但焊接残余应力的峰值比平板对接焊小。

三、焊接残余应力对焊接结构的影响

1. 对焊接结构强度的影响

对于应力集中不严重的焊接结构,如材料具有一定的塑性变形能力,焊接内应力并不影响结

构的静载强度。但当材料处于脆性状态时,拉伸内应力和外载引起的拉应力叠加就可能使局部区域的应力达到断裂强度,导致结构早期破坏。试验研究表明,当工作温度低于材料脆性临界温度时,拉伸内应力和严重应力集中的共同作用将降低结构的静载强度,使之在远远低于屈服点的外应力作用下就发生脆性断裂。

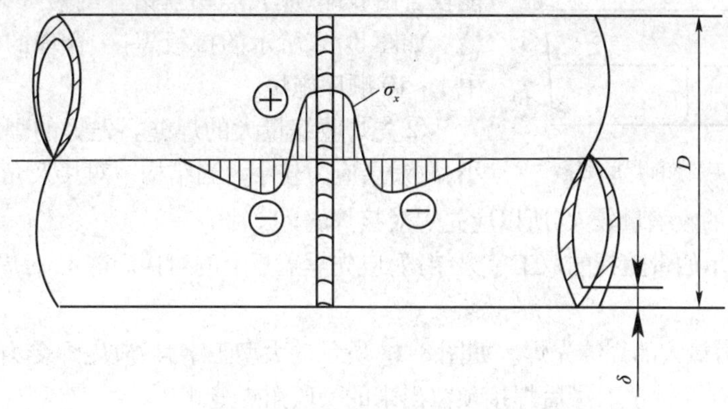

图8-15　圆筒环缝纵向残余应力分布

因此,焊接残余应力的存在将明显降低脆性材料结构的静载强度。

2. 对构件加工尺寸精度的影响

构件的内应力在机械加工时,因一部分金属从焊件上被切除而使其原来的平衡状态破坏。因此,内应力会重新分布以达到新的平衡,同时产生变形,使加工精度受到影响。

为保证加工精度,应先对构件进行消除应力处理,然后再进行机械加工。也可采用多次分步加工的办法,释放构件中的残余应力和变形。

3. 对受压杆件稳定性的影响

外载引起的压应力与内应力中的压应力叠加后达到 σ_s 时,该截面就丧失了进一步承受外载的能力,因此削弱了杆件的有效截面,使压杆的失稳临界应力下降,影响压杆的稳定性能。

压杆内应力对稳定性的影响与压杆的截面形状和内应力分布有关,当有效截面远离压杆中性轴时,可以改善其稳定性。

此外,焊接残余应力对结构的刚度、疲劳强度及应力腐蚀开裂存在不同程度的影响。

四、降低焊接残余应力的措施

1. 设计措施

(1)尽量减少结构焊缝数量和焊缝尺寸。焊缝数量多、焊缝尺寸大,导致焊接时受热区加大,使压缩塑性变形区或变形量增大。

(2)避免焊缝过分集中。焊缝过于集中不仅使应力分布更不均匀,而且还会出现双向或三向复杂的应力状态。因此国家相应生产规范中,对焊缝间应保持的距离均有明确规定。

(3)采用刚度较小的接头形式。如容器与接管间可采取不同形式的连接接头。其中插入式连接的拘束度较大,可能产生双向拉应力且达到较高数值;采用翻边式接头时拘束度略小,焊缝主要为纵向残余应力。

2. 工艺措施

(1)采用合理的装配焊接顺序和方向：

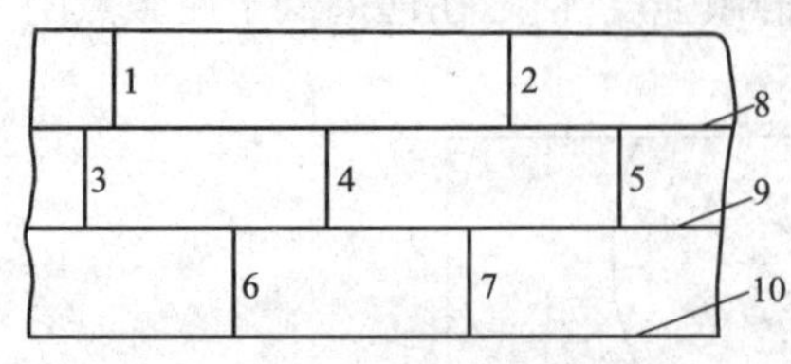

图 8-16　拼板焊缝装配焊接顺序

①平面交错焊缝。焊接时应保证焊缝纵向及横向均能较自由收缩，应先焊相互错开的短焊缝，后焊直通长焊缝。如图 8-16 所示的拼板焊接，合理的焊接顺序应按图中 1～10 顺序施焊。

②先焊收缩量大的焊缝。先焊的焊缝收缩时受阻较小，故残余应力较小。当结构中对接及角接焊缝同时存在时，由于对接焊缝的收缩量较大，所以应先焊对接焊缝。

如图 8-17 所示的带盖板的双工字梁结构，应先焊盖板上的对接焊缝 1，后焊盖板与工字梁之间的角焊缝 2。

③工作时受力最大的焊缝先焊。如图 8-18 所示的大型工字梁，应先焊受力最大的翼板对接焊缝 1，再焊腹板对接焊缝 2，最后焊接预留出来的一段角焊缝 3。

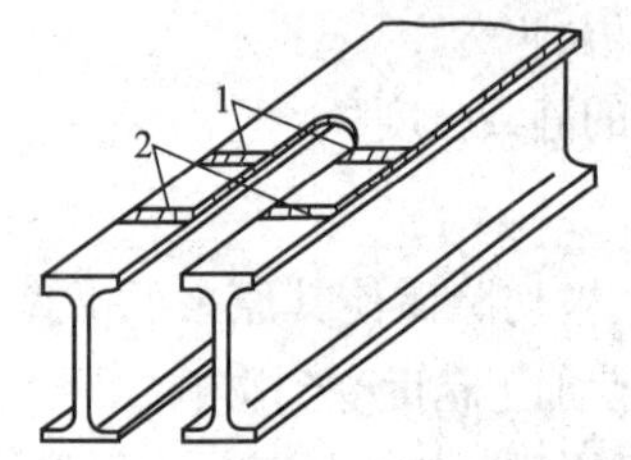

图 8-17　带盖板双工字梁结构焊接顺序

1-对接焊缝；2-角焊缝

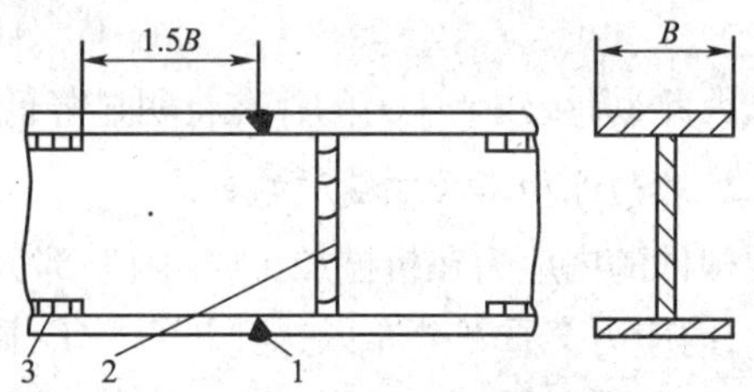

图 8-18　对接工字梁的焊接顺序

1-翼板对接焊缝；2-腹板对接焊缝；3-角焊缝

④交叉焊缝的焊接顺序。焊接平面交叉焊缝时，焊缝的交叉点易产生较大的焊接残余应力，必须采用合理的焊接顺序，避免在交叉部位产生焊接缺陷。

图 8-19 所示的 T 形接头焊缝和十字接头焊缝，d)为不合理的焊接顺序，应采用图中 a)、b)、c)的焊接顺序。

图 8-20 为对接焊缝与角焊缝交叉的结构形式。其中对接焊缝 1 的横向收缩量大，应先焊对接焊缝 1，后焊角焊缝 2。

(2)预热。施焊前预先将构件局部或整体加热到 150～650℃。

预热法适用于焊接或补焊淬硬倾向较大材料的构件，以及刚度较大或脆性材料构件。

(3)冷焊法。冷焊法是指通过降低构件受热，以减小焊接部位与结构其他部位间的温差，其工艺措施包括尽量采用小的焊接热输入，选用小直径焊条，小电流、快速焊及多层多道焊等，但应避免在较低的环境温度下采用冷焊法。

(4)降低焊缝的拘束度。如在平板上镶板的封闭焊缝，焊接时拘束度较大，焊后会产生较大的纵向和横向拉应力，极易产生裂纹。为降低残余应力，应设法减小该封闭焊缝的拘束度。

图 8-21 所示为焊前对镶板的边缘适当翻边，预留反变形使焊接时翻边处拘束度减小。若镶板收缩余量预留合适，可减小焊后残余应力且保证镶板与平板平齐。

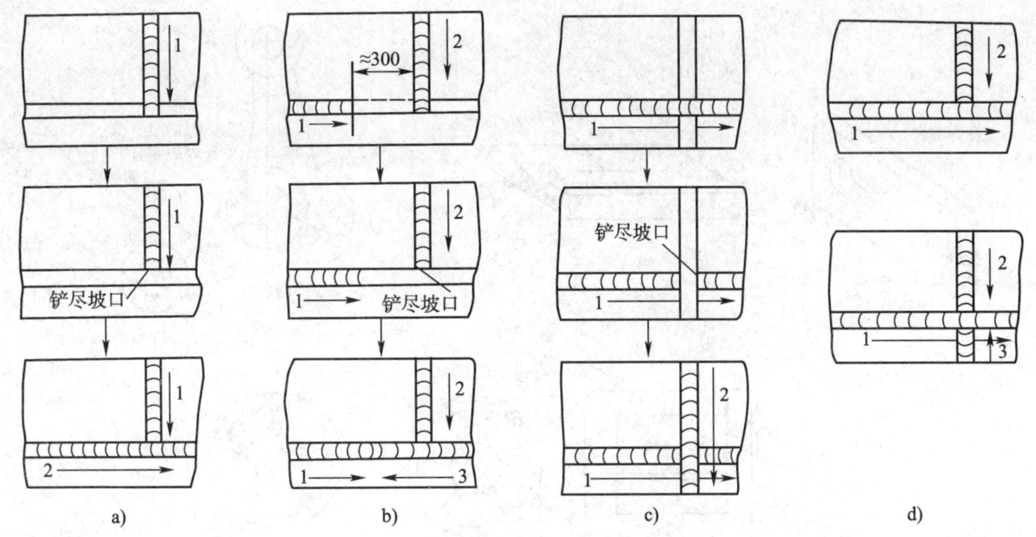

图 8-19　平面交叉焊缝的焊接顺序

1-对接焊缝;2-角焊缝

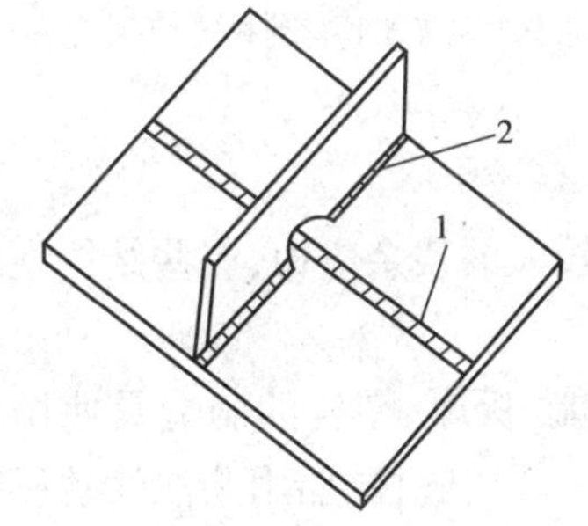

图 8-20　对接焊缝与角焊缝交叉结构的焊接顺序

1-对接焊缝;2-角焊缝

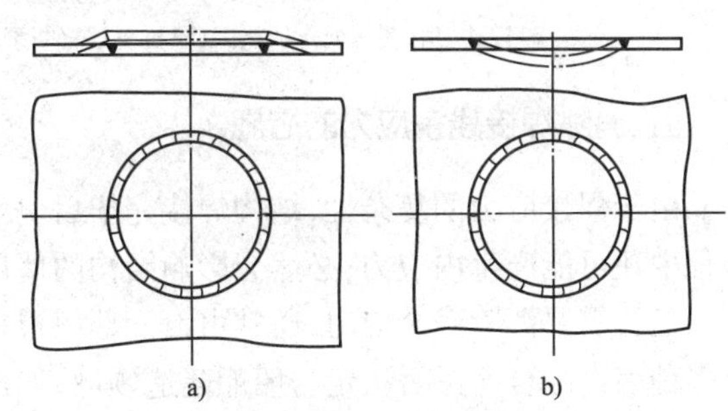

图 8-21　降低镶板拘束度示意

a)平板少量翻边;b)镶板内凹

(5)加热“减应区”法。焊接时加热阻碍焊接区自由伸缩的部位(“减应区”),使之与焊接区同时膨胀和同时收缩,起到减小焊接残余应力的作用,即加热“减应区”法。

图 8-22 为加热“减应区”方法的减应原理。图中框架中心断裂、需修复,直接焊接断口处,焊缝横向收缩受阻,使焊缝产生较大的横向应力。若焊前在构件两侧“减应区”处同时加热,两侧受热膨胀,使中心构件断口间隙增大。此时对断口处进行焊接,焊后两侧停止加热,保证焊缝和两侧加热区同步冷却收缩,可使焊接应力降低。

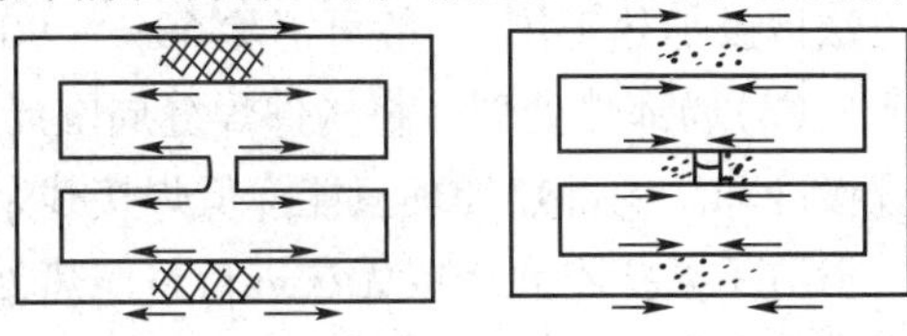

图 8-22　加热“减应区”方法示意

a)加热;b)冷却

加热“减应区”法的关键在于正确选择加热部位,选择的原则为只加热阻碍焊接区膨胀或收缩的部位。可采用气焊焊炬在所选处试加热,若待焊处缝隙张开,表明选择区域正确。

图 8-23 所示为简单结构的“减应区”选择示例。

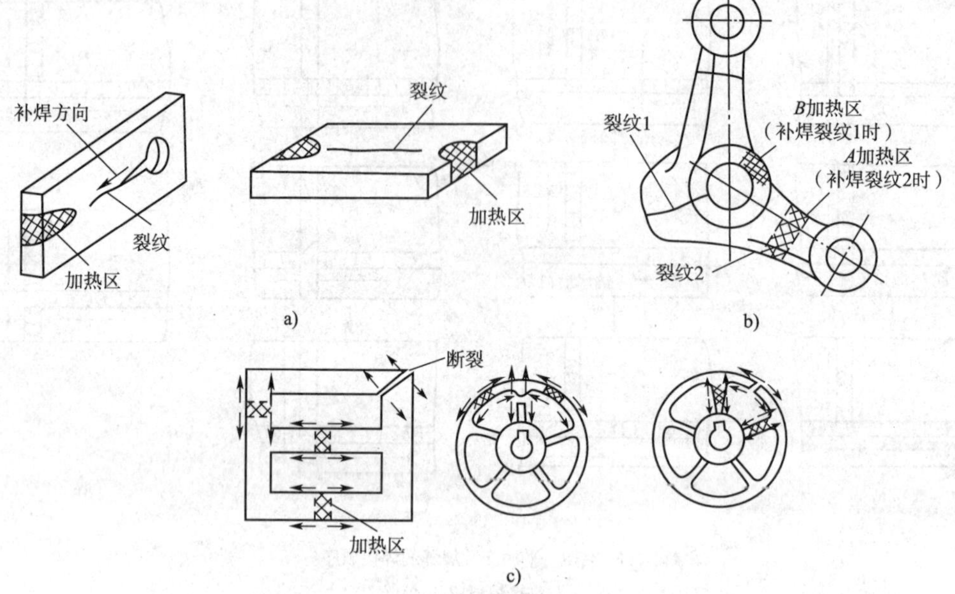

图8-23　典型构件“减应区”的选择

a)以边、角、棱等处作加热区;b)机车摇臂断裂补焊加热区;c)框架与杆系类构件加热区

五、消除焊接残余应力的措施

由于焊接应力的复杂性,结构焊接完毕后仍然可能存在较大的残余应力,有些结构在装配过程中还可能产生内应力,必然会影响结构的使用性能。

是否需要消除残余应力,通常由设计部门根据钢材的性能、板厚、结构的制造及使用条件等多种因素综合考虑后决定。船舶建造领域,如铸-焊或锻-焊的艉柱、船用柴油发动机的焊接机体等一般需要进行消除应力处理。

1.热处理

利用材料在高温下屈服点下降和蠕变现象以达到松弛焊接残余应力的目的,同时热处理还可改善焊接接头的性能。

(1)整体热处理。将整个构件缓慢加热到一定温度(低碳钢为650℃),并在该温度下保温一定的时间(一般按每毫米板厚保温2~4min,但总时间不少于30min),然后空冷或随炉冷却。

整体热处理消除焊接残余应力的效果取决于加热温度、保温时间、加热和冷却速度、加热方法以及加热范围,一般可消除60%~90%的焊接残余应力,在生产中应用比较广泛。

(2)局部热处理。将构件焊缝周围局部应力较大区域,缓慢加热到一定温度后保温,然后缓慢冷却。局部热处理只能降低焊接残余应力峰值,不能完全消除焊接残余应力。

对于某些不允许或无法进行整体热处理的焊接结构,如大型筒形容器的组装环缝和一些重要管道等,可采用局部热处理。

2.机械拉伸法

采用不同方式在构件上施加一定的拉应力,使焊缝及其附近产生拉伸塑性变形,达到松弛焊接残余应力的目的。

3. 温差拉伸法

温差拉伸法是采用局部加热形成的温差，拉伸压缩塑性变形区，如图 8-24 所示。

在焊缝两侧各用一适当宽度（一般为 100 ~ 150mm）的氧乙炔火焰喷嘴加热构件，使其表面加热到 200℃左右，在喷嘴后面一定距离用水管喷头冷却，以造成两侧温度高、焊缝区温度低的温度场，两侧金属的热膨胀对中间温度较低的焊缝区进行拉伸，产生拉伸塑性变形，抵消焊接时所产生的压缩塑性变形，从而达到消除焊接残余应力的目的。

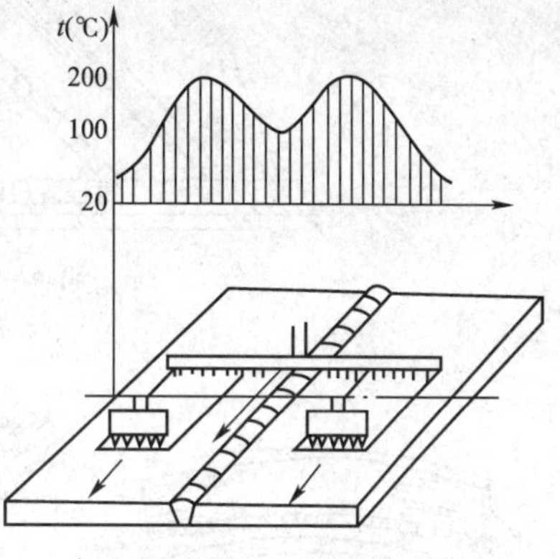

图 8-24　温差拉伸法示意

4. 锤击焊缝

焊后用锤子或一定直径的半球形风锤锤击焊缝，可使焊缝金属产生延伸变形，抵消一部分压缩塑性变形，起到减小焊接残余应力的作用。

锤击时应注意施力适度，以免施力过大而产生裂纹。

5. 振动法

振动法是利用由偏心轮和变速电动机组成的激振器，使结构发生共振所产生的循环应力来降低内应力，又称振动时效或振动消除应力法。其效果取决于激振器、构件支点位置、激振频率和时间。

第三节　焊 接 变 形

一、焊接变形的种类及其影响因素

按变形对整个焊接结构的影响程度，可将焊接变形分为局部变形和整体变形。按照变形的外观形态，可将焊接变形分为收缩变形、角变形、弯曲变形、波浪变形和扭曲变形五种基本形式，如图 8-25 所示。

1. 收缩变形

焊件尺寸比焊前缩短的现象称为收缩变形，可分为纵向收缩变形和横向收缩变形。

（1）纵向收缩变形。纵向收缩变形是指沿焊缝轴线方向尺寸的缩短，是由于焊缝及其附近区域在焊接高温作用下产生纵向的压缩塑性变形，焊后该区域收缩所致。

纵向收缩变形量主要取决于焊缝长度、构件截面积、材料的弹性模量、压缩塑性变形区的面积及压缩塑性变形率等。正常情况下，焊缝长度越大纵向收缩量越大，构件的截面积越大纵向收缩量越小。材料的弹性模量越大，纵向收缩量越大。压缩塑性变形区越大，纵向收缩量越大。

压缩塑性变形量的大小与焊接方法、焊接参数、焊接顺序以及母材的热物理性质有关，其中以线能量的影响最大。一般情况下，压缩塑性变形量与线能量成正比。同样截面的焊缝，采用多层焊引起的纵向收缩量比单层焊小，分的层数越多，每层的热输入越小，纵向收缩量就越小。

此外，构件的原始温度及线膨胀系数对纵向收缩也有一定的影响。

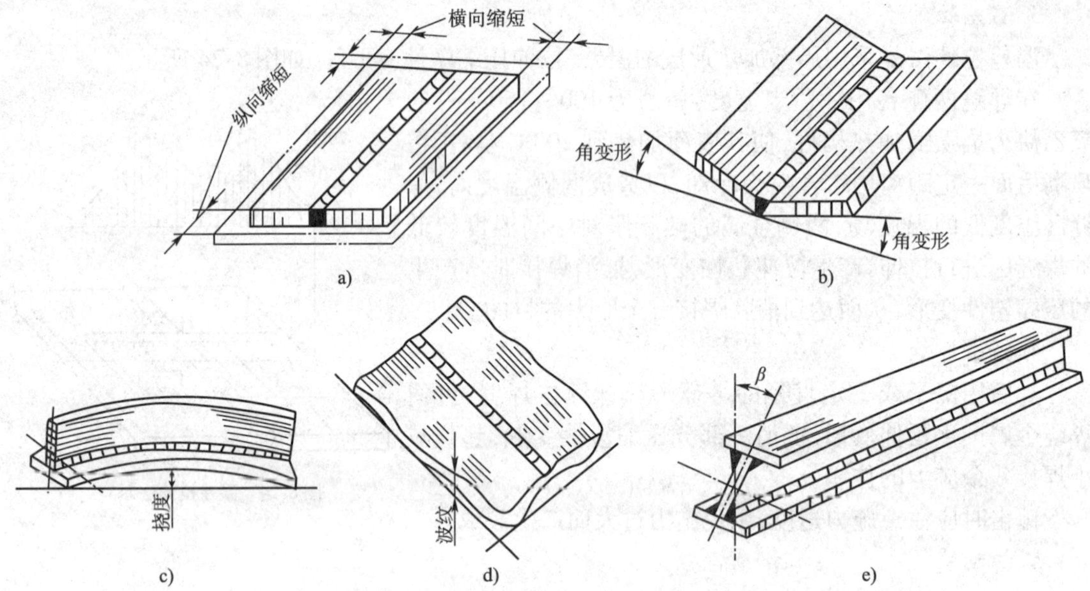

图 8-25　焊接变形的基本形式

a)收缩变形;b)角变形;c)弯曲变形;d)波浪变形;e)扭曲变形

一般来说,构件的原始温度提高,相当于热输入增大,焊后纵向收缩量增大。但当原始温度高到某一程度,可能会出现相反的情况,因为随着原始温度的提高,构件上的温差减小,温度趋于均匀化,压缩塑性变形率下降,可使压缩塑性变形量减小,从而使纵向收缩量减小。

线膨胀系数大的材料,焊后纵向收缩量大,如不锈钢和铝比碳钢焊件的收缩量要大。

(2)横向收缩变形。焊接时,构件不仅产生纵向收缩变形,同时也会产生横向收缩变形。横向收缩变形是指沿垂直于焊缝轴线方向尺寸的缩短。产生横向收缩变形的过程比较复杂,影响因素很多,如热输入、接头形式、装配间隙、板厚、焊接方法以及构件的刚性等,其中以热输入、装配间隙、接头形式等影响最为明显。

横向收缩变形量总是随焊接热输入增大而增加。装配间隙对横向收缩变形量的影响也比较大,一般来说,随装配间隙增大,横向收缩增加。

随焊缝金属量增加以及热输入和坡口角度增大,横向收缩量增大。板厚增大会使接头的刚度增大,可以限制焊缝的横向收缩,使横向收缩量减少。多层焊时,先焊的焊道引起的横向收缩比较明显,后焊焊道引起的横向收缩量逐层减小。角焊缝的横向收缩要比对接焊缝的横向收缩小得多。

横向收缩的大小还与装配定位焊、装夹情况及焊接方法有关。定位焊焊缝越长,装夹的拘束程度越大,横向收缩变形量就越小。相同尺寸的构件,采用气体保护焊比采用焊条电弧焊时横向收缩量小,采用气焊的横向收缩量比电弧焊的大。

需要注意的是,横向收缩量沿焊缝长度方向分布是不均匀的,原因是先焊的焊缝冷却收缩对后焊焊缝有一定挤压作用,使后焊焊缝横向收缩量更大。一般来说,焊缝的横向收缩沿焊接方向为由小到大,逐渐增大到一定长度后便趋于稳定。因此,焊接中常将一条焊缝的两端头间隙取不同值。

2. 角变形

由于焊缝的横向收缩沿板厚分布不均匀，使两连接件间相对角度发生变化的变形为角变形。中厚板对接、堆焊、搭接及T形接头焊接时，都可能产生角变形。焊缝接头形式不同，角变形的特点也不同，如图8-26所示。

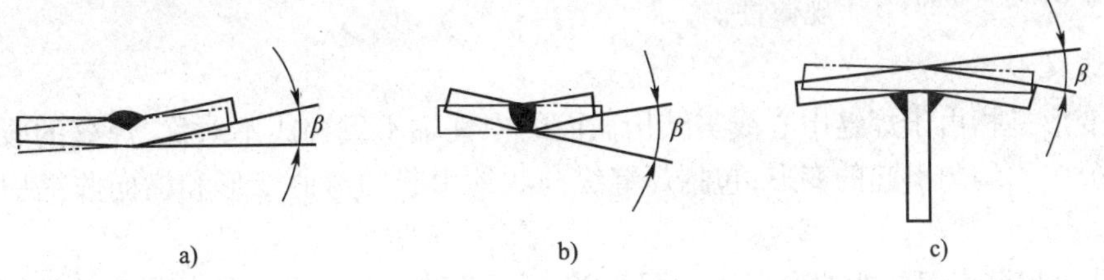

图8-26　角变形示意

a）堆焊；b）对接接头；c）T形接头

（1）堆焊角变形。平板堆焊时，在钢板厚度方向上温度分布不均匀。温度高的一面受热膨胀较大，另一面膨胀较小甚至不膨胀。由于焊接面膨胀受阻，出现较大的压缩塑性变形，冷却时在钢板厚度方向上收缩不均匀，焊接一面收缩大，另一面收缩小，产生角变形（图8-26a所示）。

影响堆焊角变形大小的主要因素包括焊接热输入、板厚及构件的刚性等。

当板较薄时，焊接正面、背面受热比较均匀，在厚度方向上温差小，故角变形量较小。

焊接热输入一定时，板厚增加，厚度方向上的温差增大，角变形随之增加。但当板厚增大到一定程度，构件的刚度增大，抵抗变形的能力增强，角变形反而减小。

板厚一定时，热输入增大，压缩塑性变形量增加，角变形增加。但热输入增大到一定程度，堆焊面与背面的温差减小，角变形反而减小。

（2）对接角变形。对接接头的角变形主要与坡口形式、坡口角度及焊接方式有关。

坡口截面不对称的焊缝，角变形较大。坡口角度越大，焊缝横向收缩沿板厚分布越不均匀，角变形越大。

另外，坡口截面对称，采用不同的焊接顺序，产生的角变形大小也不相同。

图8-27为X形坡口对接接头，采取不同焊接顺序时对角变形的影响。焊完一面后翻转再焊另一面（图8-27a），焊第二面时，构件刚性增加，焊接时产生的角变形小于第一面的角变形，最终产生一定的残余角变形。如果采用正反面各层对称交替焊（图8-27b），这样正反面的角变形可相互抵消，但构件翻转次数较多，不利于提高生产率。比较好的办法是先在一面少焊几层，然后翻转过来焊满另一面（图8-27c），使其产生的角变形稍大于先焊的一面，最后再翻转过来焊满第一面，这样就能以最少的翻转次数来获得最小的角变形。

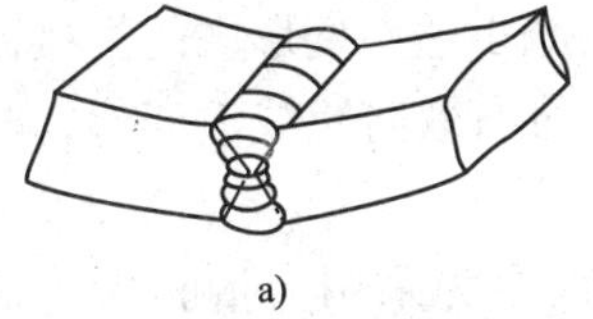

a)

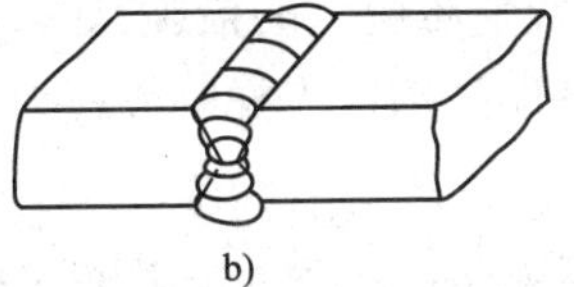

b)

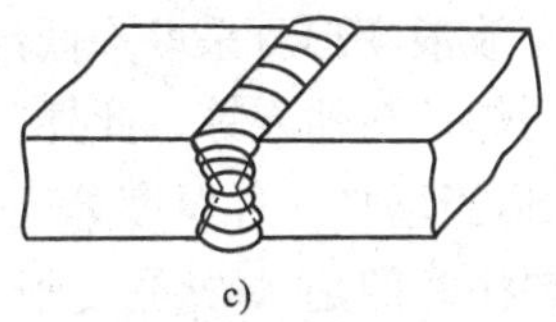

c)

图8-27　焊接顺序对角变形的影响

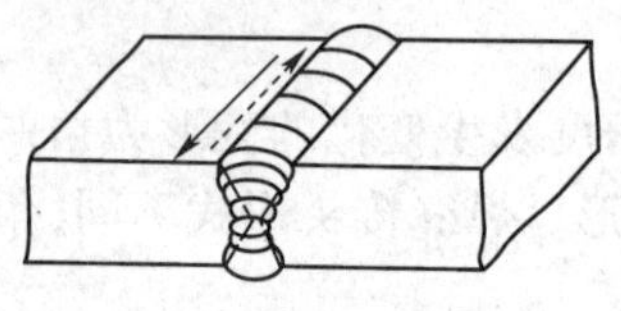

图 8-28 非对称坡口焊接顺序

非对称坡口的焊接，应先焊焊接量少的一面，后焊焊接量多的一面，并且注意每一层的焊接方向应相反，如图 8-28 所示。

薄板焊接时，正反面的温差小，且薄板的刚度小。焊接过程中，在压应力作用下易产生失稳，使角变形方向不确定，没有明显规律性。

3. 弯曲变形

弯曲变形是指由于焊缝中心线与结构截面的中性轴不重合或不对称，焊缝的收缩沿构件宽度方向分布不均匀引起的变形，包括焊缝纵向收缩引起的弯曲变形和横向收缩引起的弯曲变形。

(1)纵向收缩引起的弯曲变形。如图 8-29 所示为非对称布置焊缝的纵向收缩所引起的弯曲变形，相当于在构件上作用一偏心力 F_p后形成。

弯曲变形的大小可用挠度 f 度量，挠度是指焊后构件的中心轴偏离原中心轴的最大距离。挠度的大小与焊缝在结构中的偏心距 s 及偏心力 F_p成正比，与构件的刚度成反比。明显，偏心距 s 越大，弯曲变形越严重，当焊缝位置对称或接近于截面中性轴时，弯曲变形较小。此外，焊接线能量越大，挠度越大。

(2)横向收缩引起的弯曲变形。焊缝的横向收缩在结构上分布不对称也会引起构件的弯曲变形。

如图 8-30 所示，工字梁上布置若干短肋板，由于肋板与腹板及肋板与上翼板的角焊缝均分布于结构中性轴的上部，它们的横向收缩将引起工字梁的下挠变形。角焊缝越偏离工字梁的中性轴，弯曲变形量越大。

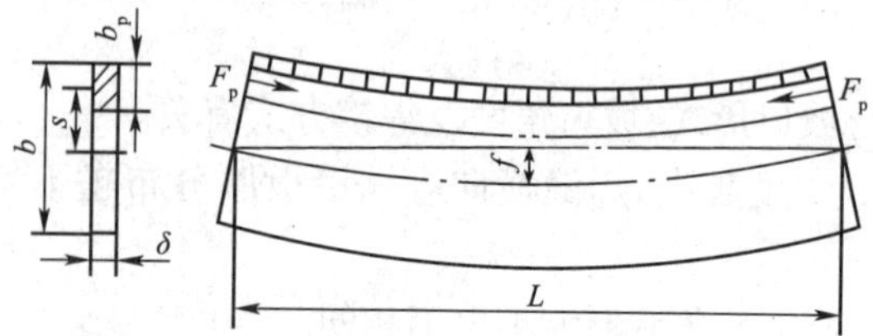

图 8-29 非对称焊缝纵向收缩引起的弯曲变形

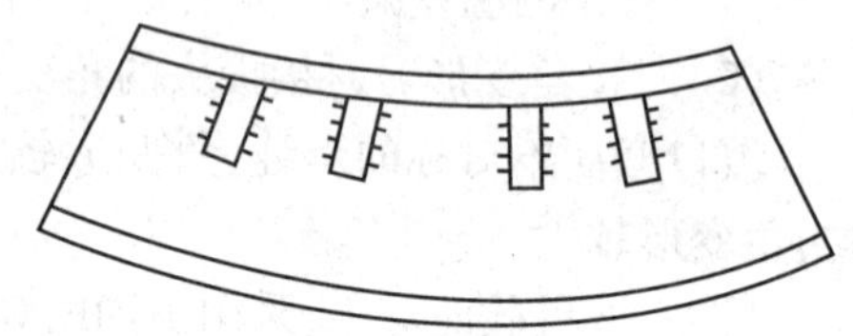

图 8-30 焊缝横向收缩引起的弯曲变形

4. 波浪变形

波浪变形又称失稳变形，常出现在板厚小于 6mm 的薄板焊接结构中。大面积平板拼接，如船体甲板、大型油罐罐底板等，极易产生波浪变形。

波浪变形的影响因素包括焊接残余压应力、塑性变形区、焊接线能量、构件刚度和拘束度以及焊件厚度等。

防止波浪变形可采取降低焊接残余压应力的措施，如采用减小塑性变形区的焊接方法，选用较小的焊接热输入等。此外，通过提高构件失稳临界应力也可有效防止波浪变形，如增加构件肋板、适当增加焊件厚度等。

需要注意的是，焊接角变形也会引起波浪变形。图 8-31 所示为采用大量肋板的结构，每块肋板的角焊缝引起的角变形，连贯起来就造成波浪变形，但与失稳的波浪变形有本质的区别。

5. 扭曲变形

产生扭曲变形的主要原因为焊缝的角变形沿焊缝长度方向分布不均匀所致，某些框架、杆件或梁柱等刚性较大的焊接构件，往往会发生扭曲变形。

如图 8-32 所示的工字梁，若按图示 1 ~ 4 的顺序和方向焊接，则会产生图示的扭曲变形，主要原因是角变形沿焊缝长度方向逐渐增大的结果。若两条角焊缝同时同向焊接，或利用夹具固定，则可以减小或防止扭曲变形。

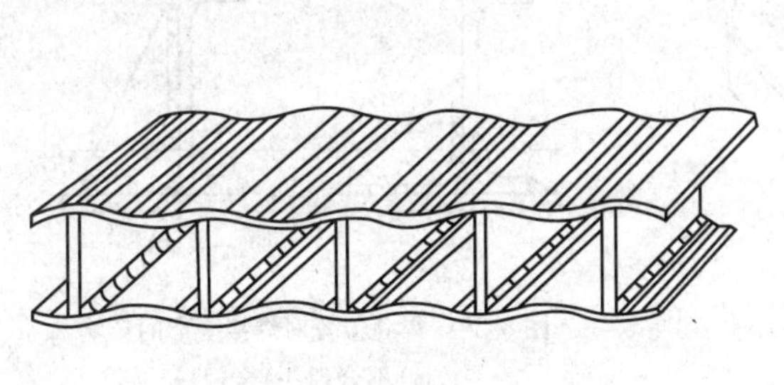

图 8-31　焊接角变形引起的波浪变形

图 8-32　工字梁的扭曲变形

焊接变形给结构装配带来困难，降低了结构的性能及承载能力，矫正变形时会增加结构的制造成本。因此，生产中必须设法控制焊接变形，以符合生产技术要求。

二、控制焊接变形的措施

焊接结构设计，应考虑控制焊接变形可能采取的措施。生个过程中，可采用预防措施及适当的工艺措施控制焊接变形。

1. 设计措施

1）选择合理的焊缝形状和尺寸

（1）选择最小的焊缝尺寸。在保证结构足够承载能力的前提下，应尽量减小焊缝尺寸。尤其是角焊缝尺寸，最容易盲目加大。因此，焊接结构中仅起联系作用或受力不大，并经强度计算尺寸极小的角焊缝，应按板厚选取工艺上可能的最小尺寸。

受力较大的 T 形或十字形接头，在保证强度相同的条件下，开坡口焊缝（同一般角焊缝相比）不仅可减少焊缝金属，且利于减小角变形。

（2）选择合理的坡口形式。相同厚度的平板对接，V 形坡口焊缝的角变形大于双 V 形坡口焊缝。因此，具有翻转条件的结构，宜选用两面对称的坡口形式。T 形接头立板端开 J 形坡口比单边 V 形坡口角变形小。

2）减少焊缝数量

条件允许时，应多采用型材、冲压材。焊缝多且密集处，采用铸—焊结构可减少焊缝数量。此外，适当增加壁板厚度，以减少肋板数量，或采用压型结构代替肋板结构，都对防止薄板结构的变形有利。

3）合理安排焊缝位置

梁、柱等焊接结构常因焊缝偏心布置而产生弯曲变形。合理的设计应尽量将焊缝布置在

结构截面的中性轴上或靠近中性轴,使中性轴两侧的变形大小相等方向相反,起到相互抵消作用。

在图8-33所示的箱型结构中,图8-33a)的焊缝集中于中性轴一侧,弯曲变形大,图8-33b)、c)的焊缝布置较为合理。

图8-34a)的肋板设计,由于焊缝多数集中在截面的中性轴下方,肋板焊缝的横向收缩将引起上挠弯曲变形。改为图8-34b)所示设计,可减小和防止弯曲变形。

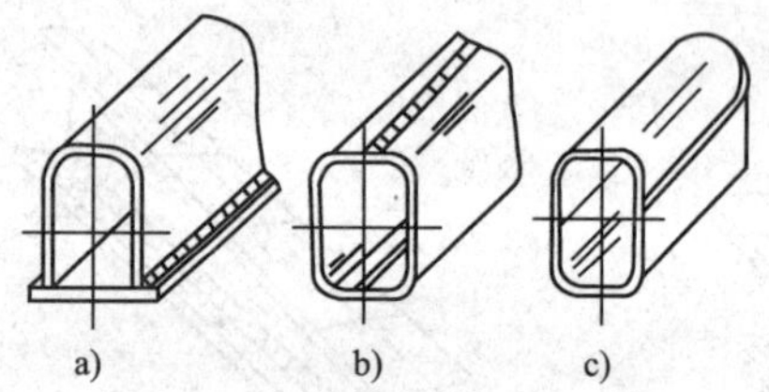

图8-33 箱型结构的焊缝布置

a)不合理;b、c)合理

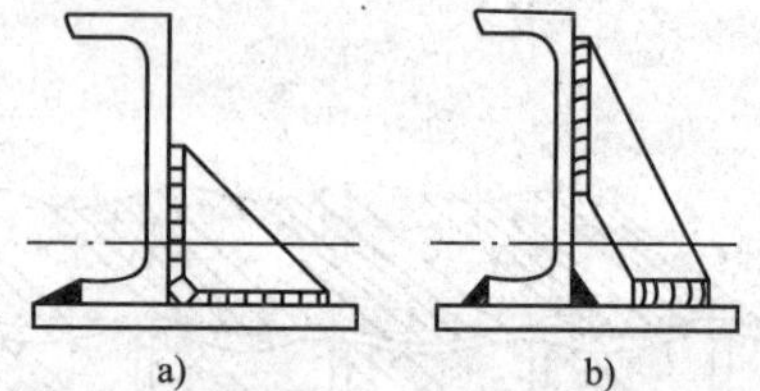

图8-34 焊缝位置对焊接变形的影响

a)不合理;b)合理

此外,结构设计时应考虑使用装焊夹具的可能性。

即使结构设计合理,如果在工艺上不采取有效措施,焊接结构仍然会产生较大的变形。因此结构装配焊接时,必须采用有效的工艺措施以控制变形,保证产品的建造质量。

2. 工艺措施

1)留余量法

留余量法是在下料时,根据焊缝的收缩量将零件的长度或宽度尺寸适当加大,以此补偿构件的收缩,主要用于控制构件收缩变形。

余量的多少可根据公式计算并结合生产经验确定。

2)反变形法

根据构件的变形规律,焊前预先将焊件向与焊接变形相反方向进行人为变形(反变形量与焊接变形量相等),使之达到抵消焊接变形的目的。

反变形法非常有效,主要用于控制构件的角变形和弯曲变形。但必须准确估算焊后可能产生的变形方向和大小,并根据构件的结构特点和生产条件灵活运用。

(1)无外力作用的反变形。平板对接反变形,可采用图8-35a)所示的方法;电渣焊产生的终端横向变形大于始端,可在安装定位时,使接头的间隙下小上大(图8-35b);T形接头焊后平板产生角变形,可以预先将平板压凹,使之具有反方向的变形,如图8-35c)所示;图8-35d)、图8-35 e)分别为箱型梁上盖板预留收缩余量及腹板预制上拱度示意。

小知识:关于焊缝的收缩量

1. 线膨胀系数大的材料,焊后焊缝收缩量较大。

2. 焊缝的纵向收缩随焊缝长度增加而增加,横向收缩随焊缝宽度增加而增加。当焊缝长为2~4m时,横向收缩量约相当于纵向收缩量。

3. 对接焊缝的横向收缩比角焊缝的横向收缩大。

4. 间断焊缝的收缩量比连续焊缝小。

5. 多层焊时,第一层引起的收缩量最大,第二层增加的收缩量大约为第一层的20%,第三层增加5%~10%,最后几层增加较小。

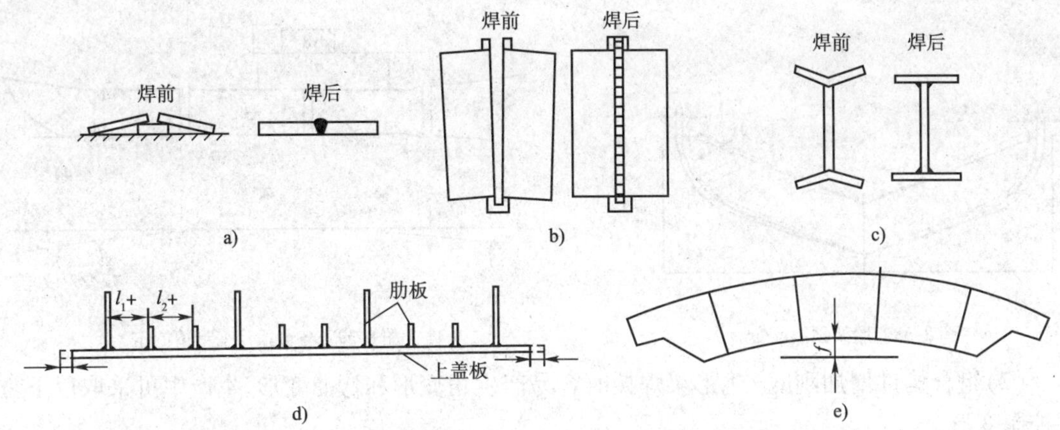

图 8-35　无外力作用的反变形

(2)有外力作用的反变形。利用焊接胎具或夹具使构件处在反向变形条件下施焊，焊后松开胎夹具，构件回弹后其形状和尺寸正好达到技术要求。

图 8-36 为利用简单夹具预制平板的反变形以克服工字梁焊接引起的角变形。

图 8-37 所示的空心构件，因焊缝集中于上侧，焊后将产生弯曲变形。采用如图 8-37e)所示的转胎，使两根相同截面的构件"背靠背"，两端夹紧中间垫高，每根构件均处在反向弯曲情况下施焊。

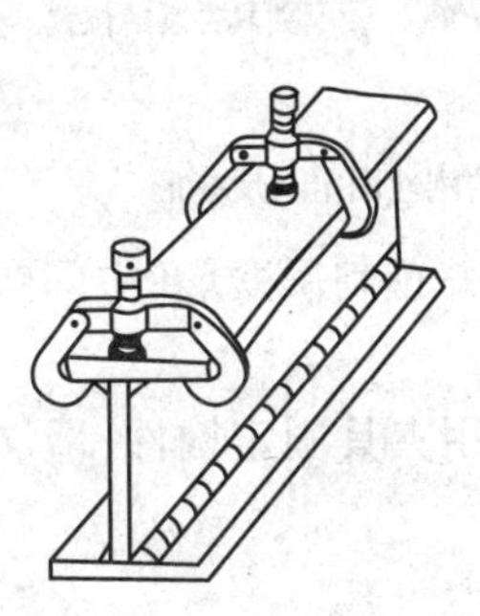

图 8-36　工字梁上翼板强制反变形

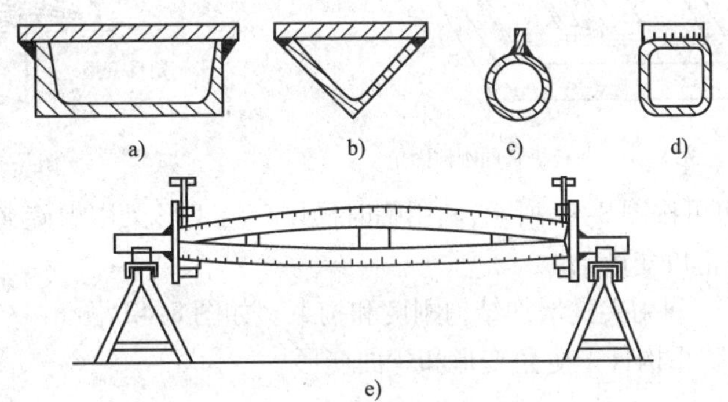

图 8-37　弹性支撑法焊接空心构件

a)、b)、c)单面纵向焊缝的空心梁；d)单面横焊缝的空心梁；e)转胎架上施焊

(3)船舶合拢反变形。在分段造船的中合拢和大合拢中，经常采用反变形法控制焊接变形。

如采用坚固胎架强制正造法时，应先将胎架预制成反变形，如图 8-38 所示。

图 8-39 所示为某船厂在船台上制造大型渔轮时各分段的反变形值，是以船的肿部第 3 分段作定位根据，然后按 2、4、1、5 分段顺序由小到大作出反变形值。

3)刚性固定法

刚性固定法是指采用适当方法增加构件的刚度或拘束度，以达到减小焊接变形的目的。

(1)刚性平台上固定构件。如图 8-40 所示，薄板焊接时，可将其用定位焊缝固定在刚性平台上，并且用压铁压住焊缝附近，待焊缝全部焊完冷却后，再铲除定位焊缝，可避免产生波浪变形。

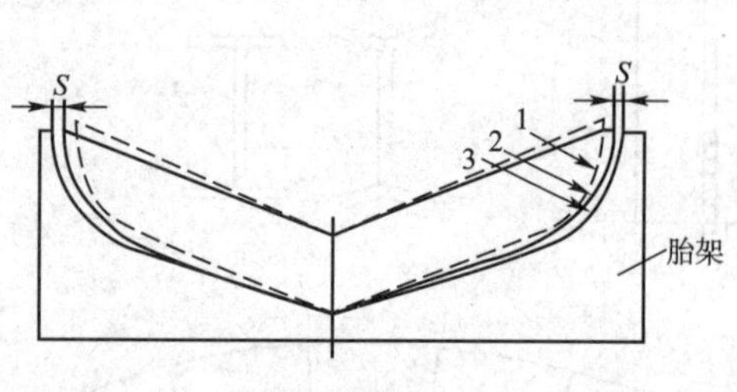

图 8-38 胎架预制反变形

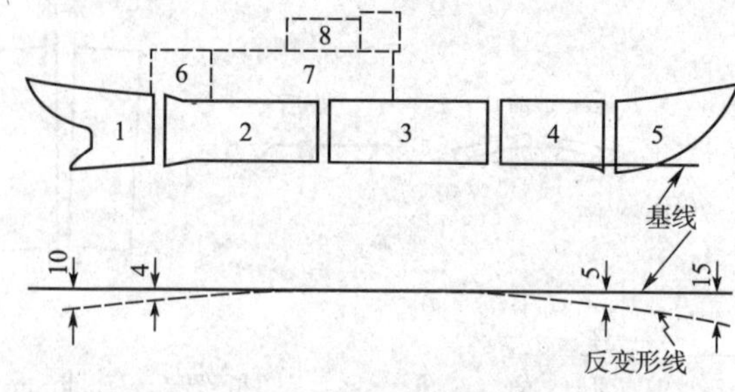

图 8-39 各分段反变形值制定

(2)组合构件增加刚度。T 形梁焊接时容易产生角变形和弯曲变形,生产中可采取以下方法控制变形。

如按图 8-41 所示,将两根 T 形梁组合增加结构的刚度,布置焊缝对称于结构截面的中性轴,并预制反变形法(采用垫铁),采用合理的焊接顺序,可有效防止弯曲变形和角变形。

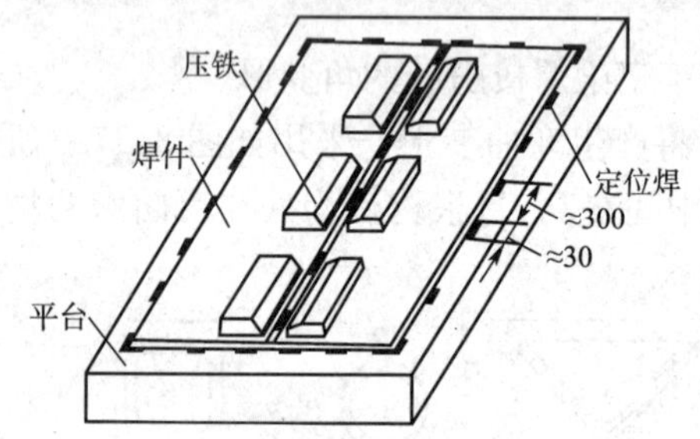

图 8-40 薄板拼板的刚性固定

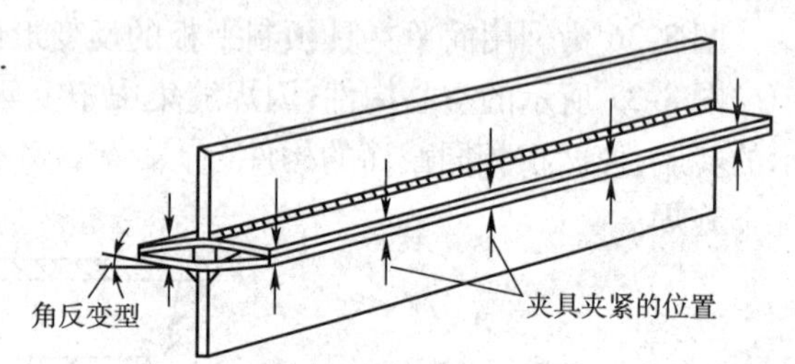

图 8-41 T 形梁的刚性固定与反变形

也可按图 8-42 所示,利用临时操作台将 T 形梁用螺旋夹具夹紧,并预制反变形(中间垫板条)防止角变形。

(3)利用夹具增加结构刚度和拘束。如图 8-42、图 8-43 所示,利用夹具固定构件,增加其拘束,防止构件产生角变形和弯曲变形。

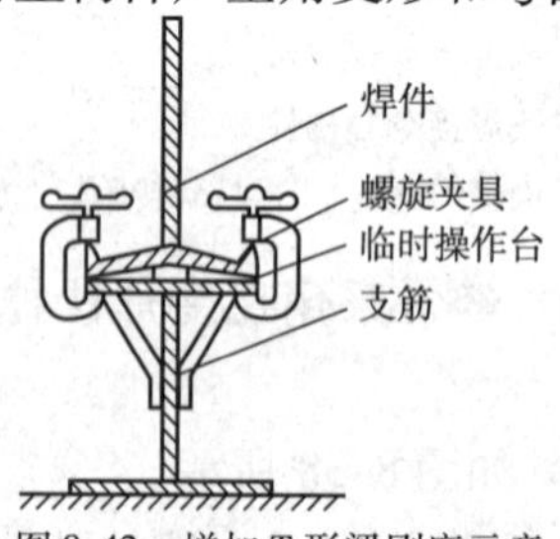

图 8-42 增加 T 形梁刚度示意

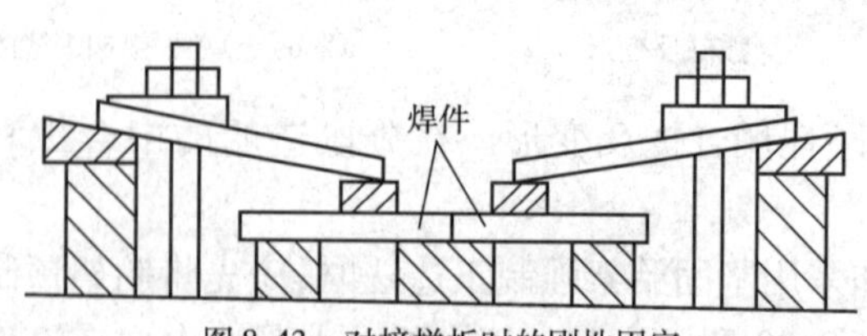

图 8-43 对接拼板时的刚性固定

(4)利用临时支撑增加结构的拘束。在容易发生变形的部位焊制临时支撑或杆件,增加局部刚度,减小焊接变形。

4)选择合理的装配焊接顺序

(1)大型而复杂的焊接结构,当条件允许时应将其分成若干个结构简单的部件,单独焊接,然后再总装成整体。划分的部件应易于控制焊接变形,并控制总装焊接量。

该装配方案具备以下优点:

①部件的尺寸、刚度减小，可利用胎具、夹具克服变形；

②容易实施交叉、对称施焊及构件的翻转与变位；

③可将影响总体结构变形最大的焊缝分散到部件中焊接，降低或清除其不利影响。

(2)施焊焊缝应尽量靠近结构截面的中性轴。图 8-44 所示的主梁结构，技术标准中要求其主梁具有一定的上拱度。由于梁的大部分焊缝处于结构中性轴的上方，其横向收缩会引起梁下挠的弯曲变形，必须选择合理的装配焊接顺序，控制下挠弯曲变形。

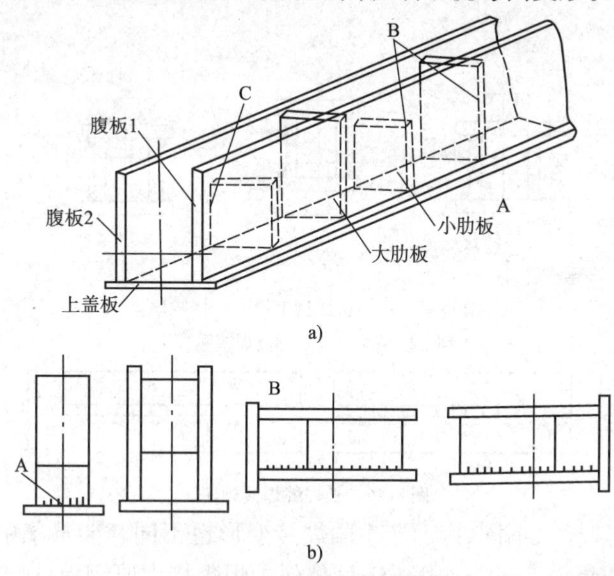

图 8-44 主梁结构装配焊接

a)Π 型梁结构；b)Π 型梁装配焊接方案

根据该梁的结构特点，一般先将上盖板与两腹板装成 Π 型梁，最后装下盖板，组成封闭的箱型梁。Π 型梁的装配焊接顺序是影响主梁上拱度的关键，因为 Π 型梁产生下挠弯曲变形的主要原因是 A 焊缝的收缩。A 焊缝离 Π 型梁截面中性轴越近，引起的弯曲变形越小。

合理的装配焊接方案为先将各肋板与上盖板装配，焊 A 焊缝，然后同时装配两块腹板，焊 C 和 B 焊缝。原因是在装配腹板之前焊 A 焊缝，结构中性轴最低，因此焊缝 A 距梁截面中性轴最近。

(3)焊缝非对称布置的结构，装配焊接时应先焊焊缝少的一侧。

如图 8-45a)所示压力机的压型上模，截面中性轴以上的焊缝较多，如装配焊接顺序不合理，将产生下挠的弯曲变形。

合理的装配焊接方案为先由两人对称焊接焊缝 1 和 1′(图 8-45b)，将产生较大的上拱弯曲变形 f_1 并增加了结构的刚度。然后按图 8-45c)的位置焊接焊缝 2 和 2′，产生下挠弯曲变形 f_2，最后按图 8-45d)的位置焊接焊缝 3 和 3′，产生下挠弯曲变形 f_3。这样，f_1 近似等于 f_2 与 f_3 之和，并且方向相反，弯曲变形基本相互抵消。

(4)焊缝对称布置的结构，应由偶数焊工对称地施焊。

(5)长焊缝(1m 以上)焊接时，可采用图 8-46 所示的焊接顺序和方向焊接，以减小收缩变形。

5)合理选择焊接方法和焊接工艺参数

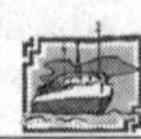

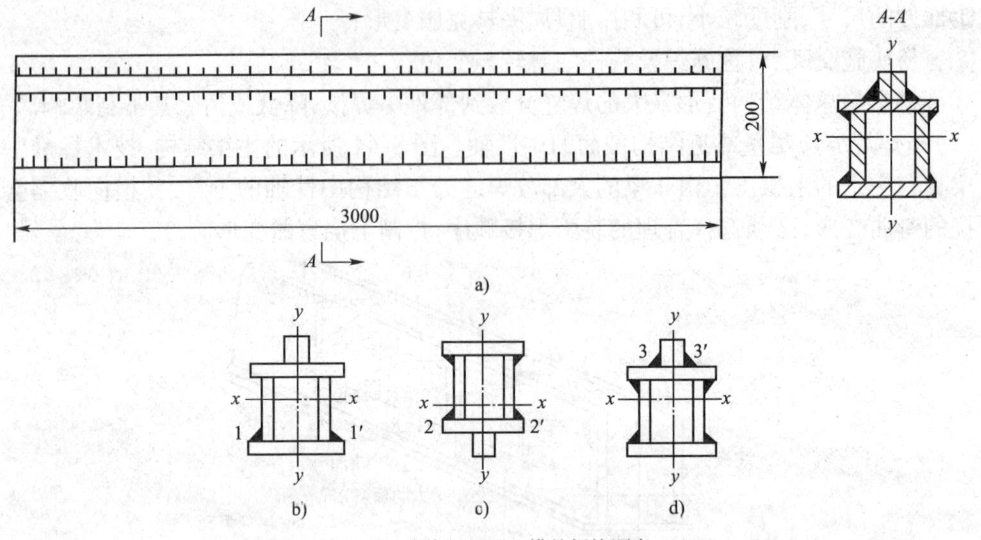

图 8-45 压力机压型上模的焊接顺序

a)压型上模结构;b)、c)、d)焊接顺序示意

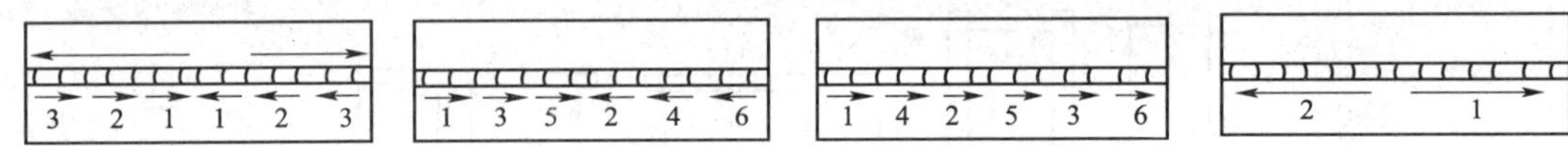

图 8-46 长焊缝焊接顺序

不同焊接方法的热输入不同,因而产生的焊接变形也不同。能量集中和热输入较低的焊接方法,可有效地降低焊接变形。如用 CO_2 气体保护焊焊接中厚钢板,所产生的变形比气焊和焊条电弧焊小得多。

焊接线能量是影响变形量的关键因素,当焊接方法确定后,可通过调节焊接工艺参数来控制热输入。在保证熔透和焊缝无缺陷的前提下,应尽量采用较小的焊接线能量。

6)热平衡法

某些焊缝不对称布置的结构,焊后往往会产生弯曲变形。如果在与焊缝对称的位置上采用气体火焰与焊接同步加热,当加热的工艺参数选择适当时,可以减小或防止构件的弯曲变形。

如图 8-47 所示,采用热平衡法对箱型梁结构的焊接变形进行控制。

图 8-47 热平衡法

7)散热法

散热法是利用各种方式将焊缝及其附近处的热量迅速带走,减小焊缝及其附近的受热区,达到减小焊接变形的目的,如图 8-48 所示。

图 8-48a)为水浸法散热示意,图 8-48b)为喷水法散热,8-48c)为采用纯铜板中钻孔通水的散热垫法散热。

三、焊接变形的矫正

焊接结构的残余变形超过技术要求的范围时,必须设法对其进行矫正,使之符合质量要求。矫正变形的基本方法如下所述。

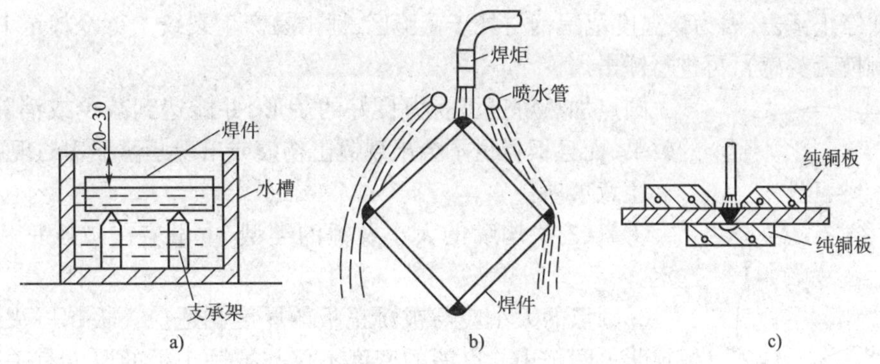

图 8-48　散热法示意

a)水浸法散热;b)喷水法散热;c)散热垫法散热

矫正变形的实质为制造新的变形以抵消原有变形,常用焊接变形的矫正方法有手工矫正、机械矫正及火焰矫正等。

1. 手工矫正

利用手锤、大锤等工具锤击构件的变形处,使材料延伸补偿焊接收缩,主要用于小型简单构件的弯曲变形和薄板的波浪变形。

2. 机械矫正法

机械矫正法是利用机器或工具的机械力使部分金属缩短的部分得以延伸,产生拉伸塑性变形。如用拉紧器、压力机、千斤顶等设备或工具将构件顶直或压平。

机械矫正法一般适用于塑性比较好的材料及形状简单的构件,如图 8-49 所示。

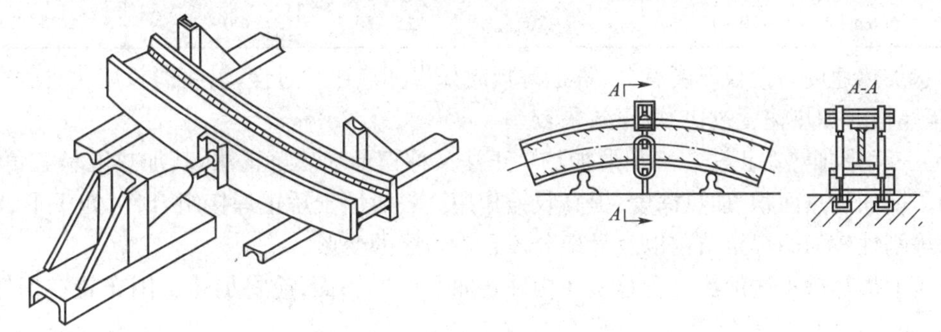

图 8-49　机械矫正弯曲变形

3. 火焰矫正

利用火焰对构件局部加热,使构件产生新的变形以抵消原变形,从而完成矫正变形的方法,主要用于矫正弯曲变形、角变形及波浪变形等。

(1)圆点加热矫正法。圆点加热矫正一般用于板型结构变形区域,如上层建筑围壁的鼓凸变形。

操作时,用氧-乙炔焰炬在矫正部位作环状游动、均匀加热(温度为 780 ~ 900℃),使加热区呈圆点形,如图 8-50 所示。当火圈呈樱桃红色时,立即用木槌或铁锤敲击火圈周围。矫正时薄板背面应撑以铁垫,以防火圈区域急剧皱褶。随着火圈颜色成黑色(温度为 200 ~

350℃),即停止锤击,因为该温度范围钢材处于蓝脆区,锤击易产生裂纹。待冷却至10~15℃时(用手触摸无烫感),再进行锤击。

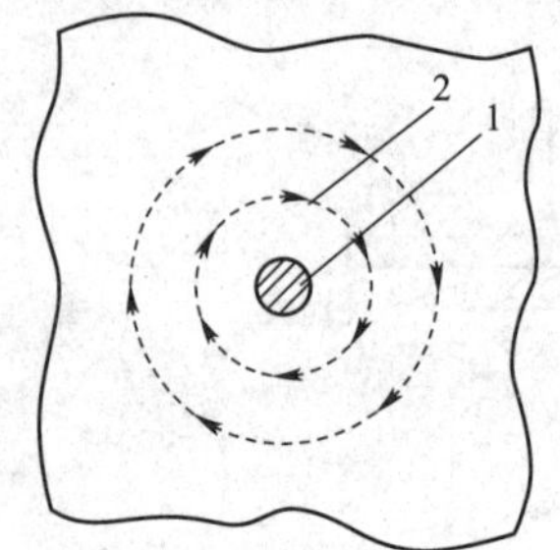

图8-50 圆点加热及锤击顺序
1-圆点加热;2-锤击位置和方向

圆点加热矫正可获得良好的矫形,并能达到减少或消除内应力的效果,而且板材也不会出现锤击伤痕或出现厚薄不均的现象。

注意事项:

①氧-乙炔焰嘴的大小及锤的类型、重量应按被矫正板材厚度选定。

②圆点的大小应与被矫正板的厚度相适应。板越厚火圈越大,板越薄火圈越小。火圈的密度不仅与被矫正板的厚度有关,而且与被矫正板材的弯曲挠度有关,挠度越大火圈的密度越大,挠度越小火圈密度越小。

(2)带状加热矫正法。火焰沿直线缓慢移动或同时作横向摆动,其加热区呈带形,操作时采用极少的加热面积,能获得与圆点加热同样的矫形效果。带状加热矫正法可分为线状加热法、十字加热法、格子状加热法及放射型加热法,一般在板架凸弯区域使用。

带形加热的面积大约为凸弯变形部分总面积的12%左右,带状加热宽度与钢板的厚度有关。矫正薄板时如加热带的宽度过大,易产生加热带板材的表面失稳起皱现象,影响外观质量;矫正厚板时加热带宽度过小,施加板材的热量不足,矫正的效果不佳,因此应合理选择加热宽度,钢板厚度与加热宽度的参考数据如表8-1所示。

加热宽度与钢板厚度的关系 表8-1

钢板厚度(mm)	2	3	4	5	6
加热带宽度(mm)	10~15	15~20	15~20	20~25	25~30

带状加热速度与钢板厚度有关,矫正薄板时如果加热速度过慢,易将薄板熔化且生产效率低;矫正厚板时加热速度过快,矫正效果较差。

(3)三角形加热矫正法。三角形加热矫正法又称楔形加热矫正法,其加热区呈三角形,目的是为了增加加热面积、加热深度,提高收缩作用。一般用于矫正焊接组合件,如T形、I形、L形截面等刚性较强的焊接结构以及骨架分段自由边缘的变形。

三角形加热矫正法加热位置总是在构件弯曲凸起的一面,应将加热范围布置在构件中和轴一侧,如图8-51所示。

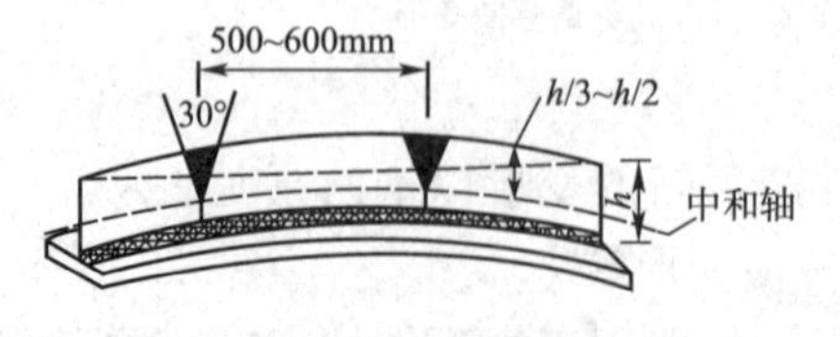

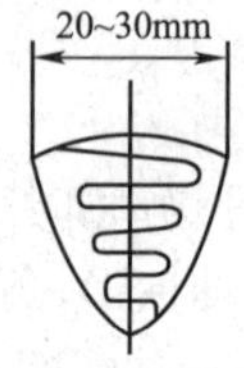

图8-51 三角形加热矫正法

(4)火焰矫正的注意事项:

①加热温度不应超过800℃,更不允许过烧(1100℃以上)。为提高矫正效果,可调整加热带的宽度,但不应提高加热温度。

②尽量避免在同一点上再次加热。

③避免在结构突变处进行火工矫正。

④分段矫正时，首先应矫正刚性小的结构。

⑤矫正板架时，先矫正构件，后矫正板材。

⑥构件矫正时，应对称进行，以免引起新的变形。

⑦厚板矫正时，因所需热量较大，所以火焰宜采用中性焰。加热时，烘炬应不断游动以避免金属表面熔化、烧结。

矫正薄板时，可采用氧化焰并作快速移动。

⑧不锈钢、合金钢等不宜采用氧化焰。

⑨高强钢加热矫正应参照相关工艺要求，一般情况高强钢加热后不允许水冷，只能自然冷却。

第四节　船体结构焊接工艺

一、整体造船的焊接工艺

整体造船法是指直接在船台上由下至上、由里至外铺设全船的龙骨底板，然后在龙骨底板上架设肋骨框架、舱壁等纵横构架，最后在构架上安装船外板、甲板，完成全部装配工作后，再进行主船体结构的焊接。采用整体造船法时，其焊接工艺要点如下。

(1)先焊接纵横构架的对接焊缝，再焊船壳外板、甲板的对接焊缝，最后焊接构架与船壳外板、甲板的连接角焊缝。

纵横构架及船壳外板、甲板的对接焊缝，可同时进行焊接。

(2)焊接船外板对接焊缝时，应先焊接船体内面，然后在外面碳弧气刨清根进行封底焊。

甲板对接时，可采取下列方法之一焊接。

①先完成船内面(仰焊位置)焊接，再在正面气刨清根焊接，也可先焊接正面后再进行船内仰焊位置焊接。

②使用 CO_2 气体保护焊(或埋弧焊)，在正面采用单面焊双面成型工艺。

(3)船壳外板、甲板对接的平列焊缝，应先焊接短缝，后焊较长焊缝。交叉焊缝应按图 8-52 所示顺序焊接。

(4)船艏板焊缝焊接时，应等纵横焊缝焊完后，再焊船艏柱与船壳板的焊缝。

(5)所有焊缝均应采用由船中向左右、由下向上的焊接顺序。

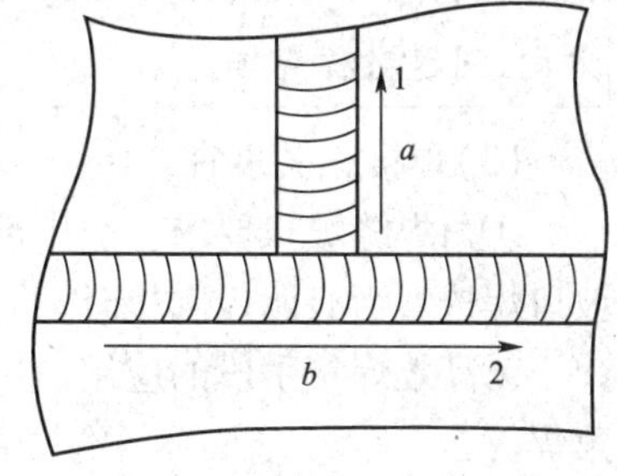

图 8-52　交叉焊缝的焊接顺序

二、分段造船的焊接工艺

1. 甲板拼板及分段焊接

(1)甲板拼板焊接。可在平台上进行装配及焊接甲板，当甲板板材对接焊缝完成后，将其

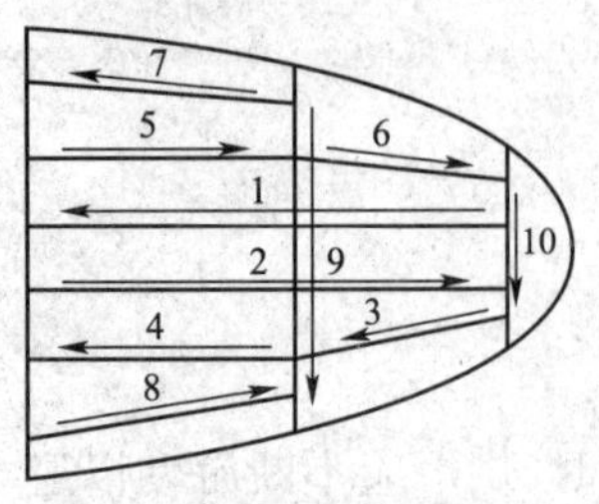

图 8-53　甲板拼板焊接顺序

吊至预先制作的胎架上定位，之后装配横梁和桁材等构件。

图 8-53 为船艏甲板板材对接埋弧自动焊焊接顺序示意。

(2)甲板分段焊接。将焊接好的甲板吊放在胎架上，间隔一定距离与胎架定位焊固定（控制焊接变形），并应保证甲板分段的梁拱。在甲板上按构件布置位置划线，然后将全部构件（横梁、桁架、纵骨）定位装配在甲板上，并利用支撑加强。

焊接顺序如图 8-54 所示，先焊构件对接焊缝，然后焊接构件角焊缝及构件上的肘板，最后焊接构架与甲板的平角焊缝。甲板分段焊接时，应由双数焊工从分段中央开始，逐步向左右、前后对称焊接。

为方便总段或立体分段装配，分段两端的桁架预留一档（约 300mm）暂时不焊，待总段装配完毕后再焊接。

横梁两端应双面焊，其焊缝长度相当于肘板长度或横梁高度。

大型船舶建造时，可采用分离装配的方法，以方便采用 CO_2 自动焊或重力焊手段来提高生产率。例如分段为横向结构时，可先装焊横梁，再装纵桁，最后进行全部焊接工作。

小型船舶焊接时，宜采用混合装配，即纵横构架的装配可交叉进行。待全部构件装配完成后，再开始焊接作业。

> **小知识：**平面分段装焊生产流水线
>
> 平面分段拼板焊接采用铜剂垫单面埋弧焊（多丝），无需翻身和气刨清根。
>
> 构件装配焊接顺序是先装纵向构件，然后使用 CO_2 自动角焊机进行角焊缝的焊接。为防止构件倾斜，构件必须采用两台 CO_2 自动角焊机同时、同方向、同速对称焊接。

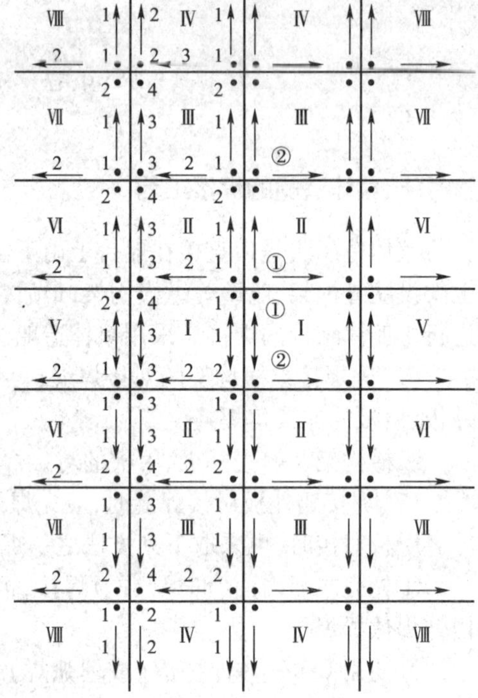

图 8-54　甲板分段的焊接顺序

• －立角焊；→－平角焊

(3)焊接相关事宜：

①角焊缝坡口要求。船中部分甲板与外板应开坡口焊透。当有舱口围板时，舱口围板与外板宜开设坡口。

②高效焊接手段的应用。甲板与构件的角焊缝，可使用埋弧自动焊、重力焊或 CO_2 半自动角焊。

2. 舷侧分段焊接

(1)拼板焊接。线型较平坦的板材，可在平台上采用埋弧自动焊拼装，装配、焊接工艺可参照甲板拼板进行，分段曲率较大的应在胎架上装焊。

(2)焊接工艺。将舷侧外板铺放在胎架上，并利用定位焊将其与胎架固定。在有构件一面，用碳弧气刨刨削外板对接坡口。

为防止焊接变形,对接焊缝需要采用强制固定措施,然后进行外板对接焊接(可采用埋弧焊)。舷侧外板对接焊缝完毕后,利用装配点焊固定构件。首先进行构件间对接焊缝焊接,然后进行构件间立角焊缝焊接,最后焊接构件与外板的角接焊缝。

构件间的立角焊缝焊接顺序可参照图8-55所示进行,构件与外板的平角接焊缝焊接顺序如图8-56所示。

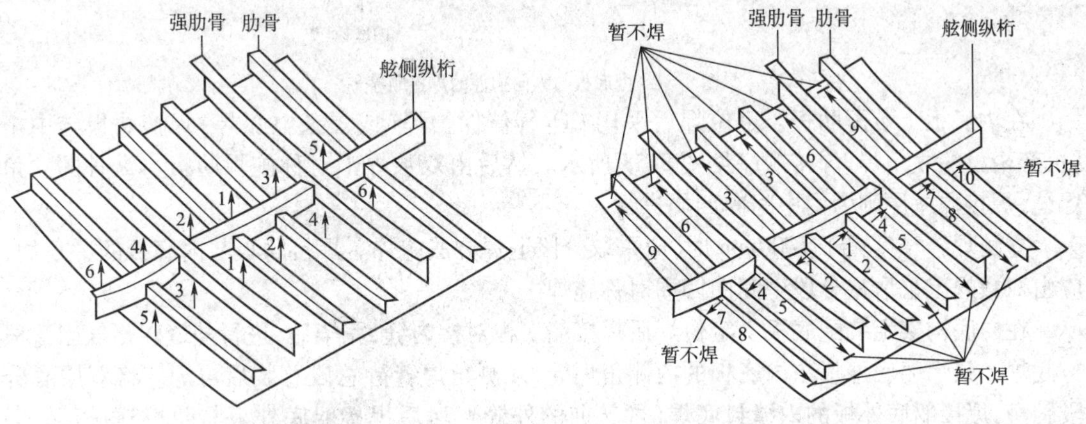

图8-55 舷侧构件间立角焊缝的焊接顺序

图8-56 舷侧外板与构件间平角焊缝的焊接顺序

舷侧分段焊接时,应由双数焊工从分段中央向左右、前后对称施焊。构件两端离外板板端200~300mm的角接焊缝,暂时不焊接。

舷侧分段内侧焊完后,割离胎架,翻转后进行舷侧外板对接封底焊。封底焊前,须采用碳弧气刨清根,见白后方可焊接。

平直或曲率较小的封底焊,可采用埋弧自动焊,弯曲较大的封底焊宜采用CO_2气体保护焊。

3. 舱壁焊接工艺

舱壁按结构形式可分为平面舱壁和槽形舱壁两种类型。

槽形舱壁由压成槽形断面的钢板组成,板间接缝可采用埋弧焊焊接。平面舱壁由隔舱壁和加强材构成,按结构特点可分为横隔舱壁和纵隔舱壁。

(1)横隔舱壁焊接工艺。拼板焊缝一般采用埋弧焊,小型船舶较薄的隔舱壁可采用CO_2气体保护焊(或焊条电弧焊)。

拼板焊接完毕后,焊接隔舱壁与加强材的角焊缝。角焊缝焊接时,可根据实际情况采用CO_2气体保护焊、重力焊或焊条电弧焊。焊接时应从中间向两端进行,采用CO_2气体保护焊或焊条电弧焊时,应由双数焊工从中间向两端对称施焊。

(2)纵隔舱壁焊接工艺。对接焊缝完成后,应焊接纵隔舱壁与加强材的角焊缝。

4. 双层底分段焊接工艺

拼板应优先选用埋弧自动焊,装配焊接工艺参照甲板。

(1)"倒装法"装配焊接工艺。在装配平台上铺设已拼好的内底板,然后在内底板上装配中桁材和纵骨。定位焊后可采用重力焊、自动角焊或CO_2气体保护焊对称进行平角焊,焊接顺序如图8-57所示。

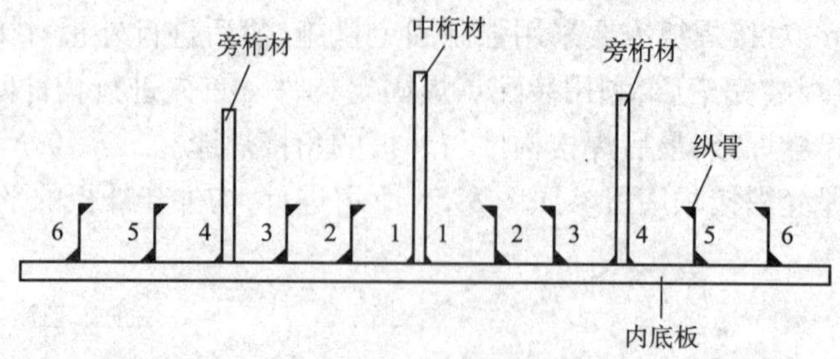

图 8-57　内底板与纵向构件的焊接顺序

在内底板上装配肋板。定位焊后采用 CO_2 气体保护焊(或焊条电弧焊)焊接肋板与中桁材、旁桁材的立角焊,焊接顺序见图 8-58 所示。然后由双数焊工对称施焊肋板与纵骨的立角焊缝,焊接顺序原则为由中间向四周进行。

立角焊缝长度大于 1000mm 时,应采取分段退焊方法施焊。焊接肋板与内底板的平角焊,应由双数焊工采取从分段中间向四周对称施焊。

在内底构架上装配底板。定位焊后焊接船底板对接内缝,完毕后,进行外缝碳弧气刨清根封底焊。只焊船底外板与内底板的内侧角焊缝,外侧角焊缝待总段总装后再焊。将双层底分段翻身,焊接船底外板的内缝封底焊(翻转前的外缝),然后焊接船底外板与肋板、中桁材、旁桁材、纵骨的角焊缝。

焊接顺序如图 8-59 所示。

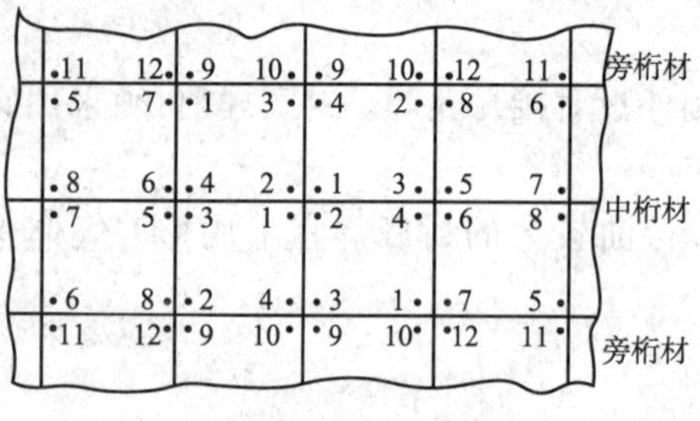

图 8-58　内底分段立角焊缝焊接顺序

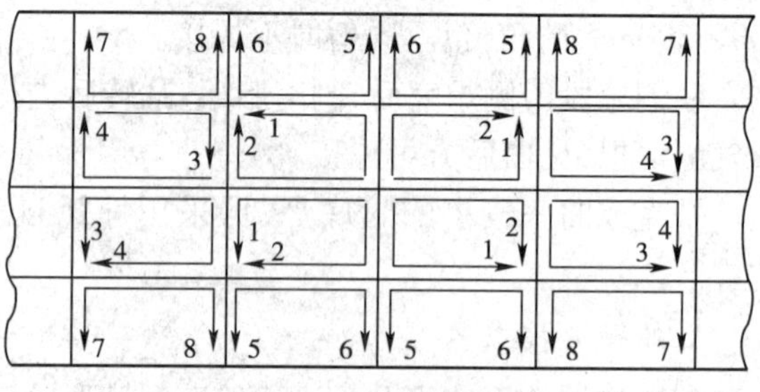

图 8-59　内底分段平角焊的焊接顺序

(2)“顺装法”装配焊接工艺。在胎架上装配船底板,利用定位焊固定。用碳弧气刨刨削坡口,采用 CO_2 气体保护焊(或焊条电弧焊)焊接船底外板内侧对接焊缝。当船底外板比较平直时,也可采用 CO_2 气体保护焊或焊条电弧焊两道打底、埋弧焊盖面的焊接方法。

在船底外板上装配中桁材、旁桁材、船底纵骨。定位焊后,采用自动角焊、重力焊或 CO_2 气体保护焊等焊接方法,进行船底外板与纵向构件的角焊缝焊接。焊接时,应采取双数焊工从分段中间向两边进行对称焊接的工艺措施。

在船底外板上装配肋板。定位焊后,首先焊接肋板与中桁板、旁桁板、船底纵骨的立角焊缝,然后焊接肋板与船底外板的平角焊缝。在平台上装配、焊接内底板,在内底板上装配纵骨。将内底板平面分段吊装到船底构架上,利用定位焊将其与船底构架、船底板固定。

将双层底分段吊离胎架,翻身后用 CO_2 气体保护焊或焊条电弧焊焊接内底板与中桁材、旁桁材的平角焊缝、内底板与外板的内侧角焊缝,以及船底板对接焊缝的封底焊。

5. 舱口焊接

甲板舱口形状为长方形开口,舱口围板一般先预制 4 块平面部件及 4 块圆弧部件,在甲板

上开孔将其装配合拢成整体。

(1)将预制的4块平面舱口围板及4块圆弧形舱口围板在甲板舱口处装配，利用定位焊固定。然后装配上、下肘板，利用定位焊固定。

(2)焊接舱口围板的对焊焊缝，用碳弧气刨清根后进行封底焊，焊接时应由双数焊工对称施焊。焊接围板对接焊缝时，最好使用CO_2气体保护衬垫焊。

(3)舱口围板与甲板的角焊缝，应由双数焊工按图8-60所示焊接顺序对称焊接，即先焊接4条平直焊缝，再焊4条圆角焊缝。

(4)焊接肘板与围壁板和甲板的角焊缝及其他焊缝。

(5)焊接注意事项。

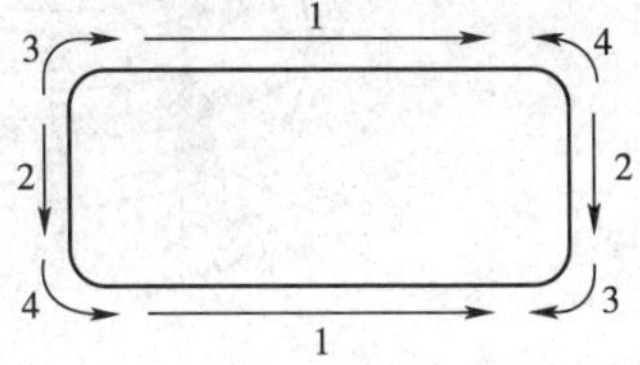

图8-60　舱口围板与甲板角焊缝焊接顺序

舱口围板焊接时应尽量采用CO_2气体保护焊，以减少焊接应力及焊接变形，为舱口盖安装打好基础。舱口围板与甲板的角焊缝焊接时，应该开设坡口。

6. 上层建筑分段焊接

上层建筑分段主要由围壁板、扶强材和顶甲板组成，属于薄板结构。焊接时应选择正确的焊接工艺，严格控制焊接变形量。上层建筑分段建造多采用“倒装法”，具体焊接工艺如下。

(1)在平台上采用埋弧焊、CO_2气体保护焊或焊条电弧焊进行板材对接，焊前最好将钢板与胎架或平台定位固定预防变形。

(2)为增加结构刚性，焊接应在整体装配工作完成以后进行。另外应在围壁下端、分段开口处以及分段吊运时的受力位置，装焊临时加强材后才能进行焊接。

(3)由于上层建筑前壁有弧度，所以应在胎架上装配前壁扶强材，以保持外观线型。

(4)结构焊接时应先焊接对接焊缝，然后焊接立角焊缝，最后焊接围壁构架与甲板的平角焊缝。焊接时尽量采用CO_2气体保护焊，或选用较小焊接电流、细直径焊条的焊条电弧焊。

(5)焊接围壁板上扶强材角焊缝时，应采用对称焊和分段退焊法，先焊上面焊缝的1/3长度，然后由下向上焊接。

(6)其他要求

围壁板与顶甲板的角缝，应采用分中逐步退焊法。宜采用CO_2气体保护焊或“立向下”专用焊条，分散、对称焊接。

三、船体结构焊接变形的矫正

1. 框架与水平装焊后变形的火工矫正

1)T形构件变形矫正

T形构件焊接后经常会发生横向弯曲变形、纵向弯曲变形、双向弯曲变形和面板角变形。

(1)T形构件横向弯曲变形的矫正。一般先对腹板用线状加热法加热，然后对面板用三角形加热法加热，如图8-61所示。

当面板弯曲外凸的一边用三角形加热法时，应从面板宽度1/2处开始。加热线宽度为20~30mm，三角形顶角角度为30°，三角形底边总是朝向弯曲凸出的一边，间距为500~600mm。

(2)T形构件纵向弯曲变形的矫正。腹板向外凸弯曲变形如图8-62所示，其矫正方法应

从腹板 $h/3 \sim h/2$ 处开始，由里向外用三角形加热法矫正。矫正顺序从弯曲变形较少的地方开始，冷却水稍后进行。

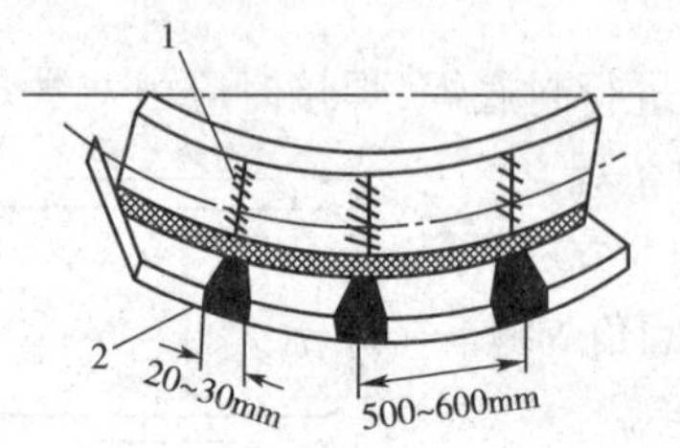

图 8-61　T 形构件横向弯曲变形矫正
1-线状加热法；2-三角形加热法

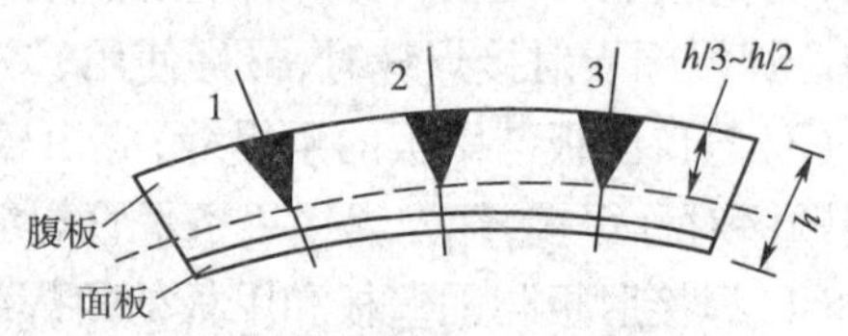

图 8-62　T 形构件腹板向外凸弯曲变形矫正

腹板向内凹弯曲变形矫正如图 8-63 所示，其矫正方法应从腹板 $h/2$ 处开始，由外向内用三角形加热法进行矫正。冷却水稍后进行，接着用带状法加热面板，带状间应相互平行。带状宽度为 30 ~ 40mm，间距为 500 ~ 600mm。加热线的宽度与面板厚度有关，加热线的间距与弯曲挠度、构件断面模数及矫正效果有关。

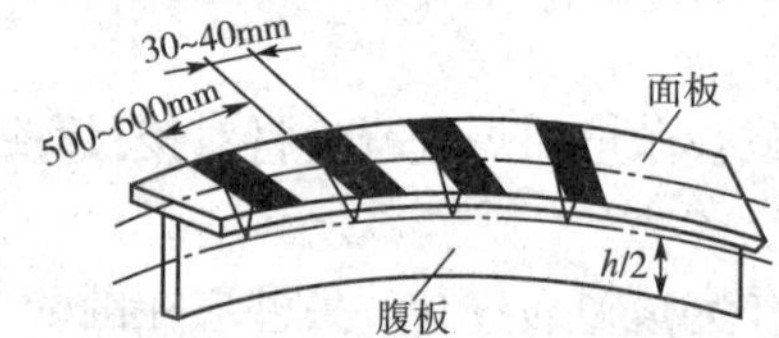

图 8-63　T 形构件腹板向内凹弯曲变形矫正

(3)构件双向弯曲变形的矫正。具有纵横双向弯曲变形的构件，一般为非对称截面的构件，如 L 形、[形等，可采用上述两种方法分别对其矫正。

T 形构件也会产生双向弯曲变形，但在一般情况下应矫正横向弯曲变形后再矫正纵向弯曲变形。如果先矫正纵向变形再矫正横向变形，横向弯曲变形的矫正仍会引起纵向弯曲变形，导致重复进行纵向弯曲变形的矫正。

(4)面板角变形的矫正。面板变形通常有两种情况，一种是单纯由焊接收缩而产生的双拢尺角变形，另一种为由于焊接程序不合理或装配不当产生的开拢尺角变形。

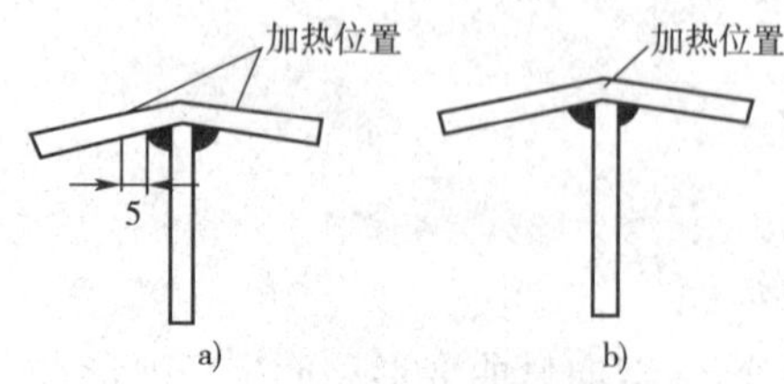

图 8-64　双拢尺角变形矫正
a) 中厚板；b) 薄板

双拢尺角变形的矫正方法，可采用背烧带状加热矫正法。中等厚度板加热位置应远离焊缝 5mm，薄板加热位置应在 T 形梁的背面中部，如图8-64所示。

为提高中厚板矫正效果，加热后可用专用工具对其施加外力进行矫正。

开拢尺角变形较为复杂，可以在拢尺一翼背烧，或将 T 形梁放在铁平台上，采用辅助工具进行加热，施加外力进行矫正。

2)角钢弯曲变形的矫正

角钢弯曲变形一般包括纵向弯曲变形和横向弯曲变形两种。

(1)横向弯曲变形的矫正。角钢的横向弯曲包括内弯和外弯,矫正方法如图 8-65 所示。

①对弯曲的腹板进行条状加热。角钢的内弯变形,应先在弯曲腹板的外侧(外凸面)进行条状加热,如图 8-65a)所示;角钢的外弯变形,条状加热位置应在弯曲腹板的里面(内凸面),加热顺序应从弯曲的端部开始,如图 8-65b)所示。

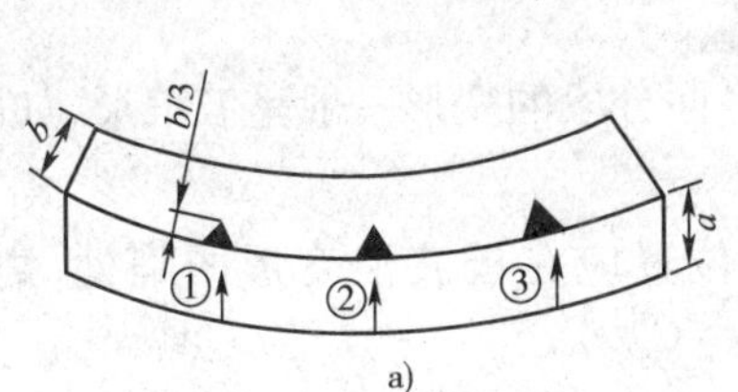

a)

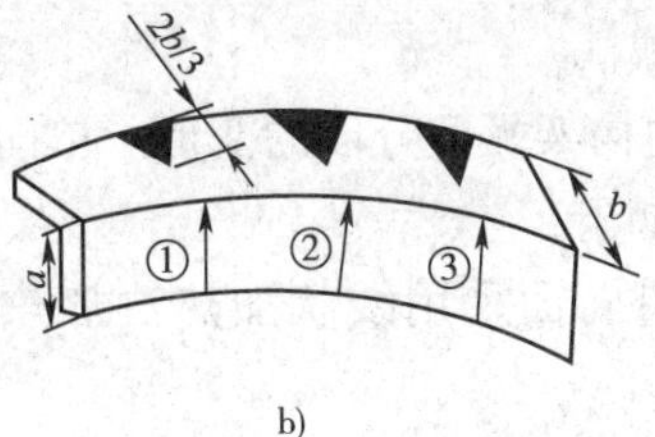

b)

图 8-65　角钢横向弯曲变形的矫正

a)角钢内弯变形的矫正;b)角钢外弯变形的矫正

②角钢面板用三角形加热法加热,如图 8-65 所示。如果角钢内弯,加热三角形的底线应在角钢筋处,三角形高应为 $b/3$;如果角钢外弯,加热三角形的底线应在角钢外边上,三角形高应为 $2b/3$。

③在角钢的另一面板上进行条状加热。

④进行水冷。条状加热部分应随加热及时进行水冷,三角形加热部分应在充分加热后稍停一会再进行水冷。

⑤小规格角钢的矫正,可省去条状加热。

(2)纵向弯曲变形的矫正。角钢的纵向弯曲变形同样包括向上凸弯和向下凸弯两种情况,其矫正方法实质上与角钢的横向弯曲矫正原理相同,即将横向弯曲的角钢翻身,按角钢纵向弯曲变形处理。

3)肋板弯曲变形的矫正

在肋板上面焊接加强筋时,会产生凸筋变形("瘦脊"变形),如图 8-66 所示,其矫正步骤如下:

(1)将肋板翻身,使其结构向下,肋板的凸面向上。

(2)用记号笔和直尺画出加热线的位置。

(3)沿加热线对肋板进行"背烧"。加热方法通常采用带状加热,加热温度一般为 650 ~ 700℃。变形严重时可采用双条加热,当肋板较薄、变形量较小时可只采用单条加热,并直接加热加强筋背部中心。

(4)加热顺序如图 8-66 中 1 ~ 8 所示。

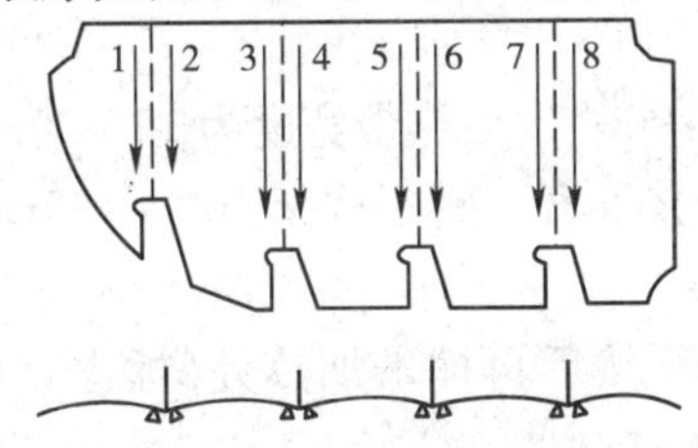

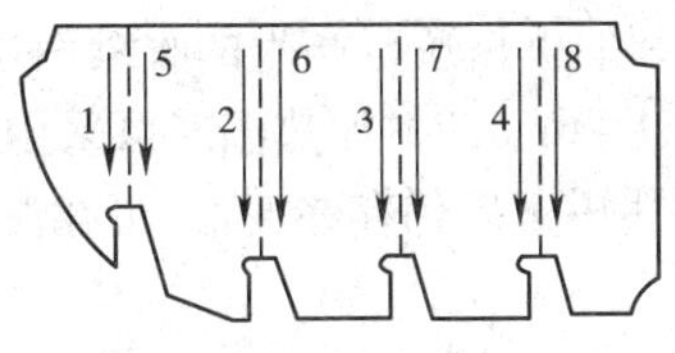

图 8-66　肋板凸筋变形矫正

(5)加热后可用水冷却,以加快矫正速度,但浇水应在加热后稍等一段时间后进行。

2. 分段装焊后的火工矫正

1)平面分段的矫正

船体平面分段一般由甲板分段、隔舱分段以及舱壁(围壁板)等结构构成,各结构均由列板和构架组成。

(1)单向构架平面分段的变形。单向构架平面分段的变形一般呈波浪形,如图 8-67 所示,其矫正步骤如下:

①在构件背面采用线状加热法加热,加热位置应在板波浪变形凹陷处,离焊缝根部约 5mm 左右。

②加热顺序按图 8-67 所示数字排列进行。

③如线状加热后仍有残余变形,可在构架板变形的凸面上进行矫正。

加热位置应距构架 100 ~ 150mm。

④凸弯面较大时,应采用加热量不同的曲线形带状加热,如图 8-68 所示。

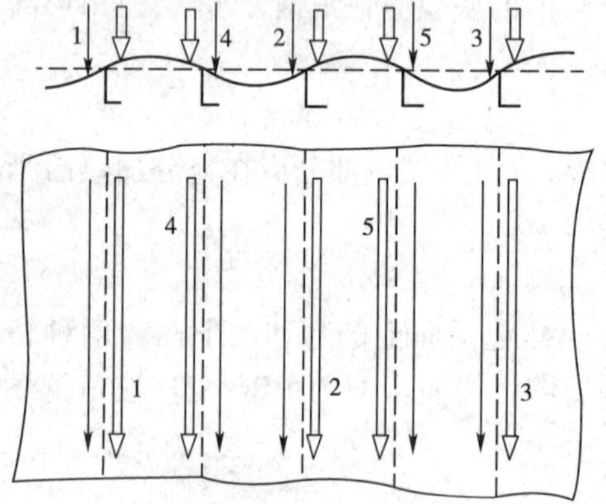

图 8-67 薄板结构变形的矫正

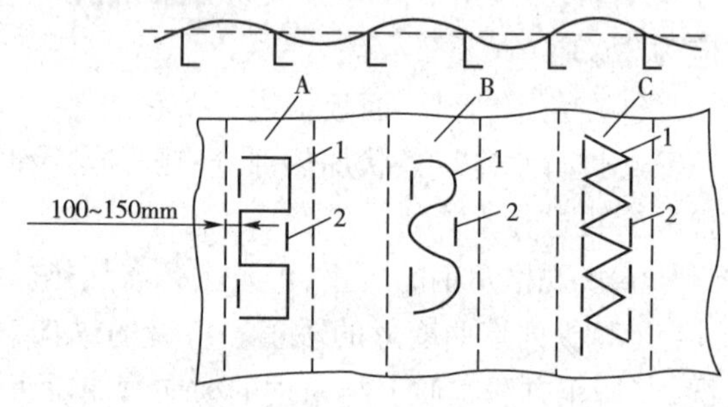

图 8-68 构架凸弯面的曲线形带状加热

1-长条形加热;2-短条形加热;A-锯齿形带状加热;B-波浪形带状加热;C-三角形带状加热

(2)中厚板单向构架平面分段变形矫正。中厚板单向构架平面分段的变形呈“瘦脊”形,其变形状态与矫正方法与肋板的变形矫正相同。

(3)纵横交叉构架的平面分段变形矫正:

①多板格的波浪变形见图 8-69 所示,矫正方法如下:

A. 在构架背面进行带状加热,加热位置应在构架板波浪变形凹陷处,距离焊缝根部 5mm 左右。

B. 矫正顺序应间隔一个板格进行,如图 8-69 中 1、2、3、4 顺序。这样,在被矫正之间的凹凸度会因两毗邻的板格矫正产生的收缩而拉平。

C. 板厚为 4 ~ 6mm 时,加热温度可采用 800 ~ 900℃,加热带宽度为 15 ~ 20mm。

D. 若经上述矫正后仍存在变形,可在波浪变形凸出一侧距构架 100 ~ 150mm 处进行加热矫正。

E. 加热后立即用木槌或铁锤敲击加热带周围,然后再捶击加热处(捶击点应与加热嘴相距 300mm 左右)。当凸面矫直后,凹面变形随之减小。

F. 当凸弯挠度较时大,应采用图 8-70 所示的封闭环形带状加热法。

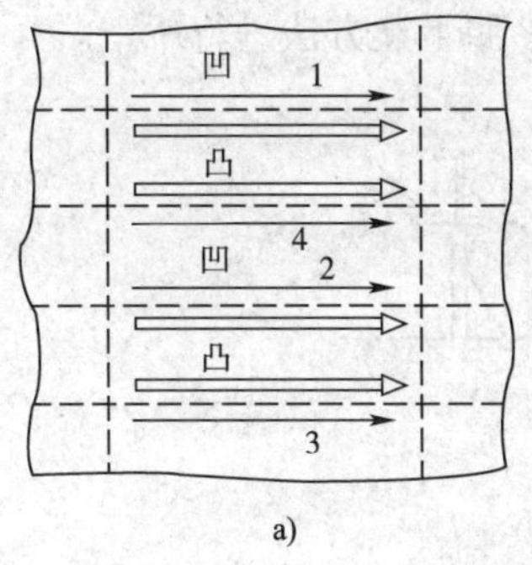

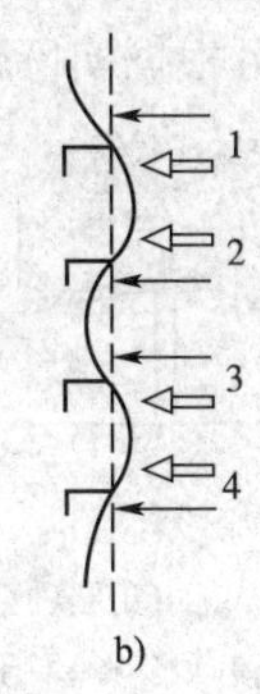

图 8-69　多板路波浪变形矫正

a)凹面加热顺序；b)凸面加热顺序

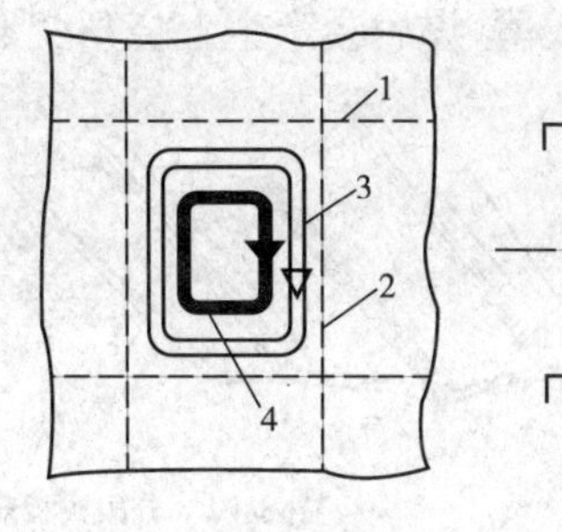

图 8-70　环形带状加热法

1-纵向构件；2-横向构件；3-第一加热环形带；4-第二加热环形带

G. 若第一次矫正后未达到效果，可进行第二次封闭环形矫正，第二次与第一次加热带纵横间距为 80 ~ 100mm。

②一个板格内凹凸波浪变形，如图 8-71 所示，其矫正方法如下：

A. 背烧法。在构架的背面进行线状加热，加热位置应在波浪变形凹陷处，离焊缝根部 5mm 左右。

B. 凸部加热法包括十字加热法、格子状加热法、放射型加热法和松叶形加热法四种形式。

矫正时，应在凹凸变形的凸出部位加热，以减少左右凹部的变形。

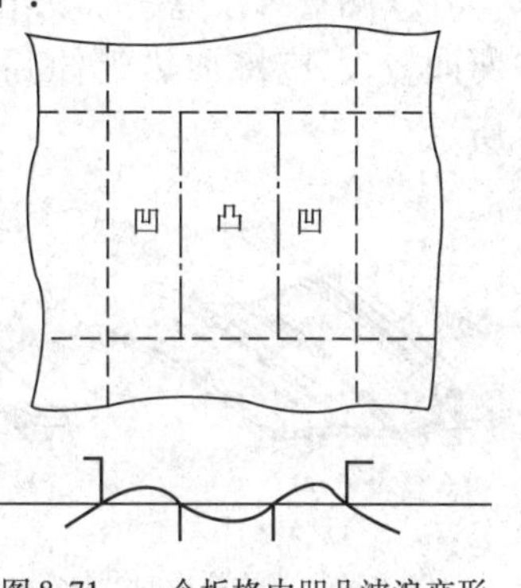

图 8-71　一个板格内凹凸波浪变形

(4)平面分段边缘波浪变形(荷叶边)矫正方法如下：

①边缘变形的矫正，应在板格内变形矫正结束后进行。

②矫正前应将分段用排进行加固，以增加其刚性。

③用角钢排、C 型轧头等矫正工具将荷叶边夹紧。

④对构架背面凹陷变形处进行线状加热。

⑤对凸部进行线状加热，从里面到边缘，从变形刚发生处开始沿变形线进行矫正。

一般应借助外力进行矫正，如用工具将变形处夹紧后加热，同时用锤子捶击凸部，或用扁担排和铁楔捶紧后进行加热，同时捶击凸部直至矫正完成。

2)分段拼板对接焊缝变形的矫正

分段拼板对接焊缝的变形通常由两种情况。其一为仅产生角变形，焊缝仍为直线；另一种为不仅发生了角变形，而且还存在纵向弯曲变形。

(1)分段拼板对接焊缝角变形矫正。如果在胎架上拼接的板材，且背面没有加强排或用花篮螺丝拉紧，焊后会产生下陷角变形，如图 8-72 所示。

其矫正方法如下：

①可借助外力(千斤顶等)向上顶紧，配合矫正，以提高矫正效率。

②在焊缝两侧无变形处进行线状加热，其加热顺序如图 8-72 中 a、b 所示。

③将千斤顶逐渐向上加力顶升。

④待线型和顺后，在焊缝附近两侧进行线状加热，如图 8-72 中 c、d 所示。

⑤将焊缝顶出比原焊缝稍高一些，随后用榔头捶击和顺。

如果所拼板材较薄，焊后会产生上挠角变形，可根据实际情况参照上述方法进行矫正。

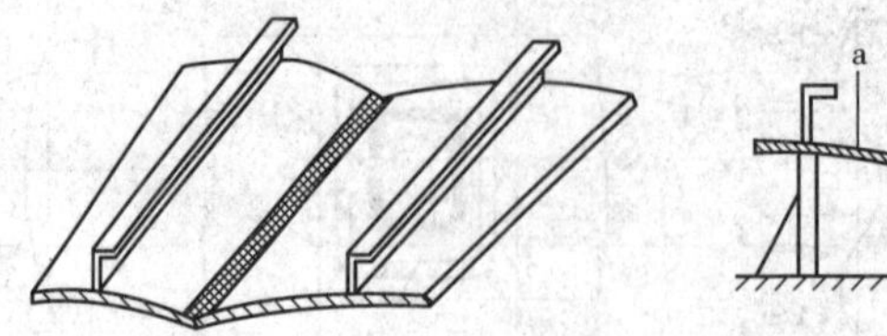

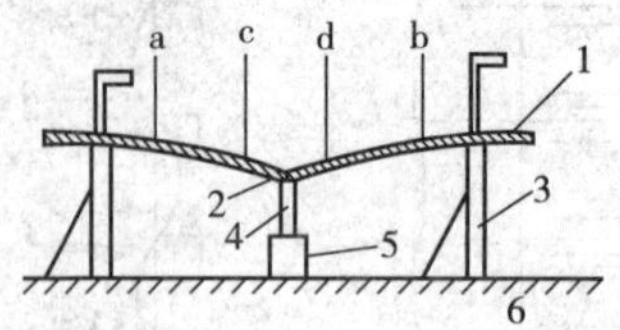

图 8-72　分段拼板对接焊缝角变形矫正

1-分段拼板；2-对接缝角变形；3-胎架；4-短支撑；5-千斤顶；6-平台

(2)分段拼板对接焊缝具有纵向弯曲和角变形的矫正。在自由状态下拼接薄板时，焊后不仅会产生角变形而且存在纵向弯曲变形，如图 8-73 所示。

其矫正方法如下：

①将平面分段内所有的结构全部矫直。

②测量对接缝翘曲变化量，若还存在纵向弯曲，可在骨架与骨架间用短线加热。如果纵向弯曲较大，应将加热延伸到骨架位置，或者长短结合。线状加热应垂直于焊缝，如图 8-74 所示。

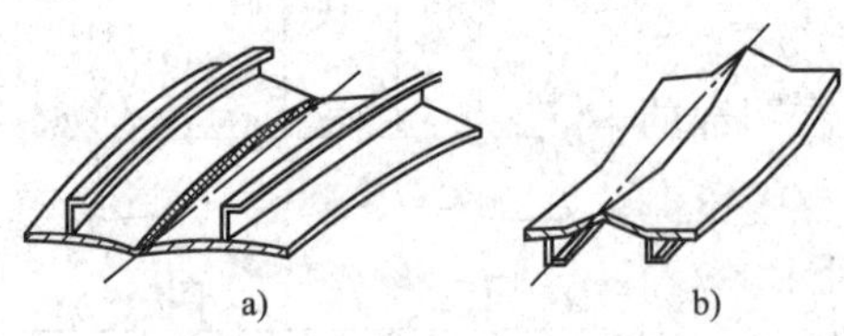

图 8-73　平面拼板的纵向弯曲和角变形

a)纵向弯曲；b)角变形

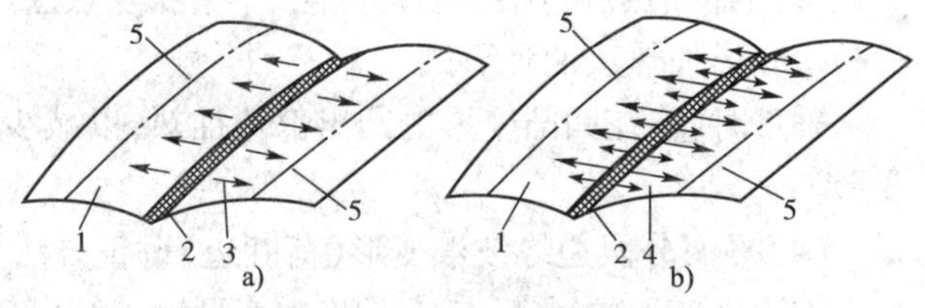

图 8-74　对接焊缝翘曲变形矫正

a)短线状加热；b)长短混合线状加热

1-板；2-对接缝；3-短线状加热；4-长线状加热；5-骨架位置

③再按上述方法矫正焊缝的角变形。

纵向弯曲不必一次全部矫直，可部分矫直后即进行角变形矫正，然后测量纵向弯曲值，如果还达不到要求可再进行补充矫直。

3)分段外板边角变形的矫正

双层底分段外板与内底板（舷侧外板与平台板、舷侧外板与甲板）两侧的角焊缝焊后易产生内倾角变形，如图 8-75 所示。

其矫正方法如下：

(1)在舷侧外板和内底板外侧相应位置进行带状加热，加热温度为 650 ~ 700℃，加热带宽度为 30mm 左右，一般无需水冷。

(2)如果变形较大，可借助板边排和千斤顶等工具施加外力进行矫正。

4)分段外板与肋板线型不吻合的矫正

曲面分段外板在胎架上建造时，因各阶段的误差，如肋板切割误差、装配焊接后的变形以及外板叠放造成线型误差等都会引起外板与肋板（肋骨、傍龙筋）线型不吻合，如图 8-76 所示。

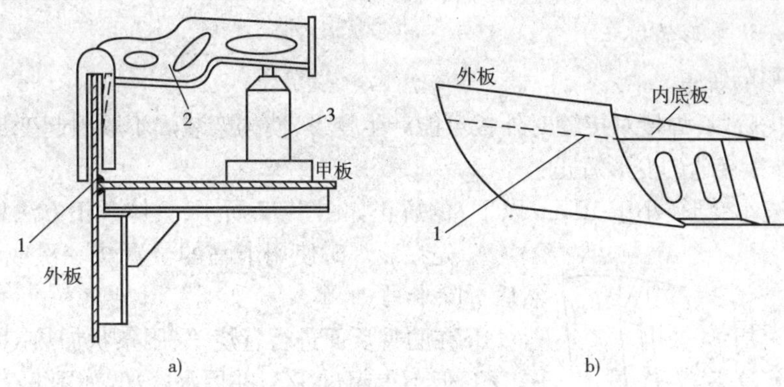

图 8-75　分段外板角变形的矫正

a) 舷侧外板角变形；b) 底部外板角变形

1-线状加热；2-板边排；3-千斤顶

其矫正方法如下：

(1) 外板弯度过大时(图 8-76a)，应在外板外面进行线状加热，顺序应从变形小处开始，如图 8-76a) 中的①、②、③、④。

(2) 外板弯度过小时(图 8-76b)，应在外板里面进行线状加热，从变形最小处开始，如图 8-76b) 中的①、②、③、④。

(3) 加热温度一般为 700℃，加热带宽度为 30mm 左右。

(4) 为提高矫正效率，加热矫正时可借助外力。外板弯度过大时，可用压铁压在外板变形部位，然后加热矫正；外板弯度过小时，可在外板里面焊上花篮螺丝等施加外力，加热与外力同时进行。

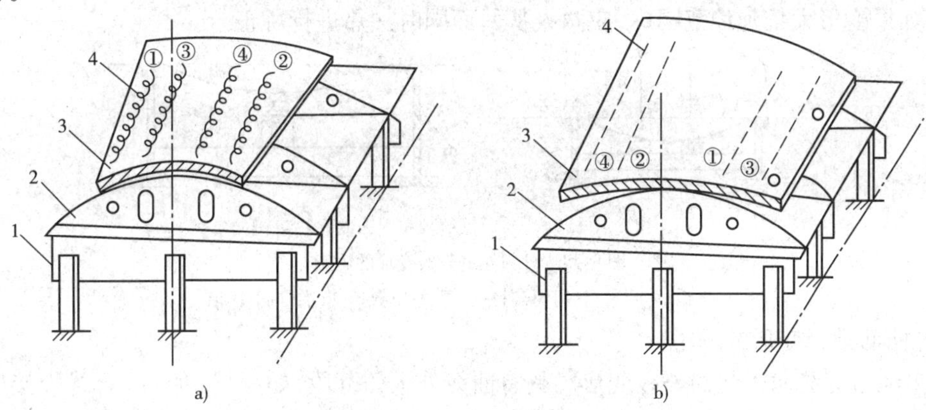

图 8-76　曲面分段外板与肋板线型不吻合的矫正

a) 外板弯度过大；b) 外板弯度过小

1-胎架；2-肋板；3-外板；4-加热线

5) 分段吊运变形的矫正

分段吊运过程中由于剧烈损伤可能产生变形，如板边缘弯曲变形、凹陷变形、面板弯曲变形等。

矫正前应仔细分析变形情况，尽可能多用辅助工装，根据实际条件进行加热矫正，最终结果以和顺为准(无明显皱褶感)。

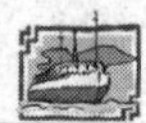

3. 船台大合拢变形的矫正

1)外板变形的矫正

船台大合拢阶段,焊接对接缝时外板可能产生变形,使构架装焊不顺引起变形。

(1)平直外板接缝的变形矫正:

①外板接缝小变形(小于10mm以下)的矫正如图8-77所示,具体矫正方法如下:

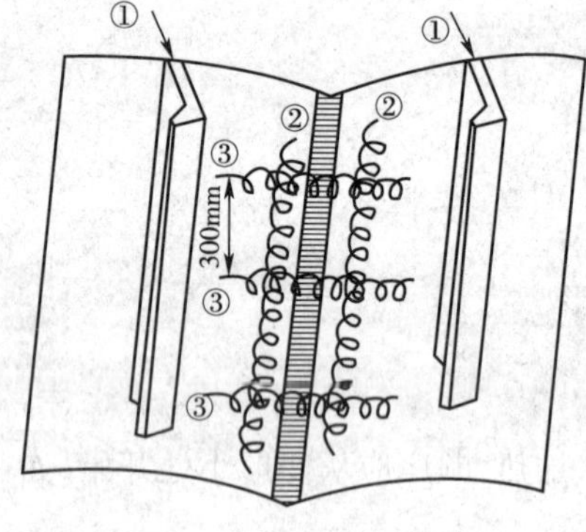

图8-77 外板接缝小变形的矫正

A. 先在装焊时使用卡马的位置烧一次或者进行点烧,然后拆除卡马。

B. 在肋骨反面进行背烧,采用条状加热,其深度超过板厚1/2,但不得超过2/3,并用水冷却,如图8-77中①所示。

C. 若以上加热仍然达不到效果,应在距焊缝两侧15mm处进行条状加热,如图8-77中②所示,加热温度控制在600~700℃,加热带宽度约30mm。

D. 局部变形大的位置,可在同一面与焊缝垂直位置进行加热,如图8-77中③所示,加热线长约400mm,间距约300mm。

②外板接缝较大变形(大于10mm)的矫正如图8-78所示,具体矫正方法如下:

A. 按图所示装焊扁担马,其数量与位置视变形情况而定,然后安置千斤顶或铁楔。

B. 在肋骨反面进行背烧,采用条状加热,然后在焊缝两侧15mm处进行条状加热。

C. 加热同时加压(千斤顶顶升或铁楔敲紧),最后顶出可超过板面2~3mm,作为冷却后除去外力时的回弹量。

D. 如果变形大且延伸范围广,应两人从两面同时加热进行矫正。

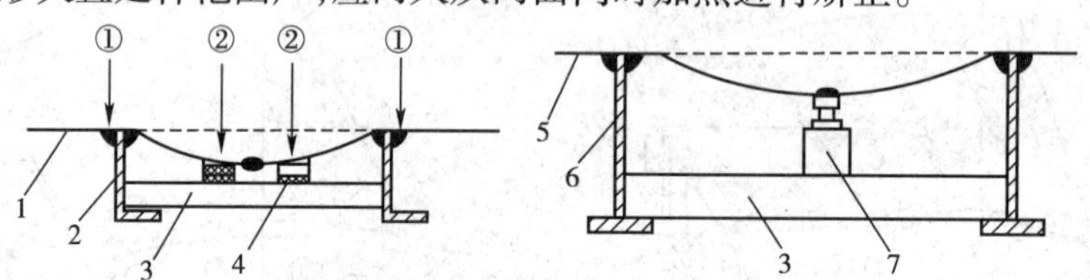

图8-78 外板接缝较大变形的矫正

1-外板;2-肋骨;3-扁担马;4-铁楔;5-甲板;6-横梁;7-千斤顶

(2)曲面外板变形的矫正:

①单纯由焊缝而引起的外板变形。具有曲线外板的分段,如船坞(船台)合拢焊接后大多发生内凹变形。一般要求分段制作结束或合拢后、焊接之前,在分段外板端头背烧出4~5mm反变形,以避免合拢焊后接缝的变形。

一旦曲形外板已经发生了接缝变形,其矫正方法与上述外板焊缝大变形的矫正方法相同。

②因构架连接不顺而引起的壳板变形。由于上、下(前、后)分段线型对接不顺,其变形状态可分为曲率过小和曲率过大的情况。

外凸变形较小的情况下,可借助外力向内拉的同时再行加热,变形可以矫顺。

变形曲率过大的处理方式,一般需将焊缝与部分构架割开,做顺加排后再进行焊接。在重新拆装的同时,加热矫正配合,矫正方法根据实际情况确定,矫正后应以外板的外侧曲面和顺为准。

2)甲板变形的矫正

甲板变形会使一些尺寸较小的横梁、纵骨变形,所以在矫正甲板变形中,一般以甲板下的纵横舱壁或强横梁和纵桁处的高低位置作为矫正基面。

甲板变形矫正如图 8-79 所示,具体矫正方法如下:

(1)对纵横舱壁、纵桁和强横梁的"瘦马"变形进行线状加热矫正,如图 8-79 中①、②所示。

(2)在甲板凹变形一侧的横梁上进行背烧,如图 8-79 中③所示。如甲板凹变形仍然没有完全矫平,可待矫正凸变形时因甲板收缩而将凹变形拉平。

(3)在凸变形处进行点状加热并捶平。

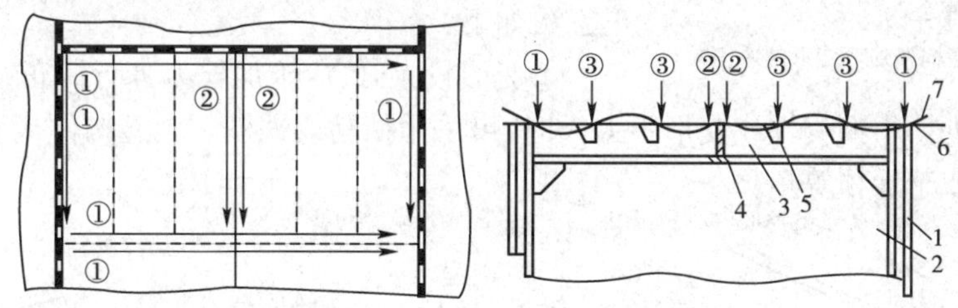

图 8-79 甲板变形的矫正

1-横舱壁;2-纵舱壁;3-甲板纵桁;4-强横梁;5-横梁;6-基面;7-甲板

注意事项:

如果横梁变形(一般由于跨度太大且没有纵向结构所致)高于横舱壁或强横梁时,应先对升高的横梁进行背烧,其加热顺序如图 8-80 中①、②所示。

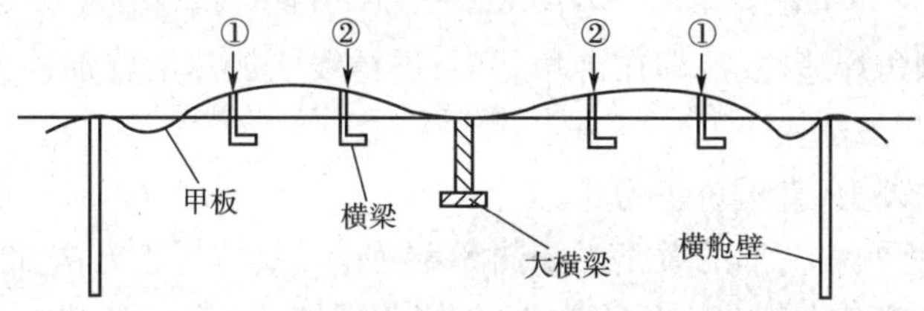

图 8-80 横梁高于横舱壁的甲板变形矫正

横梁很小时矫正,应在其下面用支撑顶住,以防加热时甲板塌陷。

在甲板与壳板上采用背烧矫正时,原则上禁止用水冷却。即使水冷,一般应等温度稍低后再进行。

3)构架变形的矫正

(1)纵横构架内弯变形的矫正。如图 8-81 所示,具体矫正方法如下:

①在 T 形构件的面板与腹板角焊缝以下约 8mm 处进行条状加热,加热温度为 650 ~ 700℃,加热带宽度约 30mm。

②在面板上进行横向带状加热,加热宽度为 30 ~ 40mm,间距为 500 ~ 600mm。

③构架为角钢时,应在角钢垂直面上用三角形加热法加热。

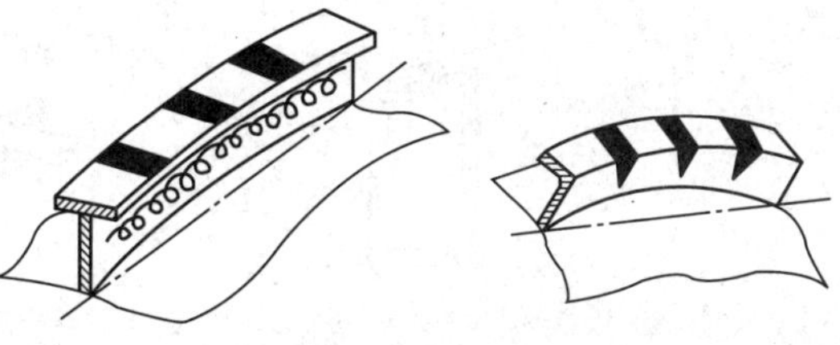

图 8-81 纵横构架内弯变形的矫正

④加热后可用水冷却。

(2)纵横构架外弯变形的矫正。如图8-82所示,具体矫正方法如下:

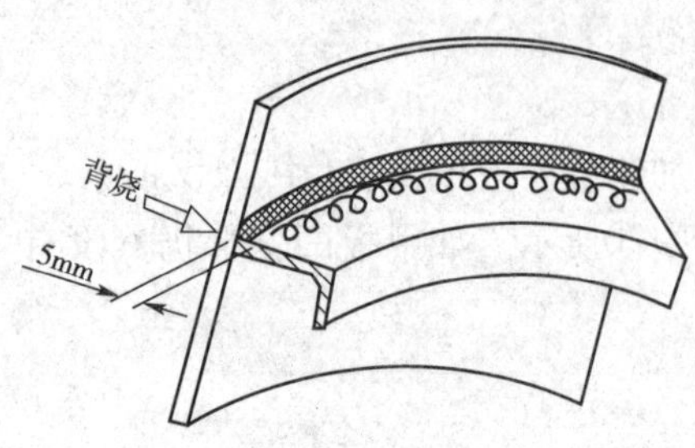

图8-82 纵横构架外弯变形的矫正

①离构架与板的角焊缝5mm左右采用条状加热法进行矫正。

②在外板外侧的构架线上进行条状加热,加热温度和宽度与上述的条状加热要求相同。由于此类变形矫正效果较差,对于变形大的构件通常应借助外力进行矫正。

(3)构架倾斜变形的矫正。如图8-83所示,具体矫正方法如下:

①变形较大时,应施加外力进行矫正,施加外力的工具应放在锐角处。小型构件或变形不太大时,可采用挡马或铁楔。大型构件或变形较大时,应采用花篮螺丝或千斤顶等。

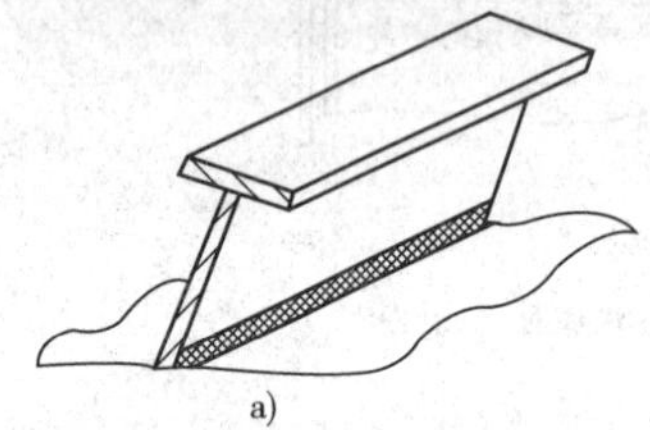

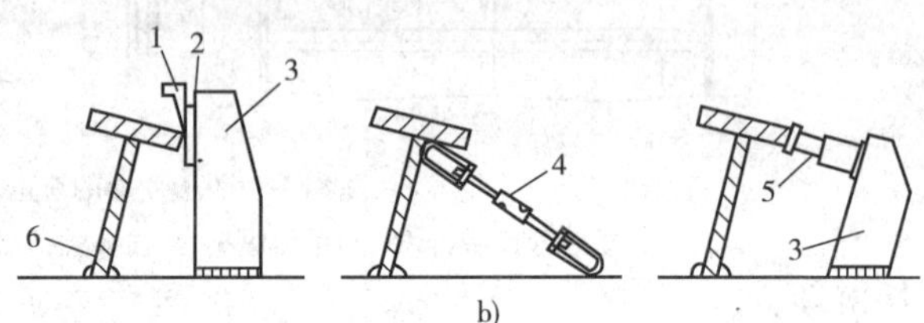

a) b)

图8-83 构架倾斜变形的矫正

a)构架倾斜变形;b)变形矫正

1-铁楔;2-垫板;3-靠马;4-花篮螺丝;5-千斤顶;6-条状加热线

②在构件另一侧角焊缝边缘,即在钝角一面,进行线状加热后施加外力(采用千斤顶等)。构件大时,可两面同时加热。

③边加热边施加外力,直至矫正为止。

(4)T形钢材面板倾斜变形的矫正。如图8-84所示,具体矫正方法如下:

①在腹板与面板夹角大于90°的一侧(钝角侧角焊缝边)进行条状加热,加热温度和宽度按火焰矫正的加热方式要求进行。

②在锐角侧用千斤顶向上顶压。

③变形较大或结构较大时,可在焊缝两侧同时加热。加热同时采用千斤顶施加外力,直至矫正为止。

④如带有肘板及肘板处也存在倾斜时,应将肘板割去,在矫正正确后再重新装焊。

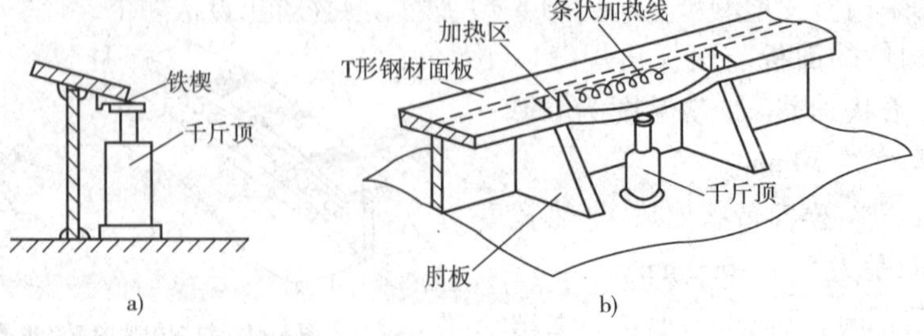

a) b)

图8-84 T形钢材面板倾斜变形的矫正

a)无肘板;b)有肘板

4. 上层建筑变形的矫正

上层建筑的矫正程序一般先矫正上、下层的甲板，后矫正上、下层甲板间的围壁，且应从下层向上层依次矫正，如图 8-85 所示。

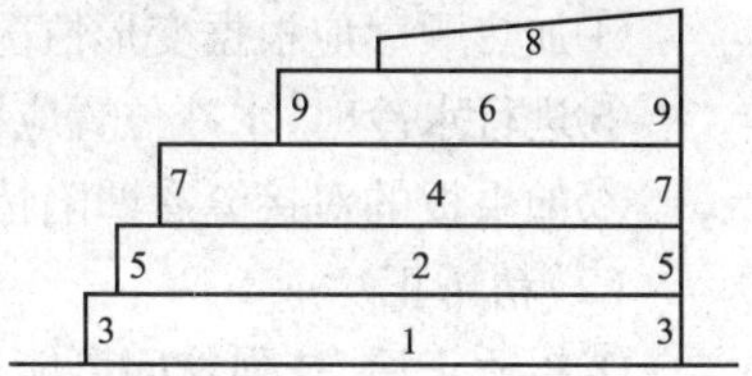

由于甲板一般比围壁板厚，不会因围壁后矫正时热量使甲板产生新的变形。

图 8-85　上层建筑的矫正程序

1）上层建筑甲板变形的矫正

上层建筑甲板的变形一般呈波浪形或对接缝下凹，矫正一般分粗矫正和精矫正两个阶段。矫正带有压筋的围壁上层建筑甲板时，应在两层甲板间增加临时支撑。特别是在压筋围壁附近，应注意在矫正甲板时而引起的压筋板失稳。

（1）粗矫正。以横舱壁的高度为标准，对甲板进行大面积初步矫正，不要求对每一令板格内的凹凸都进行矫正。

粗矫正一般能矫正 10mm 以下的变形，具体矫正方法如下：

①在甲板下凹的一侧横梁背面进行线状加热，加热顺序应由外向内进行。

②在火焰后约 100mm 处进行跟踪水冷或待钢板冷至无红热状态时再进行水冷。

③加热时应注意不能在舱壁的横截面上进行，火焰作用点一般距舱壁约 20mm 左右。

④矫正应从变形小的区域开始向变形大的区域移动。甲板面积较大时可考虑分成数组同时矫正，但矫正时必须分散。

⑤难矫正的变形可在横梁线上背烧两次，但必须防止横梁发生下塌现象，必要时可用吊排或支柱等工具将横梁顶住。

⑥如果对接缝下凹变形，粗矫时应采用骑马、扁担马等辅助工装将凹陷位置拉（顶）上来，之后再进行背烧。

⑦为矫正方便，需要将下凹的板向上凸起，此时，可将火焰在凹陷处轻、快进行螺旋形游动，凹陷将逐渐缩小直至凹陷全部凸起。

（2）精矫正。当甲板大面积粗矫之后，对每一板格内的凹凸变形进行仔细的矫平，具体矫正方法如下：

①矫正从变形小的位置开始，在近骨架的地方先加热，然后向中间移动。

②上凸板应采用环形条状加热、格子状加热或圆点型加热，利用锤击可提高矫正效果。

③矫正应间隔一个肋距挡进行，以提高矫正效果。

④圆点加热温度一般为 800 ~ 850℃，圆点直径为 20mm，间距为 150mm 左右。

⑤矫正后的板不应有过分拉紧的感觉，以免在矫正相邻板格时引起新的变形。

⑥加热矫正一次结束后，应冷却 1h 以上，视其变形情况对有必要补矫正的地方再次加热矫正。

2）上层建筑平面围壁变形的矫正

上层建筑平面围壁变形的矫正，同样分为粗矫正和精矫正。

（1）粗矫正：

①在扶强材背面，围壁内凹的一侧由下而上进行条状加热，宽度约为 15mm 左右。

②加热速度按板的厚度及变形大小而定，厚板及变形大的加热速度可适当减慢。

③围壁接近上、下甲板区域,因变形较小故加热速度应快些,且在围壁上、下端各留出150~200mm范围不加热。

④加热顺序应根据变形情况而定,原则上从变形小的区域向变形大的位置移动。

⑤进行水冷时,水冷位置应距加热点100mm左右。

⑥如果板的对接缝有凹陷情况,应按上述矫正方法同样进行。

(2)精矫正:

①粗矫正后,扶强材间可能还存有残余变形,一般采用圆点加热或短条加热进行矫正,并辅助以锤击。

②加热程序原则上应在凹面进行,如果在凹面施工有困难,应采用骑马等辅助工装将凹陷位置拉出来后再进行圆点加热或短条加热。

③圆点加热温度为800~850℃,直径约为20mm,间距约为150mm左右。

④水冷却最好在加热的背面进行。

⑤圆点加热后如果还有残余变形,应待第一次加热结束1h后再进行补充加热矫正。

思考与练习 SIKAOYULIANXI

1. 什么是应力?什么是变形?
2. 试述应力、变形与温度及拘束的关系。
3. 试述焊接应力和变形的产生原因。
4. 按产生应力的原因可将其分为哪些类型?各有何特点?
5. 焊接残余应力对焊接结构有什么影响?
6. 设计角度焊接应力的控制有哪些基本原则?
7. 试述控制焊接应力的工艺措施及原理。
8. 有哪些方法可消除焊接残余应力?各有何特点?
9. 试述焊接变形类型及其影响因素。
10. 设计角度焊接变形的控制有哪些基本原则?
11. 试述控制焊接变形的工艺措施及原理。
12. 矫正焊接变形有哪些基本方法?试说明其原理。
13. 火焰矫正有哪些注意事项?
14. 试述框架与水平装焊后变形的火工矫正工艺要点。
15. 试述分段装焊后的火工矫正工艺要点。
16. 试述船台大合拢变形矫正工艺要点。
17. 试述上层建筑变形矫正工艺要点。

第九章　船舶焊接检验

● **知识目标**

1. 了解船舶检验的目的;
2. 了解对焊工及焊接检验人员的相关规定;
3. 了解我国船舶检验机构沿革及有关国际组织;
4. 掌握船舶检验分类及相关规范体系;
5. 掌握船厂船舶质量检验基础知识。

● **能力目标**

1. 了解船舶检验依据;
2. 掌握船舶质量检验程序及基本要求;
3. 掌握船舶焊接材料及焊接工艺认可的相关要求;
4. 熟悉船舶建造相关规范与专业标准;
5. 掌握船舶射线探伤质量评定标准。

第一节　船舶检验概述

优质的船舶建造质量,是保证船舶安全运行的重要条件。如船体结构焊接接头存在严重的焊接缺陷,在恶劣环境下就有可能造成部分结构断裂,甚至引起船体断裂、沉没的重大事故。

影响船舶建造质量的因素包括船舶设计、船舶审图、船舶建造、建造检验及船用产品质量等方面,任何环节出现问题均会影响船舶建造质量。

一、船舶建造质量检验的目的

船级社进行船舶建造质量检验,其目的是为了确保:

(1)在建船舶按批准的图纸施工;

(2)在整个建造阶段,其建造计划、材料、设备和工艺满足船级社规范、国际公约和船旗国政府(法规)的有关规定;

(3)要求认可持证的船用产品,符合预定的要求;完成所有规定的检验、试验和试航项目,且结果满意;

(4)完成所有规定的检验和试验项目,且结果满足要求;

(5)申请书经评审并确认客户的要求得以满足。

为保证船舶的建造质量,各船级社除了执行国际公约、船旗国政府的法规、规则、标准等有关规定外,还制定了相关船舶入级规范和规则。为达到上述要求,对任何违背船级社批准的图纸,或不符合船级社规范及有关公约和船旗国政府的有关规定的产品或活动,船级社担当检验的验船师都有责任督促建造厂采取措施予以纠正。

二、船舶检验的发展

18 世纪初,随英国海运事业的迅速发展,船舶的各种海损事故也持续不断,致使船舶保险业的迅速兴起,为船舶投保作公正签证的近代船舶检验业也随之诞生。1760 年,在英国伦敦的劳埃德咖啡馆里成立了船舶质量检验机构,“劳埃德船级社”(Lloyd's Register of Shipping),即英国劳氏船级社前身。英国劳氏船级社在世界上成立最早,在世界船舶界享有盛名,是国际公认的船舶界权威认证机构。

此后航运发达的国家相继成立了船级社,并在世界主要港口设立分支机构,如美国船舶局、挪威船级社、法国船级社和日本海事协会等。船级社主要业务是对新造船舶进行技术检验,合格者给予船舶的各项安全设施并授给相应证书;根据检验业务的需要,制定相应的技术规范和标准;受本国或他国政府委托,代表其参与海事活动。

船级社建立有一套入级规范、标准和船级符号,经过对申请入级的船舶的检验,对符合要求的船舶授予船级符号、签发船级证书和登入船名录,为船东、船厂、保险商等各方提供服务。

我国为造船古国,在船舶检验方面也曾有辉煌的历史。但作为近代的船舶检验体制,是出现在 20 世纪 50 年代。中国的船检机构由 1951 年开始筹备,1956 年 8 月 1 日,我国第一个专业性质的船检机构——中华人民共和国船舶登记局正式成立,并以“ZC”为标志开展船舶检验业务。1957 年 6 月交通部确定,船舶登记局对外同时起船级社作用,负责办理船舶入级和公证检验业务。1958 年 6 月,船舶登记局改名为“中华人民共和国船舶检验局”。同年 8 月,首次完成江南造船厂建造的内河客船“江蓉”号以及大连造船厂建造的沿海货船“和平 25”号的建造检验与发证。

在较长时间内,中国并没有专门的与国际航运社会接轨的船级社及船舶建造规范,所有内贸船和外贸船的检验均由一个统一的组织管理。1973 年后,随着新中国恢复了联合国席位,中国也逐步参与、加入了国际海事组织的各项公约。1987 年 1 月 1 日交通部颁布《中国船级社章程》,认定中国船级社(CCS)为船舶检验局内负责入级检验的机构,并从事船舶和海上设施的入级检验和有关的公证检验。1988 年 5 月,CCS 加入国际船级社协会(IACS),成为其正式成员。1992 年,按照国际船级社协会(IACS)质量认证体系的要求,建立了中国船级社质量管理体系。1998 年 10 月,在实施国务院机构改革中,将中华人民共和国船舶检验局与中国船级社实行“局社、政事分开”,同时与中华人民共和国港务监督局(交通部港监局)合组中华人民共和国交通运输部海事局。

三、船舶检验机构

1. 国际海事组织

国际海事组织(IMO)是联合国负责海上航行安全和防止船舶造成海洋污染的一个专门机构,是促进各国政府和各国航运业界在改进海上安全、防止海洋污染与及海事技术合作的国际组织,并组织制定了众多的国际公约。

2. 国际船级社协会

国际船级社协会(IACS)于 1968 年正式成立,其使命为与有关的国际组织和海事组织进行合作,以促进海上安全标准的提高。IACS 致力于联合各船级社利用技术支持、检测证明和开发研究,透过海事安全与海事规范维护与追求全球船舶安全与海洋环境清洁。

截止2012年12月31日，国际船级社协会共有13家正式会员，它们分别是美国船舶检验局ABS、法国船级社BV、挪威船级社DNV、德国劳氏船级社GL、韩国船级社KR、英国劳氏船级社LR、日本海事协会NK、意大利船级学会RINA、中国船级社CCS、波兰船级社PRS，印度船级社IRS、俄罗斯船级社(RS)及克罗地亚船舶登记局(CRS)。

3. 中国船检机构

(1)中华人民共和国海事局，为交通运输部直属机构，实行垂直管理体制，标志见图9-1所示。

海事局负责行使国家水上安全监督和防止船舶污染、船舶及海上设施检验、航海保障管理和行政执法，并履行交通部安全生产等管理职能。

(2)中国船级社(CCS)，成立于1956年，是中国唯一从事船舶入级检验业务的专业机构，于1988年加入IACS，其标志见图9-2所示。

图9-1　中华人民共和国海事局

图9-2　中国船级社(CCS)

CCS通过对船舶和海上设施提供合理和安全可靠的入级标准，通过提供独立、公正和诚实的入级及法定服务，为航运、造船、海上开发及相关的制造业和保险业服务，为促进和保障人命和财防止水域环境污染服务。

中国船级社的主要任务为承担国内外船舶、海上设施、集装箱及相关工业产品的入级检验、公正检验、鉴证检验和经中国政府、外国(地区)政府主管机关授权，执行法定检验等具体检验业务，以及经有关主管机构核准的其他业务。

(3)中华人民共和国渔业船舶检验局(农业部渔船检验局)，为直属农业部的正局级机构，其主要职责为从事渔业船舶检验及履行有关国际公约的义务。

四、船舶检验分类及依据

船舶检验是船检机构对船舶的船体(包括设备)和船舶机械(包括电器设备)的技术状况，进行检验、审核、测试和鉴定的总称。船舶通过相应的检验，才能取得船舶技术状况的技术证书或保持技术证书继续有效。

按照检验内容的不同，船舶检验可以分为船舶船体检验及船舶机电(轮机、电气设备)检验等。按照检验性质的不同，船舶检验又可以分为法定检验、船级检验和公证检验三种基本类型。

1. 法定检验

法定检验是指按照船旗国政府的法规以及该国政府接受的国际公约的要求，由船旗国政府的主管机构或政府授权的船级社或个人执行的检验。

法定检验的内容包括吨位丈量、载重线、构造、救生、消防、航行信号、无线电话与电报等安全方面的和防污染方面的检验，具体类型包括制造检验、营运检验和船用产品及集装箱检验等。

(1)制造检验。包括船舶设计图纸审查及制造中的检验。

图纸审查一般由设计单位向验船部门提交申请，制造检验由生产厂报验。

(2)营运检验。一般由船厂提交检验，或由船舶使用者报检。具体包括以下几项内容法定初次检验、法定年度检验、法定换证检验、法定期间检验、法定定期检验、船底外部检查及法定附加检验。

(3)船用产品及集装箱检验：

①船用产品检验。按有关规定，对船用产品的监督检验，分别进行工厂认可和形式认可，认可后还应接受产品制造检验、出厂检验或不定期抽查。检验合格发给"船用产品检验证书"，并在产品的规定位置打上检验合格标志。未取得"船用产品检验证书"的产品，不得装船使用。

②集装箱检验。集装箱制造厂在投入生产前，首先向船舶检验机构申请样箱检验及试验，合格后发给相应的"样箱证书"。制造厂按样箱质量标准和批准的资料进行批量生产，然后对集装箱进行制造检验，合格的发给集装箱合格证书、印上规定的标记。

使用中的集装箱还要按规定进行定期检验。

(4)法定检验授权。中国船级社受中国政府授权，对国际航行船舶进行法定检验，并颁发如国际船舶吨位证书、国际船舶载重线证书、货船设备安全证书、货船构造安全证书、货船无线电报安全证书、货船无线电话安全证书、客船安全证书、国际防止油污证书、船舶起重和起货设备检验簿及其检验和试验证书等法定证书。

2.入级检验

入级检验是实施船舶入级规范和规则，对船舶的主要构件及其附件的结构强度和水密分隔、船舶的推进、操纵和辅助系统以及其他功能的相对安全性和可靠性进行客观、公正的评价，满足规范及规定要求，以促进船舶海上安全航行和防止污染海域为目的，满足政府、船东、保险人、船厂、船用产品或材料生产厂的需要。

船舶的船体、轮机、电气设备，如果符合入级规范的要求，并且符合适用的稳性要求，船级社将授予相应的船级，并用相应的入级符号和附加标志来表示。

(1)船舶船级。船级的最低要求为在全世界范围内，船体的所有主要结构及其附件的结构强度(必要时包括水密完整性)、推进和操纵系统的安全和可靠性，及其他特性和安装在船上为建立和保持船舶基本运行状况的辅助系统满足规范和规则，从而确保船舶适合于预定航行。

船舶入级一般由船东选择，但也有政府规定的。例如，我国规定挂中国旗的船应入 CCS 级，美国规定挂美国旗的船应入 ABS 级。

(2)入级检验种类和要求。入级检验一般包括初次入级检验和保持船级检验。

CCS 的初次入级检验包括新造船舶的建造检验，以及不在本社检验下建造的船舶的初次入级检验。保持船级检验主要包括为保持船级有效性的检验、循环检验、机械计划保养系统检验、重新入级和恢复船级检验、损坏和修理检验、改装或改建检验，以及临时检验等。

(3)公正检验。公正检验是指船检机构或个人以第三方的身份应当事人申请,站在公正的立场对所申请检验项目所进行的检验鉴定。通过对所申请检验项目技术状况进行勘察、鉴定,并出具相应的检验报告。

公正检验的申请人一般为船东和船舶的保险公司,公正检验是为申请人在解决或处理问题时提供凭证或依据。

公正检验主要包括海损检验、起、退租检验、索赔检验及其他公正检验等。

3. 船舶检验依据

船舶检验依据主要包括公约、规范、规则、IACS 统一要求、统一解释、检验指南、程序文件、验船师须知以及检验机构认可或接受的技术标准、通函等,均在不同程度对检验提出了各种要求。

第二节　船舶焊接检验

焊接已是现代造船的关键工艺技术之一,在船体建造中的焊接工时,占船体建造工时的30% 以上,焊接质量的好坏,直接影响着船舶的安全和使用寿命。

一、焊工及无损检测人员资格认可

1. 焊工

为保证焊接质量,各船舶、海上设施或船用产品的制造厂的焊工应按 CCS《材料与焊接规范》要求参加焊工资格考试。只有持有 CCS 颁发或承认的《焊工资格证书》的焊工方可从事与其证书相应的焊接工作。

中国船级社材料与焊接规范 2012 中对焊工规定:

根据产品类型将焊工资格分为船舶与海上设施焊工、船用锅炉压力容器焊工两大类,其焊工等级根据焊接位置的不同来划分。对于板材分为Ⅰ级、Ⅱ级和Ⅲ级,对于管材分为ⅠP、ⅡP、ⅢP 和ⅢPR 级。水下湿法定位焊为 T 级。

不同试件形式的考试科目代号表示及焊接位置如表 9-1 所示。

考试科目代号　　表 9-1

试件形式	考试科目(焊接位置)代号	焊接位置
板材对接焊	F	平焊
	V	立向上焊
	H	横焊
	O	仰焊
管子对接焊	1G	管子水平滚动焊
	2G	管子垂直固定焊
	5G	管子水平固定焊
	6G	管子倾斜 45°固定焊
	6GR	带有限制环的管子倾斜 45°固定焊

续上表

试件形式	考试科目(焊接位置)代号	焊接位置
板填角焊	FF	船型角焊
	FH	平角焊
	FVu	立向上角焊
	FVd	立向下角焊
	FO	仰角焊
管板角接焊	2FG	垂直固定平焊
	4FG	垂直固定仰焊
	5FG	水平固定焊
	6FG	倾斜45°固定焊

不同焊工等级对应的考试科目如表9-2所示。

不同焊工等级的考试科目

表9-2

试件形式	焊工等级①	常规焊工考试科目	水下焊工考试项目
板材对接焊	Ⅰ	F	F
	Ⅱ	H、V	H、V
	Ⅲ	H、V、O	O
管子对接焊	$Ⅰ_{P}$	1G	2G
	$Ⅱ_{P}$	2G或5G	5G
	$Ⅲ_{P}$	2G+5G或6G	6G
	$Ⅲ_{PR}$	6GR	—
水下湿法定位焊	T	—	F、H、V

注:①不同产品类型焊工等级加字母以区分:船舶与海上设施焊工加"S";船用锅炉压力容器焊工加"B"。

特殊需要时,可根据产品实际焊接位置进行填角焊考试。对船用锅炉压力容器焊工,需要时还应进行管板角接焊的专门考试。

焊工考试合格后,由CCS发给《焊工资格证书》,焊工应严格按照证书所规定的工作范围进行焊接操作。《焊工资格证书》的有效期为发证之日起3年。定位焊科目的《焊工资格证书》为长期有效。

2. 无损检测人员

无损检测人员应持有CCS颁发的或接受的《无损检测人员资格证书》,并从事与证书的种类和等级相符的无损检测工作。船舶、海上设施和船用产品的制造厂焊接生产开工建造前焊接工艺须经CCS认可。

无损检测人员应参加CCS资格认证委员会举办的相应级别的考试,无损检测共分七个类别:射线(RT);超声波(UT);磁粉(MT);渗透(PT);水下目视(UWVT);水下磁粉(UWMT);水下超声波(UWUT)。每类人员分为:实习,Ⅰ级、Ⅱ级、Ⅲ级,无损检测人员必须具有高中及以上学历,Ⅱ级及以上人员有独立评定结果的能力,且可出具检测报告,陆上人员的证书为5年有效,水下人员为三年有效。到期应重新认可考试。详细内容见CCS无损检测认可规范。

二、船舶用焊接材料要求

中国船级社《材料与焊接规范》(2012年)中,对船舶用焊接材料提出了下列规定:

1. 工厂认可

焊接材料应由CCS认可的工厂进行制造,其制造焊接材料所用的金属材料亦应由CCS认可的制造厂提供。

焊接材料制造厂应具有良好的生产条件、成熟的制造工艺和完善的质量管理体系,以确保产品质量稳定、可靠。

船舶和海上设施及产品制造厂应采用CCS认可的焊接材料。

2. 认可试验

焊接材料制造厂应向CCS验船师提交焊接材料的试验报告,试验报告应包括下列内容:

(1)试验日期、环境条件、焊接材料预处理状态;

(2)焊接材料认可等级、牌号、型号、尺寸;

(3)试板材料(牌号)、等级、力学性能、化学成分(包括细化晶粒元素);

(4)焊接位置;

(5)焊接采用的电流、电压、焊接速度和设备型号、保护气体成分;

(6)各项试验的结果。

3. 认可保持

经认可的焊接材料应每年进行1次年度检查和试验,以继续保持该焊接材料的认可。

焊接材料制造厂若对已认可的焊接材料作制造工艺上的改动,应通知CCS。CCS将根据变动的情况确定认可是否继续保持或重新做认可试验。

在下列情况下,CCS将通知焊接材料制造厂,撤销对其产品的认可:

(1)年度检查和试验不合格者;

(2)无特殊理由而未进行年度检查和试验者;

(3)抽样检查表明产品质量比认可时有明显下降以至不合格者。

4. 标志和说明书

凡经CCS认可的焊接材料,应在每盒或每包上明显地标上CCS认可的标志。

对已认可的焊接材料应在每一包装盒中附上1份使用说明书。该说明书应包括制造厂对该焊接材料所推荐的贮存、焙烘和使用的参数。

5. 熔敷金属试验

所有焊条均应进行熔敷金属试验。

焊条应按制造厂推荐的该类焊条的使用位置,如平焊、横焊、立焊(垂直上行焊或垂直下行焊)及仰焊位置,进行各种位置的对接焊试验。

若焊条同时满足平焊和垂直上行焊要求,则可认为其已满足横焊要求。全位置焊条应进行平、立和仰3种位置的对接焊试验。

具有角焊性能的普通焊条除上述要求要求外,还应加做平角焊位置的角接焊试验。

对仅作角焊用的焊条除进行熔敷金属试验外,还应按焊条制造厂推荐的焊接位置(平、立和仰焊位置)进行角接焊试验。

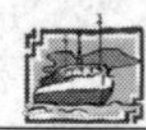

对扩散氢有要求的焊条(如低氢或超低氢焊条等),在满足相应级别的力学性能要求后,还应进行测氢试验。

6.船舶结构钢焊接材料力学性能

结构钢焊接材料按其屈服强度可以分为9个等级,各个等级又按其缺口冲击韧性可进一步划分为若干个级别,各级焊接材料的表达方式参见材料与焊接规范。

冲击韧性以数字1至5表示,高强度焊接材料以字母Y表示。若焊接材料的屈服强度大于或等于400N/mm^2,则在字母Y后接以数字40至69。含镍低合金钢焊接材料则以其钢中镍合金的含量分为0.5Ni、1.5Ni、3.5Ni、5Ni和9Ni共5个级别。

对每一等级的结构钢焊接材料,凡符合较高韧性级别要求者,可以认为该材料也符合较低级别的要求。结构钢焊接材料的力学性能应符合材料与焊接规范中的具体要求。

三、船舶焊接工艺认可

中国船级社《材料与焊接规范》(2012年)中,对船舶焊接工艺的制订及实施提出了以下规定:

1.焊接工艺文件

1)焊接工艺计划书

焊接工艺计划书(pWPS)是由船厂或产品制造厂在焊接工艺认可试验前编制,用以指导完成焊接工艺认可试验的技术文件。焊接工艺计划书应包括焊接工艺规程中所有的技术参数。在认可试验中,可根据试验的结果对相关的技术参数进行修改和完善。

2)焊接工艺试验报告

焊接工艺试验报告(WPQR)是准确描述和详细记录焊接工艺认可试验中实际使用和得到的技术参数的技术文件,用作焊接工艺规程认可的依据。报告中涉及的每项试验结果(包括复试结果)均应予以评价。

3)焊接工艺规程

焊接工艺规程(WPS)是工厂根据合格的焊接工艺试验报告,对焊接工艺计划书修改完善后并经CCS正式批准的技术文件,用以指导产品生产焊接。

2.焊接工艺认可

建立并证明一项焊接工艺规程是否对某一具体用途的适用性是制造者的责任。在开工建造前,工厂应结合本厂的技术条件和生产经验,制定产品建造焊接工艺汇总表交验船师认可。汇总表中应针对建造中焊缝出现于结构与结点的不同位置、形式和尺寸,列出拟使用的焊接工艺规程的名称和编号。

1)焊接工艺认可试验内容

通常在采用新材料、新工艺时,应进行工艺认可试验。

工厂应制定详细的焊接工艺计划书,提交认可的焊接工艺计划书应包括下列内容:

母材的牌号、级别、厚度和交货状态;

焊接材料(焊条、焊丝、焊剂和保护气体)的型号、等级和规格;

焊接设备的型号和主要性能参数;

坡口设计、加工要求及衬垫材料(如有时);

焊道布置和焊接顺序；

焊接位置（平、立、横、仰焊等）；

焊接规范参数（电源极性、焊接电流、电弧电压、焊接速度和保护气体流量）；

焊前预热和道间温度、焊后热处理及焊后消除应力的措施等；

施焊环境：现场施焊或车间施焊；

其他有关的特殊要求。

2）试验过程及认可

试件的焊接和试样的试验应由验船师在场见证。试验过程中应将试验用的参数和结果记入焊接工艺试验报告，见证验船师应在试验报告上签署。

工厂应根据试验结果，编写完整的焊接工艺规程，并附以试验报告一起提交 CCS 认可。

当工厂对已批准的焊接工艺规程进行改动时，应将所有改动的内容提交 CCS 审核。CCS 根据改动的具体内容决定是否重做焊接工艺认可试验。

一个制造厂取得的合格的焊接工艺规程适用于具有相同的技术和质量管理条件的车间。

3）认可焊接工艺的适用范围

下列各项条件相互独立，任一项目的变化范围超过适用范围时，一般均应重新进行焊接工艺认可试验。

（1）焊接方法的认可范围通常仅限于认可试验所用的方法。

认可的多道焊工艺不能应用于单道焊，并且在铝合金焊接中认可的单道焊工艺也不能应用于多道焊。对于组合焊的工艺规程仅适用于相同顺序的组合焊工艺。

（2）焊接工艺规程对钢材的适用范围规定：

①对每一强度级别的钢材，适用于与试验母材韧性等级相同或较低的钢材。

②对每一韧性等级的钢材，规定屈服强度小于或等于 390N/mm^2 的钢，适用于与试验母材强度级别相同或低两个等级的钢材；对高强度淬火回火钢，适用于与试验母材强度级别相同或低一个级别的钢材。

③当采用热输入大于 50kJ/cm 的焊接方法时，焊接工艺仅可覆盖与试验母材韧性等级相同，强度低一个级别的钢材。

④对锻钢与铸钢（碳钢和碳锰钢），适用的强度等级范围为等于或低于试验母材的强度。

⑤对交货态与认可试验母材不同的钢材，CCS 将根据情况提出试验要求。但对于淬火加回火状态和以型变—温度控制轧制（TMCP）状态的钢材互相不能覆盖。

（3）焊接工艺规程对铝合金材料的适用范围：

①铝合金焊接工艺认可按母材化学成分分组如下：

A 组：Mg <4% 的铝—镁系铝合金（5754、5454）

B 组：4% ≤Mg≤7.0% 的铝—镁系铝合金（5059、5083、5086、5383、5456、5A01）

C 组：铝—硅—镁系铝合金（6005A，6061，6082）

②认可用于某一铝合金的焊接工艺也可用于同组材料中强度相等或较低的铝合金。认可用于 B 组的铝合金焊接工艺可用于 A 组铝合金的焊接。

（4）焊接工艺对厚度的适用范围：

①钢材和铝合金厚度适用范围分别应符合表 9-3、表 9-4 的规定。

钢材厚度的适用范围　　表 9-3

试件厚度[①] t (mm)	认　可　范　围	
	单面单道焊或双面单道焊的对接接头和T形接头	多道焊的对接接头和T形接头以及填角接焊[②]
$t \leqslant 3$	(0.7～1.1)	$(1\sim2)t$
$3<t\leqslant12$	$(0.7\sim1.1)t$	3mm～$2t$
$12<t\leqslant100$	$(0.7\sim1.1)t$[③]	$(0.5\sim2)t$(最大150mm)

注:①对组合焊工艺,记录的每种方法所涉及厚度可作为确定各独立焊接方法厚度认可范围的基础。

②对填角焊缝,认可范围适用于两个母材金属的厚度。

③对热输入超过50kJ/cm的焊接方法,认可的厚度上限是 $1.0\times t$。

铝合金厚度的适用范围　　表 9-4

试件厚度[①②] t(mm)	认可范围[③]
$t \leqslant 3$	$(0.5\sim2)t$
$3<t\leqslant20$	3mm～$2t$
$t>20$	$\geqslant0.8t$

注:①对组合焊工艺,记录的每种方法所涉及厚度可作为确定各独立焊接方法厚度认可范围的基础。

②对填角焊缝,t 为较厚板的厚度。

③对自动单道焊工艺,认可的最大熔深为试验时所达到的最大熔深。

②填角焊缝的焊喉厚度适用范围。

钢材:单道焊时,为试验焊缝焊喉厚度的0.75～1.5倍;多道焊时,为试验焊缝焊喉厚度的0.5～2倍。

铝合金:一般为试验焊缝焊喉厚度的0.75～1.5倍,但当试验焊缝的焊喉厚度大于或等于10mm时,适用于焊喉厚度不小于7.5mm的焊缝。

③对于下行立焊,试板的厚度即为认可厚度的上限。

④对于不等厚板材对接焊,表9-3、表9-4中适用厚度范围按较薄板计算。

⑤若在认可试验中测得的热影响区内硬度值中有三个值在最大允许值以下25HV内时,该工艺适用的最大厚度仅限于试验板厚。

(5)焊接工艺对管材外径的适用范围(表9-5)。

焊接工艺对管材外径的适用范围　　表 9-5

试件管子外径 D(mm)	适用范围 d(mm)
$D<168$	$0.5D\leqslant d\leqslant2D$
$D\geqslant168$	$d\geqslant0.5D$(包括板)

(6)焊接材料和辅助材料的适用范围:

①钢材。除热输入超过50kJ/cm的工艺外,焊接材料的适用范围为与试验所用焊接材料相同等级(包括后缀)者。

②铝合金。焊接材料的适用范围为与试验所用焊接材料具有相同强度或较高强度者。

③保护气体成分或混合气体的混合比变化不超过规范中分组范围。

(7)焊接位置的适用范围。一般仅限于认可试验的焊接位置。但当考核最高热输入焊接位置和最低热输入焊接位置合格后,允许该工艺适用于其他焊接位置。管子外径不小于168mm 的管对接适用于相应焊接位置的板对接。

(8)热输入量的适用范围。焊接工艺认可试验时使用的值的 ±25%,但上限最高不超过55kJ/cm。

对热输入超过 50kJ/cm 的焊接方法,其使用上限为不超过焊接工艺认可试验时使用值的 10%。

(9)若电流种类(直流、交流、脉冲)和极性(正极性、反极性)变化通常应重新进行焊接工艺认可。

(10)生产焊接时,预热温度应不低于认可试验时所使用的预热温度;道间温度应不高于认可试验所使用的道间温度。

(11)如认可试验时需要进行焊后热处理或时效处理,则生产中也应进行相应的焊后热处理或时效处理。对 6000 系列铝合金试验时可用人工时效来代替自然时效。

(12)接头形式的认可范围(表 9-6)。

焊接接头形式的适用范围 表 9-6

试件焊接接头形式				适用范围	
焊接方法		名称	代号	钢材	铝合金
对接焊	双面焊	清根	C	C	C
		不清根	D	D,C	D,C,A
	单面焊	带衬垫	A	A,C,D	A,C
		不带衬垫	B	B,A,C,D	B,A,C,D

通常对接焊合格的焊接工艺也适用于相应厚度的角接焊,但对铝合金及屈服强度大于或等于 $355N/mm^2$ 的钢材应按结构要求进行角接焊试验。

(13)合格的带车间底漆的焊接工艺可以用于不带底漆的焊接,但反之则不允许。

(14)有关其他变量的认可范围可按照船级社要求执行。

四、船舶焊接质量检验

1. 焊接缺欠

GB/T 6417.1—2005《金属熔化焊焊缝缺欠分类及说明》解释:在焊接过程中因焊接产生的金属不连续、不致密或连接不良的现象,称为焊接缺欠,超过规定限值的缺欠称为焊接缺陷。

熔焊焊接缺欠的种类很多,根据 GB/T 6417.1—2005 规定,可将其按性质、特征分为裂纹、孔穴、固体杂质、未熔合及未焊透、形状和尺寸不良及其他缺陷 6 类,附表 9 为各类缺欠的代号、分类及说明。此外对于焊接接头,焊接缺欠外还有金相组织不符合要求(如晶粒粗大),焊接接头理化性能(化学成分、力学性能等)不符合要求等缺欠形式。

为便于使用,一般应采用缺欠代号表示焊接缺欠。需要对缺欠标注时,应采用“缺欠 + 标准编号 + 代号”的表示方法,例如裂纹(100),可标记为缺欠 GB/T 6417.1—100。

2. 焊缝的焊前检验

接缝经定位焊后对其接缝间隙、坡口,以及对接缝错边定位焊质量及焊缝清洁状况等项目的检验,称为焊缝的焊前检验。

接缝通常在装配工序施行定位焊后交焊接工序,该交接阶段在船体建造流程中有以下工位:部件装配定位焊后、板列拼板定位焊后、组件装配定位焊后、型材端头拼接定位焊后、胎架上拼板定位焊后、分段制造定位焊后及分段安装定位焊后等。其中第1~5工位一般采用工人自控、专职检验员巡视形式,第6工位应由检验员检验,第7工位通常应提交验船师、船东检验。检验合格后经焊妥,若大接缝的对接形式并非衬垫焊,则反面用碳刨加工坡口后通常不再检验,待封底焊完工再交验。

焊缝的焊前检验为焊接提供符合质量要求的焊接坡口,是确保焊接质量的必要措施。

3. 焊缝的焊接规格和表面质量检验

焊缝的焊接规格,是指对焊缝的形式与尺寸的规定。焊缝表面质量检验是焊缝质量检验时首先应检查的项目,经检查合格后再按进行抽样检查其内部质量,最后进行焊缝的密性试验。

焊缝的焊接规格与表面质量,是验船师与船东必须检验的项目,但两者的侧重点有所不同。验船师侧重检查焊接规格(涉及船体强度),而船东侧重检查焊缝的表面质量与飞溅颗粒,它涉及以后进行涂装的涂层质量与寿命。

1)检验前的准备工作

检验员检验前应阅读所验分段工作图与焊接工艺文件,了解各种焊缝所在钢材的牌号、应选用的焊条型号及焊接规格,以及相应规范规定等。

2)检验内容精度标准

目前船舶领域涉及的生产标准较多,其中包括国际公约、法规、规则、IACS统一要求、统一解释、现行国家标准及行业标准等,如《钢质海船入级规范》(2009)、《中国造船质量标准》(CB/T 4000—2005)、《船体焊接表面质量检验要求》(CB/T 3802—1997)、《中国船级社材料与焊接规范》(2012)及《船舶焊接检验指南》(GD19—2013)等。

具体应用中,应根据具体情况选择相应标准。如中国船级社《材料与焊接规范》(2012)中,对焊工取证焊缝外观质量评定规定如下:

(1)焊缝表面成型良好,焊缝边缘应平顺过渡到母材,焊缝宽度均匀;

(2)焊缝表面应无裂纹、未熔合、夹渣、气孔和焊瘤等缺陷;

(3)焊缝表面凹陷深度应不低于母材表面0.8mm;

(4)焊缝咬边深度应不大于0.5mm。焊缝两侧咬边累计总长度对于板试件应不超过焊缝全长的10%;对于管试件应不超过焊缝全长的20%;

(5)无衬垫的试件焊接后,不应有未焊透,但允许有深度不超过0.1t(t为试件厚度)且不大于1.5mm、累计长度不超过焊缝全长的10%的局部内凹;

(6)平焊位置的焊缝余高应不大于3mm,其他位置应不大于4mm;每侧焊缝宽度应不大于坡口宽度2.5mm;

(7)无衬垫的试件,焊后其根部焊瘤应不大于3mm。

3)检验方法

检验时应先将焊缝表面的熔渣、两侧的飞溅和其他污物清除,然后用目视和焊缝量具检验,必要时借助放大镜。

4. 焊缝内部质量检验

焊缝内部质量检验,应在焊缝焊接规格尺寸与表面质量检验所发现的缺陷修补完工,并复检合格后进行。

焊缝的内部质量,可采用射线探伤、超声探伤或其他适当方法(如对焊缝表面或接近于表面的内部缺陷可用渗透探伤或磁粉探伤)进行无损探伤。

焊缝射线探伤是采用照相法,焊缝经射线透照后,焊缝缺陷在照相底片上显现出各种特征通过辨认和判别决定缝内部缺陷的性质、位置及大小,然后按经验船师确认的有关标准评定焊缝的质量等级。

焊缝超声探伤是由探头在焊缝两侧向焊缝发出超声波束,当遇到缺陷或焊接接头底面时,就分别产生反射波束,然后根据反射讯号在荧光屏上显示的脉冲波型来判别缺陷的性质、位置及大小,按有关标准评定焊缝的质量等级。

焊缝射线探伤由于直观性比超声探伤强,又便于底片保存备查,因此它是焊缝内部质量检验的主要检验方法,广泛应用于外板板缝及纵向主要构件的对接焊缝检验。超声探伤对面积性的缺陷如裂纹、未焊透等的显示比射线探伤敏感,主要用于自动焊缝和角焊缝,例如用于舷顶列板与强力甲板边板的角焊缝的检验。

1)检验前的准备工作

检验员在船体分段开工建造时,应将《船体焊缝无损探伤有布置图》交验船师。该图内容为反映船体左右舷的外板板缝的外板展开图与强力甲板板缝平面图,图中应包含大接缝和纵向主要构件的位置,如肋位号、纵骨号、纵桁编号、板列编号等均应标注完整,以利于检测人员寻找。

船体焊缝无损探伤的数量,应查阅所验船舶的焊接工艺文件,探伤位置先由检验员标注在探伤布置图上,然后交验船师审阅。

焊缝内部质量检验,必须在焊缝焊接规格尺寸与表面质量检验合格后进行。

2)检验内容与评级标准

船体焊缝无损探伤的数量和位置,根据不同船舶的入级要求,按相应的船级社建造规范由船厂技术部门编制在有关船体焊接工艺的文件中。

有关规范与专业标准目录提供如下:

(1)钢质海船。《钢质海船入级与建造规范》(中国船级社)、CB/T 3177《船舶钢焊缝射线照相和超声检查规则》、CB/T 3558《船舶钢焊缝射线照相工艺和质量分级》、CB/T 3559《船舶钢焊缝手工超声探伤工艺和质量分级》及 CB * 3127《焊缝射线照相技术条件》等。

如 CB/T 3558—2011《船舶钢焊缝射线检测工艺和质量分级》中规定:

底片评定范围内的缺陷按性质分为裂纹、未熔合、未焊透、条条缺陷和圆条缺陷。根据底片评定范围内的缺陷存在的性质、数量和密集程度,焊缝质量等级划分为Ⅰ、Ⅱ、Ⅲ、Ⅳ、Ⅴ级。

只要出现裂纹、未熔合或未焊透,即评定为Ⅴ级。

当各类缺陷评定的质量级别不同时，以质量最差的级别作为焊缝质量等级。

①圆形缺陷的分级评定：

A. 缺陷评定区选取。圆形缺陷评定区取一个长边和焊缝方向平行的矩形，其尺寸如表9-7所示，圆形缺陷评定区应选在缺陷最为严重的区域。

缺陷评定区尺寸 表9-7

母材公称厚度	≤25	25～100	≥100
评定区尺寸	10×10	10×20	10×30

在圆形缺陷评定区内或与圆形缺陷评定区界线相割的缺陷应划入评定区内。

B. 缺陷换算及评定。评定区内的缺陷按表9-8的规定换算为点数，按表9-9规定评定焊缝质量级别。

圆形缺陷点数换算表 表9-8

缺陷长径(mm)	≤1	>1～2	>2～3	>3～4	>4～6	>6～8	>8
点数	1	2	3	6	10	15	25

各级允许的圆形缺陷点数 表9-9

评定区(mm×mm)		10×10			10×20		10×30
母材公称厚度(mm)		≤10	>10～15	>15～25	>25～50	>50～100	>100
评定等级	Ⅰ	1	2	3	4	5	6
	Ⅱ	3	6	9	12	15	18
	Ⅲ	6	12	18	24	30	36
	Ⅳ	9	18	27	36	45	54
	Ⅴ	缺陷点数大于Ⅳ级或缺陷长径尺寸大于T/2					

注：当母材公称厚度不同时，取较薄板的厚度。

当缺陷点数小于表9-10的规定时，分级评定时不计该缺陷的点数。质量等级为Ⅰ级的焊接接头和母材公称厚度$T \leq 5$mm的Ⅱ级焊接接头，不计点数的缺陷在圆形缺陷评定区内不应多于10个，否则其焊缝质量等级应降低一级。

不计点数的缺陷尺寸 表9-10

母材公称厚度	缺陷长径
≤25	≤0.5
>25～50	≤0.7
>50	≤1.4%T

由于材质或结构等原因，返修可能会产生不利影响的焊缝，各级别的圆形缺陷可放宽1～2点。

对致密性要求高的焊接接头，制造方底片评定人员应考虑将圆形缺陷黑度作为评定依据，将黑度大的圆形缺陷定义为深孔缺陷，当评定区域内存在深孔缺陷时，焊缝质量评定为Ⅴ级。

②条形缺陷的分级评定。单个条形缺陷按表9-11规定进行分级评定。

各级焊缝允许的单个条形缺陷长度(mm)　　表9-11

评定等级	单个缺陷的允许长度	评定等级	单个缺陷的允许长度
Ⅰ	T_a/3,最小 *b*4,最大 *c*16	Ⅳ	5*T*/6,最小10,最大40
Ⅱ	*T*/2,最小6,最大24	Ⅴ	大于Ⅳ级
Ⅲ	2*T*/3,最小8,最大32		

注:T_a——被检焊缝母材厚度,两侧母材厚度不同时取较薄侧母材厚度;

最小 *b*——指 T 小于某一厚度时的允许值;如Ⅰ级焊缝,当 $T \leqslant 12$mm 时,允许单个缺陷长度为4mm;

最大 *c*——指 T 大于某一厚度时的上限值;如Ⅰ级焊缝,当 $T \geqslant 48$mm 时,允许单个缺陷长度不应大于16mm。

相邻条形缺陷的间距(最短的直线距离)不大于其中较长缺陷尺寸时,将各缺陷的长度及间距相加,作为单个缺陷的长度,并按表9-11规定评定。

在任意12*T*焊缝长度内,各级焊缝中条型缺陷的累计长度按表9-12规定评定。

12*T* 焊缝长度内各级焊缝允许的条形缺陷累计长度(mm)　　表9-12

评定等级	条型缺陷累计长度	评定等级	条型缺陷累计长度
Ⅰ	≤*T*	Ⅳ	≤2*T*
Ⅱ	≤3*T*/2	Ⅴ	大于Ⅳ级
Ⅲ	≤2*T*		

被检焊缝长度小于12*T*时,表9-12中的限值可按比例折算,当折算后的允许累计长度小于单个缺陷的允许长度时,以单个缺陷的允许长度作为限值。

(2)钢质内河船。《内河钢船建造规范》(中国船级社)。

3)检验注意事项

(1)对无损探伤评定的等级,由具有2级或2级以上资格证书的人员进行复评审核,然后出具报告。

(2)被评定为不合格的焊缝,应及时进行返修。返修工艺可按照《船体建造精度标准和偏差许可》要求进行。

(3)如返修后经探伤复查仍不合格,对该段焊缝中认为缺陷有可能延伸的一端或两端应延伸增加检查段,直至达到邻近合格的焊缝为止。

(4)当所有被检焊缝的一次合格率低于80%时,应对重要部位焊缝追加检查,其数量为总检查段数的10%~20%,并应对全部焊接工艺引起注意。具体要求,也可按相应标准执行。

SIKAOYULIANXI

1. 船舶建造质量检验有什么目的?
2. 船舶检验有哪些机构?中国船检机构有哪些?
3. 什么是法定检验?什么是入级检验?什么是公正检验?

4. 试述焊工及无损检测人员资格认可的相关要求。

5. 试述 CCS 中对焊接材料的要求。

6. 试述 CCS 中对焊接工艺认可的相关要求。

7. 接缝装配定位焊后哪些工位应交焊接工序?

8. 什么是焊缝的焊接规格和表面质量检验?

9. 焊缝内部质量检验包括哪些方法? 试述其特点。

10. 例举钢质海船的现行规范。

11. 试述 CB/T 3558—2011《船舶钢焊缝射线检测工艺和质量分级》中对焊缝质量的检验规定。

12. 焊缝内部质量检验有哪些注意事项?

附录　船体结构焊接坡口形式、尺寸及代号和缺欠分类及说明

船体结构焊接坡口形式、尺寸及代号见附表1~附表8，缺欠分类及说明见附表9。

焊条电弧焊、CO_2气保护半自动焊板材对接接头坡口形式、尺寸及代号(mm)　　附表1

规　格	坡口形式	坡口代号	适用范围
$\delta \leqslant 24$ $b = 1^{+2}_{-1}$ $\delta_1 - \delta < 4$ $\alpha = 55° \pm 5°$	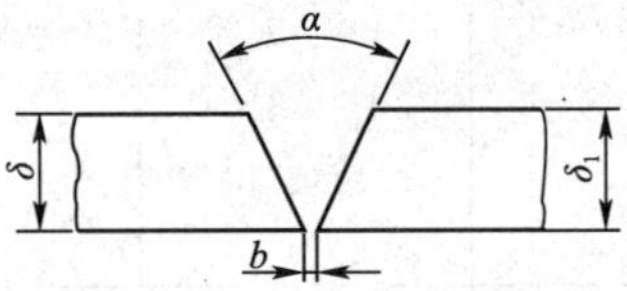	V-1	用于小合拢、中合拢、大合拢现场切割的接缝，如外板。
$\delta < 24$ $\delta_1 - \delta > 4$ $b = 1^{+2}_{-1}$ $L = 4(\delta_1 - \delta)$ $\alpha = 55° \pm 5°$	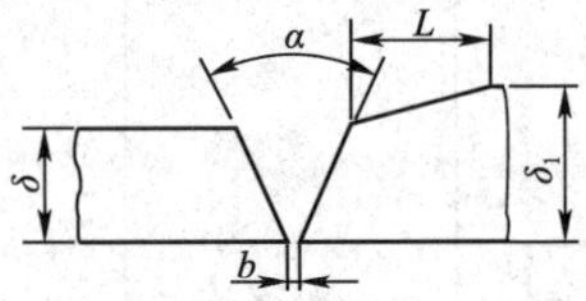	V-2	
$\delta < 24$ $b = 1^{+2}_{-1}$ $P_1 = \delta_1 - \delta < 4$ $\alpha = 55° \pm 5°$	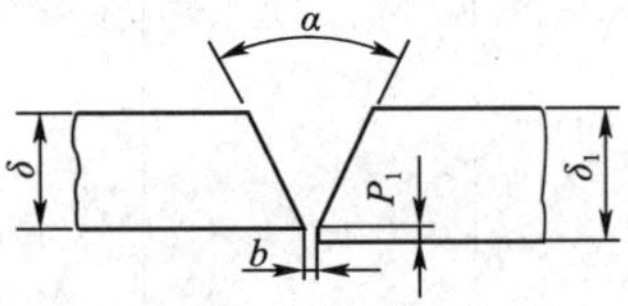	V-3	
$\delta < 24$ $b = 1^{+2}_{-1}$ $\delta_1 - \delta > 4$ $L = 4(\delta_1 - \delta)$ $\alpha = 55° \pm 5°$	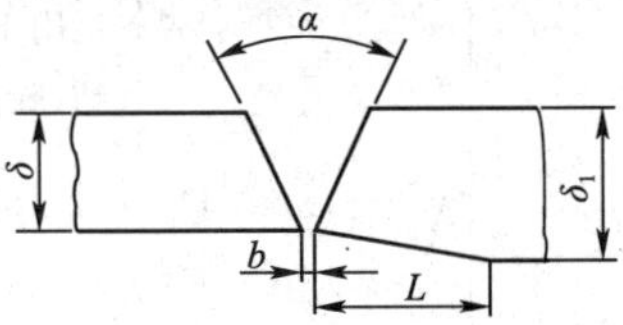	V-4	
$\delta \leqslant 24$ $b = 1^{+2}_{-1}$ $P_1 = 0^{+2}_{-0}$ $\alpha_1 = 45° \pm 5°$ $\alpha_2 = 10°^{0}_{-2°}$	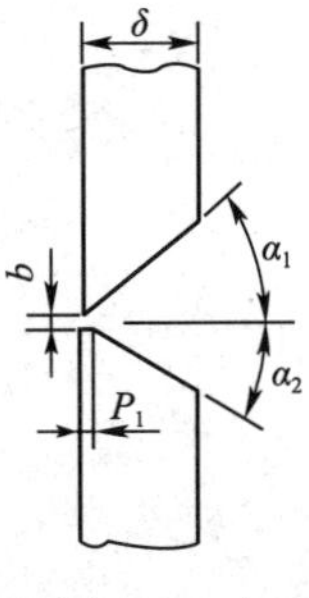	V-5	用于中合拢、总组大合拢外场加工的接缝，如[illegible]部与底部等接缝。

续上表

规　　格	坡口形式	坡口代号	适用范围
$\delta \leqslant 24$ $b = 1^{+2}_{-1}$ $P_1 = \delta_1 - \delta < 4$ $\alpha_1 = 45° \pm 5°$ $\alpha_2 = 10°^{0}_{-2°}$	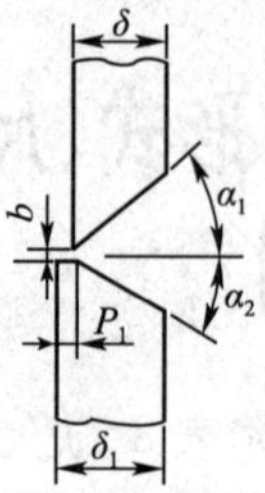	V－6	用于大合拢外场加工的接缝，如舷部与底部等接缝。
$\delta < 24$ $\delta_1 - \delta > 4$ $L = (\delta_1 - \delta)$ $b = 1^{+2}_{-1}$ $\alpha_1 = 45° \pm 5°$ $\alpha_2 = 10°^{0}_{-2°}$	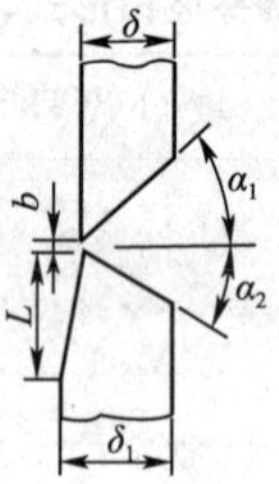	V－7	
$\delta \leqslant 10$ $\delta_1 - \delta < 4$ $b = 5 \pm 1$ $\alpha = 40° \pm 5°$	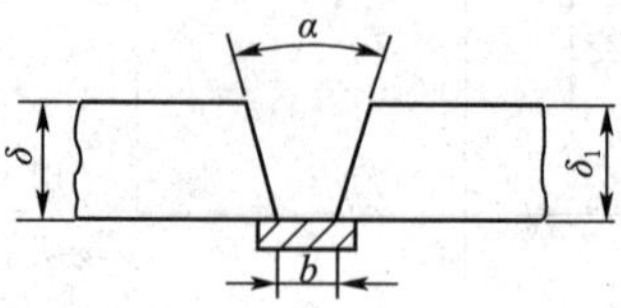	V－8	用于反面无法施焊的接缝，如艏、艉部外板等。
$\delta = 11 \sim 20$ $\delta_1 - \delta < 4$ $b = 7 \pm 1$ $\alpha = 40° \pm 5°$			
$\delta > 20$ $\delta_1 - \delta < 4$ $b = 9 \pm 1$ $\alpha = 40° \pm 5°$			
$\delta < 10$ $\delta_1 - \delta > 4$ $L = 4(\delta_1 - \delta)$ $b = 5 \pm 1$ $\alpha = 40° \pm 5°$	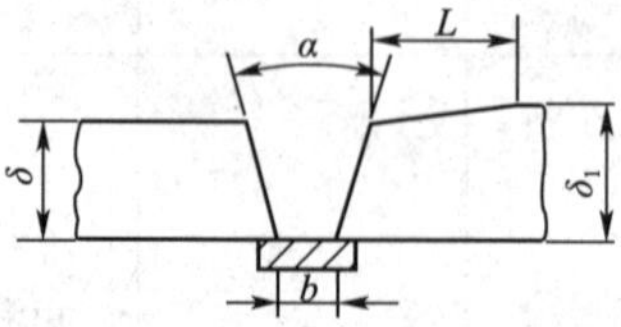	V－9	
$\delta = 11 \sim 20$ $\delta_1 - \delta > 4$ $L = 4(\delta_1 - \delta)$ $b = 7 \pm 1$ $\alpha = 40° \pm 5°$			
$\delta > 20$ $\delta_1 - \delta > 4$ $L = 4(\delta_1 - \delta)$ $b = 9 \pm 1$ $\alpha = 40° \pm 5°$			

续上表

规　格	坡口形式	坡口代号	适用范围
$\delta=6\sim13$ $\delta_1-\delta<4$ $b=2^{+1}_{-2}$ $P=2$ $\alpha=55°\pm5°$	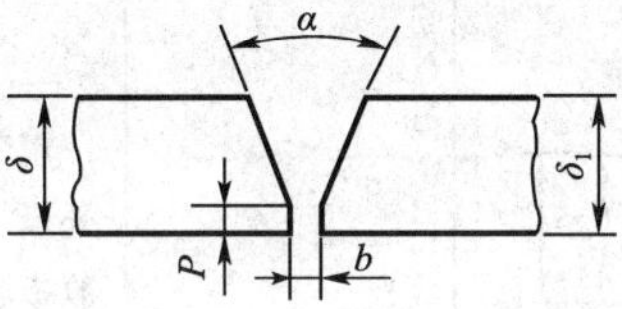 α δ δ₁ P b	Y－1	用于小合拢、中合拢的接缝，如外板、内底板、甲板板、平台板、隔舱板、纵骨等。
$\delta=14\sim24$ $\delta_1-\delta<4$ $b=2^{+1}_{-2}$ $P=\frac{1}{4}\delta\pm2$ $\alpha=55°\pm5°$			
$\delta=6\sim13$ $\delta_1-\delta>4$ $L=4(\delta_1-\delta)$ $b=2^{+1}_{-2}$ $P=2$ $\alpha=55°\pm5°$	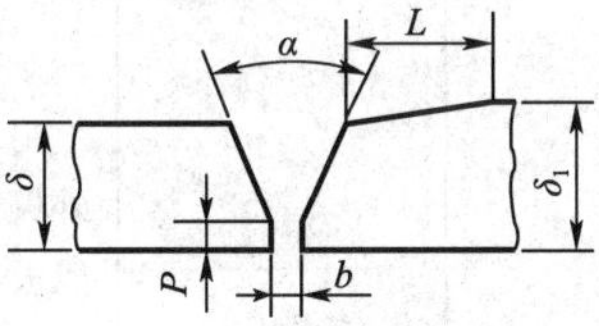 α L δ δ₁ P b	Y－2	用于小合拢、中合拢的接缝，如外板、内底板、甲板板、平台板、隔舱板、纵骨等。
$\delta=14\sim24$ $\delta_1-\delta>4$ $b=2^{+1}_{-2}$ $P=\frac{1}{4}\delta\pm2$ $L=4(\delta_1-\delta)$ $\alpha=55°\pm5°$			
$\delta=6\sim13$ $\delta_1-\delta<4$ $b=2\pm1$ $P=2$ $P_1=P+(\delta_1-\delta)$ $\alpha=55°\pm5°$	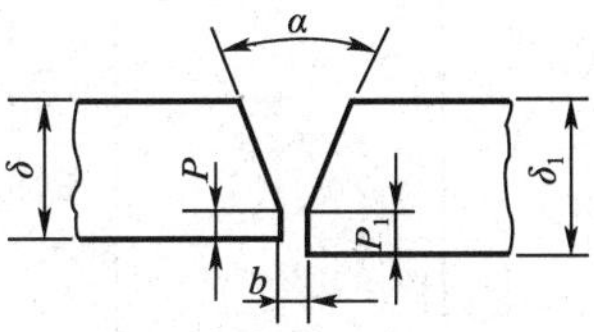 α δ δ₁ P P₁ b	Y－3	用于小合拢、中合拢的接缝，如外板、内底板、甲板板、平台板、隔舱板、纵骨等。
$\delta=14\sim24$ $\delta_1-\delta<4$ $b=2\pm1$ $P=\frac{1}{4}\delta\pm2$ $P_1=P+(\delta_1-\delta)$ $\alpha=55°\pm5°$			

续上表

<table>
<tr><th>规　格</th><th>坡口形式</th><th>坡口代号</th><th>适用范围</th></tr>
<tr><td>$\delta=6\sim13$
$\delta_1-\delta\geqslant4$
$L=4(\delta_1-\delta)$
$b=2^{+1}_{-2}$
$P=2$
$\alpha=55°\pm5°$</td><td rowspan="2"> 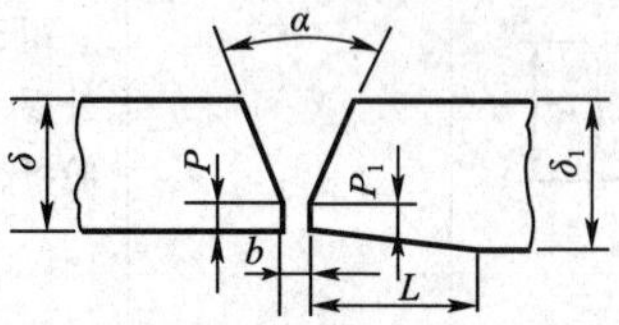</td><td rowspan="2">Y－4</td><td rowspan="2">用于小合拢、中合拢的接缝，如外板、内底板、甲板板、平台板、隔舱板、纵骨等。</td></tr>
<tr><td>$\delta=14\sim24$
$\delta_1-\delta\geqslant4$
$L=4(\delta_1-\delta)b=2^{+1}_{-2}$
$P=\frac{1}{4}\delta\pm2$
$\alpha=55°\pm5°$</td></tr>
<tr><td>$\delta=8\sim13$
$b=2^{+1}_{-2}$
$P=2$
$\alpha=45°\pm5°$
$\alpha_1=10°^{0}_{-2°}$</td><td rowspan="2"> 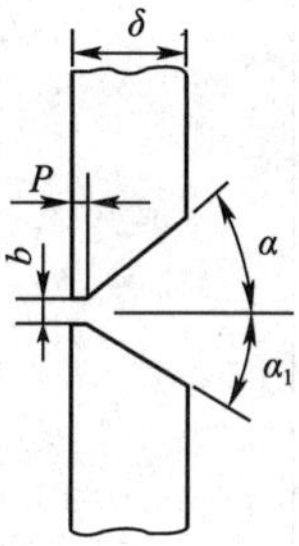</td><td rowspan="2">Y－5</td><td rowspan="2">用于小合拢、中合拢的接缝，如外板、内底板、甲板板、平台板、隔舱板、纵骨等。</td></tr>
<tr><td>$\delta=14\sim24$
$b=2^{+1}_{-2}$
$P=\frac{1}{4}\delta\pm2$
$\alpha=45°\pm5°$
$\alpha_1=10°^{0}_{-2°}$</td></tr>
<tr><td>$\delta=6\sim13$
$\delta_1-\delta<4$
$b=2^{+1}_{-2}$
$P=2$
$P_1=(\delta_1-\delta)+P$
$\alpha=45°\pm5°$
$\alpha_1=10°^{0}_{-2°}$</td><td rowspan="2"> 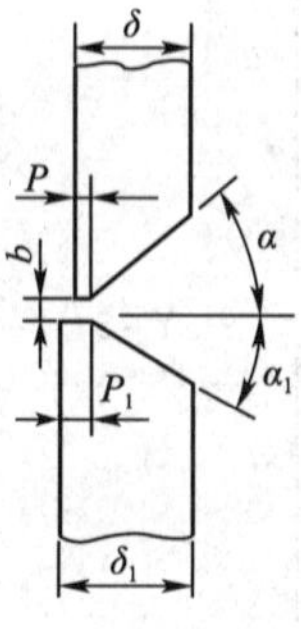</td><td rowspan="2">Y－6</td><td rowspan="2">用于中合拢、大合拢的接缝，如舷部及底部无余量接缝等。</td></tr>
<tr><td>$\delta=14\sim24$
$b=2^{+1}_{-2}$
$P=\frac{1}{4}\delta\pm2$
$P_1=(\delta_1-\delta)+P$
$\alpha=45°\pm5°$
$\alpha_1=10°^{0}_{-2°}$</td></tr>
</table>

续上表

规　格	坡口形式	坡口代号	适用范围
$\delta=6\sim13$ $\delta_1-\delta\geqslant4$ $L=4(\delta_1-\delta)$ $b=2^{+1}_{-2}$ $P=2$ $\alpha=45°\pm5°$ $\alpha_1=10°^{0}_{-2°}$	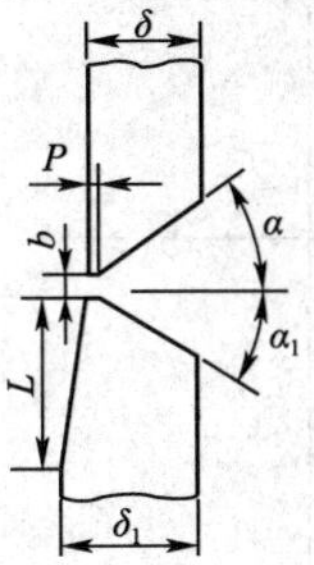	Y－7	用于中合拢、总组合拢、大合拢的接缝，如舷部及底部无余量接缝等。
$\delta=14\sim24$ $\delta_1-\delta\geqslant4$ $L=4(\delta_1-\delta)$ $b=2^{+1}_{-2}$ $P=\frac{1}{4}\delta\pm2$ $\alpha=45°\pm5°$ $\alpha_1=10°^{0}_{-2°}$			
$\delta>20$ $\delta_1-\delta<4$ $b=2^{+1}_{-2}$ $P=1\pm1$ $\alpha=55°\pm5°$	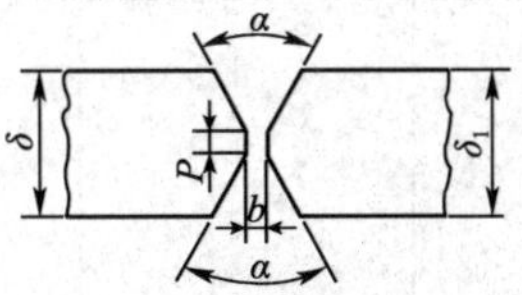	X－1	用于小合拢、中合拢较厚板的接缝，如外板、内底板、甲板板、主副机座板等。
$\delta>20$ $\delta_1-\delta\geqslant4$ $L=4(\delta_1-\delta)$ $b=2^{+1}_{-2}$ $P=1\pm1$ $\alpha=55°\pm5°$	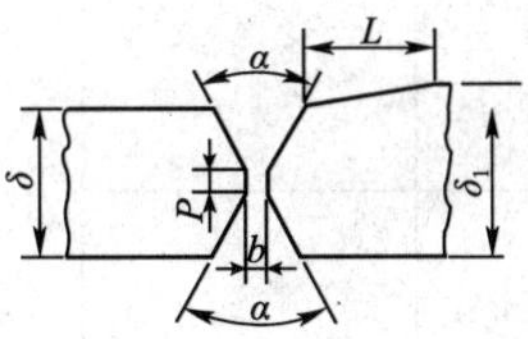	X－2	
$\delta>20$ $\delta_1-\delta<8$ $b=2^{+1}_{-2}$ $P=1\pm1$ $\alpha=55°\pm5°$	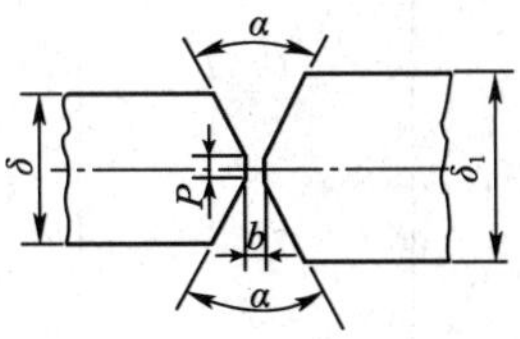	X－3	用于纵桁材接缝。
$\delta>20$ $\delta_1-\delta>8$ $L=2(\delta_1-\delta)$ $b=2^{+1}_{-2}$ $P=1\pm1$ $\alpha=55°\pm5$	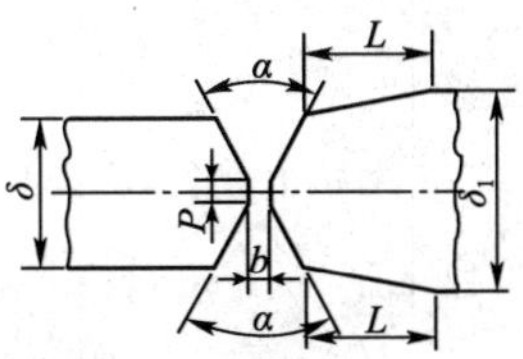	X－4	

续上表

规　　格	坡口形式	坡口代号	适用范围
$\delta>20$ $h=\frac{1}{3}\delta$ $b=2^{+1}_{-2}$ $P=1\pm1$ $\alpha=55°\pm5°$	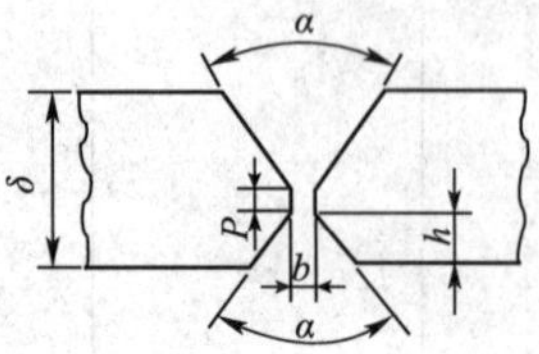	X-5	用于艏、艉部中合拢接缝，如外板、主机座纵桁、艉柱外板等接缝。
$\delta>20$ $\delta_1-\delta\geqslant4$ $L=4(\delta_1-\delta)$ $b=2^{+1}_{-2}$ $P=1\pm1$ $h=\frac{1}{3}P$ $\alpha=55°\pm5°$	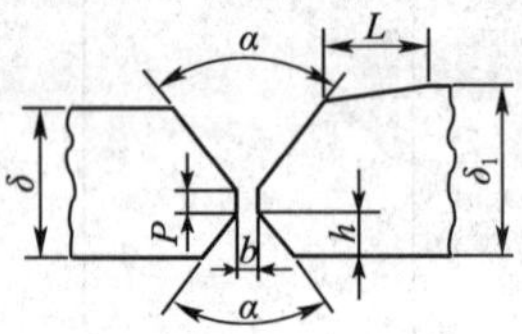	X-6	
$\delta>20$ $\delta_1-\delta<4$ $b=2^{+1}_{-2}$ $r=5^{+1}_{0}$ $P=2\pm1$ $\alpha=10°\pm2°$	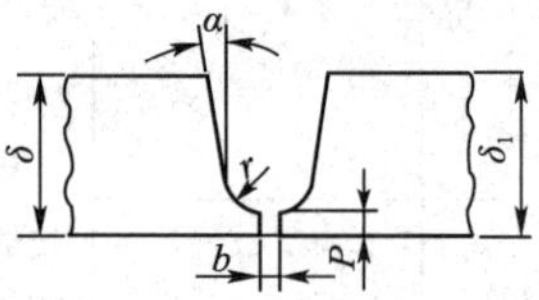	U-1	用于厚板的接缝。
$\delta>20$ $\delta_1-\delta\geqslant4$ $L=4(\delta_1-\delta)$ $r=5^{+1}_{0}$ $b=2^{+1}_{-2}$ $P=2\pm1$ $\alpha=10°\pm2°$	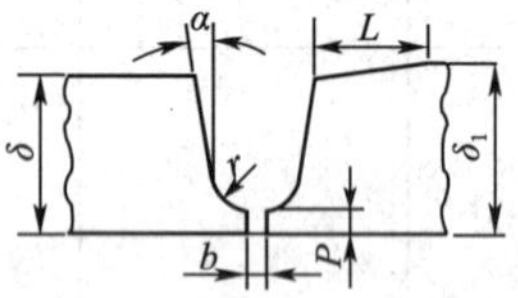	U-2	
$\delta>30$ $r=5^{+1}_{0}$ $b=2^{+1}_{-2}$ $P=2\pm1$ $\alpha=10°\pm2°$	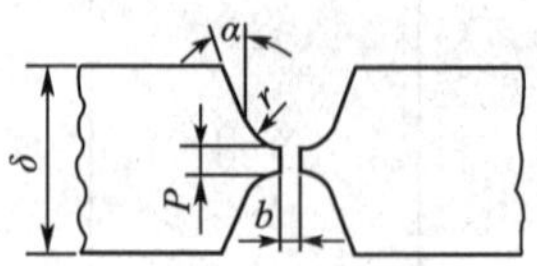	U-3	

混合焊板对接接头坡口形式、尺寸及代号(mm)　　附表2

规　格	坡口形式	坡口代号	适用范围
$\delta>6$ $b=2^{+1}_{-2}$ $\alpha=55°\pm5°$	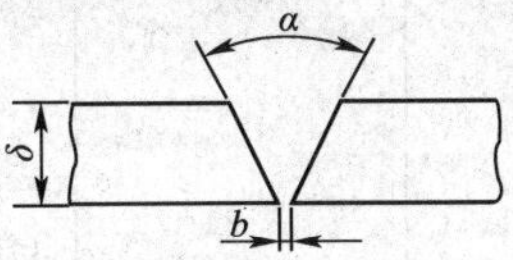	V－11	用于中合拢外场加工的拼板端接缝,如外板、甲板板。
$\delta>6$ $\delta_1-\delta<4$ $b=2^{+1}_{-2}$ $P=\delta_1-\delta$ $\alpha=55°\pm5°$	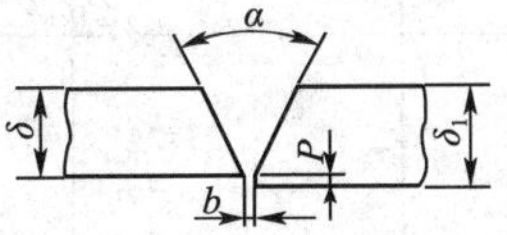	V－12	
$\delta>6$ $\delta_1-\delta>4$ $L=4(\delta_1-\delta)$ $b=2^{+1}_{-2}$ $\alpha=55°\pm5°$	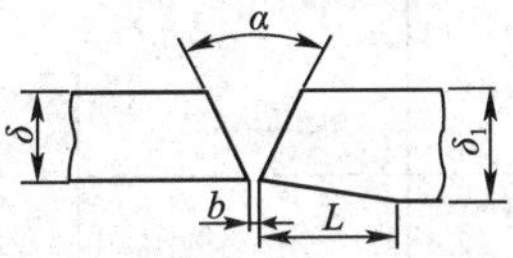	V－13	
$\delta>22$ $\delta_1-\delta<4$ $b=2^{+1}_{-2}$ $P=4\pm1$ $h=10\pm1$ $\alpha=90°^{0}_{-10°}$ $\alpha_1=55°\pm5°$	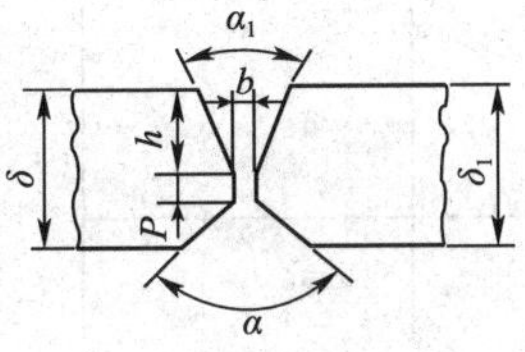	X－7	用于中合拢的内底板接缝,大合拢的甲板板、内底板、平台板的接缝。
$\delta>22$ $\delta_1-\delta>4$ $L=4(\delta_1-\delta)$ $b=2^{+1}_{-2}$ $P=4\pm1$ $h=10\pm1$ $\alpha=90°^{0}_{-10°}$ $\alpha_2=55°\pm5°$	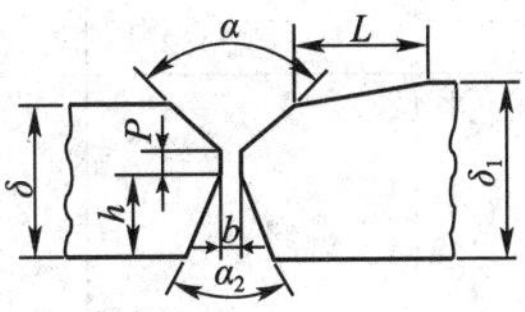	X－8	

注:混合焊是指焊条电弧焊或CO_2气体半自动焊打底,埋弧自动焊盖面。

板材角接接头坡口形式、尺寸及代号(mm) 附表3

规　　格	坡口形式	坡口代号	适用范围
$\delta<38$ $b=2^{+1}_{-2}$ $P=1\pm1$ $h=\frac{1}{3}\delta$ $\alpha_1=45°\pm5°$ $\alpha_2=50°\pm5°$	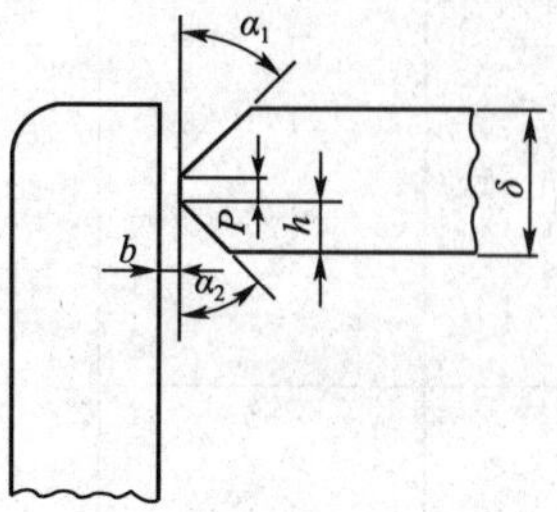	K－1	用于舯0.5*L*区域内舷顶列板与甲板边等接缝。
$\delta>24$ $b=2^{+1}_{-2}$ $P=1\pm1$ $h=\frac{1}{3}\delta$ $\alpha_1=30°\pm3°$ $\alpha_2=15°\pm2°$ $\alpha_3=50°\pm5°$	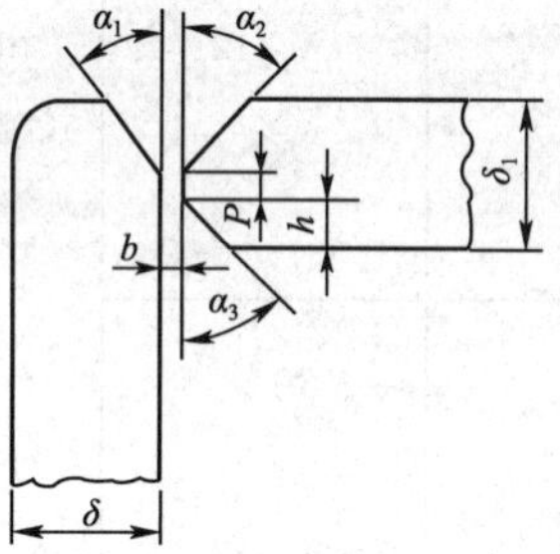	K－2	
$\delta>16$ $b=2^{+1}_{-2}$ $P=2^{+1}_{-2}$ $h=\frac{1}{2}\delta$ $\alpha_1=45°^{+5°}_{0}$ $\alpha_2=50°^{+5°}_{0}$	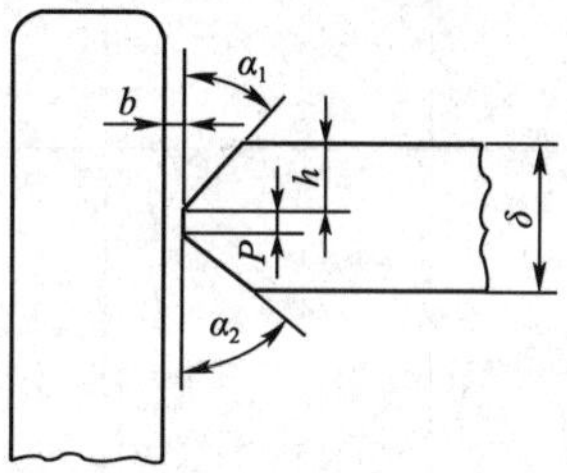	K－3	用于舯舷顶列板与甲板边板等接缝。
$\delta>16$ $b=2^{+1}_{-2}$ $P=2^{+1}_{-2}$ $h=\frac{1}{3}\delta$ $\alpha_1=45°^{+5°}_{0}$ $\alpha_2=50°^{+5°}_{0}$	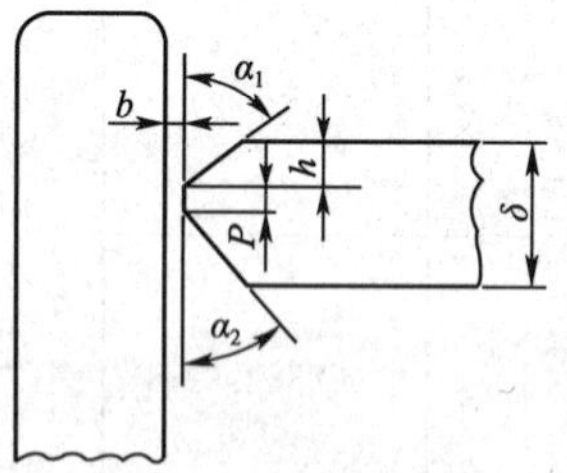	K－4	
$\delta\geqslant14$ $b=2^{+1}_{-2}$ $P=2^{+1}_{-2}$ $\alpha=50°\pm5°$	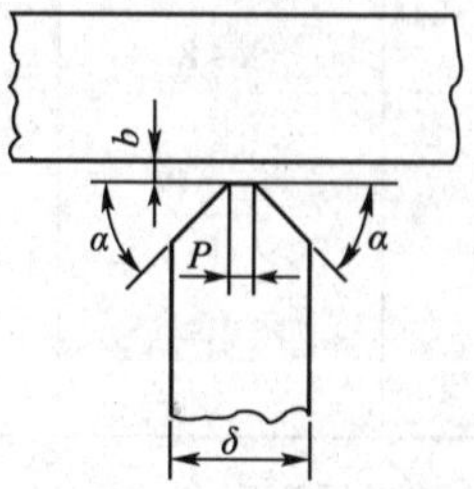	K－5	用于主机座纵桁与内底板、面板、艉柱结构等重要的接缝。

续上表

规　格	坡口形式	坡口代号	适用范围
$\delta \geqslant 14$ $b = 2^{+1}_{-2}$ $P = 2^{+1}_{-2}$ $\alpha = 50° \pm 5°$ $\alpha_1 = 55° \pm 5°$	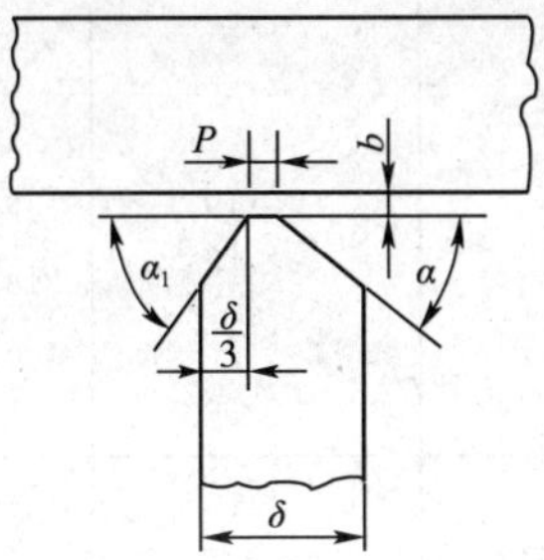	K－6	用于主机座纵桁与内底板、面板、艉柱结构等重要的接缝。
$\delta \leqslant 20$ $b = 2^{+1}_{-2}$ $P = \frac{1}{3}\delta$ $\alpha = 0°$	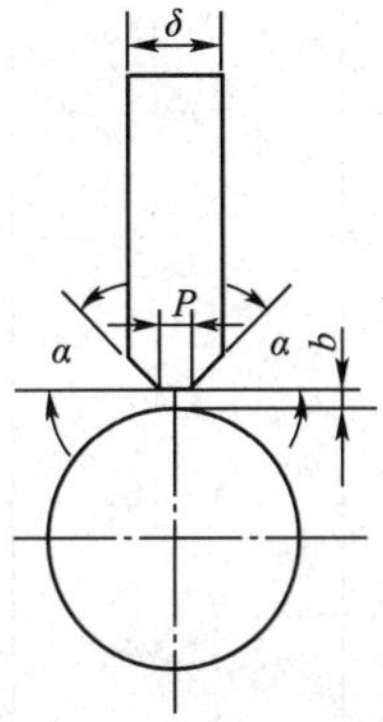	K－8	用于舱口纵桁与圆钢等接缝。
$\delta > 20$ $b = 2^{+1}_{-2}$ $P = \frac{1}{3}\delta$ $\alpha = 30° \pm 5°$			
$14 \leqslant \delta < 30$ $\alpha = 45°^{+5°}_{0}$ $b = 6_0^{+2}$	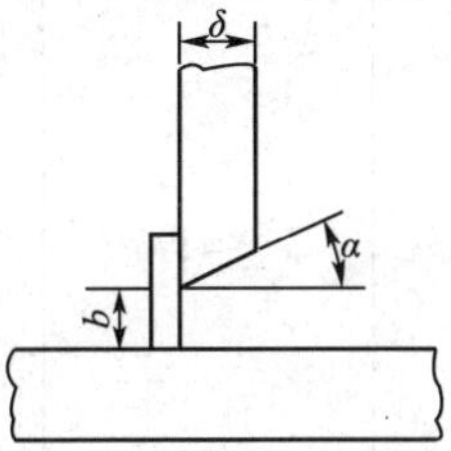	V－17	用于背面不能施焊的焊缝，如艉柱等。
$\delta \leqslant 10$ $b = 4 \sim 6$ $\alpha = 40° \pm 5°$	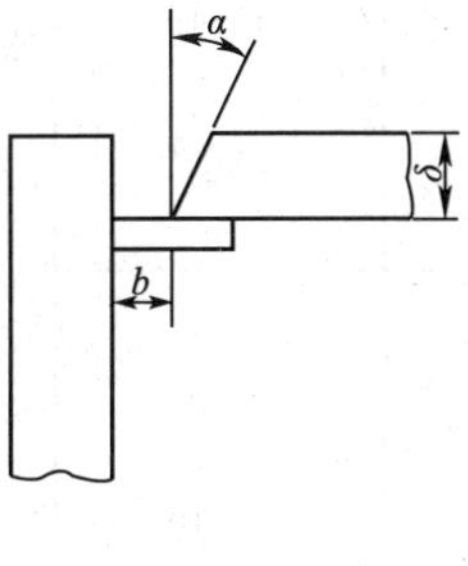	V－18	
$\delta = 11 \sim 20$ $b = 6 \sim 8$ $\alpha = 35° \pm 5°$			
$\delta = 21 \sim 30$ $b = 8 \sim 10$ $\alpha = 30° \pm 5°$			
$\delta > 30$ $b = 8 \sim 10$ $\alpha = 20° \pm 3°$			

续上表

规　格	坡口形式	坡口代号	适用范围
$\delta \geqslant 10$ $b = 6_{0}^{+2}$ $\alpha = 45°{}_{0}^{+5°}$	衬垫	V－19	适用于舱壁与内底板、内底板与内底斜板、舱壁座墩与立板或内底板等角焊的单面焊。
$\delta > 16$ $b = 2_{-2}^{+1}$ $P = 2_{-2}^{+1}$ $\alpha = 45°{}_{0}^{+5°}$		Y－15	用于舯合拢舷顶列板带甲板边板的接缝。
$\delta > 16$ $b = 2_{-2}^{+1}$ $P = 2_{-2}^{+1}$ $\alpha = 45°{}_{0}^{+5°}$		Y－16	
$\delta > 14$ $b = 2_{-2}^{+1}$ $P = \frac{1}{3}\delta \pm 2$ $\alpha = 45°{}_{0}^{+5°}$		Y－17	用于舯舷顶列板与甲板边板的接缝。
$\delta > 14$ $b = 2_{-2}^{+1}$ $P = \frac{1}{3}\delta \pm 2$ $\alpha = 45°{}_{0}^{+5°}$		Y－18	
$\delta > 14$ $b = 2_{-2}^{+1}$ $P = \frac{1}{3}\delta \pm 2$ $\alpha = 45°{}_{0}^{+5°}$		Y－19	

续上表

规　格	坡口形式	坡口代号	适用范围
$\delta<20$ $b=2\pm1$ $P=\frac{1}{3}\delta\pm2$ $\alpha=45^{\circ}{}^{+5^{\circ}}_{0}$	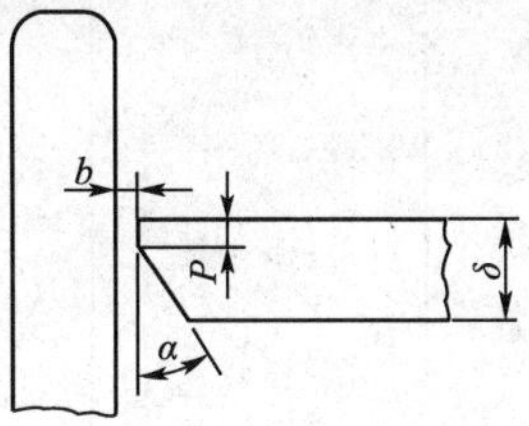	Y-20	用于舯舷顶列板与甲板边板的接缝。
$\delta\leqslant25$ $b=2\pm1$ $P=4\pm1$ $\alpha=45^{\circ}{}^{+5^{\circ}}_{0}$	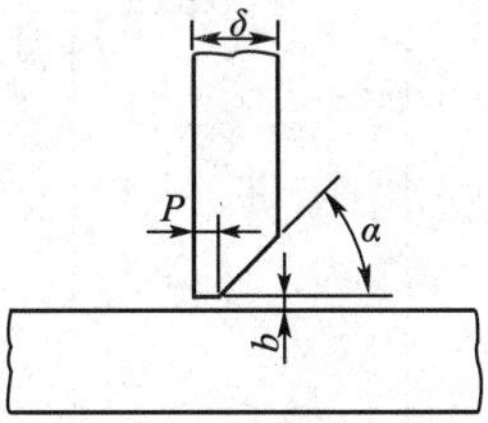	Y-21	用于反面施焊较困难的机座纵桁及重要的接缝。
$\delta>25$ $b=2\pm1$ $P=6\pm1$ $\alpha=40^{\circ}{}^{+5^{\circ}}_{0}$			

型材接头坡口形式、尺寸及代号(mm)　　附表4

规　格	坡口形式	坡口代号	适用范围
$\delta=6\sim10$ $b=2^{+1}_{-2}$ $P=\frac{1}{3}\delta\pm2$ $\alpha=45^{\circ}{}^{+5^{\circ}}_{0}$	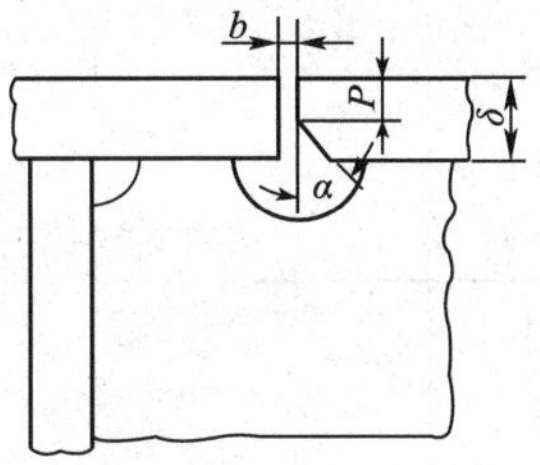	Y-22	用于T形面板、十形构件的接缝,以及与舱壁、内底板等接缝。
$\delta>10$ $b=2^{+1}_{-2}$ $P=\frac{1}{3}\delta\pm2$ $\delta\pm2$ $\alpha=45^{\circ}{}^{+5^{\circ}}_{0}$			
$\delta=6\sim10$ $\delta_1-\delta<4$ $b=2^{+1}_{-2}$ $P=2+(\delta_1-\delta)$ $\alpha=45^{\circ}{}^{+5^{\circ}}_{0}$	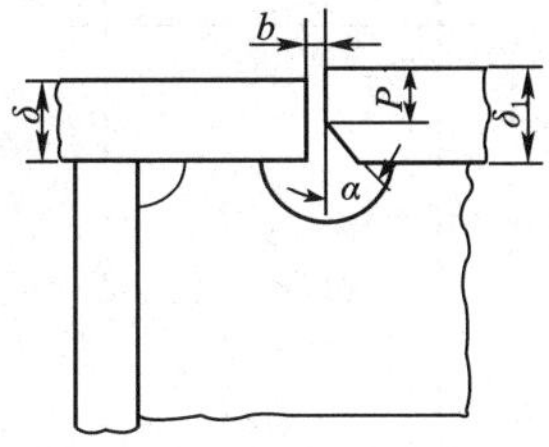	Y-23	
$\delta>10$ $\delta_1-\delta<4$ $b=2^{+1}_{-2}$ $P=\frac{1}{3}\pm(\delta_1-\delta)$ $\alpha=45^{\circ}{}^{+5^{\circ}}_{0}$			

续上表

规　格	坡口形式	坡口代号	适用范围
$\delta = 6 \sim 10$ $\delta_1 - \delta \geqslant 4$ $L = 4(\delta_1 - \delta)$ $b = 2^{+1}_{-2}$ $P = 2$ $\alpha = 45^{\circ}{}^{+5^{\circ}}_{0}$		Y－24	用于T形面板、十形构件的接缝,以及与舱壁、内底板等接缝。
$\delta > 10$ $\delta_1 - \delta \geqslant 4$ $L = 4(\delta_1 - \delta)$ $b = 2^{+1}_{-2}$ $P = \frac{1}{3}\delta \pm 2$ $\alpha = 45^{\circ}{}^{+5^{\circ}}_{0}$			
$\delta > 6$ $b = 2^{+1}_{-2}$ $P = \frac{1}{4}\delta$ $\alpha = 45^{\circ}{}^{+5^{\circ}}_{0}$		Y－25	用于T形面板、十形构件的接缝,以及与舱壁、内底板等接缝。
$\delta > 6$ $\delta_1 - \delta < 4$ $b = 2^{+1}_{-2}$ $P = \frac{1}{4}\delta$ $\alpha = 45^{\circ}{}^{+5^{\circ}}_{0}$		Y－26	
$\delta > 6$ $\delta_1 - \delta > 4$ $L = 4(\delta_1 - \delta)$ $b = 2^{+1}_{-2}$ $P = \frac{1}{4}\delta$ $\alpha = 45^{\circ}{}^{+5^{\circ}}_{0}$		Y－27	

续上表

规　格	坡口形式	坡口代号	适用范围
$P=2^{+1}_{-2}$ $h=\delta-P$ $\alpha_1=25°\pm2°$ $\alpha_2=30°\pm2°$ $\alpha_3=30°\pm2°$	α_1 P h α_2 α_3 α P	Y－37	用于球扁钢对接缝。
$P=2^{+1}_{-2}$ $\alpha_1=30°\pm2°$ $\alpha_2=30°\pm2°$	P α_1 α_2 P	Y－40	用于角钢对接缝。

CO_2气体半自动衬垫单面焊板材接头坡口形式、尺寸及代号(mm)　　附表5

规　格	坡口形式	坡口代号	适用范围
$\delta>8$ $\delta_1-\delta<3$ $b=6^{+1}_{-2}$ $\alpha=40°^{+5°}_{0}$	α δ b δ_1	CV－1	用于中合拢、总组合拢、大合拢平立位置CO_2气体半自动单面焊拼板对接缝，如内底板、外板、甲板板、斜傍板、舱壁板等。
$\delta>8$ $\delta_1-\delta\geqslant3$ $L=4(\delta_1-\delta)$ $b=6^{+1}_{-2}$ $\alpha=40°^{+5°}_{0}$	α L δ b δ_1	CV－2	
$\delta>8$ $\delta_1-\delta\geqslant3$ $L=4(\delta_1-\delta)$ $b=6^{+1}_{-2}$ $\alpha=40°^{+5°}_{0}$	α δ b δ_1 L	CV－3	

续上表

<table>
<tr><th>规　格</th><th>坡口形式</th><th>坡口代号</th><th>适用范围</th></tr>
<tr><td>$\delta>8$
$\delta_1-\delta<3$
$b=4\pm1$
$\alpha_1=35^{\circ}{}^{+5^{\circ}}_{0}$
$\alpha_2=5^{\circ}{}^{+5^{\circ}}_{0}$</td><td> 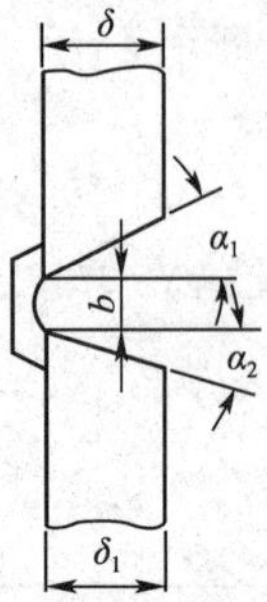</td><td>CV-4</td><td rowspan="2">用于中合拢、总组合拢、大合拢横向CO_2气体半自动单面焊拼板对接缝。</td></tr>
<tr><td>$\delta>8$
$\delta_1-\delta\geqslant3$
$L=4(\delta_1-\delta)$
$b=4\pm1$
$\alpha_1=35^{\circ}{}^{+5^{\circ}}_{0}$
$\alpha_2=5^{\circ}{}^{+5^{\circ}}_{0}$</td><td> 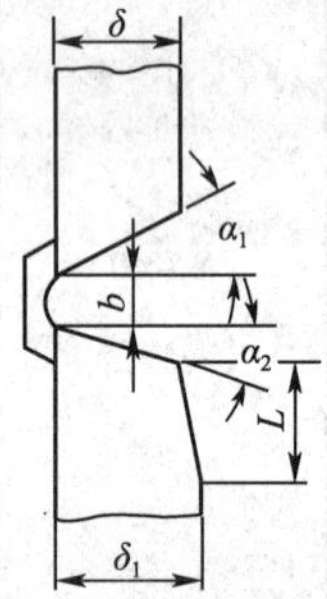</td><td>CV-5</td></tr>
</table>

气电垂直自动焊对接接头坡口形式、尺寸及代号(mm) 附表6

<table>
<tr><th>规　格</th><th>坡口形式</th><th>坡口代号</th><th>适用范围</th></tr>
<tr><td>$\delta\leqslant18$
$\delta_1-\delta<3$
$b=6^{+1}_{-2}$
$\alpha=45^{\circ}{}^{+5^{\circ}}_{0}$</td><td rowspan="2"> 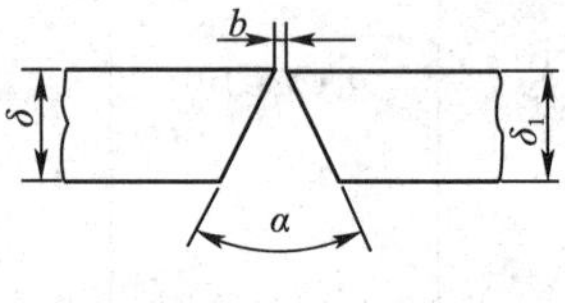</td><td rowspan="2">GV-1</td><td rowspan="3">用于气电垂直自动焊拼板立接缝,如大合拢外板、纵横舱壁板,中合拢肋板、纵桁等。</td></tr>
<tr><td>$\delta>18$
$\delta_1-\delta<3$
$b=6^{+1}_{-2}$
$\alpha=40^{\circ}{}^{+5^{\circ}}_{0}$</td></tr>
<tr><td>$\delta\leqslant18$
$\delta_1-\delta\geqslant3$
$L=4(\delta_1-\delta)$
$b=6^{+1}_{-2}$
$\alpha=45^{\circ}{}^{+5^{\circ}}_{0}$</td><td rowspan="2"> 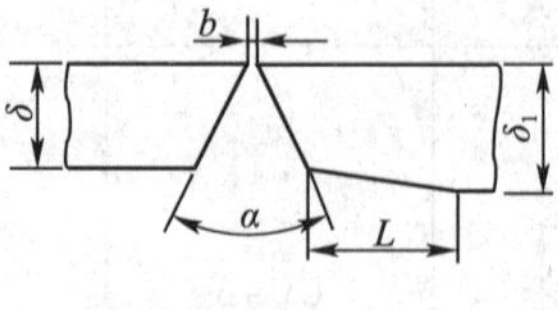</td><td rowspan="2">GV-2</td></tr>
<tr><td>$\delta>18$
$\delta_1-\delta\geqslant3$
$L=4(\delta_1-\delta)$
$b=6^{+1}_{-2}$
$\alpha=40^{\circ}{}^{+5^{\circ}}_{0}$</td><td>用于中合拢、总组合拢、大合拢横向CO_2气体半自动单面焊拼板对接缝。</td></tr>
</table>

埋弧自动焊板材对接接头坡口形式、尺寸及代号(mm)　　附表 7

规　格	坡口形式	坡口代号	适用范围
$\delta \leqslant 20$ $\delta_1 - \delta < 4$ $b = 0_0^{+1}$	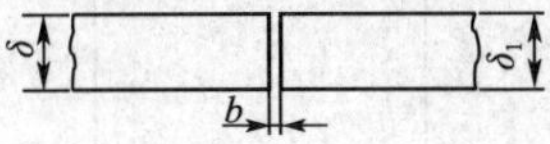	AI－1	用于小合拢双面埋弧自动焊接缝,如甲板板、内底板、外板、隔舱板、平台板等接缝。
$\delta \leqslant 20$ $\delta_1 - \delta \geqslant 4$ $L = 4(\delta_1 - \delta)$ $b = 0_0^{+1}$	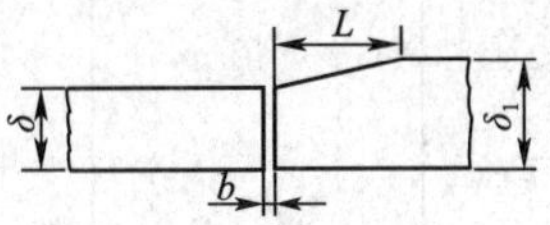	AI－2	
$\delta = 13 \sim 18$ $\delta_1 - \delta < 4$ $b = 0_0^{+1}$ $P = 7 \pm 1$ $\alpha = 50^{\circ}{}^{+5^{\circ}}_{0}$	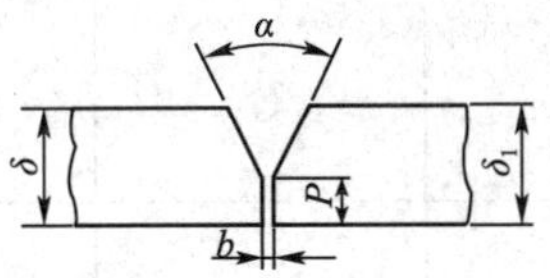	AY－1	
$\delta = 19 \sim 25$ $\delta_1 - \delta < 4$ $b = 0_0^{+1}$ $P = 10 \pm 1$ $\alpha = 50^{\circ}{}^{+5^{\circ}}_{0}$			
$\delta = 13 \sim 18$ $\delta_1 - \delta < 4$ $b = 0_0^{+1}$ $P = 7 \pm 1$ $P_1 = P + (\delta_1 - \delta)$ $\alpha = 50^{\circ}{}^{+5^{\circ}}_{0}$	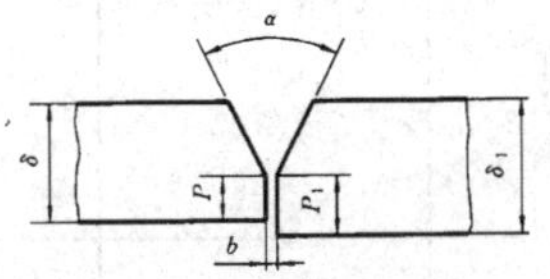	AY－2	
$\delta = 19 \sim 25$ $\delta_1 - \delta < 4$ $b = 0_0^{+1}$ $P = 10 \pm 1$ $P_1 = P + (\delta_1 - \delta)$ $\alpha = 50^{\circ}{}^{+5^{\circ}}_{0}$			
$\delta = 13 \sim 18$ $\delta_1 - \delta > 4$ $L = 4(\delta_1 - \delta)$ $b = 0_0^{+1}$ $P = 7 \pm 1$ $\alpha = 50^{\circ}{}^{+5^{\circ}}_{0}$	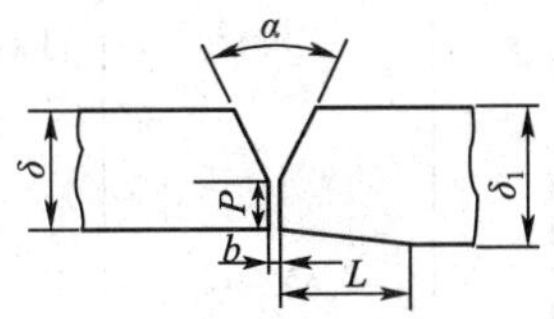	AY－3	
$\delta = 19 \sim 25$ $\delta_1 - \delta > 4$ $L = 4(\delta_1 - \delta)$ $b = 0_0^{+1}$ $P = 10 \pm 1$ $\alpha = 50^{\circ}{}^{+5^{\circ}}_{0}$			

续上表

规　　格	坡口形式	坡口代号	适用范围
$\delta=13\sim18$ $\delta_1-\delta\geqslant4$ $L=4(\delta_1-\delta)$ $b=0_0^{+1}$ $P=7\pm1$ $\alpha=50^{\circ}{}^{+5^{\circ}}_{0}$	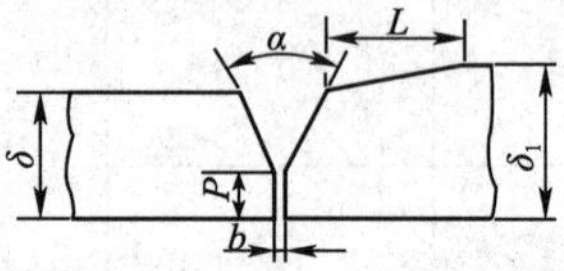	AY－4	用于小合拢双面埋弧自动焊接缝，如甲板板、内底板、外板、隔舱板、平台板等接缝。
$\delta=19\sim25$ $\delta_1-\delta\geqslant4$ $L=4(\delta_1-\delta)$ $b=0_0^{+1}$ $P=10\pm1$ $\alpha=50^{\circ}{}^{+5^{\circ}}_{0}$			
$\delta>24$ $\delta_1-\delta<4$ $b=0_0^{+1}$ $P=7\pm1$ $\alpha=50^{\circ}{}^{+5^{\circ}}_{0}$	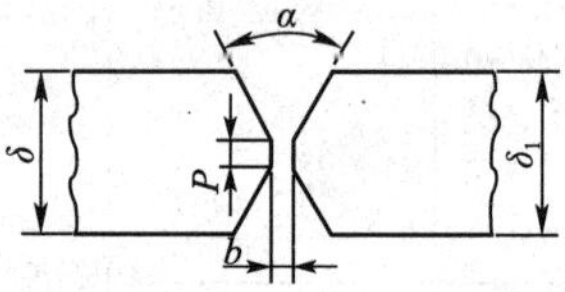	AX－1	用于较厚板的双面埋弧自动焊接缝。
$\delta>24$ $\delta_1-\delta>4$ $L=4(\delta_1-\delta)$ $b=0_0^{+1}$ $P=7\pm1$ $\alpha=50^{\circ}{}^{+5^{\circ}}_{0}$	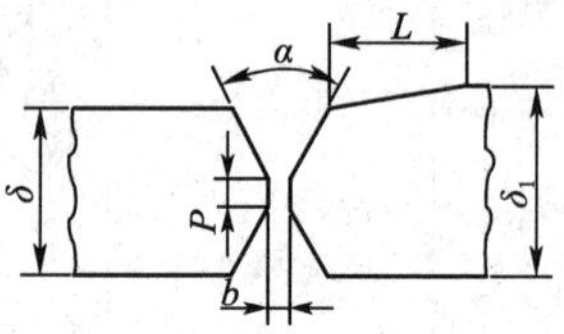	AX－2	
$\delta\geqslant24$ $\delta_1-\delta<4$ $b=0_0^{+1}$ $P=7\pm1$ $h=9\pm1$ $\alpha=50^{\circ}{}^{+5^{\circ}}_{0}$ $\alpha_1=90^{\circ}{}^{0}_{-10^{\circ}}$	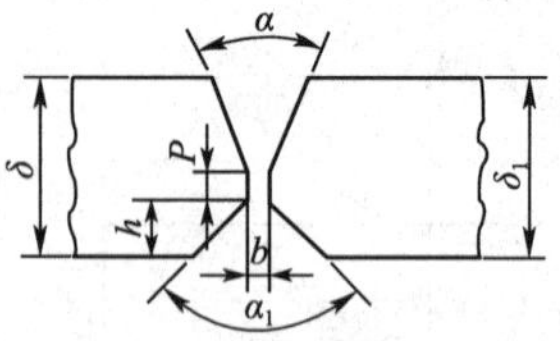	AX－3	用于较厚板不对称的双面埋弧自动焊接缝。
$\delta>24$ $\delta_1-\delta\geqslant4$ $L=4(\delta_1-\delta)$ $b=0_0^{+1}$ $P=7\pm1$ $h=9\pm1$ $\alpha=50^{\circ}{}^{+5^{\circ}}_{0}$ $\alpha_1=90^{\circ}{}^{0}_{-10^{\circ}}$	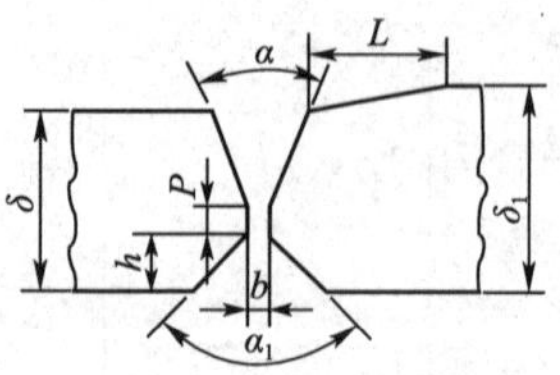	AX－4	

续上表

规　格	坡口形式	坡口代号	适用范围
$\delta>30$ $\delta_1-\delta<4$ $r=6\pm1$ $b=0_0^{+1}$ $P=7\pm1$ $\alpha=10°\pm2°$	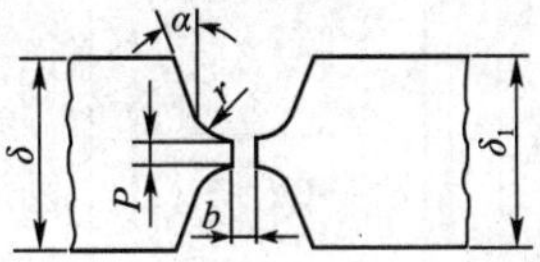	AU-1	用于较厚板的双面埋弧自动焊接缝。
$\delta>30$ $\delta_1-\delta>4$ $L=4(\delta_1-\delta)$ $r=6\pm1$ $b=0_0^{+1}$ $P=7\pm1$ $\alpha=10°\pm2°$	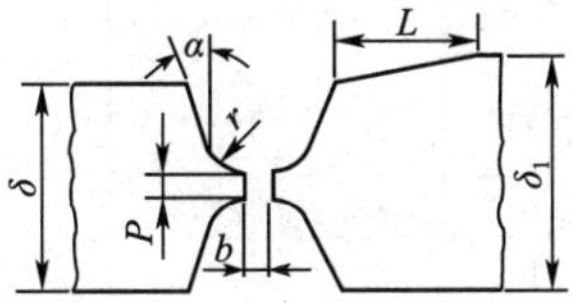	AU-2	用于较厚板不对称的双面埋弧自动焊接缝。

埋弧单面自动焊对接接头坡口形式、尺寸及代号(mm)　　附表8

规　格	坡口形式	坡口代号	适用范围
$\delta=12\sim25$ $\delta_1-\delta<4$ $b=2_0^{+1}$ $\alpha=50°{}^{0}_{-5°}$	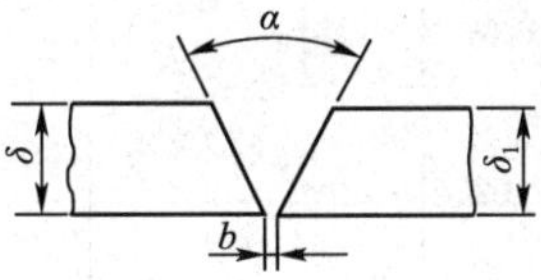	FV-1	用于中合拢、总组合在胎架上的拼板接缝，以及大合拢内底板、甲板纵向大接缝等FAB法工艺。
$\delta=12\sim25$ $\delta_1-\delta\geqslant4$ $L=4(\delta_1-\delta)$ $b=2_0^{+1}$ $\alpha=50°{}^{0}_{-5°}$	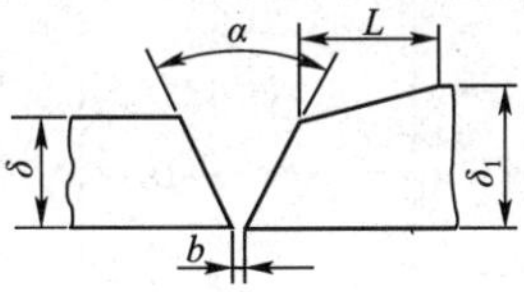	FV-2	
$\delta=12\sim25$ $P=6_0^{+1}$ $b=6+{}^{0.5}_{0}$ $\alpha=55°{}^{0}_{-5°}$	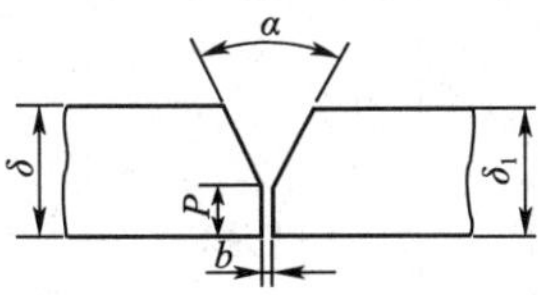	RY-1	用于平面分段流水线RF法工艺，如甲板板、内底板、外板、斜傍板等拼板接缝。
$\delta=12\sim25$ $\delta_1-\delta\leqslant2$ $b=0+{}^{0.5}_{0}$ $P=6_0^{+1}$ $P_1=P+(\delta_1-\delta)$ $\alpha=55°{}^{0}_{-5°}$	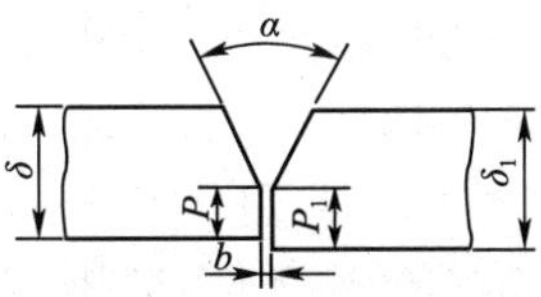	RY-2	

续上表

<table>
<tr><th>规　格</th><th>坡口形式</th><th>坡口代号</th><th>适用范围</th></tr>
<tr><td>$\delta = 12 \sim 25$
$\delta_1 - \delta \geqslant 4$
$L = 4(\delta_1 - \delta)$
$b = 0 +_{0}^{0.5}$
$P = 6_{0}^{+1}$
$\alpha = 55^{\circ}{}^{0}_{-5^{\circ}}$</td><td> 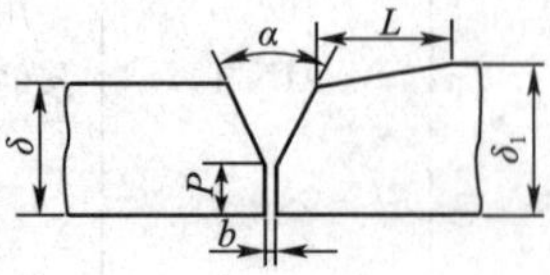</td><td>RY－3</td><td>用于平面分段流水线 RF 法工艺，如甲板板、内底板、外板、斜傍板等拼板接缝。</td></tr>
<tr><td>$\delta = 10 \sim 15$
$\delta_1 - \delta < 4$
$b = 0 +_{0}^{0.5}$
$P = 4_{0}^{+1}$
$\alpha = 60^{\circ}{}^{0}_{-5^{\circ}}$</td><td rowspan="2"> 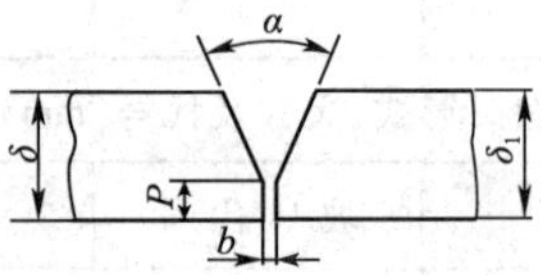</td><td rowspan="2">FY－1</td><td rowspan="2">用于平面分段流水线 FCB 法双丝焊工艺，如甲板板、内底板、外板、斜傍板等拼板接缝。</td></tr>
<tr><td>$\delta = 16 \sim 24$
$\delta_1 - \delta < 4$
$b = 0 +_{0}^{0.5}$
$P = 4_{0}^{+1}$
$\alpha = 50^{\circ}{}^{0}_{-5^{\circ}}$</td></tr>
<tr><td>$\delta = 10 \sim 15$
$\delta_1 - \delta \geqslant 4$
$L = 4(\delta_1 - \delta)$
$b = 0 +_{0}^{0.5}$
$P = 4_{0}^{+1}$
$\alpha = 60^{\circ}{}^{0}_{-5^{\circ}}$</td><td rowspan="2"> 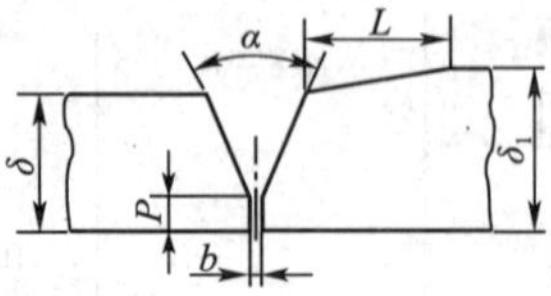</td><td rowspan="2">FY－2</td><td rowspan="2">用于平面分段流水线 FCB 法双丝焊工艺，如甲板板、内底板、外板、斜傍板等拼板接缝。</td></tr>
<tr><td>$\delta = 16 \sim 24$
$\delta_1 - \delta \geqslant 4$
$L = 4(\delta_1 - \delta)$
$b = 0 +_{0}^{0.5}$
$P = 4_{0}^{+1}$
$\alpha = 50^{\circ}{}^{0}_{-5^{\circ}}$</td></tr>
</table>

缺欠分类及说明　　附表9

代　号	名称及说明	示意图
	第1类　裂　纹	
100	裂纹 一种在固态下由局部断裂产生的缺欠，它可能源于冷却或应力效果	
1001	微观裂纹 在显微镜下才能观察到的裂纹	
101 1011 1012 1013 1014	纵向裂纹 基本与焊缝轴线平行，可能位于： 焊缝金属 熔合区 热影响区 母材	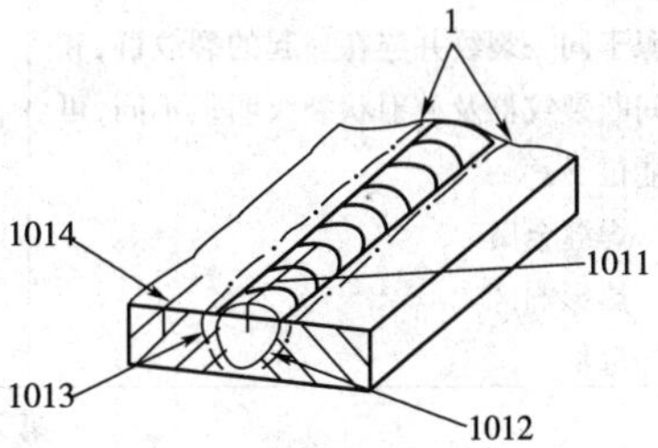 1-热影响区
102 1021 1023 1024	横向裂纹 基本与焊缝轴线垂直，可能位于： 焊缝金属 热影响区 母材	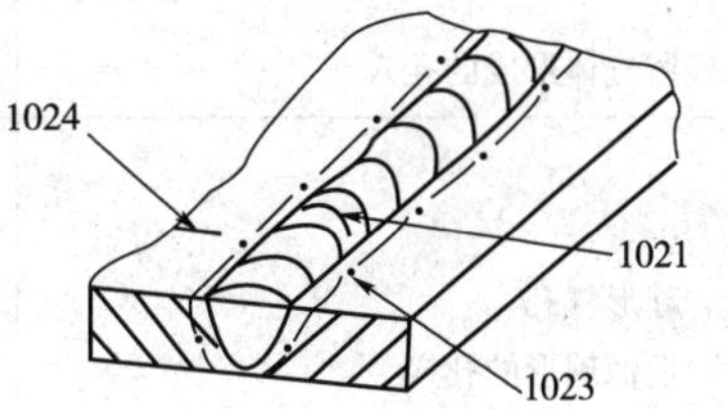
103 1031 1033 1034	放射状裂纹 具有某一公共点的放射状，可能位于： 焊缝金属 热影响区 母材 注：此类型的小裂纹称为“星形裂纹”	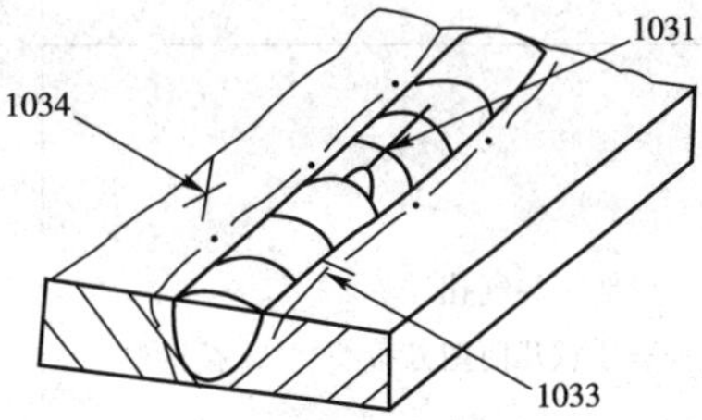
104 1045 1046 1047	弧坑裂纹 位于焊缝弧坑处，可能是： 纵向的 横向的 放射状的（星形裂纹）	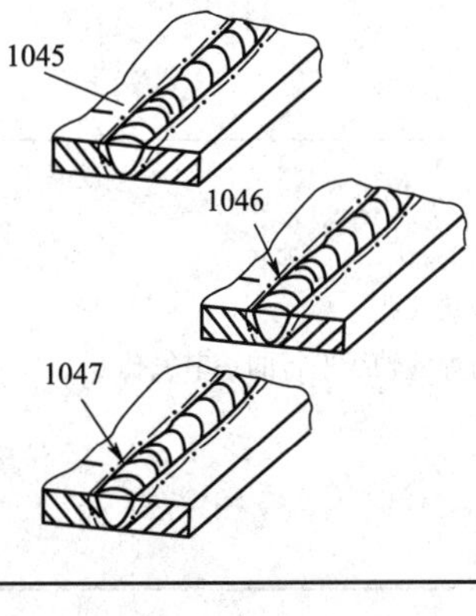

续上表

代号	名称及说明	示意图
105 1051 1053 1054	间断裂纹群 一群在任意方向间断分布，可能位于： 焊缝金属 热影响区 母材	
106 1061 1063 1064	枝状裂纹 源于同一裂纹并连在一起的裂纹群，和间断裂纹群及放射状裂纹明显不同，可能位于： 焊缝金属 热影响区 母材	
第2类 孔 穴		
200	孔穴	
201	气孔 残留气体形成的孔穴	
2011	球形气孔 近似球形的孔穴	
2013	局部密集气孔 呈任意几何型分布	
2014	链状气孔 与焊缝轴线平行的一串气孔	

续上表

代　号	名称及说明	示意图
2012	均布气孔 均匀分布在整个焊缝金属中，有别于链状气孔和局部密集气孔	2012
2015	条形气孔 长度与焊缝轴线平行的非球形长气孔	2015
2016	虫型气孔 因气体逸出而在焊缝金属中产生的一种管状气孔穴，其形状和位置由凝固方式和气体来源所决定。通常成串密集并呈腓骨形状，有些可能暴露在焊缝表面。	2016 2016
2017	表面气孔 暴露在焊缝表面	2017
202	缩孔 因凝固时收缩造成的孔穴	

续上表

代　号	名称及说明	示意图
2021	结晶缩孔 冷却过程中在树枝晶间形成的长型收缩孔，可能残留有气体，通常可在焊缝表面的垂直处发现	
2024	弧坑缩孔 焊道末端的凹陷孔穴，未被后续焊道消除	
2025	末端弧坑缩孔 减少焊缝横截面积的外露缩孔	
203	微型缩孔 仅在显微镜下可观察到的缩孔	
2031	微型结晶缩孔 冷却过程中沿晶界在树枝晶间形成的长型缩孔	
2032	微型穿晶缩孔 凝固时穿过晶界形成的长型缩孔	
第3类　固体夹杂		
300	固体夹杂 在焊缝中残留的固体杂物	
301 3011 3012 3014	夹渣 残留在焊缝中的熔渣，按其形成情况可能是： 线状的 孤立的 成簇的	

续上表

代　号	名称及说明	示意图
302 3021 3022 3024	焊剂夹渣 残留在焊缝中的焊剂渣,按其形成情况可能是: 线状的 孤立的 成簇的	参见 3011～3014
303 3031 3032 3033	氧化物夹杂 残留在焊缝中的金属氧化物,可能是: 线状的 孤立的 成簇的	参见 3011～3014
3034	皱褶 在某些情况下,特别是铝合金焊接时,因焊接熔池保护不善和紊流的双重影响而产生的大量氧化膜	
304 3041 3042 3043	金属夹杂 残留在焊缝中的外来金属颗粒,可能是: 钨 铜 其他金属	
第4类　未熔合及未焊透		
401 4011 4012 4013	未熔合 焊缝金属和母材或焊缝金属各焊层间未结合部分,可能是: 侧壁未熔合 焊道间未熔合 根部未熔合	4011 4012 4012 4012 4013 4013

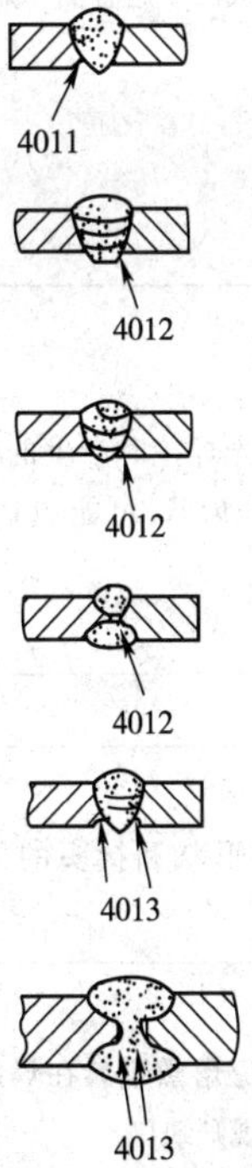

续上表

代　　号	名称及说明	示　意　图
402	未焊透 实际熔深与公称熔深间的差异	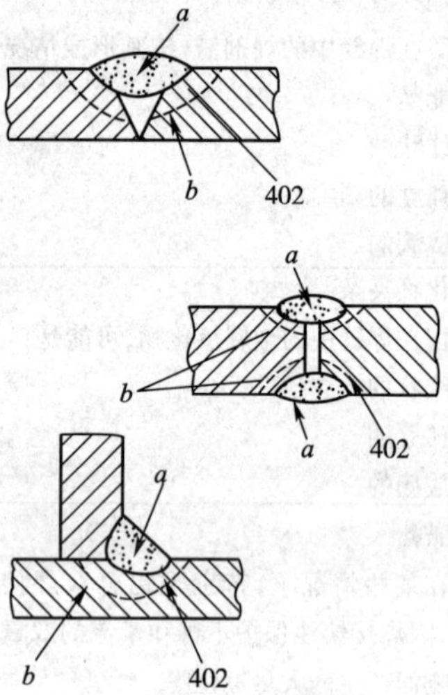 a-实际熔深；b-公称熔深
4021	根部未焊透 根部一个或两个熔合面未熔化	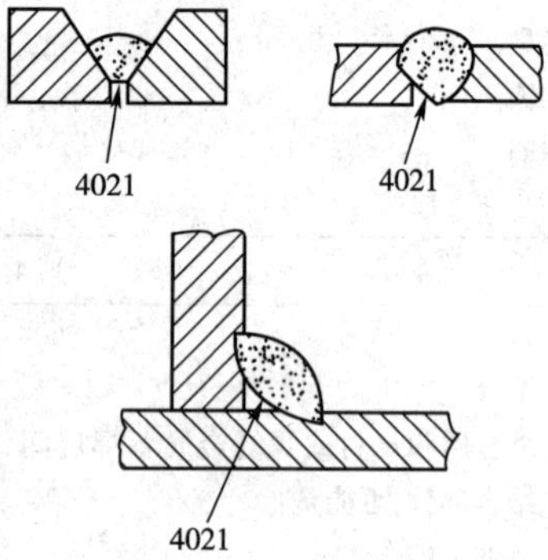
403	钉尖 电子束或激光焊接时产生的极不均匀的熔透，呈锯齿状，可能包括孔穴、裂纹、缩孔等	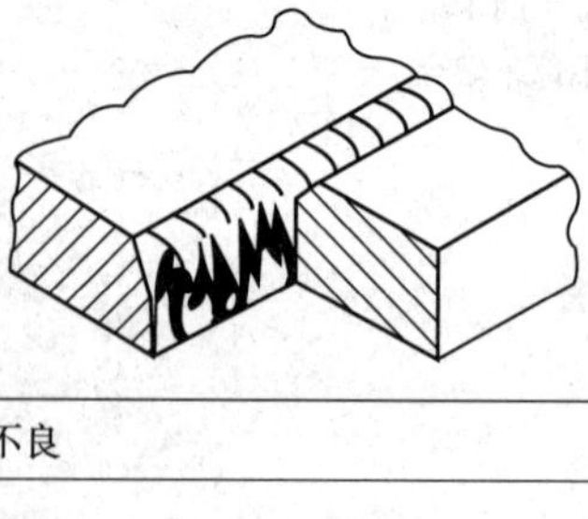
第5类　形状和尺寸不良		
500	形状不良 焊缝外表面形状和接头的几何形状不良	
501	咬边 母材或前一道熔敷金属在焊趾处因焊接而产生不规则缺口	

续上表

代　号	名称及说明	示 意 图
5011	连续咬边 具有一定长度且无间断	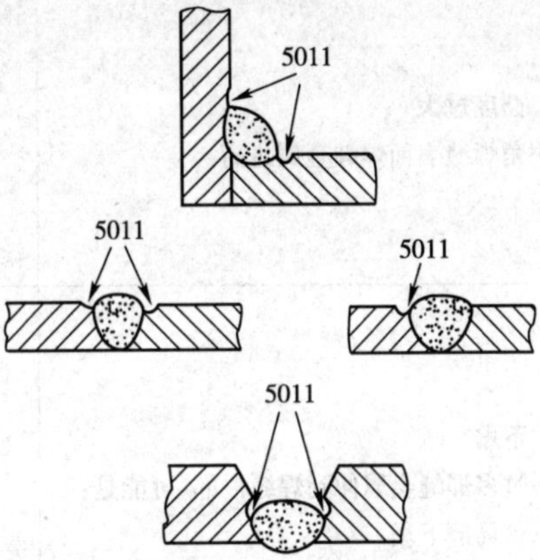 5011 5011 5011 5011
5012	间断咬边 沿焊缝间断、长度较短	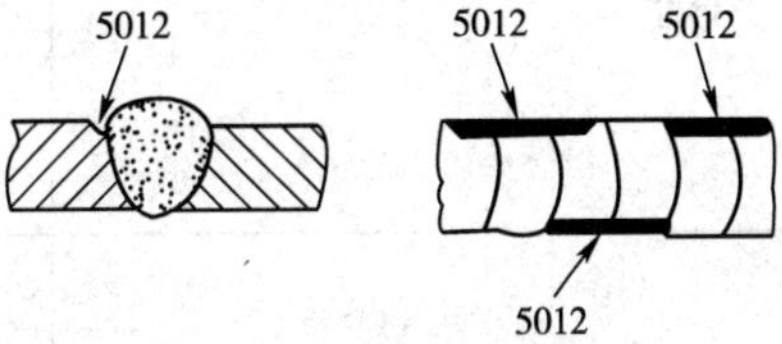 5012 5012 5012 5012
5013	缩沟 根部焊道每侧都可观察到的沟槽	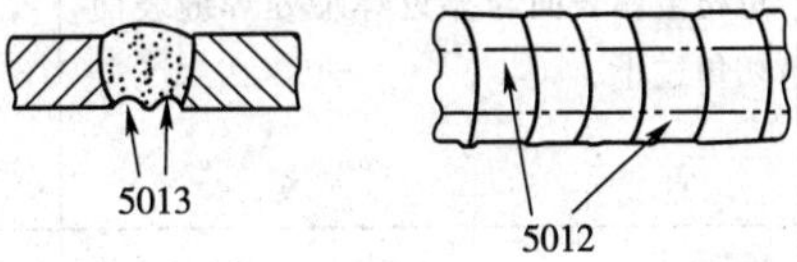 5013 5012
5014	焊道间咬边 焊道间纵向的咬边	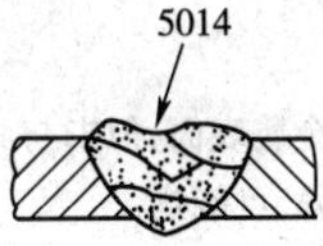 5014
5015	局部交错咬边 焊道侧边或表面上呈不规则间断、长度较短	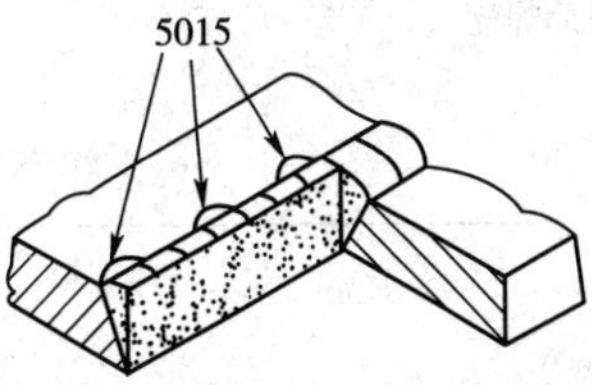 5015
502	焊缝超高 对接焊缝表面焊缝金属过高	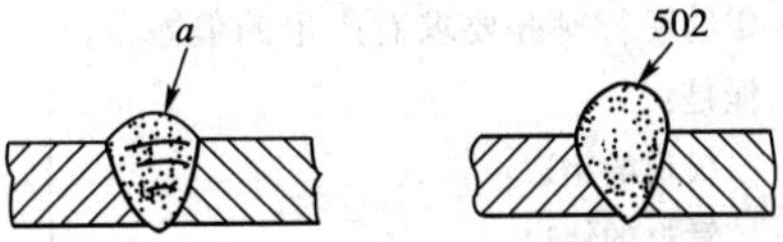 *a* 502 *a*-公称尺寸

续上表

代　　号	名称及说明	示　意　图
503	凸度过大 角焊缝表面焊缝金属过高	a　503 a-公称尺寸
504 5041 5042 5043	下塌 过多焊缝金属伸到焊缝根部,可能是: 局部下塌 连续下塌 熔穿	504 5043 5043
505	焊缝型面不良 母材金属表面与靠近焊趾处焊缝表面切角过小	α　a　α 505 a-公称尺寸
506 5061 5062	焊瘤 覆盖在母材金属表面,但未与其熔合的过多焊缝金属,可能是: 焊趾焊瘤 根部焊瘤	5061 5062
507 5071 5072	错边 两个焊件表面应平行对齐时,未达到规定的平行对齐要求而产生的偏差,可能是: 板材的错边 管材的错边	5071 5072

续上表

代　号	名称及说明	示意图
508	角度偏差 两个焊件未平行而产生的偏差	
509 5091 5092 5093 5094	下垂 因重力而导致焊缝金属下塌,可能是: 水平下垂 在平面位置或过热位置下垂 角焊缝下垂 焊缝边缘熔化下垂	
510	烧穿 焊接熔池塌落导致焊缝内的孔洞	
511	未焊满 焊接填充金属堆敷不充分,在焊缝表面产生纵向连续或间断的沟槽	
512	焊脚不对称	*a*-正常情况;*b*-实际情况
513	焊缝宽度不齐 焊缝宽度变化过大	
514	表面不规则 表面粗糙过度	

续上表

代　号	名称及说明	示意图
515	根部收缩 对接焊缝根部收缩产生的浅沟槽	515
516	根部气孔 在凝固瞬间焊缝金属析出气体而在焊缝根部形成多孔状孔穴	
517 5171 5172	焊缝接头不良 焊缝再引弧处局部表面不规则，可能发生在： 盖面焊道 打底焊道	5171　5171
520	变形过大 焊缝收缩和变形导致尺寸偏差超标	
521	焊缝尺寸不正确 与预先规定的焊缝产生偏差	
5211	焊缝厚度过大 焊缝厚度超过标定尺寸	5212　b　5211　a *a*-公称厚度；*b*-公称宽度
5212	焊缝宽度过大 焊缝宽度超过标定尺寸	
5213	焊缝有效厚度不足 角焊缝的实际有效厚度过小	a　b　5213 *a*-公称厚度；*b*-实际厚度
5214	焊缝有效厚度过大 角焊缝的实际有效厚度过大	a　b　5214 *a*-公称厚度；*b*-实际厚度

续上表

代　　号	名称及说明	示　意　图
第6类　其他缺欠		
600	其他缺欠 第1～5类未包含的所有其他缺欠	
601	电弧擦伤 在坡口外引弧或起弧而造成焊缝邻近母材表面处局部损伤	
602	飞溅 焊接(或焊缝金属凝固)时,焊缝金属或填充材料崩溅出的颗粒	
6021	钨飞溅 从钨电极过渡到母材或凝固焊接金属的钨颗粒	
603	表面撕裂 拆除临时焊接附件时造成的表面损伤	
604	磨痕 研磨造成的局部损伤	
605	凿痕 使用扁铲或其他工具造成的局部损伤	
606	打磨过量 过度打磨造成工件厚度不足	
607	定位焊缺欠 定位焊不当造成	
6071	焊道破裂或未熔合	
6072	定位未达到要求说施焊	
608	双面焊道错开 在接头两面施焊的焊道中心线错开	608
610	回火色(可观察到氧化膜) 不锈钢焊接区产生的轻微氧化表面	
613	表面磷片 焊接区严重的氧化表面	

续上表

代　号	名称及说明	示意图
614	焊剂残留物 焊剂残留物未从表面完全清除	
615	残渣 残渣未从表面完全清除	
617	角焊缝根部间隙不良 被焊工件间的间隙过大或不足	617
618	膨胀 凝固阶段保温时间过长使属接头发热	618

参考文献

[1] 张连生.金属材料焊接[M].北京:机械工业出版社,2010.
[2] 王鸿斌.船舶焊接工艺[M].北京:人民交通出版社,2007.
[3] 李荣雪.金属材料焊接工艺[M].北京:机械工业出版社,2012.
[4] 雷世明.焊接方法与设备[M].北京:机械工业出版社,2010.
[5] 曾平.船舶材料与焊接[M].哈尔滨:哈尔滨工业大学出版社,2006.
[6] 龙进军.船舶检验[M].哈尔滨:哈尔滨工业大学出版社,2006.
[7] 饶小江.船体检验[M].北京:人民交通出版社,2007.
[8] 邓洪军.焊接结构生产[M].北京:机械工业出版社,2009.
[9] 曾乐.现代焊接技术手册[M].上海:上海科学技术出版社,1993.
[10] 施可非.船体装配工[M].北京:国防工业出版社,2013.3.
[11] 曾平.船舶气体保护焊工艺设计与实作[M].哈尔滨:哈尔滨工业大学出版社,2011.
[12] 侯德政.熔焊原理[M].北京:机械工业出版社,2009.
[13] 邱葭菲.焊接方法与设备使用[M].北京:机械工业出版社,2013
[14] 王宗杰.熔焊方法及设备[M].北京:机械工业出版社,2007.
[15] 李莉.焊接结构生产[M].北京:机械工业出版社,2012.